U0919278

国家社科基金结项项目［项目批准号：08BGJ021］

美国贸易决策机制与中美关系

United States Trade Policy Making and China-US Relations

余万里◎著

时事出版社

目 录

第一编 美国贸易决策体制

第二编 美国贸易决策过程

导论：

透过美国贸易决策机制解析中美关系

自1979年中美建交以来，经贸关系始终是两国关系的一个重要方面。中美的建交与中国的改革开放在时间点上的重合并非仅仅是个巧合，而是在邓小平领导下的中国开启经济与社会重大变革的外交与内政的两个方面。伴随着改革开放的深入，中美的经贸也得到了几何数量级的飞速发展。1979年中美贸易额是24.5亿美元，2010年达到3853.4亿美元，30年间增长150倍，足以说明经贸往来在中美关系的分量与价值。[①]

20世纪80年代，中美的经贸往来为中国的改革开放注入了资金、技术和管理经验，通过对美贸易，中国获得了推动经济发展所需的外汇和外资。通过对华贸易，美国企业也逐步培育起中国的市场。如果说20世纪80年代的中美关系依然是战略关系为主导，经贸往来只是其中的一个补充的话，那么进入90年代之后，随着冷战后国际格局的重大转变以及国内政治的冲击，经贸关系迅速凸显成为维系中美关系稳定的"压舱石"和"安全网"。在这个阶段，随着中国确立市场为主体的经济发展道路，中美双边贸易量保持了年

① http://us.mofcom.gov.cn/aarticle/zxhz/hzjj/201106/20110607592547.html.

均15%左右的增长，并且伴随着美国的对华投资的快速发展进一步扩展了双边经贸关系深度和广度，逐步形成了复合性的经济相互依赖关系。经贸领域的相互依赖性有效地平衡了战略关系缺失以及国内政治冲击给双边关系带来的波动。

2001年中国加入世界贸易组织后，中美经贸关系进入了一个新阶段，双边贸易出现了年均将近30%的“井喷”。截止到2010年，美国继续保持我国第二大贸易伙伴、第二大出口市场和第六大进口来源的地位；中国也已连续数年成为美第二大贸易伙伴、第三大出口市场和最大的进口来源。在双边投资领域，美国是中国第四大外资来源地，2010年中方新批设立美资企业1502家，实际利用外资30.2亿美元，同比上升18.1%。截至2011年3月底，美对华投资项目累计达5.9973万个，实际投入658.3亿美元。而近年来中国对美投资的步伐也急速加快，投资额已连续三年大幅度增长，2008年对美投资4.62亿美元，同比增长135%；2009年对美投资9.09亿美元，同比增长97%；2010年对美投资16.5亿美元，同比增长81%。截至2010年，中国企业在美直接投资约为47.3亿美元。[①]

进入20世纪90年代之后，随着双方经贸关系日趋紧密，中美贸易摩擦的频率客观上也在上升。美国国内在全球化中受损的利益集团也频频利用对华贸易问题做文章，向政府施加压力并试图迫使中国让步。这些因素都让中美经贸关系处于不断的变化与发展之中。进入21世纪第二个十年之际，中国的崛起已经成为影响国际格局以及中美关系的最大变量，在应对中国崛起的背景下，当前中美经贸问题早已不是单纯的经济问题，其背后纠缠着千丝万缕的政治因素，与美国的国内政治甚至美国的整体对华战略紧密相关。

贸易决策机制突出了美国政治的运作特点，通过研究美国贸易决策机制能够为理解当前错综复杂的中美关系提供一个观察的角度，

① http://us.mofcom.gov.cn/aarticle/zxhz/hzjj/201106/20110607592547.html.

同时也为推动中美经贸关系的稳定、解决中国企业面对经贸摩擦和纠纷提供可参考的路径，因此具有重要的现实意义和政策价值。

本书作为国家社科基金项目“美国贸易决策机制与中美关系”（项目批准号08BGJ021）的最终成果，历时三年的研究完成，包括三个部分：

第一编：美国贸易决策体制。关注于美国政治“三权分立”的特点及其对贸易决策机制的影响，以及行政、立法系统各部门的组织和运行机制，权力分配关系，如美国国会及其专门委员会、商务部、财政部、美国贸易谈判代表处、国际贸易委员会以及外资审查委员会的组成结构、运行机制、相互关系和发展变化，提供一幅关于美国决策体制的全景图，探索该体制下政策运行的机理和规律。

这一部分包括了本书的第1—6章。首先概述了美国贸易决策体制的演变过程，在定义了贸易政策的基本概念与决策主体之后，第一章从总统与国会的权力关系角度研究了从1934年到20世纪70年代的美国贸易决策体制的演变，指出由于国会与总统分享贸易政策制定，从而使这一决策机制变得更加多元化和复杂化。第二章对国会在贸易决策体制中的地位与功能进行了概述之后，着重研究了国会委员会的体制与作用，重点剖析了国会拨款委员会的作用机理及其影响因素，指出其在不同类型的政策问题上发挥作用的大小。第三章对行政部门在贸易决策体制中的作用进行了梳理，重点研究了美国商务部、财政部以及州政府在贸易政策制定过程中的角色与作用。作为20世纪70年代美国贸易决策体制改革的产物，美国贸易谈判代表处被认为是贸易政策的主要制定者和执行者。第四章对这一机构的沿革、组织结构、运作机制、运作风格与决策模式进行了细致的剖析。第五章和第六章分别分析了美国贸易决策中的两个专门机构，国际贸易委员会与外资审查委员会，在概述两个委员会的组织机构与运作机制的同时，运用量化分析的方法对影响外资审查委员会决策的因素展开了回归分析并得出了较为扎实的结论。

第二编：美国贸易决策过程。本部分重点研究多元政治系统中，利益集团的组织、特点、行为及其在贸易政策中的作用机制。主要研究内容包括美国贸易决策的多元主义特征、美国贸易决策过程、利益集团的组织和游说战略、利益集团政治的作用机制以及美国贸易政策的历史演变。这一部分的研究重在提供美国决策的动态过程，揭示政策背后的权力运行于利益分配状态，寻找影响美国贸易政策的关键性要素。

这一部分涵盖第7—9章，认为美国政治“强社会、弱政府”的特点以及分权制衡的制度结构决定了贸易决策的开放性、多元性和竞争性，多元利益集团政治在贸易政治中占据了主要地位。第七章概述了这一制度特点以及利益集团政治的战略与影响因素，并从理论的角度阐明了多元主义民主作为美国贸易决策过程的基础及其意义。第八章分别研究了农业利益集团、劳工利益集团以及美国商会、商业圆桌会议以及全国制造商协会等具有影响力的利益集团的组织结构、运作模式及其对贸易决策的影响。第九章研究了美国贸易政治中的快车道授权，从其政治背景、历史变迁、主要内容和政治经济影响等方面对美国贸易决策的这一重要立法手段进行了系统的分析。

第三编：中美经贸关系。在系统概括中美经贸关系发展的基础上，分析中美经贸关系的结构性特征。通过重点解剖当前中美经贸关系面临的主要问题，如反倾销、反倾销问题、知识产权保护问题、人民币汇率问题等案例。揭示影响中美经贸关系的关键因素。通过这一部分的研究，力求从经济、政治、外交战略等综合性的角度对中美经贸关系的性质、状况和面临的问题做出全面的分析。最后，结合以上两部分对美国贸易决策体制和过程的研究，探索中美经贸关系中的有利和不利因素并提供解决矛盾和摩擦的政策思路。

这一部分包括第10—14章。第十章对中美经贸摩擦的两个主要表现形式：反倾销和反补贴案例进行了系统的研究，利用相关数据对1980—2009年间中美的136起反倾销诉讼进行了统计检验，发现反倾销立案数量与中国产品是市场占有率、贸易逆差以及美国的失业率成正比关系，特别是通过行业分析发现，“双反”案例数量与行业的工会组织程度呈高度相关性，说明利益集团尤其是劳工利益集团是对华“双反”立案的主要幕后推手。第十一章对1979—2009年三十年的中美知识产权纠纷进行了系统的梳理，划分了不同阶段双边纠纷的立场和特点，指出美国的压力客观上对推动中国的知识产权保护起到了重要的影响。第十二章研究了中美关系中的人民币汇率问题，梳理了这一问题的发展过程并重点研究了美国国会在这个问题的作用以及影响因素。第十三章研究了中美关系中的WTO问题，首先分析了WTO的贸易争端解决机制（DSM）的程序以及对中美贸易争端的影响，指出充分发挥该机制作用的重要意义；随后分析了在中国加入WTO之后遗留的被称为咬住中国的“两颗毒牙”的市场经济地位问题和特定产品过渡性保障机制。第十四章对中美关系的出口管制问题进行了研究，在概述这一机制的演变过程之后，对其在中美经贸关系的影响以及应对之策进行了分析。

全书坚持马克思主义的基本理论和方法，坚持理论联系实际，努力实现学术创新。在综合借鉴现有成果的基础上，全书充分利用了调研、出访和接待来访的机会开展实证研究，收集第一手的资料和信息，并贯穿了三条基本研究思路：

首先从理论的角度阐述美国贸易决策和中美经贸关系背后的政治因素，提出政治、经济研究的综合视角。本课题组认为，当前中美经贸领域存在的问题是经济、政治和外交战略共同作用的产物，应该从中美贸易关系结构、美国国内政治和对外战略的综合角度加以剖析和考察。通过研究发现，20世纪70年代以后美国贸易决策体制的改革导致的结果是决策的过程变得更加开放、多元，尤其是利益集团参与贸易政策的制定提供了更大的空间，利益集团政治的因素变得更加活跃。

其次，研究美国贸易政策的关键是贸易决策机制。贸易政策中的政治、经济、战略等因素最终要通过决策机制得以体现，因此通过对经贸决策体制和决策考察能够对美国贸易政策和中美关系提供系统的认识。课题研究认为当代美国贸易决策机制充分体现了美国政治的多元民主色彩，“强社会、弱政府”的权力结构使得决策过程更加复杂。在很多具体的贸易决策中，利益集团的组织能力、活动能力以及影响国会与政府的能力成为解释贸易政策制定的主要变量。课题通过大量的数据统计分析发现，在中美经贸关系中出现的很多问题，如反倾销、反补贴问题、知识产权问题、人民币汇率问题以及投资保护主义现象在相当程度上都与利益相关方的游说过程有直接的逻辑关联性。

最后，全书三个部分具备逻辑的递进关系。对美国贸易决策体制的研究提供了认识美国贸易决策的政治、经济过程的基础。在机制研究的基础上，进一步展开对美国贸易决策过程的研究，全面分析影响贸易决策的各种权力和利益关系。在对美国贸易决策机制进行深刻剖析的基础上，我们可以对中美经贸关系及其面临的问题做出更加深入研究并提出新的认识和研究思路。特别是对美国国会拨款委员会、贸易谈判代表处、国际贸易委员会、外资审查委员会的案例研究，揭示了其组织结构与运行规律，对于如何应对上述机构的决策过程提供了思考的路径。课题对美国主要利益集团的研究也为进一步开展美国社会的工作提供了参考性的知识。最后，课题比较系统全面地综合研究了改革开放30年来中美在贸易摩擦、知识产权、汇率、投资、出口管制等领域的关系，提供了较为深入和理论化的认识。

全书力求提供一幅关于美国贸易决策机制的全景图，探索该机制下政策制定与运行的机理和规律。尤其是美国政治“三权分立”的特点对贸易决策的影响，以及分权体制下各部门贸易决策职能和权力分配及其相互关系，加深中国学术界和相关工作部门对美国贸易决策体制的认识。其次，本书努力突破经济与政治的分离，提供政治经济学的新视角。当前中美经贸关系中面临的问题一方面是中美两国经济结构的差异引发的客观现象，是市场经济规律作用的必然结果。另一方面也是中美两国社会、经济相互依赖加深的反应，是美国国内社会和政治运行的产物。当前中美经贸领域出现的问题，既有客观的经济规律作用，也有主观的政治因素干扰，是一个政治经济综合的问题。

通过历时三年的研究和写作，本书努力在以下三个方面实现突破和创新：

1. 全面、系统、深入地研究美国贸易决策体制，提供一幅关于美国决策体制的全景图，探索该体制下政策运行的机理和规律。

2. 揭示贸易决策背后的政策因素和政治过程，突破经贸研究和政治研究相隔绝的鸿沟，在马克思主义理论的指导下，用政治、经济综合的研究视角对美国的贸易决策机制加以研究。这一部分是本课题研究的难点，重在提高美国决策的动态过程，揭示政策背后的权力运行与利益分配状态，寻找影响美国贸易政策的关键因素。

3. 为解决中美经贸关系提供新的思路，随着中国经济的快速成长以及中国不断融入世界贸易大循环的过程，中美经贸领域的摩擦也日趋激烈。本课题认为中美经贸问题的背后纠缠着千丝万缕的国内政治因素，涉及到了美国的国内政治甚至美国对华战略的因素。因此，本课题将从经济、政治和外交战略的综合视角探索中美经贸关系的新思路。

余万里

（北京大学国际关系学院）

2013 年 1 月 28 日

第　一　编

美国贸易决策体制

本部分关注于美国政治“三权分立”的特点及其对贸易决策机制的影响，以及行政、立法系统各部门的组织和运行机制，权力分配关系，如国会及其相关委员会、商务部、财政部、州与地方政府、美国贸易谈判代表处、联邦国际贸易委员会、外资审查委员以及的组成、结构、运行机制、相互关系和发展变化，提供了一幅关于美国决策体制的全景图，探索该体制下政策运行的机理和规律。

第一章

美国贸易决策体制的演变

本章通过梳理美国贸易政策的本质以及演变过程，具体分析了美国贸易决策机制中两大主体：总统与国会之间的权力消长关系。在对“1934 年体制”展开分析之后，着重剖析了 20 世纪 70 年代以来的贸易政策体制改革。这一时期“阳光政策”改革的背景下，美国贸易决策程序以及行政救助机制的变革同样便利了贸易保护主义势力发挥影响。这些改革措施在一定程度上导致了美国贸易政策中保护主义的回潮。本章认为美国现行的贸易决策机制较为开放，影响政策的变量较多，因而梳理参与决策的各个主体就是理解美国贸易政策制定过程的关键环节。

第一节 美国贸易政策的历史与现实

一、美国贸易政策：含义与本质

通常意义上，对外经济政策指国家干预市场，改变商品、服务、资本的跨国流通方式，使得本国在国际经贸关系中占据有利地位，以便更好地服务于本国国家利益的行为。[①] 该项政策涵盖了现代民族国家关注的两大中心问题——政治安全与经济发展。两者的关系正如现实主义大师爱德华·卡尔（E H Carr）所言：经济力量本质上而言是一种政治力量，脱离政治而谈经济抑或排除经济谈政治都会使得研究无果而终。[②] 在后冷战时代，一方面，能否保持经济持续稳定快速发展成为了政府合法性来源和评价执政党水平的重要指标；[③] 另一方面，伴随着经济全球化的迅猛发展，国家间相互依赖程度日益加深，单一国家内部经济越来越来受到外部因素的冲击和影响。特别是 1997 年席卷亚洲，重创东南亚国家的金融危机更促使各国政治家认识到经济稳定对于国家安全的重要意义，对外经济政策因而成为了国家政策制定中的重要环节。

作为世界上唯一的超级大国，美国对外经济政策的影响力举足轻重。这一方面是由美国当今全球唯一超级大国的国际地位决定的；而另一方面，这也是由经济全球化背景下美国经济的一系列新变化决定的。首先，美国经济的国际贸易依存度大大增加，超过了欧盟和日本；其次，美国对外来资金的依赖大大提高。据统计，美国只有在每个工作日引进 40 亿美元的资金，才能弥补经常项目赤字，并为对外投资提供资金；第三，美国对进口能源的依赖程度逐年增加，而美国无法控制能源的价格。[④] 上述两个方面共同作用，决定了美国的对外经济政策具有其他任何一个国家无可比拟的独特性。

贸易政策是美国对外经济政策的核心内容之一。从学理上讲，贸易政策包含的内容较为复杂，界定相对困难。美国学者斯蒂芬·

① Stephen D. Cohen, *The Making of United States International Economic Policy*, Westport: Connecticut, 1999, p. 4.

② Stephen D. Cohen, *The Making of United States International Economic Policy*, p. 3.

③ 朱文莉：《国际政治经济学》，北京大学出版社，2004 年版，第 186 页。

④ 王勇：《中美经贸关系》，北京：中国市场出版社，2007 年版，第 33 页。

科恩（Stephen Cohen）认为：贸易政策是一种混合体，既是一个国家试图影响外部经济环境的那些行动的总称，也是一个国家整体外交政策的有机组成部分，服务于共同的政策目标。[①] 他的观点也得到了广大经济学家的认同。例如罗伯特·帕斯特（Robert Pastor）就认为美国贸易政策就是“美国政府试图影响外部经济环境的行为”。[②]

在具体实践中，美国贸易政策主要由以下几个部分构成：首先是国会制定的贸易法和其他宏观立法中有关于贸易的内容；其次就是主管贸易的行政机构颁布的行政法规；再次就是美国与国外政府以及在多边贸易框架下签署的贸易条约；最后就是贸易法庭裁决所确定的惯例。[③] 通过对贸易政策的内容进行分析可以看出，美国贸易政治中的决策主体是多元化的，既包括作为立法机构的国会，也包括以总统为首的行政机构以及作为司法裁决机构的法院。

二、美国贸易政策的缘起与变迁

从历史上看，美国贸易政策伴随着美国所处的内外环境变化而几经变迁。美国最初的贸易政策可以追溯到殖民地时期。美国独立战争的导火索之一就是英国殖民当局策划将东印度的库存茶叶免税运入北美，引发了当时作为殖民地的美国强烈抵制，进而导致“波士顿倾茶”事件，直接引发了美国独立战争。[④] 在美国独立之后，为保护国内的幼稚产业，扩大美国的出口，当时主导贸易政策的美国国会采取了高关税的保护主义政策，不断通过相关法案提升关税水

---

① Stephen D. Cohen, *The Making of United States International Economic Policy*, p. 4.

② 金灿荣：《国会与美国贸易政策的制定——历史和现实的考察》，《美国研究》2000 年第 2 期。

③ 何思因：《美国贸易政治》，台北：时英出版社，1994 年版，第 7 页。

④ 朱颖：《从历史视角看美国贸易政治的本质》，《对外经济贸易大学学报》2007 年第 1 期。

平，在长达100多年的时间里，美国的关税水平居高不下，特别是在1929年全球陷入大萧条的背景下，美国国会通过《斯穆特—霍利关税法》，美国进口关税平均税率达到了55%，直接引发了各国激烈的报复。由于各国不断升级的贸易战，1932年的全球贸易受到重大损失，仅相当于1929年的1/3。[①]

《斯穆特—霍利关税法》一经实施就迅速在全球范围内引发了各国激烈的贸易战，这也使国会开始反思贸易保护主义挟持政策的恶果并且认识到有必要设计新的机制以抵御贸易保护主义对贸易政策的"侵蚀"。而此时的罗斯福总统也抓住时机促成国会的放权。在《斯穆特—霍利关税法》通过仅仅4年之后，1934年国会通过著名的《1934年互惠贸易协定法》（Reciprocal Trade Agreements Act）（以下简称《1934年互惠贸易法案》）并开始正式授权政府同外国进行减让关税谈判，同时确立了互惠以及非歧视原则作为美国贸易的基础。此后美国与21个国家签订了一系列双边的贸易协定，将关税降低了30%到50%。[②] 这也标志着"1934年体制"正式确立。在该体制下，以总统为首的行政部门主导贸易政策的制定，国会同时退居贸易政策制订的幕后。二战结束之后，美国国务院制定贸易政策服从外交战略的总体需要。为稳定资助西方阵营以对抗社会主义，美国在西方阵营内倡导自由贸易，并通过建立关税与贸易总协定组织进行保障。

从20世纪60年代起，国际经济形势发生重大变化，日本与欧洲经济的崛起强有力的冲击了美国的国际地位。在国际贸易领域，美国的国际收支迅速恶化，国内许多行业受到严重的威胁，国内保护主义势力也重新抬头。在这一背景下，美国再也无法"慷慨"地

① 陈宝森：《美国经济与政府政策—从罗斯福到里根》，北京：世界知识出版社，1988年版，第836页。

② 薛荣久主编：《世界贸易组织概论》，北京：对外经济贸易大学出版社，2003年版，第59页。

向西方盟国开放市场，也不要求盟国对等开放。而此时，国会对总统以及国务院长期以来忽视贸易政策的行为极为不满，因而开始向行政部门夺权，试图逐步转移、分化总统的贸易决策权，以期改变美国自二战之后一直奉行的“自由贸易”的政策。从《1962 年贸易扩大法案》（Trade Expansion Act）开始，国会开始设置特别贸易谈判代表（Special Trade Representative），专门负责美国对外贸易谈判，该机构的职能在其后的发展过程中逐步得以加强并最终成为了美国贸易政策的主要制定机构。美国贸易政策在这一时期也逐步从倡导“自由贸易”转向推行“公平贸易”，在强调自由贸易的同时也开始专注于为国内企业提供贸易救济，对贸易伙伴进行贸易报复以及设置贸易壁垒，保护国内企业。①

由此可见，美国贸易政策首先是伴随着美国在国际贸易中的地位变化而变化的，但同时美国贸易政策也是伴随着参与贸易政策制订的各个决策主体地位的变化而变化的：国会主导贸易政策时期议员往往难以抵御贸易保护主义的压力而被迫妥协；在“1934 年体制”下，总统领导行政机构制定贸易政策，抵制贸易保护主义“绑架”贸易政策。而伴随着 20 世纪 70 年代以来美国对外贸易规模的不断扩大，参与贸易决策的部门也越来越多，它们共同构成了新形势下美国贸易政策复杂的决策机制。

第二节 美国贸易政策决策主体：国会与总统

美国贸易决策机制中的两大主体分别是以总统为首的行政机构

① 关于美国贸易政策的转变的背景还可以参见，吴云翔、叶明华：《从自由贸易走向公平贸易——80 年代美国贸易政策转变的原因》，《求实》2003 年 1 月。

以及国会。从1789年到1930年的《斯穆特—霍利法案》，美国国会主导对外经济政策达100多年。而以《1934年互惠贸易法案》为标志，国会授权总统为首的行政机构指定贸易政策，美国贸易政策制定机制由此进入了以总统主导为特征的“1934年体制”。而在20世纪70年代，鉴于国内外形势的变化，国会再度调整贸易决策机制。作为美国贸易政策的两大决策主体，以总统为代表的行政机构和以国会为代表的立法机构在决策风格上存在差异，在政策倾向上也有所不同。尽管在不同历史时期各机构在决策机制中的地位和作用不尽相同，但他们都不同程度地参与到美国贸易政策的制定过程中影响着贸易政策的最终结果。

一、国会

美国是一个有着浓厚的“宪法崇拜”的国家，西方宪法学者普遍认为美国国会是世界上最强大的立法机构，也是美国政治系统中一个重要的权力中心。特别是在贸易政策制定方面，国会曾经扮演了举足轻重的角色。美国国会在政治和决策中的重要性源于其宪法地位，美国宪法在第一条第一款就规定：本宪法授予全部立法权，属于由美国参议院和众议院组成的合众国国会。[①] 国会的基本职能首先在于制定法律，其次在于监督行政部门和司法部门。具体到贸易政策，宪法规定的国会权力也比较清晰：美国宪法第一条第八款明确规定国会有权“管制同外国，各州之间以及印第安部落的商业”[②]特别是这一条款还规定了国会具有征收关税的权力，因而就在当时确定了国会在贸易政策中的主导地位。

国会还拥有宪法赋予的权力干涉总统的外交决策，具体表现在：

---

① 李道揆：《美国政府和美国政治》，北京：商务印书馆，1999年版，第314页。

② 李道揆：《美国政府和美国政治》，第366页。

第一，国会可以通过立法权决定外贸机构的增减，也可以通过针对某个贸易问题的法律，并且在法案中附加上涉及贸易的修正案。第二，国会可以通过财权控制预算来影响政府；第三，国会可以通过外贸管制权直接参与贸易政策的制定。最后，国会拥有批准权以及调查权，国会对于总统的人事任命以及条约拥有批准权并可以采取调查听证的方式对外交决策和贸易政策进行监督和干预，并且可以通过特别委员会对某一事项进行专门的调查。

具体到贸易政策，国会之所以在贸易政策上比较活跃，一方面固然是由于宪法的明确规定，另一方面也是由于贸易政策本身具有的特点：首先，贸易政策针对的问题大部分是日常事务，国会有充分的时间对贸易政策施加影响；其次，鉴于大部分贸易问题的解决涉及到政府如何分配经济资源，这些问题最终往往归结于国会的正式立法；最后，贸易政策由于涉及到复杂的多层次利益关系，而且处在国内政治与对外关系的重叠地带上，所以经常出现国会与行政机构管辖重叠的情况，而国会开放程度远比行政机构要大，利益集团更倾向于向国会施压力图影响政策，议员在选区的压力下也通常在贸易问题上表现得比较活跃。

正因为贸易政策具有上述特点，国会在贸易政策领域的影响极为深远。而且由于国会具有独特的组织结构以及历史文化，国会议员在处理贸易问题以及参与贸易决策时的风格明显不同于行政机构。

首先，由于国会议员要对自身选区负责，且有连选连任的压力，所以国会议员决策出发点往往比较狭隘，仅仅考虑如何维护自身选区的选民利益；其次，鉴于国会议员的选举压力，国会议员相比行政官僚对于外部的压力更为敏感，特别是对于来自组织良好的利益集团的压力尤其敏感。这是由于动员能力强的利益集团通常可以影响地区选举的结果，议员出于连选连任的需要往往对利益集团的诉求妥协，这也成为很多保护主义利益集团影响贸易政策的重要渠道之一；再次，同行政官僚的谨慎而追求专业的作风不同，国会议员习惯于在国会这个自由论坛上唇枪舌剑，许多议员以“出风头、抢镜头”为追求。议员一般情况下不用对自己的过激言论负责，而且国会议员活跃于各种听证会，质询会，因而工作方式也比较有对抗性，面对与外国的贸易争端与分歧也倾向于采取强硬态度和立场。

尽管国会在《1934年贸易互惠法案》之后结束了主导贸易政策的局面，但是这并不带代表国会就此退出了贸易政策的决策体系。这一方面是由于国会制定贸易政策的权力是宪法赋予的，国会对总统的授权总是有时间限制的；另一方面，面对美国国际收支状况日益恶化的现实，国会在20世纪六七十年代再次行动，更加积极地参与贸易政策的制定，并直接改变了贸易决策的机制。

二、行政机构

总统制是美国的发明，始创于200年以前，其后被许多国家所采用。在当前的美国政治中，总统是美国政治舞台最为核心和最有权力的人物，拥有广泛的立法倡议权以及立法否决权，同时也是执政党的当然领袖。当前在总统领导下的联邦行政政府也不断扩大，行政机构以及人员也因之水涨船高。目前在总统领导下的行政部门以及专门机构有100多个，职业官僚多达280多万，而且有210万的武装部队。[①] 总统负责领导和协调行政部门各个单位的活动。

具体到贸易政策方面，以《1934年互惠贸易法案》为标志，总统为首的行政机构主导美国贸易政策的制定。总统获得了国会移交的同外国谈判协商制定关税的权力，并且开始主导美国对外的贸易谈判。具体而言，国务院负责谈判的实施过程，在当时的国务卿科德尔·赫尔的领导下，美国开始了大规模倡导贸易自由化，就此也

---

① 关于美国总统权力的讨论具体可参见李道揆：《美国政府和美国政治》，第390—433页。

开启了美国对外“自由贸易”的时代。

第二次世界大战之后，鉴于国家间经贸关系日益紧密，贸易政策牵扯的部门越来越多，仅凭国务院已经不可能协调如此众多的利益关系，因而行政机构中更多的部门加入到贸易政策的制定过程中来。而且国会也通过立法促成行政机构内部的改革，建立了贸易谈判代表办公室，并将其作为总统办事机构的一部分。

作为总统办事机构中主管贸易的部门，美国贸易谈判代表办公室既是帮助总统处理贸易问题的主要机构，也是总统重要的贸易顾问、谈判代表以及贸易相关领域的发言人。美国贸易谈判代表的主要职能包括：第一，制定美国国际贸易政策并协调其实施；第二，作为总统贸易政策的主要顾问，就美国政府其他政策对美国贸易的影响向总统提出建议；第三，作为美国的主要代表，负责国际贸易的谈判，包括美国参加的世界贸易组织的任何议题的谈判。[①]

值得注意的是，美国贸易谈判代表办公室是国会倡议在总统办事机构内设置的专门负责谈判的机构。一方面美国贸易谈判代表办公室的建立事实上标志着总统以及国务院主导贸易政策时代的终结；而另一方面，国会直接立法建立贸易谈判部门也引起了行政机构内部“地震”，在贸易谈判部门建立之初曾经遭遇行政机构其他部门的排挤，在经历了反复的斗争之后该部门在贸易政策制定中的主导地位才得以确定。

在经济全球化迅猛发展的今天，贸易问题在国家对外政策中的比重逐渐上升，美国作为世界上唯一的超级大国，更是面临着极为复杂的贸易问题。长期以来，美国政府中的经济部门在对外政策中虽然也发挥了一定的作用，但是通常处于重大对外决策和安全政策系统的边缘。但冷战结束之后，由于美国的工商业在全球经济一体化的进程中影响越来越大，因而美国政府中负责金融、农业等部门

① 李道揆：《美国政府和美国政治》，第445—446页。

也就在对外贸易政策的制定过程中扮演了越来越重要的角色，其中商务部、财政部、农业部等部门的作用尤其重要。

商务部（Department of Commerce，United States）成立于 1903 年，现在已经成为美国负责国内和对外经济问题的政府部门之一。在冷战时期，商务部在贸易政策中主要职责是控制美国的出口政策，目的在于限制美国战略物资直接或者间接的流入共产党国家。[①] 1980 年，美国政府的对外贸易机构进行了重组，商务部成立了国际贸易署，成为美国非农业产品贸易政策的主要执行者。这也造成了同美国贸易谈判代表办公室的职责冲突，对此美国前商务部长马尔科姆·鲍德里奇曾略带不满的指出："贸易政策的制定和执行分属两个不同部门，这在美国政府中仅有此例。"[②]

当前美国商务部是促进美国经济利益，国际贸易以及基本流动的主要机构，其职责包括：促进贸易与投资、帮助美国企业加强竞争力等。为此商务部在全世界范围内设置了 150 个办事处，而在美国本土也设置了 108 个办事处。在全球范围内处理美国贸易相关问题。[③]

财政部（U. S. Department of Treasury）作为掌握国家金融命脉的重要部门，已经成为美国国际经济政策体制中的重要参与者。美国财政部长是美国主要的财政官员，也是美国总统顾问圈子的重要成员。美国财政部宣称以"美国的繁荣和稳定创造条件和促进世界上其他国家和地区的繁荣与稳定。当前的工作范围主要集中在税收政策、关税、国际贸易以及收支平衡、汇率调整以及公共债务等问

① 韩召颖：《美国政治与对外政策》，天津人民出版社，2007 年版，第 191 页。

② Eugen R. Hastedt, *American Foreign Policy: Past, Prsent, Future*, KY: Central Kentucky Book Supply, 2005, p. 235.

③ 韩召颖：《美国政治与对外政策》，第 192 页。

题。[①] 美国财政部国际事务办公室主要负责促进国际金融的稳定保护美国国内经济的繁荣。

具体到贸易政策领域，财政部掌握着汇率调整等重要工具。众所周知，美元是国际贸易结算中的主要货币，美元的波动会对国际贸易产生极为重要的影响。就决策风格而言，财政部在处理国际经济问题时通常采取“美国第一”的立场，与国务院对其他国家的立场保持敏感形成了比较大的反差。在贸易问题上，财政部只重视保护美国企业和商人的利益，因而在贸易政策上常常与其他部门意见相左以至发生冲突。

美国是世界上最大的粮食和农产品出口国之一。美国农业部（U. S. Department of Agriculture）为了保证美国农产品获得海外市场的机会，积极参与美国贸易政策的制定与实施。美国农业部积极促进美国农产品的出口，监督美国从其他国家进口农产品。目前美国农业部在全世界100多个国家的使领馆驻有专门人员，提供驻在国的农业情报，包括农产品发展趋势以及农产品供求方面的信息。[②] 而农业部也主要通过对某些产品的实行进口配额限制来监督农产品的进口。与此同时，农业部还积极参与涉及农产品贸易的谈判，参与国际贸易组织、联合国粮农组织等多边活动、制定和协调美国的农业政策。

在冷战结束以后，世界贸易谈判中环境问题和劳工标准问题上陆续出现。与此相对应，美国能源部（Department of Energy，United States）以及劳工部（U. S. Department of Labor）也登上了贸易政策的舞台。美国劳工部不同于其他的经济部门，在贸易谈判中主要关心美国工薪阶层的利益，并且确保美国政府在签订国际协定和条约时能够维护美国劳工的权益。而能源部以及环境保护署则专门关注

① 美国财政部官方网站：http：//www. ustr. eas. gov/education/duties/，2007－8－5。

② 韩召颖：《美国政治与对外政策》，第192页。

贸易谈判中的环境问题，并且负责帮助发展中国家合理利用自然资源。

总而言之，伴随着国际贸易日益深入的发展，贸易政策牵扯的利益越来越复杂，参与制定政策的部门越来越多。以总统为首的行政机构不论在内部组织还是在决策风格都不同于国会。长期以来，行政机构被称为抵制贸易保护主义的壁垒，其主要原因如下：

首先，同国会的选举制度不同，总统无须对某一个特定的选区负责，而是需要从国内外总体情况出发考虑问题。历史经验证明，贸易保护主义政策往往只是保护狭隘群体的利益，但代价却是要美国承担贸易报复的损失，因而美国历届总统都倾向于抵制贸易保护主义，坚持自由贸易，因而也就得名“总统自由主义”。其次，总统统驭全局，一方面了解国内经济，另一方面兼顾国际关系，因而对贸易政策的了解更为深入和全面，而且更容易动员支持自由贸易的民众抵制贸易保护主义。

正是因为以上原因，国会在深刻反思贸易战教训的基础上，出于抵制贸易保护主义的需要，在 1934 年体制下将相当部分的贸易权力移交给总统。但前文已经论述，国会“授权”并不等于国会“弃权”，相反国会始终在警觉的制约总统，尤其防止所谓“帝王式的总统”出现。因而，国会保留了定期授权、审议、否决等方式以便制衡总统。从 20 世纪 70 年代起，由于美国在国际市场上面对着欧洲和日本的激烈竞争并逐步丧失优势，国会对此也迅速做出了反应，积极介入到贸易决策的机制中，特别是国会立法在白宫办事机构中建立了美国贸易谈判代表处，在分散总统权力的同时也在相对封闭的行政机构中楔入了代理人。

三、利益集团

利益集团（Interest Group）是美国政治制度的产物和权力结构

的重要组成部分，是美国多元化社会的反映，也是公民参政的重要渠道。甚至有学者指出：对各种问题的决策是由政府、政党以及利益集团共同做出的。因而利益集团尽管没有明确的出现在美国贸易政策决策机制的体系中，但其作用不容小觑。

美国学者杜鲁门（David Truman）对利益集团进行了深入研究，他认为利益集团就是“持有共同态度、向社会其他集团提出要求的集团，如果他通过和向政府的任何机构提出要求，它就变成了政治性质的利益集团。[①] 美国利益集团的发展也是经历了一个漫长的历史过程，早在独立之前，美国为了增强抵制英国的力量就鼓励成立宗教社团；19 世纪 30—40 年代，反奴运动中出现了大量的民间社团。19 世纪末，伴随着经济事务在民众日常生活中越来越重要，范围涵盖全国的大型行业协会纷纷兴起。特别是 20 世纪前 20 年，美国出现了全国性质的政治经济社团，例如美国商会、全国制造商协会、美国医学会以及全美国有色人种协进会等。时至今日，美国的利益集团之兴旺发达，数目种类之繁多，堪称世界之冠。

作为高度发达的资本主义国家，美国国内绝大多数的公司、工商业集团以及劳工集团等组织都力图能够通过影响美国的对外政策而为自己牟利。其中最为著名的有美国商会（AmCham - China）以及全国制造商协会（National Association of Manufacturers）、劳工联合会 - 产业联合会（American Federation of Labor and Congress of Industrial Organizations，AFL - CIO）等。[②] 这些利益集团通过游说等方式进入贸易政策决策过程，影响贸易政策。

---

① ［美］戴维·杜鲁门：《政府过程，政治利益与公共舆论》（陈尧译），天津人民出版社，2005 年版，第 37 页。

② 利益集团的讨论还可以参见李道揆：《美国政府和美国政治》，第 6 章以及韩召颖：《美国政治与对外政策》，2007 年版。

第三节 1934 年体制：保护国会与帝王式的总统

一、贸易保护主义与“1934 年体制”的建立

在美国建国 200 余年的时间里，贸易政策制定权在各个主体间呈现出“钟摆现象”：即国会以及总统交替主导贸易决策权。从 1789 年到 1930 年的《斯穆特—霍利法案》，美国国会主导对外经济政策达 142 年之久，[①] 这一时期美国主要的贸易政策基点在于通过征收高关税为“新兴产业”提供保护。这种保护主义在 1929 年爆发的全球性的经济危机中达到顶峰，美国国会通过《斯穆特—霍利法案》大幅度提高关税，进而引发了世界各国激烈的贸易战，美国奉行贸易保护主义不仅没有达到既定的目标，反而自食贸易战的恶果，这也促使国会反思贸易保护主义挟持贸易政策的过程，并开始酝酿改革自建国之初一直奉行的以国会主导贸易政策的体制。

鉴于《斯穆特－霍利法案》的出台完全是一小撮保护主义利益集团“挟持”国会的结果，国会也意识到必须建立一种新制度以避免狭隘的利益集团影响贸易政策的制定。[②] 国会因而开始酝酿改变现有贸易决策机制，防止贸易保护主义的幽灵再度挟持贸易政策。对

---

① 张建新：《权力与经济增长：美国贸易政策背后的政治经济学》，上海人民出版社，2006 年版，第 42 页。

② 多项研究都表明：《斯穆特—霍利关税法》的通过完全是利益集团，特别农业和小规模的轻工制造业集团所组成的压力集团推动的结果。具体参见“The Political Economy of the Smoot Hawley Tariff”，in Jeffrey A. Frieden and David A. Lake eds. *International Political Economy*：*Perspectives on Global Powers and Wealth* Beijing：Peking University Press，2003，pp. 37－46。

于国会议员而言，面对贸易战带来的惨痛教训，他们不再优先考虑保护美国工业，而是开始首先保护他们自己免受来自生产商的直接和单方面的压力。在这一背景下，当时的总统罗斯福获得了国会授权，并由国务卿赫尔具体负责开启与各国谈判减让关税等活动，这也标志着行政机构掌握了贸易政策制定权，政府主导贸易政策制定的新局面开始形成。

二、"1934 年体制"的具体制度安排

以《1934 年互惠贸易法案》为标志，美国贸易政策决策机制开始进入了总统主导的时代。由于该法案的标志性意义，以总统为主导的贸易政策制定机制就得名为"1934 年体制"。总体而言，由于在国家权力体系中所处的位置和扮演的角色不同，总统对来自国际体系层面的诸如权力结构，国际制度和相互依赖等因素所提供的机遇和约束更加敏感，总统会倾向于从国家的政治、经济与安全战略的整体角度出发来考虑贸易问题，因而总统通常更加支持自由贸易，钟情于自由贸易给整个国家带来的巨大的贸易福利。

《1934 年互惠贸易法》使得大部分贸易政策的制定权从国会转移到政府，具体表现在国会授权总统负责与外国政府进行谈判并且就调整关税税率签订贸易协议，可以自行决定将关税最大程度降低 50% 而无需经过国会的批准。[①] 这也同时意味着国会主导关税制定的时代的终结，国会把具体的关税事务的决定权移交给总统，并且由国务院具体负责，目的在于"让国际贸易谈判的过程最大限度的远离选民的压力"，[②] 避免狭隘利益集团再次裹胁贸易政策。

---

① 孙哲、李巍：《美国贸易代表办公室与美国国际贸易政策的制定》，《美国研究》2007 年第 1 期。

② ［美］约翰·奥德尔：《世界经济谈判》（孙英春译），北京：世界知识出版社，2003 年版，第 197 页。

与此同时，国会也采取了一系列制度设计来抵御贸易保护主义的压力。鉴于国会始终有权在贸易问题上向行政机构发难，因而一旦有个别议员出于政治利益的考虑继续支持贸易保护主义的要求，国会仍然有可能通过限制贸易的法案。出于以上的考虑，国会设计了相应的程序来避免与具体产品相关的议案通过两院的全体大会。通过将贸易决策相关权力划归参议院的财政委员会以及众议院的拨款委员会，国会得以抵御大部分的贸易保护主义提案。支持自由贸易的委员会领袖往往同行政官员进行联合，阻止针对单个商品的保护主义提案纳入国会讨论议程，[①] 抵制贸易保护主义影响贸易政策。

此后，美国贸易政策决策机制进入了总统主导的时代，“1934年体制”正式形成。该体制的核心就在于国会出于抵御贸易保护主义的考虑，主动放弃了制定关税的权力并将该项权力移交给总统，由国务院具体负责制定实施。而国会自身则退居幕后，有学者将这一时期的国会的角色形象的比喻为“平衡者”以及“经纪人”，成为了美国国内利益与海外利益的看门狗。[②]“1934 年体制”的基础是国会与总统在抵御贸易保护主义问题上的共识。在全球性经济危机的大背景下，双方都认识到贸易保护主义无法从根本上促进经济发展，因而双经过折冲妥协确立了该体制。这也同时标志着在经历了第一次世界大战之后长达十多年的尖锐斗争后，信仰自由贸易的国际主义者最终战胜了支持贸易保护的民族主义者。[③] 在国会授权的支持下，当时任美国国务卿的赫尔（Cordell Hull）在全球范围内开启了新一轮的贸易自由化运动，进而开启了资本主义世界第二个自由

① 可参见 I. M. 戴斯勒：《美国贸易政治》（王恩冕等译），北京：市场出版社，2005 年版。

② ［美］朱迪斯·哥尔德斯坦：《制定 GATT 的规则：政治、制度与美国的政策》，载约翰·鲁杰主编：《多边主义》（苏长和等译），杭州：浙江人民出版社，2003 年版，第 240 页。

③ 孙哲、李巍：《美国贸易代表办公室与美国国际贸易政策的制定》。

经济秩序的时代。据统计到1945年，美国与27个国家共达成了32个这类双边贸易协定，对64%的应税进口商品进行了减让，使得税率平均降低了44%。[①]

三、“1934年体制”的成果与缺陷

“1934年体制”的确立为美国从贸易保护主义转向自由贸易提供了坚实的制度保障。尽管推动自由贸易会在一定程度上损害国内部分利益集团的权益，但行政机构相对的封闭性使得总统可以免受国内保护主义势力的压力，可以相对自由的推行自由贸易的政策。当然“1934体制”的确立也有一定的偶然性，存在着固有的缺陷，因而也就决定了该体制的不可持续性。首先，这一体制的基础在于在大萧条背景下形成的强势总统和弱势国会的格局。众所周知，在经济危机的大背景下，成功施行新政的罗斯福总统威望如日中天，其后历任总统都无法望其项背，这也就决定了“1934年体制”下总统主导的强势局面不可能长久维持。其次，由于世界大战以及其后冷战带来的安全压力成为了美国的首要战略考虑，贸易问题不是国内政治的核心议题，更非党派政治斗争的焦点。最后，这一时期美国已经成长为首屈一指的世界强国，在国际贸易领域中占据绝对优势地位，因而大部分美国民众也欢迎自由贸易。“1934年体制”是建立在特殊时期形成的特殊的府会关系的基础之上的，任何一个条件的变化都可能导致这一体制的崩溃。

总而言之，“1934年体制”的确立促进了美国的自由贸易政策，带动了自由贸易在全球范围内的扩展，直接带来了资本主义社会的第二次自由贸易高潮。但伴随着时代的发展，美国自身在内政外交

① John H. Jackson, Jean - Victor, and Mitsuo Matsushita, *Implement the Tokyo Round: National Constitution and International Economic Relations*, Ann Arbor: University of Michigan Press, 1984, p. 141.

方面都发生了一系列的深刻变化，“1934 体制”在新形势下也不断暴露出问题。时至 20 世纪 70 年代，美国国会面对当时的国内外一系列新变化，开始着手改革贸易政策制定机制。

第四节 20 世纪 70 年代美国贸易决策机制改革

20 世纪 70 年代，世界经济形势发生了深刻的变革。由于欧洲和日本经济的崛起，美国在世界经济中的地位下降，特别是在国际贸易中逐步陷入劣势。在两次石油危机的打击下，发达工业国家进入了所谓“滞胀期”，物价急剧上涨而经济增长率止步不前。各国货币之间的固定汇率制难以为继，在浮动汇率制的影响下世界各国的资金流动以及贸易更加不稳定，而伴随着国际贸易规模的不断扩大，贸易政策带来的影响也开始逐渐提升。

一、20 世纪 70 年代美国贸易决策机制改革的背景

20 世纪 70 年代美国贸易决策机制的改革有着深刻的国内外背景。在国际层面上，伴随着欧洲和日本经济的崛起，美国在世界经济中的优势丧失殆尽。在国际贸易中，美国地位逐渐下降，贸易赤字逐年增加。1950 年，美国在国际贸易的份额中占有 1/3 的比重，而这一数字在 1960 年、1970 年以及 1980 年分别下降到了 27%，23.5%以及 22.1%。[①] 与此同时，美国的贸易赤字增长惊人，1971

① ［美］I. M. 戴斯勒：《美国贸易政治》，第 47 页。

年美国对外贸易逆差为23亿美元，1972年暴涨至64亿美元，到了1978年更是达到了史无前例的339亿美元。[①] 与美国的“衰落”相对应，欧洲和日本在国际贸易中的优势地位不断加强，这也引起了美国国内民众心理的变化，贸易问题开始进入民众关注的视野。

在美国国内，鉴于贸易赤字逐年增加，贸易问题的影响面越来越大，美国贸易政策开始成为党派相互攻讦的重要话题，社会的精英阶层尽管对自由贸易的支持度依旧很高，但已经明显下降，“贸易保护主义的情绪正在由上而下的增加”。[②] 利益集团政治此时已经变得更加错综复杂，一些更具影响力的利益集团也开始要求政府对贸易采取行动，国会与总统都受到了史无前例的压力，开放式的贸易政策在一定程度上已经无法继续维持。

总而言之，这一时期美国面临的国际与国内层面上的诸多变化都削弱了旨在转移和应对保护主义压力的“1934年体制”，其中许多变化还加大了支持限制贸易者的政治分量，[③] 在国内外形势的重压下，“1934年体制”开始逐渐解体。

二、20世纪70年代贸易决策机制的改革措施

针对美国对外贸易的新形势，美国国会开始着手改变“1934年体制”下由总统主导，国务院牵头制订贸易政策的体制与相应运行规则。而与此同时，美国贸易决策机制的主体之一的美国国会也同时启动了内部改革。上述改革最终共同构成了这一时期美国贸易决策机制的变化。

---

① ［美］I. M. 戴斯勒：《美国贸易政治》，第49页。

② 施耐德：《贸易保护主义的赠奖由上而下》，《国家杂志》1983年1月29日，第240—241页。

③ ［美］I. M. 戴斯勒：《美国贸易政治》，第52页。

(一) 国会扩权与美国贸易谈判代表办公室的建立

在“1934年体制”下，国务院在贸易决策体系中处于绝对核心的地位。[①] 在美苏冷战的大背景下，贸易政策经常让位于安全政策。直到20世纪60年代，国际经济格局发生了重大变化，由于国家间经济相互依赖程度日益加深，经贸关系更加复杂，贸易政策的影响面越来越大，国会深感以国务院为首的行政机构无法适应日益繁重的贸易工作，特别是国会对国务院长期以来轻视贸易政策、忽视国内产业利益深感不满，因而强烈呼吁建立新的贸易决策机制。在此背景下，美国政府不得不改变贸易政策的制定模式，建立新的机构以便更好的应对世界经济形势的变化。为启动多边贸易谈判，美国政府成立了贸易协议委员会（Committee of Trade Agreement）以协助政府部门处理具体的贸易问题。但由于多边谈判的规模和重要性不断提升，主要负责外交事务的国务院和只能搜集信息的贸易协议委员会无法胜任该工作。国会就此要求行政机构建立专门机构从事贸易谈判工作，因此以总统为首的行政机构也不得不着手建立贸易谈判机构。

针对即将到来的肯尼迪回合谈判，美国国会通过了《1962年贸易扩大法》。该法要求总统指派贸易特别代表，同时规定必须建立跨部门的机构以便给总统在贸易协议方面提供政策咨询。该法案的安排不仅使建立贸易谈判机构的问题得以解决，而且使得国际贸易谈判可以在平衡国际和国内利益的基础上进行，也有利于美国更好地制定和实施对外贸易政策。于是，在美国历史上，国会和总统首次授权贸易谈判代表全权负责贸易谈判工作。1963年，肯尼迪总统建立了“贸易特别代表办公室”（The Office of Special Trade Representative 简称特别贸易谈判代表），将其作为直属于总统的行政部门之

---

① 孙哲、李巍：《美国贸易代表办公室与美国国际贸易政策的制定》。

一，同时在华盛顿特区和瑞士日内瓦设立两个代表处。该机构成立之后立即参与了1964年的关贸协定的肯尼迪回合谈判。当时该机构仅由25名专家构成，与国务院、商务部以及农业部协作共同完成谈判工作。

作为国会要求成立的机构，贸易特别谈判代表在建立之初境遇十分尴尬。面临着总统的敌视以及体制内部门的竞争，其中尼克松政府的商务部部长莫里斯·斯坦斯（Maurice. H. Stens）以及里根政府的商务部长马尔科姆·波多里奇（Malcolm Baldrige）都对美国贸易谈判代表办公室极为不满，这直接导致了美国贸易谈判代表办公室行使职能的困难，这也使得该机构更加紧密地向国会靠拢。[①]

美国国会对于贸易特别谈判代表办公室寄予厚望。起初国会立法建立特别贸易谈判代表的初衷就是为了建立一个相对中立的贸易谈判机构，以便牵制行政部门，因此在1973年国会在当时尚未通过的贸易法案中加入新的条款，正式赋予“特别贸易谈判代表”法律地位，使之成为国会立法成立的机构。该追加条款同时规定新成立的机构隶属于美国总统办公室，级别为正部级。1974年福特总统正式签署《1974年贸易法案》（U. S Trade Act of 1974），从法律意义上肯定了贸易特别谈判代表办公室的地位。1979年，贸易特别谈判代表办公室根据该年度第三号重组计划进行了重组，该法案扩展了特别贸易谈判代表的机构规模和责权范围。至此，该机构正式更名为美国贸易谈判代表办公室。

美国贸易谈判代表办公室，顾名思义就是负责对外贸易的谈判工作的机构。特别贸易谈判代表的建立主要是为了应对即将到来的肯尼迪回合谈判。伴随着多边贸易谈判的扩展，该机构的职能不断扩展。1979年特别贸易谈判代表改组为美国贸易谈判代表办公室时，该机构的职责范围上已经涵盖包括：全面负责制定美国贸易政

---

① 具体请参见［美］I. M. 戴斯勒：《美国贸易政治》，第103—137页。

策及其实施的协调；担任贸易协议和贸易政策事宜的主要发言人，并提供上述事宜以及贸易政策效果方面的建议；与商务部协同负责维持和保护美国在各国际贸易协议中的权益，并监督美国所参加的各贸易协议的实施情况；担任进出口银行的副主席和海外私人投资公司董事会的成员，并参加国际货币和金融政策方面的咨询工作；负责发展与协调服务贸易；负责直接投资事项，同时根据先前制定的谅解备忘录，协助国务院在经合组织、联合国贸发会议以及其他国际组织中开展投资方面的工作等。[①]

新成立的美国贸易谈判代表办公室在上述职能基础上经过了一段时间的运作，仍暴露出机构运转不灵、反应滞后等问题。为了更好地处理多边贸易谈判相关事宜，国会在1988年又通过了《1988年综合贸易竞争法》（Omnibus Trade and Competitiveness ACT of 1988），对美国贸易谈判代表办公室的职责范围再度进行修改和扩充。该法案规定，一旦总统建立旨在就国际贸易问题提供建议的任何机构，该机构的高级代表都应该由贸易谈判代表出任。与此同时，根据该法规定，美国贸易谈判代表办公室开始负责有关处理关于不公平贸易做法的问题，包括201条款和301条款的执行等。

随着乌拉圭回合谈判的结束，由谈判达成的协议所带来的执行等问题也随之凸显。1994年底，美国国会通过了旨在规定WTO协议在美国国内生效执行的程序及其与国内法关系的《乌拉圭回合协议法案》（Uruguay Round Agreements Act），该法规定所有由世贸组织（WTO）发起的谈判都由美国贸易谈判代表办公室代表美国参加，而相关工作也由其主要负责。仿效该法案，随后美国又将当时刚刚成立的北美自由贸易区（NAFTA）的所有谈判及相关工作也交给了美国贸易谈判代表办公室。这些规定大大扩展了美国贸易谈判代表办公室的工作范围。

① 孙哲、李巍：《美国贸易谈判代表办公室与美国贸易政策的制定》。

美国贸易谈判代表办公室作为当前美国贸易政策制定机制的中枢，在具体运作过程中需要同国会，内阁各部以及产业咨询委员会进行协作，共同制定贸易政策。作为国会立法成立的机构，美国贸易谈判代表办公室必须要在制定贸易政策时紧随国会，通过国会咨询委员会以及定期召开的听证会，国会实现了对美国贸易谈判代表办公室的监督与制约，确保了国会对美国对外贸易政策持久的影响力。

美国贸易谈判代表办公室主导地位的确立也同时意味着国务院牵头贸易政策时代的结束。国务院在贸易政策的制定过程中仅作为参与者提供相关意见，商务部在同贸易谈判代表办公室争权失败后转而负责美国对外贸易政策的具体执行，并在 20 世纪 80 年代成立了负责执行国际贸易政策的专职机构——国际贸易署（Agency of International Trade），并担负起部分贸易纠纷调查的职责。而财政部、农业部、能源部以及劳工部等部门则参照自身管辖范围内的事务对贸易政策提出咨询和建议。特别是伴随着国际贸易以及国际金融问题的日益复杂化，财政部在美国贸易政策制定机制中的地位不断提升。财政部尽管掌握着汇率的政策工具，对美国对外贸易政策的影响于此剧增，但财政部在贸易决策机制中发挥的作用仍然有限，而且始终要处在国会定期听证会的监督之下。[①]

（二）国会内部改革与阳光政策的推行

尽管“1934 年体制”中行政机构主导贸易政策，但国会仍然保持了对贸易的监督权力。由于在国会中支持自由贸易的民主党长期以来占据优势，因而主管贸易的各委员会主席在贸易政策问题上也采取了同行政机构合作的立场，最终确保了美国可以在相当长的时

---

① 具体参见陈荣安：《对美国汇率政策归属的分析》，《世界经济研究》2006 年第 2 期。

间内在全球范围推行自由贸易。但从20世纪70年代起，国会开始在内部进行了一系列改革，这些改革尽管从根源和目的上并非出自贸易问题本身，但是改革的中心议题，即“分权和程序公开”却无一例外的削弱了国会抵御贸易保护主义的机制。① 这一时期的国会在对委员会制度，议员的资历制度以及助手制度等方面都进行了大刀阔斧的改革，并开始推行阳光政策，提倡决策公开。这一切都使得“1934年体制”下国会委员会与行政机构联合抵御贸易保护主义的机制被极大弱化。

美国国会的重要特征就是委员会处于立法机构的核心，国会的立法程序都是围绕各种委员会提出来的。因而这些委员会不仅成为美国国会架构的基础，也成为美国国会立法的基础。国会领袖通常担任各个委员会的主席，掌握了国会的主要立法权。

20世纪70年代国会改革的主要目标就是改变委员会权力过大的情况，改革的主要手段就是分化这些委员会的权力，将权力下放至小组委员会，即实现由“委员会政府”向“小组委员会政府”的转变。在此背景下，众议院首先进行分权，把大部分处理法案的工作交由小组委员会进行，超过20名议员的委员会至少需要建立4个小组委员会。② 时至1973年，众议院通过了具有历史意义的“小组委员会权利法案”，明确规定常设或全权委员会必须尊重小组委员会的管辖权，所有交由委员会研究处理的法案必须在两周内分成若干部分呈交各个有关小组委员会审议讨论。③

尽管这一改革的初衷在于应对立法工作量的上升以及专业化程度的加强，但客观上导致了参与贸易决策的委员会数量急剧增加。贸易政策由此前的众议院拨款委员会以及参议院的财政委员会主导

① ［美］I. M. 戴斯勒：《美国贸易政治》，第65页。

② Burdett A. Loomis, *The Contemporary Congress*, 2nd edition, New York: ST, Martin’s Press, 1998, p. 88.

③ 李道揆：《美国政府和美国政治》，第353页。

演变成为由众多的小组委员会共同参与决定。另一方面，由于贸易谈判的重点已经从关税领域转移到非关税领域，因而贸易政策的影响面更大，进而促生了诸多的跨委员会的议员团体，例如钢铁议员团、纺织议员团以及蘑菇议员团等。[①] 因而在贸易政策上，特别是在具体产品的问题上，国会越来越多的面临着特殊利益集团的压力。

在改革委员会制度的同时，国会开始改革议员的资历制。资历制度起初是民主党甄选国会议员的标准之一，在20世纪成为了国会选任委员会主席的重要标准。而在20世纪40年代更是成为选举委员会主席的唯一标准。在此标准下，国会各个重要委员会主席均由资深议员把持。据统计，1971年参议院十个重要委员会主席平均年龄为66.6岁，在国会平均工作时间为24.7年。众议院10个重要委员会主席平均年龄为72.1岁，在国会任职平均超过33年。[②] 通常情况下，一般议员在立法进程中的发言权很小，而新议员在国会内部的发言权更是可以忽略不计。这种情况引发了年轻议员的强烈不满，因而在20世纪70年代中期开始，年轻议员力主改革国会施行的资历制度。1971年国会中的民主党团首先进行改革，规定由民主党党团会议不记名投票选举各个委员会主席，并且各小组委员会主席也一改以前由委员会主席任命的规则，同样引入了选举机制。在这一背景下，部分资深委员会主席被迫下台。伴随着小组委员会地位的提升，资深议员通过主要委员会把持立法进程的局面一定程度上被打破，资深国会议员再也无法主导立法的进程。

这一时期，国会也对议员的助手制度进行了改革。战后初期整个参议院议员的助手不超过200人，众议院的助手仅有120人左右。[③] 但伴随着立法工作数量的几何数增长，国会议员也感到力不从

① 金灿荣：《国会与美国贸易政策的制定》。

② 高鉴国：《美国国会资历原则的形成与变化》，《美国研究参考资料》1992年第8期。

③ 与非：《美国国会》，北京：中国民主法制出版社，2001年版，第28页。

心，因而要求增加议员的数量。国会在《1970 年立法改革法》(Legislation Reform Act of 1970) 中规定，将常设的委员会的专业助手人数增加到 18 人，行政助手增加到 12 人，因而委员会的整个助手人数达到了 30 人。而 1973 年众议院实施小组委员会的《权利法案》(The Bill of Rights)，允许小组委员会拥有自己的雇佣的工作人员，而到了 1975 年，参议员又出台规定资历浅的议员同样可以雇佣职员来协助其立法事务。经过改革后的国会助手团体迅速扩大，到 1989 年，委员会的助手达到了 3000 人，议员的助手更是达到了史无前例的 1.1 万人，此后国会的助手团体也大致的稳定在这一规模上。①

显而易见，议员助手的增加初衷是要加强委员会的工作能力，但随着议员助手等国会辅助机构的增加，利益集团可以通过此种管道对议员施加影响。从 20 世纪 70 年代起，在贸易政策领域逐渐形成了由国会议员外加其助手以及行政官员和利益集团的专家形成的关系网络，这些专业人士长期以来相互协作沟通，在贸易政策等问题上长期交换意见，形成相近的观点以及价值取向，他们的职位也经常互换，这种关系网的存在大大便利了游说的活动。

由于此前国会决策程序不公开一直遭人诟病，因而在 20 世纪 70 年代美国国会开始奉行所谓“阳光政策”，目的在于通过向公众开放立法程序的方式督促议员对自己的行为负责，要求所有委员会的记名投票都要公布，众议员在修正案上的立场都在《国会记录》上公布，公众不仅可以参加听证会，而且可以参加听证会之后的法案细则拟定程序。众议院同时规定委员会以及小组委员会的会议必须向公众开放，并接受大众传媒的监督。时至 1977 年，众议院开始向公共电视台和有线电视提供信号，实况转播议员的立法行动。

总而言之，这一时期的国会在内部组织结构，资历制度以及决

① 与非:《美国国会》，第 166 页。

策程序上都进行了大刀阔斧的改革，并且直接改变了国会内部的权力分配机制以及立法工作模式。“1934 年体制”下设计的抵御贸易保护主义的制度也在这场改革中受到了巨大的削弱。

（三）贸易决策规则的改革与贸易补偿措施的兴起

在第二次世界大战以前，关税问题是各国对外贸易政策的主要内容，因而“1934 年体制”主要对总统在关税减让方面的权力进行了规定。在该体制下，国会授权总统对外进行关税谈判并且就调整关税税率签订贸易协议。并且总统有权在对外进行谈判时将美国关税降低50%以内而不需要国会的批准。[①] 但从20世纪70年代起，国际贸易的主要问题已经从关税领域转移到了非关税领域，谈判的主要目的也从减低关税转移到清除非关税贸易壁垒。由于非关税壁垒所涉及的政府采购、补贴、技术标准等问题牵扯到更为复杂的国内利益，因而国会也并没有简单地套用关税谈判的授权机制，而是重新规定了总统与国会在政策制定权上的关系。

在新的授权机制下，总统仍有权力对外进行贸易谈判，但必须在达成任何非关税贸易壁垒至少90天前提交意向通知书由国会最终进行审议，但国会也必须保证在规定的时间中做出回应。[②] 在《1974年贸易法》中，国会正式规定了针对非关税贸易壁垒的谈判授权程序：即当总统正式向国会提交议案、要求履行一项与非关税贸易壁垒有关的协议时，参众两院必须在90天内对该议案进行表决，该议案不允许修订。这就是著名的快车道授权（Fast Track）程序。[③] 而在具体操作中，国会需要派遣相应成员作为观察员和顾问参与谈判，并协同负责谈判的特别谈判代表共同起草提交国会审议的议案。通过一系列非正式会议的沟通协调，财政委员会和拨款委员会将会协

① 孙哲、李巍：《美国贸易谈判代表办公室与美国贸易政策的制定》。

② 具体参见［美］I. M. 戴斯勒：《美国贸易政治》，第71页。

③ ［美］I. M. 戴斯勒：《美国贸易政治》，第347页。

议履行的议案提出建议。国会通过参与贸易谈判的具体过程以及掌握对贸易协定最终的审批权，进一步限制了行政机构的权力，这也意味着贸易谈判代表在进行谈判时会越来越多地受到来自国内的利益集团的制约。

“1934 年体制”对政府补助贸易受损行业也有相关的规定，主要目的在于救助在“不公平”贸易中受到损害的行业以及工人。[①]主要措施分别是例外条款保护、[②]抵消性关税调查、[③]反倾销法[④]以及调整性援助。[⑤]但由于以上救助申请标准十分严格，因而这一明显的保护性措施并没有在美国具体的贸易政策实践中发挥作用。但到了 20 世纪 70 年代初期，伴随着美国在国际贸易中遭遇的竞争日趋激烈，贸易受损的行业越来越多，因而美国国内要求降低救助标准的呼声也日渐高涨，国会受到的相关利益集团的压力与日俱增，这也迫使国会修改相应规则，保护国内相关产业。

“1934 年体制”对产业施行例外条款行政救助的前提是要求产业证明它在贸易中受到伤害的原因在于美国减让关税导致的进口增长，而且美国关税减让必须是造成该行业受到伤害的唯一原因，只有满足上述条件政府才会考虑进行救助。20 世纪 70 年代在国会的推动下，这一标准降低为是关税减让是造成严重损害的可能原因，而且取消了关于“损害必须是美国关税减让的结果”这一规定。而在

---

① ［美］I. M. 戴斯勒：《美国贸易政治》，第 138 页。

② 例外条款是关贸总协定以及美国法律的条款之一，规定可以实施进口救助来临时保护受进口竞争损害的企业，并且在 1974 年贸易法中扩大了实施范围和标准。

③ 抵消性关税调查指有证据表明外国商品在生产国境内销售时得到该国政府补贴的情况下由进口国进行调查，如果调查查实则美国法律通常要求征收关税以抵消该项补贴。

④ 指进口国就指控外国供应商以“低于公平价值的价格销售商品的上诉所进行的调查，一旦证实有倾销行为则根据法律规定海关将对货物征收相当于估算价差的附加进口税”。

⑤ 该计划最初由《1962 年贸易法》提出，旨在向受到进口扩大伤害的工人和企业提供培训和财政救助。

抵消性关税调查的适用范围上，国会同样套用例外条款的模式，扩大该计划的使用范围，放宽了资格限制。

这一时期美国国会还立法对抵消性关税以及反倾销法所针对的外国违规行为做出了新规定，针对外国的补贴问题，美国国会在《1974 年贸易法》中规定行政机构必须在收到申诉后一年内采取最后行动。在认定倾销时，行政机构在确定产品在本国内售价之时不必参考该商品在国内市场上某些低价销售的情况。在《1979 年贸易法》（The Trade Act of 1979），国会再次对行政救助的标准进行修改。在抵消性关税方面，由于企业申请抵消性关税需要出具“实质性损害”证明，尽管政府和众议院拨款委员会挫败了参议院关于降低“实质性损害”界定标准的提案，但是该定义还是放宽了标准，规定“没有造成后果，没有实质性以及不重大的损害之外的一切损害”都可以作为企业申诉的动因，而且没有明确要求企业指出进口是造成损害的重要原因。在这一背景下，越来越多的美国企业通过行政救助这一途径寻求贸易保护，而且国会通过不断的立法逐渐将这些更改后的贸易报复措施上升为美国处理双边以及多边贸易问题法定准则。

三、20 世纪 70 年代美国贸易政策制定机制改革的影响

20 世纪 70 年代美国贸易政策制定机制改革意义深远、影响重大。这一改革实现了贸易决策权在国会以及总统代表的行政机构之间的又一次转移。“1934 年体制”下总统领导行政机构主导贸易政策的时代宣告结束，美国贸易决策机制进入了总统与国会共同掌握贸易政策的新局面，在一定程度上导致了美国贸易保护主义的回潮。

（一）美国贸易代表办公室的建立与国会影响力的增强

通过这一时期贸易政策制定机制的改革，国会的地位再次上升，对贸易政策的影响进一步扩大。前文已经论及，“1934 年体制”下国会授权行政机构的初衷就在于通过把贸易决策制定权移交给相对封闭的行政机构以达到抵御贸易保护主义的目的。但经过这一时期的改革，国会打破了 1934 年体制，分化以及转移了总统的大部分贸易政策决策权，并且在行政机构内部建立了贸易谈判代表办公室作为中立机构参与贸易决策。国会扩权的直接后果就是便利了贸易保护主义势力通过国会影响贸易决策，国会议员在连选连任的压力下十分容易向保护主义利益集团妥协。而作为美国贸易政策主要制定者之一的美国贸易谈判代表办公室同样无法抵御贸易保护主义利益集团的压力。

作为国会立法成立的机构，美国贸易谈判代表办公室在处理贸易谈判时必须平衡国会背后的利益关系，一方面要削减贸易壁垒，另一方面更要考虑到国内相关企业以及工人的诉求。这样就使得美国贸易谈判代表办公室在一定程度上会偏离美国政府一贯的自由贸易原则，而更多地考虑国会背后的多元利益集团。美国宪法的规定国会享有监督权，因而国会也相应建立了国会咨询委员会，通过听证会等形式对美国贸易谈判代表办公室的工作进行监督。

国会咨询委员会的成员主要来自众议院的拨款委员会和参议院的财政委员会，目前大约有 10 名委员，分别从两个委员会各抽调 5 人组成。在具体工作中，它一方面负责听取美国贸易谈判代表办公室有关于贸易谈判等工作的通报，并向国会汇报；另一方面以磋商的形式向美国贸易谈判代表办公室提供国会对于谈判内容和协议的建议，以便于美国贸易谈判代表办公室在贸易谈判以及政策制定方面工作的开展。该委员会由于来自国会，所以地位较为特殊。由于美国贸易谈判代表办公室的“国会”背景，该咨询委员会不仅充当了与美国贸易谈判代表办公室进行协作的角色，同时也直接作为监督者直接影响贸易谈判代表办公室的政策制定。正是由于这个委员会的存在，美国贸易谈判代表办公室和国会的关系更为紧密，美国贸易谈判代表办公室在谈判方面的工作不得不对国会的要求有所顾忌，特别是面对国会的否决压力，美国贸易谈判代表办公室也倾向于在进行贸易谈判以及起草议案时对国会妥协。国会对贸易政策制定的影响力显著增强了。

在关贸总协定东京回合的谈判中，时任美国贸易谈判代表的罗伯特·斯特劳斯（Robert Strauss）在制定多边贸易谈判计划时就遇到了国会的巨大压力。由于受到国内新的非关税贸易壁垒审批程序变化的影响，美国贸易谈判代表在指定贸易议案时必须要同国会相关委员会进行协商，并且把草案提请国会批准，因而负责贸易谈判的代表害怕部分产业可能联合起来否决协议的履行议案，进而对部分行业做出了重大让步，其中纺织业在此前已经取得了进口配额的基础上又把这种配额扩大到了东亚国家。而钢铁业则获得了“启动价格机制”的承诺。根据该机制，美国政府承诺如果外国产品的售价低于具体规定的水平，那么政府就会采取措施进行反倾销行动。[①]

总而言之，国会通过建立贸易谈判代表办公室，打破了1934年体制下国务院主导的政策制定机制并转移了大部分的贸易政策制定权。通过国会咨询委员会以及定期举行的听证会，国会对贸易谈判代表办公室的工作进行了及时有效的监督，确保了对贸易政策的控制。

（二）国会内部贸易决策权力的分散与利益集团影响的增强

国会的内部改革改变了“1934年体制”下设计的“贸易保护主义”的抵御机制。委员会制度的弱化以及决策过程的公开都将国会

① ［美］I. M. 戴斯勒：《美国贸易政治》，第74页。

议员暴露在利益集团的压力之下。在国会改革的要求下，此前主管贸易政策的众议院拨款委员会在规模上有所扩大，从此前的25人增加到37人。拨款委员会必须同非本委员会成员组成小组委员会共同负责贸易政策，而且要遵守众议院的规定，将关于扩大贸易授权的新议案要提交全体会议进行审议。

由于国会将贸易政策的相关权力分散至各个小组委员会，“1934年体制”中由众议院拨款委员会以及参议院财政委员会主导贸易政策立法的局面被打破。国会的资深领袖再也无法通过个人的威望和活动能力将保护主义提案拒之门外。而且这一时期国会资历制度的改革更是削弱了资深议员对贸易政策的主导权，据资料统计，该时期国会中各个主要委员会主席纷纷辞职，特别是拨款委员会主席米尔斯（Wilbur Mills）因为酗酒丑闻的下台更是让此前如日中天的国会领袖威风扫地。[①] 国会领袖对贸易政策的影响大大削弱了。

以纺织品贸易为例，在1968年，参议员霍林斯（Ernest Fritz Hollings）提出制定严格法定纺织品配额并且得到68名议员的附议，但时任众议院拨款委员会主席的米尔斯拒绝审议该提案，最终导致该提案不了了之。但在1978年，霍林斯议员再次提出纺织品配额议案，此时的众议院拨款委员会的权力已经下放至多个小组委员会，众议院拨款委员会主席也必须和贸易小组委员会主席共同负责贸易问题，因而再也无力抵制该项议案，最终该议案在众议院全体大会上以压倒性多数获得通过。[②]

而这一时期国会议员助手制度改革客观上便利了利益集团影响贸易政策制定。前文已经论及，助手制度改革带来的直接后果之一就是在贸易政策领域逐渐形成由国会议员外加其助手以及行政官员和利益集团的专家形成的关系网络，通过国会与行政机构的“旋转

① ［美］西尔斯曼：《美国是如何治理的》，北京：商务印书馆，1988年版，第132页。

② I. M. 戴斯勒：《美国贸易政治》，第67页。

门”以及国会议员，政府以及利益集团的“铁三角”，利益集团影响贸易政策的渠道大大增加。[①]

而阳光政策的施行客观上开放了国会的立法程序，便利了公众对国会工作和议员行为的监督，但也同时把国会议员从幕后推向了前台，议员对外界的压力更为敏感，因而更有可能受到特殊利益集团的“胁迫”。正如马里兰州的一位参议员指出的：我们不是在工作，我们是在花时间到处争取媒体的注意，我们花太多时间同选民在一起，而不是花时间去研究问题，与同事们在一起。[②] 在立法程序公开的背景下，一些小组委员会在举行正式的对外会议之前往往召开非正式的会议来协调立场，更出现了一些议员为了讨好利益集团不断在国会提出旨在保护具体产业的修正案，以确保自己能够取得连选连任。而且在阳光政策的背景下，保护主义势力更可以快速确定游说目标，大大提升了保护主义势力影响贸易政策的精准度。

总之，国会改革中的分权和程序公开击中了“1934 年体制”的要害。“1934 年体制”的成功是建立在封闭式的政治基础之上的，特别是建立在防止议员受到单方面的压力的基础之上的。在 1934 年体制下国会的资深议员拥有足够的影响力来控制贸易提案，但是伴随着这一时期的改革，以往负责贸易政策的拨款委员会等必须与非本委员会的成员组成小组委员会，扩大贸易授权的议案必须要公之于众；而且议案程序审议上允许全体大会进行修订也成为常规。在公开的决策程序下，议员受到的压力越来越大，游说者可以迅速而准确地摸清议员的政策倾向，更便于他们对贸易政策施加影响。正如资深议员康纳波（Barber Conable）在 1984 年退休前所言：国会变成了一种参与式的民主政体，所以你不可能像过去那样轻而易举的

---

① 李道揆：《美国政府和美国政治》，第 304 页。

② ［美］赫德里克·史密斯：《权力游戏——华盛顿是如何工作的》，北京：中国人民大学出版社，1990 年版，第 38 页。

阻止别人提出的坏议案。①

（三）贸易决策规则与行政救助标准改革加剧了贸易保护主义势力“寻租”

20 世纪 70 年代贸易决策规则的改革与行政救助申请标准的改变毫无疑问便利了贸易保护主义势力的“寻租”。“1934 年体制”的核心之一就是国会授权总统为中心的行政机构进行关税减让谈判。伴随着非关税壁垒在国际贸易领域中重要性的不断提升，国会拒绝套用关税谈判授权模式而是保留了对贸易谈判结果最终的决定权，从而极大地限制了行政机构对外贸易谈判的空间。此时国会在贸易谈判开始和结束都必须通过法案，这也迫使贸易谈判代表在具体谈判过程中必须考虑国内产业的诉求。

而行政救助措施中门槛的降低更便利了贸易保护主义势力影响政策。前文已经谈到，国会在 20 世纪 70 年代先后通过了《1974 年贸易法》以及《1979 年贸易法》，大大降低了行政救助的申请标准，甚至有些规定明显具有倾向保护国内相关产业之嫌。以《1979 年贸易法》中关于抵消性关税的规定为例，国会规定源于抵消性关税的调查工作必须要再 20 天内展开，只有那些“明显无足轻重”的申诉才可以不经调查直接驳回，而且从开始调查到做出裁定的时间最终缩短为 7 个月。此类规定对申诉产业十分有力，原因在于外国政府和企业为了反驳申诉产业所进行的反诉需要在更短的时间内完成，对此外国政府以及企业往往没有足够的时间应对诉讼而导致败诉。

在行政救助标准的降低的背景下，美国国内企业纷纷将行政救助作为寻求贸易保护的突破口。申请例外条款的数量在 1973 年仅为 2 宗，在 1975 年升至 13 宗；而抵消性关税调查则从 1973 年的 1 例

① ［美］I. M. 戴斯勒：《美国贸易政治》，第 7 页。

猛增到1975年的38例。[①] 其中针对“不公平贸易”申诉程序更是成为相关厂商贸易保护诉求的“爆发点”，特别是在整个20世纪80年代前期，商务部受理的抵消性关税调查多达249项，而这一数字在1974年仅为5项。[②] 行政救助这一渠道已经成为美国企业寻求贸易保护最为常用的途径之一。

---

① 转引自 *International Economic Report of the President*，Washington DC：Government Printing Office，1976. p. 45.

② ［美］I. M. 戴斯勒：《美国贸易政治》，第151页。

第二章

美国贸易决策体制中的国会

国会是美国贸易政策制定体制中的重要环节。自1789年成立伊始，美国国会便在贸易政策的制定当中扮演重要角色。本章着重研究和分析美国国会影响美国贸易政策的方式和其行动背后的驱动力量，并着重探讨作为国会决策核心的委员会的形成背景和组成结构。经贸政策成为美国对外政策的重要组成部分和国会外交作用上升这两个并列趋势的出现和发展，促使对国会在贸易政策中作用的研究数量大幅增长。近些年来，我国决策界和学术界都加强了对美国国会的研究，对国会的运作机制和在对华关系中的作用的认识已经有不少进步，但是对国会在经贸决策中的影响以及发挥作用的方式，我们还需要做更深入的考察。

第一节　美国贸易政策与国会

一、美国国会的概况

（一）美国国会的宪法地位和权力

美国宪法规定了美国是一个三权分立的国家，国会、行政部门和法院构成了美国政府的三大支柱，三大权力机构相互制约，从而最大限度地保证自由，避免权力被滥用。按照美国宪法的精神，国会“无疑应该作为富有活力的政府部门，是人民声音的代表及民主理想的储备库”，[①] 应当是美国三大权力部门中最重要的部门，宪法也授予了国会很大的权力。宪法第一条第一款就明确规定了“本宪法授予的全部立法权，属于由参议院和众议院组成的合众国国会”。[②] 为保证国会权力的独立性，同时也为了防止国会权力过大，宪法规定参众议员都不准在其他联邦职位上任职，而那些任职者也不能担任国会工作。这一规定“避免了任何形式的议会制政府”。[③]

国会的权力具体来说主要有以下几个方面：

1. 立法权。法律是美国立国的基础，国家内政外交各个领域的事务如果离开了国会立法，都无法运行。

2. 财政权。这是美国国会掌握的最具实用价值的权力，也是制约和监督政府最有效的手段，通俗地说，没有国会的拨款和授权，政府就无钱可用，也就无法正常运转。

3. 任命批准权。美国总统任命的政府高级官员和法官都需要经过参议院的批准。

4. 外贸管制权。美国宪法第一条明确把“控制与外国的通商”、“制定与征收关税”的权力授予国会，这就使得国会在对外经贸领域拥有广泛的权力。

5. 条约批准权。这是美国国会参与美国对外事务决策的重要体现，美国与外国缔结的条约都需经过参议院批准。

6. 对外宣战权。美国宪法规定了美国对外宣战的权力属于国会。

7. 弹劾权。弹劾范围包括总统、副总统和所有美国文职官员，

① 李庆四：《美国国会与美国外交》，北京：人民出版社，2007 年版，第 1 页。

② 李道揆：《美国政府和美国政治》附录《美利坚合众国宪法》，第 751 页。

③ 李庆四：《美国国会与美国外交》，第 11 页。

但对于总统的弹劾往往最引人注目，但此项权力在运用上存在很大的难度，因此威慑作用大于实际作用。

8. 调查权。该权力由立法权引申而来，由于美国国会在立法过程中需要掌握大量的信息，因此可通过举办听证会、委托或设立专门委员等方式进行调查，获取所需信息，同时也可通过调查对行政部门及相关对象施加压力。

（二）国会议员

美国国会由参众两院构成，共有议员 535 名。参议院共有 100 位参议员，每一个州不分大小都有 2 名参议员，任期 6 年，每 2 年改选 1/3。众议院共有 435 名众议员，各州众议员的人数是根据人口比例选出，最少为 1 名，在目前的第 111 届国会中，拥有众议员人数最多的州是加利福尼亚州，共有 53 名。众议员任期为 2 年，每 2 年全部改选。参议员最初由州议会选举产生，后来改为由全州选民直接选举产生，因此会更多地从总体上考虑本州的利益。同时由于参议员任期较长，面临的选举压力较小，因此能够从整体、长期的利益角度出发考虑问题。众议员是由各州内部划分的选区产生，因此更多代表的是本选区、特定团体的利益，同时由于任职时间相对较短，面临的选举压力较大，因此众议员往往更加关注地方事务，更易受到外界影响。国会议员在任职期间所做的一切都是为了能够获得连任，以期在政治舞台上不断攀升。而国会议员连任的可能性很高，众议员的连任率一般在 90% 以上，参议员在 75% 以上，这就使不少议员成为老资格的职业政治家，从而具有很大的政治权威。[①]

① 金灿荣：《美国国会与贸易政策——以冷战后美国对华贸易政策为例（1989—1998）》，北京大学博士论文，1999 年，第 34 页。

（三）国会立法过程

立法过程由以下几个个程序组成：提出法案、委员会审议、本院全院辩论和表决、另一院全院辩论和表决、两院协商、总统签署。如议案遭到总统否决，国会还有机会推翻总统的否决。国会法案一般分为四种：

议案（Bill），这是最为常见的形式，由议员提出，通过后具有法律效力；

联合决议案（Joint Resolution），成为法律的方式和议案相同，但是对宪法的修正案必须以联合决议案的方式提出；

共同决议案（Concurrent Resolution）和简单决议案（Simple Resolution），和前两种不同，没有法律效力，只是表达国会对某一问题的看法，但具有一定的影响力。

议案只能由议员提出，但政府官员可以起草议案，然后通过议员提出。议案提出后即提交相关的小组委员会进行讨论，讨论通过后再提交常设委员会进行审议，这是立法的关键部分，在此过程中会举行一系列的公开或秘密听证会，然后对议案进行补充、修改，大约95%的法案在此过程中就被否决，根本没有机会进入下一环节。委员会审议通过后，法案将被提交全院辩论和表决，如果通过，将再提交另一院进行辩论和表决。法案必须在两院以同样的版本获得通过才能够提交总统，如果两院存在分歧，就必须通过协商对法案进行修改，由两院代表组成的协商委员会进行，形成协商意见后再由两院进行表决，对协商意见只能同意或者反对，如果反对，则继续进行协商。两院协商一致后，议案被提交总统签署，如果总统签署，将正式成为法律；总统有权否决该议案，而参众两院需要获得2/3以上议员同意才能够推翻总统的否决，使法案直接成为法律；总统也可以既不否决也不签署，如10天后国会仍在会期，则法案自动通过成为法律，如10天后国会休会，则法案被自动否决，即所谓

“搁置否决”。通常，国会想要凑足2/3的支持票推翻总统的否决十分困难，截止到小布什政府，美国总统共使用否决权2560次，其中被国会推翻的只用110次，只占约4.2%。[①]

二、美国宪法对国会贸易政策制定权的规定

国会在贸易问题上的权力就是宪法明文授予的。[②] 美国宪法第一条第一款规定：“本宪法授予的全部立法权，属于由参、众两院组成的合众国国会。”作为美国政治系统的权力中心之一，国会拥有宣战、征税、铸币、管理外贸、批准条约等多项权力，并有权“制定为执行以上各项权力和依据本宪法授予合众国政府或政府中任何机关或官员的其他一切权力所必须的、必要的和恰当的法律”。

国会的贸易决策权同样源于宪法的规定，宪法第一条第八款：“课征税款，进出口关税与货物税”，有权“管制同外国的、各州之间的和同印第安部落的商业”。具体而言，国会主要通过以下途径影响和制约对外经济政策的制定。

1. 国会有权制定与对外经济事务相关的法案，并可以批准或者否决行政部门提出的相关立法建议。

美国对外经济政策大多以法律形式表现出来，例如：《1934年互惠贸易法案》、《1962年贸易扩大法案》、《1974年贸易法》、《1979年贸易法》、《1984年贸易与关税法》、《1988年综合贸易竞争法》、《乌拉圭回合协议法案》和《2002年贸易法》等。在实践层面上，美国国会对贸易和关税事务控制的方式主要分为两种：其一是事前型，比如规定谈判人员必须与美国国会保持密切磋商；其二是

① 美国国会网站，http://clerk.house.gov/art_history/house_history/vetoes.html。

② Fred O. Boando and E. Wesley F. Peterson, *Enforcing United States Foreign Trade Legislation: Is there a Need for Expanded Presidential Discration?* 24J. world trade No. 4 81, at 83 (1990).

事后型，比如国会否决总统的立法建议。

2. 国会还可以授权行政机构参加国际经济谈判，并通过投票决定是否批准已经由行政机关签订的条约。

比如在1993年的乌拉圭回合谈判当中，正是由于国会规定当年12月15日为美国行政部门参加谈判的最后期限，才推动关税及贸易总协定各方在当年12月15日午夜之前通过了《乌拉圭回合谈判的最后文件》。美国国会参议院具有条约批准权，可以直接否决总统签订的国际经济条约，这也使得国会被戏称为“条约的坟场”。[①] 国会行使这一权力的典型案例就是第二次世界大战之后国会拒绝批准由美国倡导的国际贸易组织（International Trade Organization）条约。

3. 国会可以通过批准或者否决预算和拨款方案来影响贸易政策。

国会是美国国库的唯一掌管者，手中掌握着“钱袋子”，控制着政府的财源。国务院和国际开发署的预算受到国会的严密掌握，大规模的对外经济援助法案、贸易促进项目、国际开发项目和产业开发项目都需要得到国会的批准。美国冷战史上具有跨时代意义的对外经济援助计划，如马歇尔计划和“第四点计划”都是经由国会批准之后才开始具体实施的。克林顿政府之后，国会的拨款特征之一就是对外援助的减少和经济制裁的增加，而且国会还经常威胁拒绝通过由总统提出的增加对国际货币基金组织（International Monetary Fund）注资的立法建议。

4. 国会参议院还拥有对高级经济决策者的人事任免权。

一般来说，总统对所有内阁成员和其他高级官员的任命都需要得到国会的批准；而另一方面，国会拥有与总统就包括美国贸易代表、国际贸易委员会、国家联邦储备委员会在内的重要部门首脑任

① 参见 Louis Henkin, *Foreign Affairs and the Constitution*, N Y: W. W. Norton, 1975, p. 132。

命的磋商权；最后，国会还拥有对行政部门通过的经济政策和计划进行回顾和评估的权力，并有权对涉及到对外经济权力的问题进行监督和调查。

5. 国会作为一个汇集民意、代言利益集团的庞大政治机构，也具有通过间接方式影响政策的能力。

具体而言，国会可能通过发动和引导舆论向决策部门施压，通过串联议题要挟行政部门等方式对决策施加影响。近一段时期以来，国会作为对外经济政策的决策者、贸易政策的监督者以及贸易问题政治化的主要推动者，对涉外经贸政策介入的深度和广度都有所增加。

三、国会在贸易政策决策体系中的地位变化

国会在贸易政策制定中的影响力得到宪法的保障，并通过诉诸舆论加以放大。与此同时，宪法第二条第一款也规定了总统拥有行政权，并负责执行贸易政策。所以，国会对贸易的影响必须依赖美国总统及政府的行政部门才能发挥作用。而回顾美国的历史，美国对外经贸活动卓有成效之日，往往也就是国会和政府用通力合作之时；而当府会之间产生竞争的时候，美国的贸易政策也就往往无所作为。

从1789年第一届国会成立到1930年，国会主导美国贸易政策，总统主要作为贸易政策的执行者发挥作用。在这一时期，美国的贸易问题就是关税问题，国会独享征税权。这一时期的国会总体上倾向高关税政策，主要原因如下：首先，关税是联邦政府的主要税源，高关税有利于增加政府财政；其次，当时美国的产业竞争力较低，需要高关税来保护国内的新兴市场。国会贸易保护主义直接催生了1930年的《斯姆特－霍利关税法》，该法案引发了全球性的关税战，最终使美国自食其果。这也推动国会反思长期以来奉行的贸易保护主义，开始酝酿改革贸易政策决策机制。

《1934 年互惠贸易法案》的出台标志着美国进入了总统主导贸易政策的“1934 年体制”。在该体制下，美国总统开始主导贸易政策制定。具体而言，国会授权总统主导关税减让谈判，并规定总统可以不经国会批准就把任何一项美国关税降低 50%。在这一体制下，国会议员可以对游说者表示同情，但利益集团要想获得实质性的保护必须通过行政部门的批准。但《1934 年互惠贸易法案》也规定了一些行政救济原则，如第七章有关补贴与倾销的救助措施、产业的知识产权保护、一般性的贸易事务调查等，以确保产业利益可以得到制度化的保护。

《1934 年互惠贸易法案》从 1937 年到 1958 年共计修正延长了 11 次。这一时期的美国贸易政策总体上趋于自由化。《1962 年贸易扩大法案》生效后，美国得以参加并完成了关税与贸易总协定肯尼迪回合谈判，实现了全球贸易体制的进一步自由化。这一时期美国国内的政治结构也发生了相应的变化，府会之间的关系变得更加平衡。而与此同时，国会内部结构更加松散，参加贸易决策的委员会数量增加；利益集团对决策的干预加深；政党在贸易政策上的立场逐渐趋同。在这些变化的影响下，美国贸易的决策机制也产生了变化，造成了三方面的影响：首先，国会对总统的授权方式产生变化，《1974 年贸易法》进行了新的授权安排，其中提到美国国会只能对总统批准的非关税贸易壁垒国际协议表示同意或者不同意，不能附加修正案，这也就是所谓的“快车道”程序。同时受到进口伤害的产业也更容易获得行政救济，特别是《1984 年贸易法》扩大了外国补贴的定义，使得国内产业更容易得到相应的补贴。

进入 20 世纪 80 年代后，随着冷战体系的崩溃和美国经济霸权的下降，长期遭到压抑的美国保护主义力量得到前所未有的释放，其标志事件便是国会通过《1988 年综合贸易竞争法》。该法案是继《斯姆特－霍利关税法》后由提出的第一个综合性贸易法，这一法案避免了总统利用行政资源排挤美国贸易谈判代表办公室。另外，该法案提出了超级301条款，并将301条款的调查权力赋予美国贸易谈判代表办公室。总的来说，该法案增强了美国贸易谈判代表办公室在国际贸易当中的地位，促使国会和美国总统在贸易政策上重新达到了平衡。

在北美自由贸易区（NAFTA）和乌拉圭回合之后的10多年时间里，尽管美国凭借新一轮信息革命重新夺回了全球经济的制高点，但在贸易政策上美国再也没能取得任何重大突破。克林顿政府将对外经济政策的重点放在打开国外市场，因此被称为“出口能动主义”。美国也不再向盟国提供“搭便车”的机会，更停止向盟国单方面开放市场，转而开始在许多经济利益问题上与盟国竞争。2001年布什（George W Bush）曾试图借任命罗伯特·佐利克（Robert Zoellick）之机降低美国贸易谈判代表办公室的行政级别，以重新恢复行政部门对贸易的主导权。但在国会的反对下，此举最终不了了之，而美国贸易谈判代表办公室也因为全球一体化推进的不利，转而加快了双边和地区自由贸易协定（FTA）的谈判进程。尽管美国贸易谈判代表办公室的权力在1988年之后得到了显著扩大，但美国国内强大的社会组织和集团仍然能够动员足够的力量去进行制度塑造，并对抗日益前进的全球化。

第二节　国会委员会与美国贸易政策的制定

早在1885年，伍德罗·威尔逊（Thomas Woodrow Wilson）就认为“国会开会时不是为了认真讨论问题，而是尽快批准委员会的决定。它在自己的委员会房间立法；不是由多数党来做决定，而是由特别委员会中的少数来决定；所以几乎可以毫不夸张的说，国会开会就等于公开展览，而国会真正的工作是在委员会的房间里进行的”。[①] 威尔逊的观点虽然有些夸张之嫌，但也的确颇有洞见。国会尤其是众议院，基本上围绕委员会运转，委员会承担着立法的主要职能。

一、委员会产生的背景及其演变发展

国会设立委员会的目的在于让立法工作更合理，并对行政部门进行监督。国会早期委员会一般只是为处理具体事务而设立的临时工作小组，到了第三届国会（1793—1795 年）时大约已经有 350 个临时委员会，这些委员会通常情况下一旦在完成任务就会马上解散。后来，议员们认识到在国会每次只对一个议题进行讨论效率过低。与此同时，为了平衡总统在日常立法议程中的影响，国会在 19 世纪初设立了常设委员会，这也成为国会历史上最持久最重要的转型。[②]

政党原则是国会的基本组织形式，而委员会原则塑造了国会行动方式。1910 年国会推翻伊利诺伊州共和党众议院议长加农（Ganon）之后，权力就流向了地位重要的委员会主席。《1946 年国会重组法》使得小组委员会的数目大增，这些新成立的小组委员会分流了部分委员会主席的权力。20 世纪 50 年代，政党领袖必须同 16 个左右的小组委员会主席争夺权力。而到了 20 世纪 70 年代，国会再度改革，削弱委员会主席的职权，导致这些委员会丧失了曾经具有的主导角色。

由于立场不同、倾向各异，435 位众议院和 100 位参议员难以在国会议程的各个问题上达成和谐一贯。有鉴于此，国会采用了小型的工作分工的方式，并因此极大的提升了组织效率。具体而言，多

① Woodrow Wilson，*congressional Government*：*A study in American Politics*，New York：Meridian Books，1956，p. 56.

② Paul J. Quirk & Sarah A. Binder，*The Legislative Branch*，p. 37.

数党控制国会议程，委员会则主导立法进程。法案一经提出，众议院议长或参议院主持人就会将其提交给对该法案主体有管辖权的相应委员会和小组委员会进行审议。每届国会提出的众多法案，经过委员会的筛选，只有数百件重要的法案能够被提交给全院审议，大量的法案基本上都不能通过委员会审议。由于某委员会的议员长期关注某种议题的内容，这些人往往会成为该领域的专家。而具体到贸易政策上，由于对外经济事务越来越复杂，所以小组委员会在贸易政策发挥的作用也愈加显著。

二、美国贸易政策制定中的常设委员会

国会委员会是国会日常运作的核心，通常集中了对某些领域问题具备专门知识的议员，这有利于该领域立法工作能够高效、专业地进行。立法过程主要集中在委员会中进行，全院大会一般只是对委员会的审议结果进行批准，因此委员会才是国会立法的“实权部门”。国会制度专家罗·H·戴维逊说：“国会山上制定政策的中心舞台在委员会和小组委员会，他们是政治神经末梢、情况汇集处、方案筛选器和立法细节提炼厂。”[①] 国会的委员会分为常设委员会、特别委员会和联合委员会。其中常设委员会是国会中数量最多、最为重要的委员会，具有相当的稳定性，每个委员会都负责一定的领域；常设委员会之下有设若干个小组委员会，所负责的领域更加具体、关注的问题更加集中。

在参众两院中，有的委员会相互对应，有的则不完全相同，根据两院权力分配的侧重点不同，两院委员会的重要性也有所不同，如参议院具有条约批准权，因此参议院外交关系委员会比众议员相

① Thomas E. Mann and Norman J. Omstein, ed., *The New Congress*, American Enterprises Institute for Public Policy Research, 1981, p. 183.

应的委员会具有更重要的地位。同样，由于关于预算、征税的议案要先由众议院提出，因此众议院拨款委员会和拨款委员会都具有更重要的地位。特别委员会一般是为某一特定的目的而组成的临时性委员会，主要目的是为国会立法提供依据和信息，而在结束调查任务后就会解散。联合委员会是由两院议员联合组成的针对特定领域的委员会，其中有常设性的，也有非常设性的，其中非常设性联合委员会主要是为了协调两院在某一议案上的立场而设立。

表 2—1　以第 111 届国会中的委员会为例

	参议院	众议院
常设委员会	农业、营养和森林委员会（Agriculture，Nutrition，and Forestry）	农业委员会（Agriculture）
	拨款委员会（Appropriations）	拨款委员会（Appropriations）
	武装事务委员会（Armed Services）	武装事务委员会（Armed Services）
	预算委员会（Budget）	预算委员会（Budget）
	银行、住房和城市事务委员会（Banking，Housing，and Urban Affairs）	教育和劳工委员会（Education and Labor）
	商务、科技和交通委员会（Commerce，Science，and Transportation）	能源与商务委员会（Energy and Commerce）
	能源和自然资源委员会（Energy and Natural Resources）	金融服务委员会（Financial Services）
	环境和公共事业委员会（Environment and Public Works）	外交事务委员会（Foreign Affairs）
	财政委员会（Finance）	国土安全委员会（Homeland Security）
	对外关系委员会（Foreign Relations）	行政委员会（House Administration）
	健康、教育、劳工和养老金委员会（Health，Education，Labor，and Pensions）	司法委员会（Judiciary）
	国土安全和政府事务委员会（Homeland Security and Government Affairs）	自然资源委员会（Natural Resource）
	司法委员会（Judiciary）	监督与政府改革委员会（Oversight and Government Reform）

续表

	参议院	众议院
常设委员会	规则和行政管理委员会（Rules and Administration）	规则委员会（Rules）
	小企业和企业家精神委员会（Small Business and Entrepreneurship）	科学和技术委员会（Science and Technology）
	退伍军人事务委员会（Veterans' Affairs）	小企业委员会（Small Business）
		官员行为准则委员会（Standards of Official Conduct）
		交通与基础委员会（Transportation and Infrastructure）
		退伍军事事务委员会（Veterans' Affairs）
		筹款委员会（Ways and Means）
特别委员会	印第安事务委员会（Indian Affairs）	永久情报委员会（Permanent Select Committee on Intelligence）
	道德规范委员会（Ethics）	能源独立及全球变暖委员会（Energy Independence and Global Worming）
	情报委员会（Intelligence）	
	老年事务委员会（Aging）	
联合委员会	经济委员会（Joint Economic Committee）	
	就职典礼委员会（Joint Congressional Committee on Inaugural Ceremonies）	
	税收委员会（Joint Committee on Taxation）	
	印刷委员会（Joint Committee on Printing）	
	国会图书馆委员会（Joint Committee on the Library）	

资料来源：美国国会网站。

（一）参议院财政委员会

参议员财政委员会在对外经济事务上拥有主要的管理权，分管事项包括国际贸易政策、互惠贸易协定、国际关税问题、美国的公债借款、海关征税、公共财政的处理、国家收入的分配以及社会保障法的健康项目等等。该委员会共有21名参议员，超过参议员总数的1/5，被认为是参议员最热门的四大委员会之一。

（二）参议院对外关系委员会

对外关系委员会是参议员中最古老的常设委员会，其源头可以追溯到 1816 年。它直接负责监督行政部门的外交机构，即国务院和其他系统的外交单位。不仅如此，对外关系委员会还负责考察美国外交人员的人事任命和国际条约，包括对外援助法、技术管制法、地区自由贸易协定、金融援助法案等等。

（三）参议院拨款委员会

拨款委员会由 29 名参议员组成，而它的职责是由美国宪法规定的，即在国会指出任何款项之前均需由法律来决定拨款安排，其下设的小组则负责研究总统的预算要求、聆听政府官员的作证、草拟来年的拨款计划。

（四）参议院能源与自然资源委员会

参议院能源与自然资源委员会的立法活动包括：能源发展、核能、印第安事务、公共土地和可再生资源、陆地采矿、两帮煤矿势头天然气及其他矿产开采。其中的能源小组委员会更多地负责全球气候变暖及国际能源政策立法的调查听证、起草修改等工作。

（五）众议院拨款委员会

该委员会是美国众议院中队国际贸易实务进行管辖的常设委员会，也是众议院中最具影响力的委员会之一，在对外经济事务方面一言九鼎。它的主要职能就是负责美国关税、进口贸易和贸易谈判等方面的立法。在联邦早期，关税和海关税费是联邦政府的主要收入来源，因为拨款委员会具有征收税费的法定管辖权，所以就逐步演化成为主管国际贸易政策的主要委员会。

（六）众议院外交事务委员会

众议院外交事务委员会曾经几次改名，1995 年改名为国际关系委员会，2007 年又改回现名。具体而言，该委员会在贸易问题中主要负责出口管制、对外借债、国际商务协议以及保护美国海外商业利益等。

（七）众议院金融服务委员会

该委员会监督范围包括房地产和金融服务行业的所有组成机构和业务，如银行、保险、房地长、公共和援助建房、证券等，它负责联系包括世界银行、国际货币基金组织在内的国际发展和金融机构。

就国会而言，由于委员会处于贸易立法程序的核心，大多数委员会在某种程度上与贸易立法有关，而这些委员会的具体权力分配与拨款委员会法定职权相似，这种情况绝大多数是由于历史的偶然，而非是精细的制度安排。

第三节　美国国会拨款委员会与贸易政策的制定

美国宪法是“经过精心调整的、理想的平衡体”，其开篇就讨论了国会的职能，把美国的政治结构定义成为一种“国会至高无上”的“联邦的真正政体”。在这个体制中，支配和控制的力量，一切主动和正常权力的中心和源泉是国会。[①] 虽然在美国政治生活中的地位

① ［美］威尔逊：《国会政体：美国政治研究》，北京：商务印书馆，1986 年版，第 8—11 页。

及与总统权力的消长在不同的历史时期表现有所不同,[①] 国会还是被视为美国民主制度的根本所在。

在外交方面，美国宪法将权力在总统和国会之间分配，总统向全世界代表合众国人民，国会在国内代表人民，代表不同的地区、团体、选民和利益集团。[②] 在美国政治的运作过程中，如果国会不同意，那总统很难办成任何事情。[③] 尤其是在政府开支问题上，国会确实起着关键作用。无论是政府预算方案还是具体拨款的数额都需经过国会的提出和批准。拨款权是国会影响外交政策时最常用的工具。政府要实施的任何项目和活动都须经过国会的双重授权，这就是授权法案与拨款法案。授权法案对项目的目标和手段做出规定、对所需资金总额进行估计，拨款法案则为资金的拨付提供法律支持。授权和拨款法案之所以大受欢迎，部分原因在于有时候资金本身就是政策。[④] 拨款权是国会掌握的最有力的武器。国会可以运用拨款权提高或压低对某一项目的拨款来影响政府的对外政策。从这个意义上讲，国会的对外交往权力至少和总统不相上下，甚至影响力更大。

国会的工作是由众多的委员会去完成的。国会的“委员会体制”决定了它的实际权力掌握在各个委员会的手中，通过委员会来处理事务。有人断言，“国会政府是委员会政府”,[⑤] 国会决策少不了委员会的审议。几乎所有的议案都要经过相关委员会的讨论，才能形成确定的议案条款，并决定是否有必要将议案提交至全院进行审议和表决。

---

① 孙哲:《左右未来: 美国国会的制度创新和决策行为》, 复旦大学出版社, 2001 年版, 第 30—39 页。

② 孙哲:《左右未来: 美国国会的制度创新和决策行为》, 第 35 页。

③ 利罗伊·N·里斯巴赫:《国会政治》, 韦斯特纽出版社, 1995 年版, 第 3 页。

④ James M. Lindsay, *Congress and the Politics of U. S. Foreign Policy*, The Johns Hopkins University Press, 1994 , p. 86.

⑤ John Spanier and Joseph Nogee (ed.), *Congress: the Presidency and American Foreign Policy* (New York, Oxford, etc. Pergamon Press, 1981), p. xxiv.

当然，每个委员会的作用与影响是不尽相同的。其中具有影响力的委员会不在少数，“在国会常设委员会中，有超过一半以上的获得了对外政策的管辖权。值得注意的是，一些委员会的相对影响已经发生变化，特别是对外关系委员会，从前在对外政策上是老大，现在发现自己在有关政策上被拨款委员会推到了靠边站的位置”。[①] 国会中控制着政府“钱袋”的是参议院与众议院的拨款委员会，他们的权力来自美国宪法第一条第九款：除根据法律规定的拨款外，不得从国库提取款项。[②] 由于拥有“掌握钱袋的权力”，对国家外交政策的制定和走向产生了重要的影响。因为如果没有了经费的支持，任何外交政策都是海市蜃楼。利用拨款，拨款委员会可以迫使行政部门做出让步或接受某些条件。

通过拨款来影响外交政策是国会拥有的重要工具，甚至是最有效的一个。特别是在当今的世界格局下，战争与武力在逐渐远离，这使得拨款委员会在对外关系上显示出极端的重要性。拨款工作包括3个方面：确定预算的规模、批准预算中的项目经费的开支和为这些项目分配资金。[③] 控制开支影响着美国外交政策的方方面面，如对外援助和对国际组织的拨款，甚至战争也在很大程度上受到拨款的影响。因为拥有了这项权力就可以增加或减少对某项目的拨款、甚至可以拒绝特定计划所需的全部开支、终止对某一项活动的继续拨款、在拨款法案中附加某些限制性的条件、对于已经拨款的项目还可以进行后续的调查和监督。

研究美国国会拨款委员会能够更好的理解美国政府的外交政策，为理解美国政府行为提供了基础。美国总统不是如同“帝王般的总

---

① James M. Lindsay, *Congress and the Politics of U. S. Foreign Policy*, p. 53.

② 转引自李道揆：《美国政府和美国政治》附录《美利坚合众国宪法》，第756页。

③ Glenn P. Hastedt, *American Foreign Policy*, Past, Present, Future, 4th edition, New York: Prentice Hall, 1988, p. 200.

统”，国会对总统设置了种种约束，同时总统与政府之间也有着一定的默契，两者之间不缺少密切的配合，这是美国特色的政治体制。为了对美国外交政策有更深的了解，美国国会成为研究中不可或缺的一部分，研究它的内部各种力量的关系和它与行政机关之间复杂微妙的互动。国会中最具影响力的委员会包括了两院的拨款委员会，汉密尔顿在《联邦党人文集》中提到：掌握国库的权力可以被认为是最完善和最有效的武器，这项权力正牢牢握在国会拨款委员会的手中，毕竟任何的项目、政策或者战争都离不开钱财的支持。

二、美国国会拨款委员会的概述

（一）美国国会拨款权的历史沿革

美国宪法把财政权赋予了国会，这一重要的权力包括征税、举债、拨款、审查、批准和监督。[①] 财政是政府运转的核心保障，是所有政治活动得以开展的根本，没有财政的支持，政府的功能将难以发挥。其中拨款权是十分重要的环节之一，国会与总统对拨款权的争夺贯穿在其整个发展过程中。纵观美国历史，拨款权的发展经历了一个从松散到严密的过程。

美国建国初期，国会的拨款议案主要有两大类：一是有关军事的拨款；二是除了军事以外的其他拨款。两项拨款都是一揽子拨款，并没有具体的规定来约束。此时，政府对拨款享有很大的处置权力，甚至可以将一部门的经费挪移，供另一个部门使用。挪用滥用拨款的现象并不少见，常在账目上蒙骗国会。1809 年以后，国会开始扭转这种局面，通过禁止部分政府部门挪用拨款，说明要求拨款的理由和具体的使用方向来加强对政府开支的控制。但是在美国内战结

---

① 尹中卿：《当代美国国会的财政监督程序》，《人大研究》2002 年第 3 期（总第 123 期）。

束之前，国会对政府的限制是十分有限的。

内战时期巨大的开支严重影响了美国的经济，财政赤字大量出现，入不敷出。国会对政府的钱袋增加了控制力度。“对政府文职部门的拨款一笔笔明确用途，规定数额，甚至对陆海军的拨款也增加了分项目评估，以备国会监督。”① 而总统对国会拨款的唯一影响就是行使否决权。

1921 年，国会通过了《预算与审计法》，改变了没有集中预算机构、同意预算程序的局面。该法案规定，成立一个预算局，政府部门的预算报告需要先送交预算局进行审查核实，随后有预算局制定统一的政府预算报告，再由总统送交国会审批。该法还赋予了总统预算建议权，有的学者认为，从职责的角度看，“1921 年 6 月 10 日，哈定总统签署《预算与审计法》的那一天，现代总统诞生了”。② 但是，总统拥有的只是建议权，国会仍然可以修改这些建议。这说明，国会控制财政开支的能力有所增加。

国会对预算报告的审查分为两部分：一是征税；二是拨款。拨款的部分先由各常设委员会拟定各自管辖范围内的开支与最高限额，制定授权法案。再由众议院拨款委员会制定拨款法案，初步确定授权项目的具体拨款数额，并向众议院大会报告，再由全院大会进行辩论、修正与表决。由此，制定的第一个预算——1923 年度的财政预算标志着统一联邦预算时代的开始。

在实践中，两部分的拨款审查程序逐渐暴露出了三大弊端：一是国会对拨款数额的总额无法进行控制。“各个授权委员会只知道自己的项目，拨款委员会的各个小组委员会都只管为自己负责的领域

---

① 周军华、杨红伟：《论美国国会预算权的运作过程及功能》，《安徽大学学报（哲学社会科学版）》2006 年 3 月第 30 卷第 2 期。

② Shuman H. Edward, *olitics and the Budget*: *The Struggle Between the President and the Congress*, 2nd ed, Engle wood Cliffs, N. J.: Prentice Hall, 1988, p. 24.

中的项目多拨款，谁也不管总的开支限额。”[①] 导致拨款总数越来越大，入不敷出的问题也越发严重。二是两部分的审查程序将征税与拨款分离开来，征税的多少与开支的需要往往难以匹配，进一步增加了赤字的数额。三是没有时间限制常常造成预算延误。授权法案如果没有及时通过，势必会影响到拨款法案。在半年多的时间里，国会难以完成审查、批准、授权、拨款等一系列的事务。一旦延误，就只能为政府紧急拨款，如果紧急拨款没有到位，政府就会面临关门的危机。

进入 20 世纪 70 年代，美国经济进入滞胀状态，加之越南战争的失败之势和巨额的财政赤字，国会被迫修改了预算审查制度，着手限制财政赤字。此时，国会与总统在财政权上的冲突达到了顶峰。最终，在 1974 年通过了《预算和扣留拨款控制法》，它加强了国会的影响能力，拨款权已经发展成为一个集预算、拨款、监督为一身的综合权力。

首先，《预算和扣留拨款控制法》赋予了国会在预算制定过程中的主动权，改变了之前预算由总统控制的局面。在拨款之前，国会可以首先审查各个项目并对其做出评判。该法还明确规定了拨款过程中预算的具体完成时间，将财政年度的开始日期改为当年的 10 月 1 日，这延长了国会进行预算的时间，以确保预算能够合理的制定，为随后的拨款提供良好的基础。

其次，建立了新的预算审查程序。预算不再归属于总统预算局，国会也拥有了自己的预算机构——预算委员会，负责研究总统预算报告的收支平衡问题，并提出自己的预算提案。改变了支出总额无人负责的局面。法案还规定了两院须通过预算共同决议，各委员会都要依照共同决议的规定来拟定法案。这解决了收入与开支之间没有协调机构的问题。拨款委员会按照共同决议进行拨款，不能有所

① 蒋劲松：《美国国会史》，海南出版社，1992 年版，第 450 页。

超出，否则需要通过新的预算提案。国会控制预算的能力大大增强。

最后，国会对拨款的监督能力得到强化。整个预算过程中，任何一个环节都有规范的程序，使得国会的拨款被行政部门扣留的情况得到控制，从而增加了国会的监督能力。

这项法案的通过建立了新的预算程序，是国会的拨款权力得到扩大，为国会通过拨款权影响外交政策的能力提供了保障。但是，这并没有改变财政危机的状况，预算赤字仍然不断增加，1974 年的财政赤字只有 61 亿美元，到 1984 年已经猛增到 1853 亿美元。[①] 此外，两党之间的斗争不断，国会难以按时完成预算任务，延误的现象并没有得到缓解。

面对不断上涨的赤字，国会于 1985 年制定了《平衡预算和赤字紧急控制法》。法案规定了每年财政赤字的最高限额，对超过的部分进行强制性地削减。为了加快拨款的进程，将众议院完成拨款法案的时间改为 6 月 30 日。由于各种原因，消灭赤字这一目标一直无法实现，后来又经历了几次修改，最终被彻底放弃。

如今美国的拨款机制基本以 1974 年的《预算与扣留拨款控制法》为基础，随后的一些法案只是在时间等非实质性的方面做了一定的补充与修改。

（二）美国国会拨款委员会的组成

美国议会政治的最大特色就在于其委员会制度。因为委员会正是国会权力的所在。伍德罗·威尔逊说，“国会开会时不是为了认真讨论问题，而是尽快批准委员会的决定。它在自己的委员会房间立法，所以几乎可以毫不夸张地说，国会开会就等于国会的公开展览，而在委员会房间的会议才是国会在工作”。[②]

---

① 何宝玉：《美国国会的预算审查制度》，《中国人大》1996 年第 1 期。

② Woodrow Wilson, *Congressional Government: A Study in American Politics*, p. 56.

委员会是“国会权力的重镇，它们不仅和总统竞争，和另一院的相似委员会竞争，它们甚至还和本身所属的全院大会竞争”。[①] 因此委员会在美国对内对外政策的制定上处于重要地位。但是各委员会的重要性并不相同。按委员会权力的大小可以划分为四类：常设委员会、协商委员会、专门委员会与联合委员会。常设委员会是真正决定国内外政策的中心，是国会行为的真正组织者和实施者。[②] 负责议案的听证、提交、说明报告的撰写；协商委员会是临时机构，为协调两院的立场而设，任务结束后立即解散；专门委员会是进行专项调查的临时机构；联合委员会是处理日常事务的常设机构。

拨款委员会属于常设委员会中的一个，也是所有常设委员会中规模最大的委员会。参众两院的拨款委员会人数分别为 29 人和 57 人。[③] 成员由两党分摊，按两党在本院所占席位的比例进行分配，拨款委员会主席由多数党的议员担任。拨款委员会内各设有 13 个小组委员会，分别负责更加具体领域的事务，每一个专门的法案由一个小组委员会负责。

（三）美国国会拨款委员会的职能

从 20 世纪 70 年代开始，经济在国际关系中的地位不断上升，这为主管经济事务的拨款委员会权力的增加提供了客观条件。两院拨款委员会的重要性不容置疑。与其他委员会不同的是，拨款委员会几乎完全依赖其小组委员会，它们都是一个个的自治单位。每院之中有 5 个小组委员会对外交政策领域具有发言权。[④] 众议院拨款委员会议员诺曼·迪克斯说，众议院拨款委员会是一个“管钱的地方，

① Steven K. Bailey, *The New Congress*, NY: St. Martin's Press, 1966, p. 55.

② 赵可金：《美国国会委员会与美国外交政策的制定》，《国际观察》2003 年第 5 期。

③ 倪峰：《国会与冷战后的美国安全政策》，第 5 页。

④ 赵可金：《美国国会委员会与美国外交政策的制定》。

并且是充满为了钱而搏斗的地方”。[1]

拨款委员会的主要工作是，通过为政府活动提供资金的拨款法案。拨款法案有以下三种类型：[2]

1. 正常拨款议案（Regular Appropriations）

正常拨款议案是为每一年度政府的活动提供资金的最常见的一种议案。在每个财政年度开始之前即10月1日之前，拨款委员会将通过该类议案。首先由拨款委员会下设的小组委员会拟定其所负责领域的拨款议案，然后经拨款委员会和参众两院大会批准。每年两院分别通过12个正常拨款议案，代表着不同政策领域的拨款情况，也体现了国会对各政策领域的态度。

2. 继续拨款决议（Continuing Resolutions Bill）

如果正常拨款议案没有在10月1日前完成，为了避免政府因资金缺乏而“关门”，国会将通过继续拨款决议来确保政府工作的正常运行。它通常以上一年度的拨款数额为基础，对今年的工作进行拨款。这常被认为是正常拨款法案发挥作用的延续。因为国会不仅可以为项目增加拨款，也可以拒绝拨款，以此达到影响美国内外政策的目的。

3. 增拨款议案（Supplemental Bill）

增拨款议案是为了应对如地震、飓风等突发事件而事先准备的款项，或者是为了之前的某一项目而增拨的资金，往往出现在前两种拨款议案的附录中。

每年政府的开支主要由两部分组成：一是强制性拨款，如社会保障、国债利息、医疗保险等，由以往的法律规定，拨款委员会是不管的。除非“由要求这类拨款的当局指定的开支预算与请求特殊

---

① Diane Granat, “*House Appropriations Panel Doles Out Cold Federal Cash, Chafes at Budget Procedures*,” Congressional Quarterly Weekly Report, 18 June 1983, p. 1209.

② 何婧：《对外政策视野下的美国国会拨款机制研究》，兰州大学硕士论文，2010年5月。

拨款的预算一起列入财政部长的'预算文书'提交审查"。[1] 二是可支配性拨款，主要是美国政府的日常开支及项目支出。政府所花的任何资金都必须得到批准，拨款委员会可以为特定项目提供更多的拨款、拒绝某些政策所需要的拨款、在满足某些条件下通过拨款议案、终止已经执行的项目以及对项目进行监督和调查。拨款程序中对拨款的具体用途、拨款的时间、拨款的数额、拨款的调剂都做出了限制。"事实上，掌握国库的权力可以被认为是最完善和最有效的武器，任何宪法利用这种武器，就能把人民的直接代表武装起来，纠正一切偏差，实行一切正当有益的措施。"[2] 款项到了，项目政策就得以实施，没有资金，项目政策的实施将举步维艰甚至寸步难行。

当然拨款委员会必须按照全体国会议员的意愿来行使权力，因此委员会的行动常受制于对预算所做的"逐渐的修改"，而不是较大的修改变动。但是，即使只有5%的削减，对于政策能否成功实施也起到至关重要的作用。[3] 这就是拨款委员会掌握"钱袋子"权力的重要体现之一。

（四）美国国会拨款委员会的决策机制

美国拨款的过程是复杂的，也是艰难的，往往要经历以下几个过程：[4]

首先，总统提出预算报告。在当年财政年度开始实施一个多月后，总统向国会提交下一年度的拨款报告，其中包括实施各项目所需的资金。到第二年的一月下旬，总统需要向国会提交年度预算报告。

---

① ［美］威尔逊：《国会政体：美国政治研究》，第29页。

② 汉密尔顿：《联邦党人文集》（程逢如等译），商务印书馆，1980年版，第297—298页。

③ 李庆四：《美国国会与美国外交》，第122页。

④ 尹中卿：《当代美国国会的财政监督程序》。

其次，拟定授权法案和拨款法案。根据总统的预算报告，各委员会就自己的职能范围举行听证会，搜集相关资料，并提出国会拟定的总体预算安排。不仅是规定可以做什么，许多政策性的法规也是要考虑在内的，如什么项目不能上、什么钱不能花。

授权法案是同意立项，一般只涉及目标和手段，而拨款法案是真正拿到钱的关键一步。没有拨款法案的通过作为依据，谁也不能从国库中提取资金。在制定授权法案的时候，有些委员会要求相关部门提交项目进展报告，随时检查预算执行情况，认为达到要求后才会获得拨款。如果拨款的议案没有通过，那么授权的议案就变得没有约束力了。一般来说授权是监督的第一关，拨款便是财政监督的第二关了。政府任何项目得到执行，都必须通过授权法案和拨款法案这双重关卡。

众议院拨款委员会，把总统预算划分为13个独立的拨款议案，每一份都由有关的小组委员会进行审议。委员会的审议工作是关键的一个步骤，不仅真正的立法过程是在委员会进行的，议案的命运也将在这里决定。[①]“各项法律的起草和初步审议都是在委员会完成的，而且委员会是国会决策中最关键的角色，它集中了相关政策领域最有影响的议员和专家，被赋予所辖领域制定相关政策的正式权限。”[②]委员会的审议一般会经历很长的时间，并且一个议案还有可能被做彻底的改动。

4月15日，参众两院分别表决初步预算共同决议案。授权法案和拨款法案都要获得两院的通过。议案通过后，众议院各委员会拟定各自管辖范围内的授权法案。众议院拨款委员会的13个小组委员会则根据初步预算共同决议案，拟定拨款法案。

最后，审议通过预算案。5月15日众议院全院大会开始对授权

---

① 李庆四：《美国国会与美国对华政策》，当代世界出版社，2002年版，第40页。

② 倪峰：《国会与冷战后的美国安全政策》，第2页。

法案和拨款法案进行审议。并对各拨款法案进行辩论、修正和表决。随后是参议院。美国的投票政治，最后均以是否获得参众两院全体会议的2/3多数来决定。如果参议院和众议院的意见出现分歧时，通常会召开两议院联席会议。由参众两院各派出三位议员组成协商委员会，进行仲裁，通过协调意见相左的提案达成妥协。一个基本的原则是不使任何一方获胜，并使拨款数低于各部门所要求的数目。协商委员会的报告具有至高无上的特权。一般是众议院先进行投票，参议院随后。但是“参议院从来不想把它对众议院的反对意见坚持到使一切立法都无法进展的程度。因为参、众两院之间确实存在着一种‘默契’，因而几乎不可能存在旷日持久的对立”。[①] 如果最后形成的法案与初步预算共同决议不一致，就需要通过新的预算共同决议案。

两院通过的法案，最后交由总统签署。一项议案在经历了小组委员会、委员会、众议院、参议院、参众两院的重重通过之后，如果总统与国会之间的矛盾难以调和，总统还可以在限定的时间内行使否决权。总统可以否决任何议案，但是他没有“单项否决权”，即不能否决议案中的某一项或几项，他只能全盘接受或否决议案。总统的“全盘否决权”使得国会在与总统产生矛盾的时候处于有利的地位，是制约总统的有力工具，尤其是在有关拨款的议案上。

国会往往通过附加条款的办法，把它作为其他议案的补充或者附加条款，即使它与原议案的内容可能毫无关系。通常补充或附加条款的提案是总统不赞同的，而原议案是总统希望通过的，面对这样的困难选择，总统常为了希望通过的议案而整体接受，从而也就通过了他不支持的议案。

如果总统行使了否决权，议案将退还国会，两院分别再进行投票，如果仍以2/3多数票通过，那么总统的否决将被推翻，该议案

① ［美］威尔逊：《国会政体：美国政治研究》，第123页。

仍将成为法律。如果到9月30日，还没有得到最后的拨款法案，国会将通过延续决议，即参照上一年度的开支状况进行临时拨款，由总统签署生效，直到拨款法案通过为止。

国会拨款的过程是一个相互牵制、相互影响的过程。小到一院内部各委员会之间的争论和协调，再到国会内部参众两院之间的分歧和妥协，大到国会与总统之间的矛盾与让步，只有这些不统一的意见最终得到调和，才能最终形成法律。

三、美国国会拨款委员会的行动逻辑和影响能力

美国国会拨款委员会通过手中的拨款权来影响美国的外交政策，这是委员会手中最为有力的武器。拨款的历史表明，“一直有一种愈来愈明显的倾向——要求限制行政部门的处理权，并将开支细目更快地置于国会年会的监督之下”。这种倾向从美国南北战争结束之后变得特别明显。[①] 拨款给委员们支持的政策项目有利于推动项目的顺利完成，满足他们的利益；拒绝拨款给他们反对的政策项目可以阻碍项目的进展，甚至使项目因为缺少资金的支持而夭折。总统与国会之间时而默契合作时而又僵持不下，这不是由政策项目本身的性质单独决定的。拨款委员会的行动逻辑决定了他们支持什么和反对什么，行动逻辑中包括了政党与委员们所代表的选民利益的考虑。而拨款委员会的影响能力究竟有多大，取决于很多因素。获取信息的有限性、在危机状态下难以发挥作用、分散的权力模式和繁琐的决策过程是限制拨款委员会影响能力的因素。而拨款数额的多少和对外政策的种类决定了其影响能力的大小，尤其是对外政策的种类发挥着最为重要的作用。

① 詹姆斯·加菲尔德：《国家拨款和滥用拨款》，《北美评论》78卷，第578页。

（一）美国国会拨款委员会的行动逻辑

美国政治始终伴随着总统和国会在预算、拨款过程中的较量与争夺，这一战场一直存在，正如美国学者艾伦·希克所说："各个机构都想争取更多钱，预算局争取对支出的控制。总统发布了一套预算优先项目，国会实施的却是另一套。"就总统来说，希望拥有足够大的行政自由权，不再受国会的牵制。"美国立法者当时面临的一项难以完成的任务，就是要创设一种既依靠多数，又有足够的力量在自己职权范围内自由行事的行政权。"[①] 从国会来说，对行政部门的有效牵制才是重要的任务。影响国会在拨款权上态度的因素主要有以下两个方面。

1. 政党政治：一致政府还是分治政府

美国是由民主党和共和党组成的两党制国家，两个党派的斗争从来就没有停歇过，在拨款的问题上更是如此。与其说是在项目政策上有不同意见，还不如说是两党之间的政治斗争的延续。

因为委员会中有两党的代表，党的职能就变得不那么清晰了，更不要说出现有组织的党的行动了。所以在国会中占据多数党的地位很重要，因为多数党可以选择主要官员，控制院内的辩论，选择各委员会主席并在其中占有多数席位。[②] 尤其是在当一党占据着总统的职位，另一党在国会中占支配地位的时候，两党间不同的思想传统及外交理念就会是总统与国会之间的矛盾放大。如果委员会的多数成员是由执政党的代表组成的话，虽然少数反对派与多数派斗争的现象仍然会存在，但是整个国会与政府之间的争斗就会呈现出另一幅不同的画面。

一般情况下，选民会由于担心行政权力的过度扩张而选择两党

① ［法］托克维尔：《论美国的民主》（上，董果良译），商务印书馆，1988 年版，第 134 页。

② 李庆四：《美国国会与美国对华政策》，第 21 页。

分治，即一党得到了总统的职位，国会中的多数党就由另一党占据。这种两党的分治有利于保持国会与总统之间权力的平衡，使两党必须进行协商和让步。现代政治经济学的研究表明，[①] 理性的选民如果在大选中选举了某个政党的候选人作总统，那么他们就会在下一次的国会选举中把选票投给另一个政党的候选人，从而使公共政策不至过于偏激。

所以当总统与国会的多数党属于同一个党派的时候，总统的要求一般会更加容易得到满足，如果情况相反，总统与国会多数党分属于不同的政党时，国会将设置更多的阻碍。所以总统往往在编制预算的时候，就会考虑到是一致政府还是分治政府，以此来推测国会的反应。在分治政府的情况下，总统可能会减少他所要求的拨款，因为一党控制的国会会给另一党控制的政府设置严格的开支限制。这样也会使得政府内部具有竞争关系的部门在经费方面产生零和博弈，即一个机构经费的增加往往要以另一个或多个机构经费的减少为代价，政府内部的矛盾也会被激发。

在外交政策方面，托马斯·曼认为，冷战后政党政治干扰美国对外政策制定过程的情况不是例外现象，而更像是美国历史中的民主规范现象。[②] 如果是一致政府或两党处于合作状态达成共识时，总统对外交政策控制的能力就会有所增加，如果是分治政府或两党意见分歧难以调和时，国会就会更多的影响外交政策，与总统之间的冲突也会随之升级。

2. 利益所属：是全国选民的利益还是州选民的利益

国会与总统之间发生分歧不仅仅是政党的原因，还有一个重要的原因是，他们所代表的利益不同。这是由于两者的选举方法不

---

① A. Alesina and H. Rosenthal, *Partisan Politics: Divided Government and the Economy*, New York, 1995, Cambridge University Press.

② Thomas E. Mann, ed., *A Question of Balance: The President, the Congress, and Foreign Policy*, Washington D. C.: The Brookings Institution, 1990, pp. 2 – 3.

同而决定的。总统由全国选民直接选出，代表的是全国选民的利益；众议员是由国会选区的选民选出；参议员是由各州的选民选出，代表的是州选民的利益。对于议员来说，最大的目标就是连任，因此他们会把选区选民的利益放在首要考虑的位置，委员们必须要满足选民的要求，才有可能在下一次选举中继续得到支持。但是选民来自不同的地区，有着不同的利益需求，属于不同的党派，因此选民的利益是多种多样的，国会委员们持有的观点也会因此而不同。

如果国会因为所代表的选民利益与行政部门的政策导向不同时，委员们就会开始行动。他们会向总统提出要求，或者减少行政部门的预算、拨款，或者从自己选区的利益出发，创立一些项目并用拨款来给予资金支持。国会的这些手段是影响总统或行政部门的有效手段，委员们的出发点不仅仅是政策项目对于全国选民的利弊，而是把自己选区民众的利益作为最主要的衡量。

（二）美国国会拨款委员会的影响能力

1. 制约美国国会拨款委员会影响能力的因素

在处理外交事务上，美国国会拨款委员会发挥着重要的作用，但是有很多因素限制了它影响力的发挥。[①] 有时候国会没有认真的对待外交，从狭隘或有限的角度而不是从全国利益角度看待所涉及到的外交问题。[②] 这与之前提到的国会委员们往往以自己选区选民的利益为出发点有关。

首先，获取信息的手段有限。历史学家阿瑟·史莱辛格说，“面

① 参见李庆四：《美国国会与美国外交》，第327—360页。

② Lee Hamilton, “The Making of US Foreign Policy”, in *Rivals for Power: Presidential – Congressional Relations*, ed. By James A. Thurber, Rowman & Littlefield Publishers, Inc., 2006, p. 281.

对总统在国外的主动行动，国会议员在信息和判断方面一般缺乏自信”。[①] 国会因为自己的知识和信息有限而没有足够的信心同总统相抗衡。而总统身边的外交事务专家更是能够很好的帮助他做出迅速的反应。

其次，危机状态下难以发挥作用。国会对白宫的顺从很大程度上体现在危机状态下的决策。[②] 只有总统和外交官才能够在外交事务的处理上做到“保密和迅速行动”。[③] 总统可以相对灵活地采取行动，而不需要通过国会新的立法，因此在危机时期总统的权力趋于无限大。

再次，分散的权力模式。美国政治学家罗伯特·达尔曾经指出：“在美国政治的理论和实践中，并没有一个单一的至高无上的权力中心，而必然是许多权力中心，其中任何一个都不是也不可能是完全至高无上的。”[④] 国会的权力就是分散的模式，这容易造成利益的冲突。1983 年国会内部的严重分歧，使得国会对白宫的所有外援要求都一点一滴地得到了满足。[⑤]

最后，繁琐的决策过程。国会的立法过程是繁琐复杂的，在外交领域更是如此。国会虽然掌握着影响政府外交政策的工具，但是过程的繁杂使得效果大打折扣。

但是不能忽略的是，国会在外交政策上的影响也是至关重要的。总统的确可以在与世界打交道的时候代表美国的声音，但是如果没

---

① Arthur M. Schlesinger Jr. , *The Imperial Presidency*, Boston: Houghton Mifflin, 1989, p. 420.

② James M. Lindsay, Congress and the Politics of U. S. Foreign Policy, p. 19.

③ Paul J. Quirk & Sarah A. Binder, The Legislative Branch, p. 353.

④ 转引自杰里尔·A. 罗塞蒂著:《美国对外政策的政治学》(周启朋、傅耀祖等译), 北京: 世界知识出版社, 1997 年版, 第 511 页。

⑤ Cecil V. Crabb, Jr. & Pat M. Holt, Invitation to Struggle: Congress, the President, and Foreign Policy, p. 43.

有国会在背后的支持，他的声音很难成为重要的声音。[①] 有的时候，国会拨款委员会手中的拨款权是限制总统行为的有力的工具。

2. 影响拨款委员会作用大小的因素——拨款的具体数额

拨款委员会将自己定位为“ 国库看守”与“公众钱袋子的保护人”，前拨款委员会主席约瑟夫·加农（Joseph Cannon）对此有一句精彩的评述，“你可能认为我的工作就是拨款，其实不是。我的工作是阻止拨款”。[②] 如果仅就国会在外交决策中的权力而言，所有的美国研究者都同意，国会如今在外交政策方面比20世纪30年代以来的任何时候都更为积极。[③] 对于掌握着拨款权的拨款委员会来说，影响力更是不容小视。但是，这并不意味着在任何方面、任何时候它的影响力都是同等的。

影响拨款委员会能力大小的一个因素就是拨款数额的多少。克威特（Kiewiet）和迈克库宾斯（McCubbins）对拨款过程作了一项富有创意的研究分析。他们的理论认为，如果总统提出的预算少于国会拨款，他将对国会拨款发挥更大的影响，因为他否决拨款的权力超过他个人倾向的结果，给他提供了一项战略优势。该分析揭示出的规律是，当总统提出的拨款数额少于国会预期时，国会就可能正好拨出他所需要的数目；而当总统的要求超过国会预期时，国会的拨款可能比他要求的一半还少。[④]

这种方法提供了一个新的角度，但是只研究了总统的预算数额，对于国会的态度没有考虑，这就无法确定总统所需要的数目是否高

① Doug Bereuter, “Key Issue in Congressional Foreign Policy Making”, Working Papers Series 99－02, March 1999, Weatherhead Center for International Affairs, Havard University.

② 阿伦·威尔达夫斯基：《预算过程中的新政治学》（第四版，邓淑莲、魏陆译），上海财经大学出版社，2006年版，第37页。

③ James M. Lindasy, *Congress and Nuclear Weapons*, Baltimore: Johns Hopkins University Press, 1986, p. 2.

④ Jon R. Bond, Richard Fleisher, *The President in the Legislative Arena*, p. 3.

于或低于国会的预期。宪法规定了行政部门必须按照国会的拨款数额来执行，但是实际上美国的财政赤字严重，命令性开支项目的提议不断增加以及年度控制拨款规模的不断缩小等，都在客观上要求国会严守“钱袋子”。[①] 可以说，实践中总统所要求的拨款数额往往都是大于国会的预期的，从这一角度来看国会拨款委员会的作用是有所增强的。

3. 影响拨款委员会作用大小的因素——对外政策的种类

美国学者对美国对外政策类型的研究，为解释拨款委员会在外交政策上究竟可以发挥多大的影响力提供了一个分析的角度。俄亥俄州立大学兰德尔·B·里普利教授等人把美国的对外政策分为了三种类型，危机型政策（Crisis Policy）、战略型政策（Strategic Policy）和结构型政策（Structure Policy）。[②] 研究表明在不同类型的对外政策上，委员会所起的作用是依次递增的。

（1）危机型政策

危机型政策指对美国国家利益构成直接威胁而必须立即做出反应的政策，决策者必须在最快的时间里做出决定，甚至有时会考虑运用军事手段来更好地维护国家利益。对外使用武力，有关国家安全的问题都属于此类。

一个国家的主权和领土完整、尊严以及生死存亡是每一个国家对外政策中最核心的目标。国家的这项根本利益高于其他一切目标。因此，当危机事件发生时，其他的目标利益都会被放在一边。此时，外部的威胁迫使总统迅速做出反应，防止国家安全和利益受到更多的损失。这样的决策不仅要求保持迅速性还需要一定的机密性，因此此类的决策过程国会几乎很难参与其中。

---

① Walter J. Oleszek, *Congressional Procedures and the Policy Process*, p. 51.

② James M. Lindasy and Randall B. Ripley ed., *Congress Resurgent: Foreign and Defense Policy on Capitol Hill*, Ann Arbor, MI: University of Michigan Press, 1993, pp. 18 – 22.

另外，美国的媒体和公众的力量也是不可忽视的。在危机关头，民族主义情绪高涨，民众的凝聚力有所上升，因此代表着全国人民利益的总统就成为了核心领袖，也是所有民众心理依赖的对象，总统的任何决策民众几乎都会支持，如果此时国会站到了总统的对立面，也就是站到了民众的对立面。此种情况下，国会往往选择支持总统。

这些特点决定了危机型政策的决策权主要由总统掌握，拨款委员会难以发挥影响。如今，危机型政策已经比较少得出现在现实政治生活中了。

（2）战略型政策

战略性政策是关于美国对外政策的基本目标和策略以及在外交上决定美国与其他国家关系等问题上的决策。它涉及的范围十分广泛，包括了很多方面的对外政策。如美国是否应该在人权问题上对别的国家施压、美国军事实力及开支的总体水平、是否对特定国家出售武器和给予援助、对其他国家承担的条约义务的遵守情况等。[①]

与危机型政策不同，对待此类政策时，媒体与民众的关注有所下降，个人的价值取向、种族观念、宗教信仰等方面被更多地考虑，在决策的迅速程度上也没有严格的要求。选民利益和政治利益的牵涉比危机型政策要少。战略型政策往往是总统和国会共同参与制定，在美国与其他国家的双边关系上，国会的作用表现得更为突出。

（3）结构型政策

结构型政策涉及美国实现对外政策的具体手段，即如何使用、分配人力物力财力等资源来达到一定的对外目标。包括的内容很多，像如何调配国内外资源，包括对外援助、移民政策、如何支付国际组织款项、对军事物资的采购等。这类政策中，总统的权力得到了

① 周琪主编：《国会与美国外交政策》，上海社会科学院出版社，2006年版，第27页。

有效的压制，国会能够发挥较大的影响力。同时结构型政策都会涉及到使用资金，如果国会不给予总统所需资金，那么这项政策因无经费而无法存在。[①] 所以总统的权力受到了最大程度的牵制，拨款委员会的影响能力达到了最大程度的发挥。

国会能够在结构型政策中发挥更大的作用，一方面因为该政策主要由次一级政府部门主导，而国会正是这些次级政府及其成员最主要的依托和开展活动的主要场所；[②] 另一方面就是拨款的重要性，如果一项政策没有得到拨款委员会的资金支持，政策将被批中止。所以说“在不涉及战争与和平的外交问题上，包括处理与大国的关系等方面，国会却能够通过发挥自己立法、拨款、调查等权力施加有力的影响，迫使政府认真听取并采纳国会建议，否则将遭到国会的报复”。[③] 这类政策一般涉及较大的经济利益，在一定程度上类似于国内政策，各种政治势力都想参与其中，以通过有助于他们的政策。而作为不同选区代表的国会议员，受其自身利益的驱使，为自己选区谋取最大的利益，因此不论在参与程度上还是在影响能力上，在结构型政策中拨款委员会的权力最大。

需要注意的是对政策的划分并不表明这三类政策有高低贵贱之分。[④] 同时，很多政策可能包含有以上两种或三种政策的因素，很难将其规划到某一类中。政策之间的重合性并不意味着国会的优势仅仅集中在结构型政策上。通过一项结构型政策的决策，可能会影响到总统对战略型政策的能力。

（4）小结

为了更好地理解三种类型的政策下，总统与国会之间权力此消

① James M. Lindasy, *Congress and the Politics of U. S. Foreign Policy*, BaltimorMD: The Johns Hopkins University Press, 1994, pp. 147 - 159.

② 倪峰：《国会与冷战后的美国安全政策》，第 21 页。

③ 与非：《美国国会》，第 220—221 页。

④ James M. Lindasy, *Congress and Nuclear Weapons*, p. 80.

彼长的情况，表2－2从5个方面对3种类型的政策进行了简单的分析。

表2－2

特征及影响力 政策类型	做出反应的迅速性	涉及武力的可能性	对资金的依赖性	利益所属的一致性	政党政治的重要性	拨款委员会影响能力的大小
危机型政策	很快	较大	较小	一致	较低	较小
战略型政策	中等	中等	中等	中等	中等	中等
结构型政策	较慢	较小	较大	不一致	较高	较大

从表2－2中我们可以看出，危机型政策需要决策者快速做出反应，涉及武力的可能性很大，政策的制定和执行过程中对于资金的要求较小，总统与国会所代表不同的利益所属之间的差异和分歧得到了缓和，政党政治也显得不那么重要了。国会的影响力一般只限于向总统提出建议，而最终的决定权在总统手中，拨款委员会的影响能力较小。战略型政策，不如危机型政策关乎到国家的切身利益，也不像结构性政策更多地涉及具体资源的分配从而牵涉多种政治力量进行较量，在5个特征因素中，都处于危机型政策和结构型政策之间。总统和国会共同参与，国会对总统的决策有一定的影响能力，同时总统也对国会有一定的牵制。拨款委员会的作用大于危机型政策中的作用，却不及结构型政策中的作用。结构型政策不需要快速做出反应，几乎不涉及动用武力，但是对资金的依赖程度最大，争论与矛盾也就最多，利益所属的不一致性和政党政治之间的斗争表现得最为突出。此时国会的权力最强，总统的行动往往依赖于国会的支持，尤其是拨款委员会的影响能力得到了充分的发挥。

美国的外交政策是国会与总统两方相互牵制相互制衡下的产物，没有单一的外交政策决策模式，也没有哪一方处于支配地位。他们之间的关系随着政治环境的变化而变化。正如小亚瑟·施莱辛格在

《帝王般的总统》一书中所描述的，立法—行政在对外政策领域里的政治关系是以“摆动或周期效应”为特征的。冷战结束以后，危机型政策越来越少，和平发展成为了主题，使得国会的作用有所提升，不仅仅是内政上，在外交领域中，国会不再满足于扮演外交政策的“踩刹车”的角色，而是随时都想从总统手中夺过“方向盘”来亲自驾驶。[①] 早在19世界末威尔逊总统就认为“国会是联邦制中主导性的、不可抗拒的力量”。[②]

国会在外交领域的权力很大程度上是通过拨款权来实现的。它是国会制定外交政策中掌握的最有力的权力。参众两院的拨款委员会便是掌握这一权力的最重要的部门。国会拨款委员会的拨款权力，经历了200多年的发展，已经建立了一套比较完善、相对集中的运作机制。通过对拨款委员会影响外交政策的3个案例来看，我们可以得到以下结论：

第一，拨款委员会在影响外交政策的程度上取决于外交政策的类型。虽然拨款委员会在外交领域的权力有所增强，但是在不同政策类型中，发挥作用的大小是不同的。根据以下的五个特征因素可以判断该政策的归属以及拨款委员会在其中影响能力的大小。首先是是否需要快速做出反应，面对危机型政策，需要快速给出对策，国会拨款委员会往往由于时间紧而难以插手，反之亦然。其次是否涉及武力，当考虑到这一问题时，国家可能面临着较大的威胁和安全危机，国会拨款委员会如果站在总统的对立面，对于委员们来说是不明智的选择。再次对资金的依赖程度，结构型政策对资金依赖最大，掌管钱袋的拨款委员会的作用得到了最大限度的发挥。然后利益所属的不同，使得委员们为了自身的利益不惜与总统站在对立面，因为他们只需要考虑州选民的利益。最后是政党政治的重要性，

---

① 李庆四：《美国国会与美国对华政策》，第59页。

② ［美］加里·沃塞曼：《美国政治基础》（陆震纶等译），北京：中国社会科学出版社，1994年版，第69页。

在危机关头，民族国家的利益代替了政党之间的争斗，而在结构型政策中，政党政治成为了决定拨款委员会立场的重要因素。综上所述，在危机型政策中，总统的权力处于主导地位，国会拨款委员会往往难以施加重要的影响；在战略型政策中，国会拨款委员会的权力有所上升，总统的则有所下降，往往达成相互妥协的结果；在结构型政策中，国会拨款委员会的权力得到了放大，发挥着主导的作用。

第二，政党政治的作用。这主要体现在当国会与总统分属于不同的党派时，国会的作用表现的更加明显，拨款委员会在影响外交政策领域上的行为也更加积极；反之，国会与总统属于相同党派时，国会往往对总统的政策提案予以支持，作用就不那么明显。这一现象在文章中的三个例子中都得到了不同程度的体现。

第三，国会的拨款权是一个集预算、拨款、监督等各个阶段于一体的复杂过程，各个环节之间相互制约、相互联系，每一项政策的形成都是通过了讨价还价、妥协让步的环节。拨款权的运用也是掌握在各个委员会手中的，虽然拨款委员会在其中占据着明显的优势，但是它的权力不是单一的，它只是整个链条中十分重要的一环，但绝不能代替整体。有些议案可以在拨款议案中得到体现，而有些却在此之外。拨款委员会的权力不是绝对的。

美国的政治体制决定了国会与总统之间的抗衡，在外交领域两者之间的斗争还会一直存续下去，任何一个部门的权力都有另一个部门的牵制。在不同的政策领域，权力的大小会有所不同。随着经济政治社会的不断变化，权力的钟摆时而靠向国会，时而摆向总统，而拨款委员会的作用也在不断的变化之中。

第三章

美国贸易决策体制中的行政机构

在美国贸易政策决策体系中，以总统为首的行政机构始终发挥着重要作用。当然，总统驾驭全局，日理万机，往往无法亲自过问贸易政策，更难以直接倡导某项具体贸易政策。总统的作用通常在于在内阁各部门就贸易政策产生分歧之时扮演仲裁者的角色。这就意味着贸易政策的具体制定通常是由涉及贸易决策的行政机构各个具体部门完成的。尽管总统时常会对贸易政策的制定提出指导性意见，但在日常工作中，行政部门中的各大机构仍发挥主要作用，掌握着绝大多数贸易政策的决策权和执行权。有鉴于此，具体分析参与美国贸易政策决策的各个内阁部门就是极为必要的。

具体而言，行政部门在贸易政策决策的制度结构中共有三个层面：总统及其直接领导下的白宫行政办公室，内阁部门以及跨部门的协调机构。如前所述，总统日理万机，往往无法过问贸易政策制定的具体细节。这就意味着贸易政策决策权的重心落在具体参与政策制定的白宫行政办公室和与贸易相关的各大内阁部门。具体而言，白宫行政办公室下属的美国贸易谈判代表办公室、内阁各部中的财政部、商务部主要负责贸易政策的制定与实施。但伴随着贸易政策影响面的扩大，环境问题、能源问题以及劳工标准问题逐渐浮出水面，因而能源部、劳工部以及农业部也参与到贸易政策决策的过程中。与此同时，美国地方政府，主要是州政府在贸易政策制定中的地位和作用逐渐凸显。

本章将重点探讨在财政部与商务部在贸易政策制定过程中的作用。商务部是负责美国贸易政策执行的专职部门，而财政部掌握着汇率政策杠杆，对贸易政策的影响不容忽视。国务院曾经作为贸易政策的主要执行部门积极推动全球自由贸易。但在20世纪70年代后，该部门贸易政策制定权已经被大部分转移到商务部和财政部。农业部、能源部以及劳工部在美国贸易政策制定中负责与自身管辖职能的相关部分。与此同时，本章还力图探讨州政府在美国贸易政策制定过程中扮演的角色。同内阁各部相比，美国贸易谈判代表办公室地位比较特殊，因而有必要单列一章进行分析。

第一节 美国商务部与美国贸易政策

美国商务部在美国对外经济政策的制定体系中主要作为专业性的执行和服务机构，并不是决策的核心部门。可以说，美国的商务部是世界各主要发达国家中地位最低、影响最弱的，其地位甚至低于美国财政部。美国“有限政府”的理念根深蒂固，自由放任的经济方式深入人心。因而，商务部权力有限，地位稍显尴尬。评论家莱昂内尔·H·奥尔默（Elmer）曾经这样评论商务部：

商务部的雇员多达2000名，他们分布于美国47个城市和世界近百个国家。他们默默无闻，收入微薄。特别是在国外，他们不被重视，经常遭人白眼，反复从事毫无意义的工作。虽然他们是美国的代表，却往往被来自自家后院的暗箭所伤。[①]

① 马丁·费尔德斯坦主编：《20世纪80年代美国经济政策》（王健等译），北京：经济科学出版社，2000年版，第580页。

当然，商务部在美国贸易政策的制定中仍有一定的发言权，其中最为显著的就是对于倾销的审查和判定；同时，商务部长作为内阁成员，代表商务部参与贸易政策制定过程；商务部同时作为功能部门，在充分考虑自身利益诉求的基础上，配合决策核心部门制定贸易决策。

一、美国商务部的职能与组织结构

（一）美国商务部的宗旨与职责

商务部是美国最早成立的内阁部门之一。1903 年 2 月 14 日，国会通过法案决定成立商务与劳工部；1913 年 3 月 4 日，塔夫托总统将其更名为商务部。商务部的职责目标在于创造良好条件以促进经济发展，推动创新、创业，提高美国经济竞争力及经济管理水平。近 100 年来，商务部与美国企业一道为美国的经济繁荣做出了巨大贡献。具体而言，商务部的职能包括推动自由贸易、公平竞争以及创造良好的经济环境。通过在生产、运输、协调及监督方面的创新管理，商务部助力美国保持国际市场的领导地位。

具体而言，商务部的职能涵盖以下方面：与总统内阁及其附属机构、政府其他部门共同制定国家经济政策；维护和促进国际贸易；巩固美国的国际经济地位；从政策层面保证国内贸易的增长；提高自然资源的利用率；保证国家科技的发展和有效应用；收集、分析及发布有关国计民生的信息；从国家、社会团体、个人三个层面促进经济发展。

（二）商务部组织机构

商务部的结构总体上分成部长办公室和各职能部门（司局）两大块。商务部组织结构图如下：

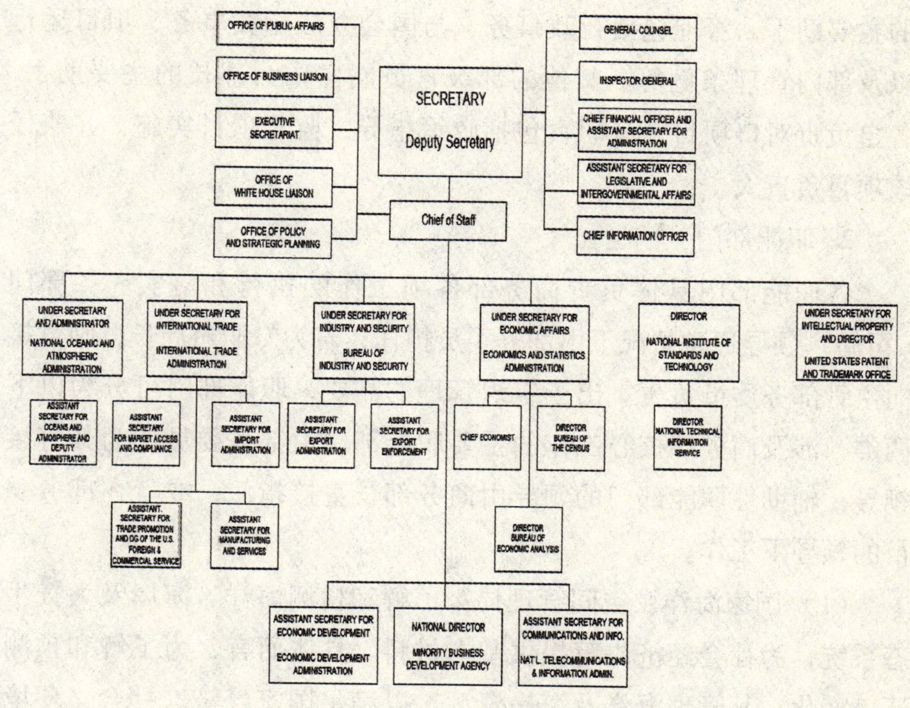

图3－1　美国商务部组织结构一览表

1. 部长办公室

部长办公室是商务部的中枢机构，协助部长制定政策，并为总统提供建议。商务部的业务项目都由该办公室策划，并指导实施。部长办公室还直接执行由部长指派的任务，指导具体操作部门，提高行政效率。

部长办公室人员设置包括：部长、部务委员、部级官员配套工作人员；除此之外，部长办公室还包括一定数量直属部长的“综合办公室”，具体负责跨司权限并代表部长实施特殊工作项目。部长办公室内的部务委员包括：副部长、法律总顾问、首席财务官及主管行政的部长助理、主管法律法规及政府内部协调的部长助理。

副部长协助部长管理部门事务，根据各自不同的分管方向指导各职能部门执行政策。首席财务官以及行政部长助理、主管立法及政府内部事务的部长助理、法律总顾问、监察委员会主任等是部长的主要助手，管理包括行政事务、与国会立法相关事务、项目运行以及部门管理条例等。其他的部级官员同样作为部长的主要助手，各自负责对口项目。其职责包括政策指导、监督项目实施，并兼任该项目负责人。

2. 职能部门

各职能部门具体负责商务部各项工作的执行和落实。各部门（司局）领导通常情况下由部务委员担任；若为专职司局长，则直接向主管部务委员负责。出于组织管理的需要，职能部门可分为以下两类：涉及商务部核心工作的主要职能部门由部务委员作为其直接领导；辅助性职能部门的领导由商务部长直接指派，或者在部务委员的领导下工作。

（1）国家海洋及空间管理局：了解和检测海洋、海岸及大气生态系统，为社会经济决策提供基本材料。具体而言，为了解和预测环境变化，其管理海洋及海岸资源，以满足国家经济、社会、环境发展的需要。

（2）国际贸易司：提高美国工业竞争力，促进贸易与投资，根据法律与贸易协定保障公平贸易的进行。

（3）工业安全局：通过有效的出口管制、落实贸易条款、巩固美国的战略技术领先地位以维护美国国家安全，落实外交政策以及实现经济目标。

（4）经济发展管理司：负责美国经济的发展规划，通过鼓励创新、提高企业竞争力使美国在世界经济中保持领先。该机构鼓励私有资本在国家经济领域的薄弱环节投资，保持并创造高技术含量、高薪水就业。该机构重点扶持的投资对象包括：支持长期的、各地区协调合作的经济发展项目；支持创新和自由竞争；支持创业。经济发展管理司以项目的形式给予拨款或达成合作协议，实现以上目标。

（5）少数族裔经济发展司：致力于为少数族裔的企业争取平等的地位，鼓励并支持少数族裔创业行为，并帮助其扩大盈利和影响力。

（6）国家通讯与信息管理局：负责管理美国通讯与信息事务，发布相关政策，同时掌管着频谱仪器的联邦使用权。此外，该局还负责通信技术的研发，并为政府、私人企业提供技术支持。

（7）经济与统计司：原为经济事务办公室，由 J. F 肯尼迪总统于 1961 年创立。现在，经济统计司为政府部门、企业及其他机构提供广泛而精确的数据，并出台国内及对外经济政策。该机构提供的数据已经成为美国许多重要的政治经济决策的重要参考。同时，经济与统计司还负责记录美国经济与社会的变迁，并进行分析和解释。经济与统计司的 3 个主要职能为：维护并完善高质量的联邦数据系统；及时发布经济信息使其能最大程度地提高美国人的生活水平；为商务部及其他部门提供信息及分析服务。

（8）国家技术标准研究所：国家技术标准研究所创建于 1901 年，当时是美国第一个自然科学实验室。近年来，该研究所在图像处理领域成绩斐然，包括 DNA 诊断“芯片”、烟雾探测器、机械自动纠错软件等。除此之外，该实验室还在原子钟、乳房检查的 X 射线标准、隧道扫描显微镜等方面有所建树。

（9）专利与商标办公室：其宗旨在于保护发明创造，在知识产权保护体系下保证美国工业的发展，工作的主要内容主要包括审核专利、批准商标申请并发布相关信息。在专利保护方面，该办公室的职能包括激励创造、鼓励创新方面的投资、向全世界发布新技术等。

二、商务部在对外经济政策中的作用和角色

（一）与总统内阁及其附属机构、政府其他部门共同制定国家经济政策

随着对外经济在美国从“低级”政治上升到“高级”政治，相

关领域的美国行政机构的职能及其之间的关系也随之发生了变化：其一，自20世纪90年代末以来，财政部逐步成为美国对外经济政策领域的主导部门，地位仅次于总统决策层；其二，总统行政办公室的地位上升，逐渐凌驾于各行政机构；其三，各部门之间竞争日趋激烈，如商务部与美国贸易谈判代表办公室就针对许多贸易问题存在着虽然克制却公开的竞争。

鉴于美国的国际经济政治中的主导地位，美国面对的对外经济事务纷繁复杂，需要庞大的对外经济决策团体。美国的主要团队由多个项目组构成，工作人员来自各职能部门。其中在美国贸易谈判代表处的主持下的有两个长期性的项目组作用显著。其一是经济政策评估组（成员为部长助理和部长帮办）；其二是经济政策人员委员会（成员为高级公务员）。两个项目组的成员来自11个部委，其主要职能是对当前经济形势进行分析并提供政策选择，其中包括地区性贸易战略、进口政策、美国在世界贸易组织中的角色和作用等。

不同于负责制定政策的国务院和财政部，商务部只是代表制造业和服务业利益集团参与决策过程。在国内政治中，商务部同样追求着部门权力与影响力的最大化。强势的商务部长会充分利用手中掌握的进出口资源和企业资源，提高本部门的影响力。比如，隶属商务部的贸易促进合作委员会将扩大出口的含义最大程度地宽泛化，甚至包括总统级的快车道谈判权限。

（二）维护和促进国际贸易；巩固美国的国际经济地位

如前所述，由于历史原因，美国政府尽量避免用“政策”手段干预经济。尽管政策的影响力有限，商务部还是在美国对外经济关系中发挥了主导作用。

商务部主要负责管理有明确目标和规定的进出口项目。从20世纪80年代开始，商务部凭借在管理国内工业方面的优势，借助长期以来处理不公平进口竞争纠纷的经验，在各部委中逐步取得了在美国对外贸易双边谈判中的主导权。其中有代表性的事件是限制欧洲钢铁出口案及主导了总统贸易打击行动，挑战各国进口壁垒。商务部是美国扩大出口的主要推动者。同时，商务部还负责反抵制法案的执行和监督。这一法案使美国有力地应对了其他国家抵制美货的行为。

商务部最主要职能是促进出口，并为出口商提供服务。商务部国际贸易管理司是主要承担此项职能的单位。该司向贸易谈判代表和经济决策者提供详细的国内经济数据，同时也向世界市场提供美国出口和投资信息。该司为贸易商提供“一站式”贸易信息服务，包括协助其竞标大额订单、完善市场及潜在市场数据库等。国际贸易管理司同时也负责在多边安排下双边协定的谈判，如在纺织品服装协定框架内的双边谈判。

商务部还有为对外商务贸易提供服务。他在全球 78 个国家设立了 144 个代表处，在美国境内设立了 92 个促进出口办事处，为美国企业、尤其是中小型企业提供服务。

商务部收集并分析美国对外贸易和投资流向的数据，以更好地辅助美国经济发展。面对美国的贸易赤字问题，国会及商务部贸易促进委员会决定采取措施减少进口，增加出口。在这一过程中，贸易促进委员会在美国对外贸易中的地位大大提高。1992 年国会通过的《促进出口法案》在法律上肯定了该机构的地位。贸易促进委员会重点协助旨在私人企业提高出口水平，但在实际操作中效率不高、组织不力的政府项目。在国会的授意下，贸促会每年都会出台《国家出口战略》，以督促各部门抓紧出口工作。在国会的压力下，各部门及执行机构都会向贸促会提供详细的促进出口贸易措施，明确增长最快的市场及美出口障碍等。贸促因而在一定程度上成为美国出口的方向标。

（三）反倾销调查及案件审理

在美国，反倾销主要由国际贸易委员会和商务部联合负责。国际贸易委员会负责调查和裁决外来的倾销产品是否对本国同类工业造成了损害。商务部负责调查和裁决外来的进口产品是否低于公平价值在美国市场上倾销，并计算出倾销的幅度。如果国际贸易委员会裁决有关进口产品对美国同类工业 造成了实质性的损害，商务部也裁决有关进口产品低于公平价销售，商务部将发布征收反倾销税的命令，由海关执行。

20 世纪 80 年代美国对外经济决策机构调整中，商务部取得了两个重要法律的落实监督权：反补贴和反倾销法案。从 1980 年开始，商务部开始受理受倾销损害企业的申诉，具体包括出口到美国商品的价格低于其成本价或其产地国家销售价格，以及出口国为了降低在美国的销售价格而给予补贴。上述两个法案成为商务部自 20 世纪 80 年代以来处理倾销案件、维护国内产业利益的根据。商务部将对是否惩罚出口国、惩罚尺度大小给予最终裁定。

美国反倾销程序大致如下：

1. 申诉

根据美国反倾销法规定，对倾销提出申诉分为反倾销机构提起和申诉人提起申诉。前者是指商务部根据本部门的资料，认为进口到美国的产品有倾销行为，并以确凿证据加以证明。在此基础上，商务部可以在美国联邦公报上发布反倾销调查提起通知。这种由反倾销机构提起的情况非常少见；后者是指申诉人以申诉书的形式向反倾销机构提出反倾销调查。申诉人包括：同类产品的制造商、生产商或批发商；该种工业内有代表性的、注册工会认可的工人团体；同种工业的工业协会或商业协会。起诉书必须同时递交给商务部和国际贸易委员会。商务部在接到申诉书后 20 天内要做出是否立案调查的决定。如果决定立案调查，应在美联邦公报上发布提起反倾销调查通知。国际贸易委员会收到申诉书后并不审核申诉理由是否充分，在 7 天内开始调查，如果商务部对申诉案件决定不受理，则国际贸易委员会的调查应自动终止。

商务部决定立案调查后，通常要在宣布后的一两周内向有关出口商和进口商发出调查问卷，并要求在30天内交回问卷。调查问卷要求提供的内容相当广泛，有被指控倾销产品的国内销售、出口数量及价格、生产成本及各个环节的数据和证据等。国际贸易委员会在开始调查时也同样要发出调查问卷，并在7—14天收回问卷。

2. 初裁

首先是国际贸易委员会的初裁。国际贸易委员会依据问卷调查所获得的各种有关资料，在45天内必须做出是否损害的初裁。如果初裁的结果是肯定的，案件继续进行。国际贸易委员会在做出初裁之前，通常要举行听证会听取各有关方面的意见，并进行投票表决。

商务部的初裁。在国际贸易委员会初裁之后进行。该部在接到申诉书后的160天内必须做出进口产品是否低于公平价值销售的初裁（如果情况复杂可延长50天）。初裁做出后，其结果应在美联邦公报上刊登通知，征求有关方面的意见。如对初裁结果有异议，可要求商务部举行听证会进行辩论。至于初裁的结果，如前所述，如果国际贸易委员会的裁决是肯定的，案件继续进行；如果是否定的，国际贸易委员会和商务部都要终止调查，诉讼程序结束。

3. 核查及终裁

商务部和国际贸易委员会在收回调查问卷后将进行核查，并举行听证会，以便做出最后裁决。通常的情况是，商务部要派人到出口国进行实地核查。核查时，要求有关生产单位及出口公司提供账本、生产记录、购销合同、发票、运输、保险等单据。在核查期间，有关方面要密切配合，及时提供所需要的资料。如不能及时提供有关资料，商务部将根据自己掌握的资料做出最终裁决。在做出终裁之前，如果有关当事人请求，应举行一次听证会，目的是让有利害关系的人陈述自己的意见。在核查和举行听证会的基础上，商务部和国际贸易委员会分别作出各自的最终裁决。商务部的终裁，通常在初裁后的75天内做出（情况复杂的，可延长60天）。如果商务部的终裁是肯定的，应裁明具体的倾销幅度；如果终裁是否定的，调查即告结束。国际贸易委员会的终裁，应在商务部做出肯定性终裁的45天内做出。如果商务部和国际贸易委员会的终裁都是否定的，反倾销程序就终止。如果它们的终裁都是肯定的，则商务部在收到国际贸易委员会终裁后的7天内发出征收反倾销税的命令。

4. 行政审查及日落审查

根据美国法律规定，自某种商品被征收反倾销税满1年开始，每年都对上一年度的被征税商品的倾销幅度进行行政审查，若在连续3年的审查中达到最低倾销幅度（低于0.5%）或没有倾销幅度，则可由美国商务部撤销反倾销税命令。另外，当被征收反倾销税的商品在反倾销税命令满5年时可以进行日落审查过程。即审查如果撤销反倾销命令后，倾销是否会继续或再次发生（由美国商务部决定）；或者如果命令撤销，对美国国内行业的损害是否可能持续下去或再次发生（由美国国际贸易委员会决定）。若以上任何一个决定是否定的，反倾销命令必须终止。一般日落审查过程有一个法定启动期限，该期限在反倾销税命令满5年的前30天开始。

5. 上诉

在美国负责处理上诉的部门有两级：一是美国国际贸易法院；二是美国海关与专利上诉法院。上诉的单位和人员包括：外国厂商、政府、国内进口商和贸易商，工商贸易团体和协会等。如对反倾销案的仲裁不服，可以先上诉美国国际贸易法院。如仍不服，再上诉美国海关与专利法院。上诉的期限一般为30天，即在该项商品仲裁决定在联邦公报上公布后30天内提出。法院在其判决后10天内在联邦公报上公布最终判决。①

总而言之，商务部在做反倾销决策时考虑的因素主要有以下几个方面。重新计算零售价格：为了达到“真实的”美国价格，美国

① 材料来自网页：http：//info. plas. hc360. com/HTML/001/001/19223. htm。

商务部会减去海上运输费、保险费、国外路上货运费、付给经纪人的佣金，甚至美国的税。如果扣除这些以后，剩余的成本低于国内的成本，就会被指控为非法倾销。问卷调查：当一家公司被指控在美国倾销时，它就会收到一份问卷，需填好所有的问题尽心自我保护。如果未能在规定时间内交回问卷，就被视为犯有倾销罪。汇率：出口国产品通常以本国货币报价；但在裁定是否有倾销行为时，这个价格必须按照当时的汇率折算成美元。允许的管理成本和利润：商务部在计算在美国销售的外国产品的生产成本时，分配了10%的管理成本和8%的利润，这样如果一家外国出口商在获得仅5%的利润时，还有3%的差额则用于时期零售价格低于商务部的“公平”价格，就会被指控为倾销。同样，如果外国制造商的间接管理费低于10%，这种高效率也会使其受到反倾销法的惩罚。[①]

（四）维护国家安全：

在维护国家安全方面，与商务部有关的是军用/民用商品出口检查和管制。

关于军用与民用商品出口问题，由国务院、国防部、商务部、能源部、武器管理与裁军处官员组成的3个专门委员会负责裁决，判断出口商品是军事用途或是民事用途，并颁发相应执照。如果纠纷在一般官员层面不能解决，则将被移交到由商务部主管的执行委员会进行裁决。案件如果在规定时限内在执行委员会层面没有解决，则将被继续递交到高级顾问委员会，该委员会也由商务部主管。若此案仍不能进行裁定出口性质，则将被继续向上级呈送直至政府。

关于常规武器和军民两用商品及技术的出口管制是根据《瓦森纳安排》确定，由国务院、国防部及商务部共同执行的。以上3个部门若不能裁定出口性质，则交由国家安全委员会解决。

---

① 车秀文：《美国商务部如何确定反倾销行为》，《经营管理者》2001年第3期。

第二节　美国财政部与美国贸易政策

美国财政部始建于1789年，是美国建国初期设立的3大部门（国务院、财政部和陆军部）之一，是仅次于国务院的重要内阁部门。财政部在建立之初主要负责管理国内收入和进行其他一些财政金融活动。美国首任财长为汉密尔顿（Alexander Hamilton），他积极主张重商主义，奠定了美国此后长达一个世纪的贸易保护主义基调。目前，财政部掌握着汇率等重要政策工具，对贸易政策的影响力不容忽视。

一、美国财政部的机构设置和职能

（一）美国财政部的机构设置

1. 设有多名助理部长，分别负责经济政策、宏观经济政策协调、微观经济、银行与金融、税收和预算、公共关系和国际事务等等；

2. 货币管理局：成立于1863年2月25日，主要任务是管理全国的银行，有权检查银行，批准或拒绝成立和兼并新银行的申请，做出关闭某家银行的决定；

3. 国内税收署：目前，国内税收署的主要任务是负责实施国内税收法；

4. 经济政策办公室：负责协助政府高层制定经济政策，分析和评估国内、国际经济问题，以及金融市场的发展状况。此外，还专门负责根据每年的预算计划进行经济预测；

5. 国际事务办公室：设有亚洲、美洲、非洲、欧洲和中东等处室，帮助财政部长制定有关国际金融、经济、货币、贸易、投资、环境、和能源的政策和计划；

6. 税收政策办公室：制定国内和国际税收政策、分析各种税收立法和计划的效果、预测经济趋势、准备官方估计的政府收入估计数字、针对国际和国际投资事务提出建议；

7. 美国关税署：根据美国第一届国会第五项法令成立，1929 年 3 月成为财政部内一个独立的机构，其主要职能是防止走私（包括毒品和非法药品）、征收关税和罚金等；

8. 金融管理服务局：负责研究、制定、管理联邦金融体系，使政府的现金有效、安全地流动。金融管理局还负责核算财政部的货币资产和负债，追踪财政部的收入和支出情况；

9. 公共债务局：成立于 1940 年 6 月 30 日，其主要职责是筹措联邦政府所需的款项，核算公共债务，发行和回购国库券，执行债务管理政策。

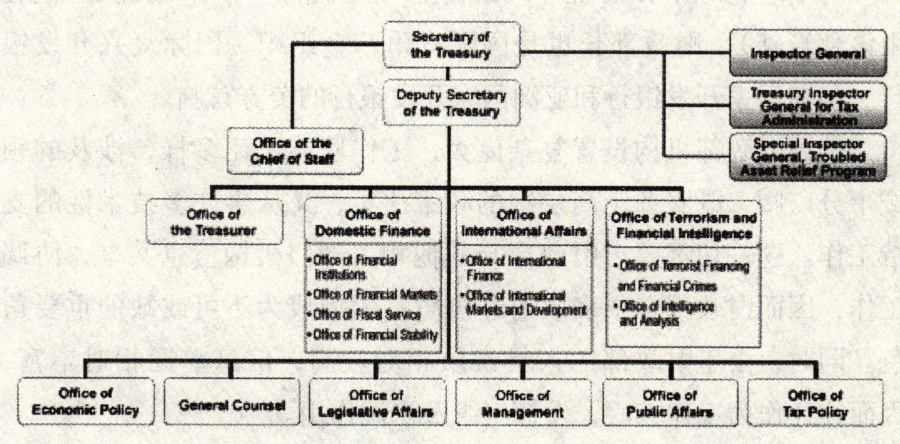

图 3－2　美国财政部组织框架图

此外，美国财政部还设有其他机构，如保密局，负责保卫总统和其他高层政府官员，以及美国政府政权和其他资产；联邦法律实施和培训中心，负责向联邦政府各机构提供法律方面的培训；酒精、烟草和武器管理局，负责征收酒和烟草产品税，防止走私和非法出售烟草和酒精产品；外国资产控制办公室，控制着美国所冻结的国家的资产；金融机构办公室，负责监督、落实与金融机构相关的各种政策和规章的执行。

（二）财政部的主要职能

1. 拟订或者参与拟订国内、国际的财政经济政策，并处理国际财政金融事务；

2. 管理联邦财政，征税，偿还政府债务，印刷货币，就国内、国际的经济、货币、财政、税收、贸易等政策提出建议，以促进美国经济的繁荣与稳定，促进世界其他地方的繁荣与稳定；

3. 在国际经济领域，财政部与联邦其他部门、其他国家政府、国际金融机构合作，促进经济增长，提高生活水平，预测和预防经济和金融危机的发生；

4. 保卫总统、副总统等人的安全（此职能本与财政无关、但也由该部管辖）。财政部长也是国际货币基金组织、国际复兴开发银行、美洲国家开发银行和亚洲国家开发银行的美方首脑。

美国财政部机构设置复杂庞大，工作职能广泛多样，涉及的领域十分广阔，既服务于高层次的政策决策，又从事许多技术性的支持工作。这一切都要求财政部与其他相关部门机构信息共享、协调工作，因而财政部在很多政府经济贸易领域成为不可或缺的重要角色。同时，由于财政部的人员素质相对较高，信息掌握相对丰富，因而往往作为工作核心，发挥组织及协调作用。

二、财政部影响贸易政策的主要手段

当今，美国财政部掌握着包括汇率政策在内的大部分美国国际经济政策的制定权。20 世纪 30 年代，美国国会授权美国财政部管理货币与汇率。当时，美国正深陷大萧条的恐慌之中。时至1933年罗斯福总统上台时，美国的整个金融系统已经崩溃。在这种背景下，美国国会通过一系列法案，授权美国行政部门采取措施实施“新政”，重建美国金融秩序。根据国会的授权法案，美国财政部有权改变美元的含金量，贬值货币，还可以干预外汇市场，有权实行金银复本位制，甚至可以决定商业银行的准备金。国会超常限度地将决定基本货币政策的权力授予了行政部门。总统凭借这一权利可以根据需要调整银行的准备金，处置美元的含金量，影响美元的汇率。总而言之，总统领导下的财政部可以重铸美国的货币体系。①

罗斯福政府充分利用国会的授权，改变美元的对内与对外价值。在货币金融方面，罗斯福总统采取的最大的措施是停止美元兑换黄金并放弃金本位制，同时设立由财政部控制的总额达20亿美元的外汇平准基金，主要用于购买英镑，以稳定美元汇率。财政部负责干预外汇市场的政策制定，而纽约联邦储备银行作为财政部的代理，负责外汇市场上干预的操作。②

美国国会在20世纪30年代在货币金融方面给予美国财政部的特别授权使得财政部在美国货币政策与汇率政策方面拥有强大的制定权，并在许多方面取代了美联储，开始履行诸多原属于中央银行的职责。国会授权造就了强势的美国财政部，将美国财政部推到了国际经济决策的历史前台。由于财政部的职能几乎涵盖了一切与国际经济相关的问题，因而凡涉及到汇率相关，甚至是不相关的国际经济问题的谈判与协调工作都需要由财政部代表美国政府出面交涉和协调。③ 克林顿政府时期的财政部长鲁宾有一句名言：“关于美元汇率我做主。”此言可见财政部在美国汇率决策中的地位。

---

① 陈荣安：《对美国汇率政策制定权力归属的分析》，《世界经济研究》2006年第2期。

② 陈荣安：《对美国汇率政策制定权力归属的分析》。

③ 同上。

当然，财政部的权力也是有限的。国会保留了对财政部的监督权。根据美国国会1988年通过的《贸易与竞争综合法》，美国财政部必须每隔半年向国会提出有关国际经济与美国汇率政策的评估报告。财政部长还应在国会听证，为其政策辩护并接受质询。另外，财政部是美国政府的一个职能部门，财政部长仅为总统幕僚，因而必须要服从总统，这也是它权力有限的另一个方面。此外，鉴于美元作为主要国际储备货币的重要地位，美国的货币政策与汇率政策相互影响，但美国国会将两者分别授权美联储和财政部管辖，从而使美国国会成为美国汇率政策制定的控制中心。美国国会通过听证会等手段是对财政部实行监督。财政部只是美国汇率政策决策的主要参与者与执行者。鉴于货币和汇率的关系，从长期来看，独立的美联储的货币政策最终决定了美元汇率的走向。①

值得一提的是，美国财政部在贸易政策中的影响力与历任财政部长的个人影响力有很大关系。从历史的角度看来，财政部长在美国贸易政策方面的影响是深远的和广泛的。

美国政府对宏观经济的调控自艾森豪威尔时代开始形成了“三驾马车”和“四人会”的协调形式。“三驾马车”是指财政部长、经济顾问委员会主席和预算局长之间的经常碰头会。“四人会”是在上述三巨头之外再加联邦储备委员会主席。“三驾马车”就是总统宏观经济决策的中心。② 所以财政部长对总统经济决策能施加重大的影响。肯尼迪时代的财政部长狄龙、尼克松时代的财政部长康纳利、里根时代的财政部长里甘都通过总统而对国家经济贸易产生了重大而深远的影响。

依托美国财政部主导美国汇率政策的地位，先后有数位影响巨大的财政部长在美国货币、汇率政策及其他国际经济协调中创立了

---

① 陈荣安：《对美国汇率政策制定权力归属的分析》。

② 陈宝森、侯玲：《美国总统与经济智囊》，北京：世界出版社，1996年版，第178页。

里程碑式的记录，影响深远。20 世纪 30 年代“新政”时期的摩根索废除了美国金本位；尼克松政府时期的约翰·康纳利推动美元贬值，并最终关闭“黄金窗口”；里根总统时期的詹姆斯·贝克主持了“广场会议”，迫使日元急剧升值；还有克林顿总统时期的财长鲁宾，因为推行近 10 年的“强势美元”造就了美国新经济的奇迹。

在艾森豪威尔政府任命乔治·汉弗莱为财政部长之时，曾有评论认为：“也许这是总统最重大的决定，因为汉弗莱的势力大到足以决定艾森豪威尔政府的方针，这样说决非危言耸听。他比任何人，除去艾森豪威尔本人，都更多地决定了艾森豪威尔时代的基调。”①

威廉·西蒙在担任福特政府财政部长期间，在国际经济政策方面以美国的经济武器对西欧和东欧集团施加压力，从而保持国际政策的主导权。他也同主要西方国家的金融首脑聚会，建议建立一个 250 亿美元的“安全网”，帮助这些国家支付石油赤字，以渡过能源危机，但是该机构必须在美国的指导下运作。西蒙还是福特政府中主张把“食品武器”作为国际经济政策杠杆的关键人物。他在取消对苏联谷物销售，以及后来将给苏联贸易最惠国待遇同苏联处理国内不同政见者问题挂钩等问题上发挥了重要作用。② 在 1974—1975 年的衰退期间，西蒙作为美国国际经济和国内经济的经济发言人出尽风头。在国际方面，作为福特的经济大使，他积极参与从建设国际货币基金组织 10 国委员会的石油“安全网”到为美洲开发银行增拨款项和为世界银行建立资助穷国石油赤字的贷款机构的各项活动，并参加西方工业国家的国际货币政策谈判，还作为美国的主要代表和基辛格一起参加了联合国贸发会议，在第三世界国家和西欧国家之间打入楔子，防止了它们在解除第三世界债务问题上形成联盟。③

布卢门撒尔担任卡特的财政部长之后，成为卡特在经济政策方

① 陈宝森、侯玲：《美国总统与经济智囊》，第 198 页。

② 同上书，第 234 页。

③ 同上。

面的主要发言人。同时，布卢门撒尔还兼任经济政策小组的负责人。该小组的主要目的在于建立一个以财政部为中心的经济机构，以抵消基辛格在国际经济政策方面的影响。据查尔斯·舒尔茨回忆，布卢门撒尔同其后任威廉·米勒是在卡特时期真正能对内阁成员说“是”或“不”的人，他们是这一时期经济决策中举足轻重的人物。[①]

里根政府的财政部长唐纳德·托马斯·里甘的同样声名卓著。1981年里根就任总统之后，63岁的里甘就任财政部长。当时正值日本对美国贸易出现巨额顺差，美国在对日贸易战中陷入被动。深谙财政和金融运作之道的里甘主导了日美贸易，他以日本贸易顺差为由，蓄意逼迫日元大幅升值，从而导致“超级日元”泡沫，迫使日本人在全球四处投机。接着，里甘利用大幅流向美国的日资，在支撑起美国的大量财政赤字的同时，又不断向日本施压，强迫其制订金融市场自由化计划，取消金融管制。里甘的一连串举措，最终导致了日本逐渐陷入“泡沫经济”的泥潭，经济“快车”骤然减速，最终失去了美日贸易战的主动权。[②] 另外，罗伯特·鲁宾，即克林顿时代的财政部长，因其推行的贸易政策拯救了北美自由贸易体系而盛名远播。

布什政府时期的美国财长保尔森既是美国政府首席经济政策制订人，更被普遍认为是美国对华贸易政策决策群中的关键人物。上任伊始，他便组建了由财政部领导的跨机构工作小组，每日同白宫官员及各部门官员会商，以履行其政府首席经济政策制定人的重任。2006年9月19日，他以总统特使身份对中国进行为期4天的首次财长之旅，提议并启动了与中国副总理吴仪一年两次共同主持的中美战略经济对话机制。这一对话机制被布什称赞为将推动两国建立

① 陈宝森、侯玲：《美国总统与经济智囊》，第257页。

② 李极明：《智库在美国贸易政策形成中的核心作用》，《云南社会科学》2007年第5期。

“强有力且互利互惠的”双边关系。在美国的对外国际经济关系中，这种涉及整个经济与外交领域的部长级对话机制尚属首例，也令美国贸易代表望尘莫及等其他行政部门分外眼红。华盛顿经济政策研究所中国问题专家卡利纳表示，保尔森已“把美中关系的地位大幅度提高了”。[①]

当然，总统作为行政首脑对财政部构成当然的领导。美国总统通过选择财政部长来贯彻自己的政策，而财政部长的变更往往意味着美国汇率政策的重大转变。1995 年春季，克林顿总统任命鲁宾取代劳埃德·本特森担任财长。本特森在任时（1993—1995 年）推行弱势美元政策，美元一路下泻，日元、德国马克急剧升值。1994 年，美元对日元跌破 100 日元大关。1995 年 4 月，美元下跌到创记录的 79. 75 日元，德国马克也下降到战后的历史最低点。新任财长鲁宾（1995—1999 年）结束了其前任的美元贬值政策，采取强势美元政策。他声称“强势美元符合美国的利益”。另一个案例：小布什政府的首任财政部长保罗·奥尼尔由于推行的强势美元政策而于 2002 年 12 月 6 日被迫辞职，成为 2001 年 1 月开始执政的布什政府中辞职的第一位内阁成员。小布什继而任命约翰·斯诺为美国新的财政部长。约翰·斯诺上台后，美国汇率政策迅速发生改变，美元贬值，延续近 10 年历史的强势美元政策终结。[②]

追溯历史，我们可以发现有很多财政部长由于自己的专业知识、处世能力和人格魅力而成为美国总统倚重的对象，继而在美国经济贸易政策领域居于主导地位，塑造了美国的经济贸易环境，对包括美国贸易在内的美国经济、政治、外交和安全产生了历史性的影响，作用不可估量，影响了美国的发展，也影响了世界。

---

① 张炎宇：《美国财政部长亨利·保尔森》，《国际资料信息》2007 年第 1 期。

② 陈荣安：《对美国汇率政策制定权力归属的分析》，《世界经济研究》2006 年第 2 期。

第三节　美国州政府与贸易政策

伴随着全球化的不断深入，美国州政府将在美国对外贸易决策中起到越来越重要的作用，而且其发挥作用的外贸领域不断拓展，承担的角色也会因势变化。美国是实行联邦制的国家，而州政府是联邦政府和地方政府（注：该处指美国州政府以下的县、市、镇和特区）中间的非常重要的次级政府单位。由于宪法中对于联邦政府和州政府的权限划分并不是很明确，所以州政府的宪法权利空间很大。再加上近年来全球化的不断发展，地方经济利益的国际化，致使很多原先由中央政府管辖的对外贸易权内容开始转向州政府。州政府不管是在国内还是国外都开始各种各样的国际行为。在国内，越来越广泛深入地参与或影响对外贸易决策；在国外开始进行各种各样的国际行为，而且这种国际行为具有次级政府的特色。有相当多的案例表明：州政府在美国对外贸易中的影响在不断增强。

近年来中美之间的经贸摩擦日渐严重，这引起了中美两国高层的普遍重视并促成了中美战略经济对话机制。中美经贸摩擦是一种“结构性”冲突，具有“经济必然性”。[①] 中美贸易的结构性冲突本身已经使中美贸易摩擦的复杂性上升，但美国将中美经贸问题“政

---

① 张燕生等：《中美贸易顺差结构分析与对策》，北京：中国财政经济出版社，2006年版，第134页。著者认为经济摩擦的必然性有三个原因：一、中美比较优势基础上的国际分工的反映；二、中国产业结构升级致使中美贸易从产业间贸易转向产业内贸易；三、中国国内产业梯度明显意味着中国劳动密集型产业一时很难退出。

治化”的策略更使中美经贸摩擦升级。[①] 显然，在这种情况下要在国家层面上解决中美经贸问题是十分艰难的，但在州政府层面上却可以找到突破口。本节中对于美国对外贸易决策中州政府角色的研究，将有助于我国灵活地实施对美贸易决策，抵消美国对外贸易政策对我国经济的不利影响。

一、宪法中美国联邦政府与州政府在对外贸易上的权力关系

美国宪法采用了联邦权力列举、各州权力保留这种方式来对联邦政府与州政府的权力关系进行了界定。具体可将权力分为五类：列举权力、专有权力、禁止权力、共有权力和保留权力。其中列举权力明确列举了联邦政府和州政府各自享有的权限，专有权力规定了相互之间权力的不可侵犯，禁止权力对两者不许作为的权力进行了规定，共有权力则是两者都可行使的，保留权力是指凡是没有授予联邦政府的权力和没有禁止州政府行使的权力都由州政府保留。这样的安排既赋予了联邦政府以统一管理的权力，又确保了州政府自由平等的地位。具体在对外贸易领域，宪法也作了相应规定。一方面，宪法规定了对外贸易和州际贸易管理权专属于联邦政府，在联邦政府内部则是管理权属于国会，行使权属于总统为首的行政机构；另一方面又规定州政府也有管理州内商业贸易的权力。

宪法中虽然对联邦政府和州政府权力作了界定，但表述相当模糊和简略，所以在实践中经常遇到麻烦。“联邦主义是一个有争议和

---

① 张燕生等：《中美贸易顺差结构分析与对策》，第 27 页。书中认为美国将中美经贸问题“政治化”的背后隐藏着巨大的战略意图：压制中国的经济崛起，防止中国打破全球利益分配格局，让中国承担其调整全球经济失衡的代价，从而继续主导全球贸易规则的制定和维护经济霸权。

动态的体系，其发展与其说取决于宪法语言，倒不如说取决于相互争夺的利益的强度，取决于这个国家不断变化的需要。”[①]（1）随着全球化的不断深入，各国之间、各地区之间的相互依赖和联系不断加强，国际政治问题（当然也包括经贸问题）逐渐呈现出国内化、地方化趋势，国内或者地方经贸问题也逐渐呈现出国际化趋势。在这种情况下很难区分州内贸易和对外贸易，联邦政府和州政府的管理权必然会出现冲突。（2）联邦制度下州政府所享有的独立自主能力也会使联邦政府在对外贸易管理领域遭遇困境。“在贸易领域，联邦权力优于州权力的宪法条款有很多，包括商业条款、最高法律条款、条约条款以及总统权力条款。但这并不表示联邦与州不存在国际贸易管理上的冲突。随着美国加入总协定和世界贸易组织，联邦政府承担了保持全国范围内的法律统一和给予外国产品国民待遇的义务，各州的利益可能使联邦政府履行义务遇到麻烦。”[②]最典型的案例就是加利福尼亚单一税问题，虽然其最终结果维护了联邦政府的权力，但州政府在商业贸易方面独立自主的立法权力也使联邦权力的行使遇到了很大障碍。（3）宪法中的保留条款给州政府权力扩张留下了很大空间。虽然对外贸易管理权属于联邦政府，但州政府可以通过州内立法加强对州内贸易的管理权或者通过强化州长权力来增强对联邦政府对外贸易决策的影响。（4）随着美国经济发展状况的变化，美国的联邦宪法所作的权力划分会相应的在实践中发生增减变化。美国的联邦制就曾经在1929年到1933年的大危机中追求国家主义，而后在尼克松时期又提出还权于州。近年来随着联邦政府在管理对外贸易里领域中的弊端不断显现，州政府逐渐活跃起来。

---

① ［美］托马斯·帕特森：《美国政治文化》（顾肃、吕建高译），北京：东方出版社，2007年版，第82页。

② 韩立余：《美国外贸法》，北京：法律出版社，1999年版，第31页。

二、州政府在对外贸易政策领域权力扩张的背景

（一）国际背景

1. 经济全球化与全球经济相互依赖的渗透

随着经济全球化的不断加强，全球经济相互依赖的程度不断加强，“‘去国家’一时成为政治学和国际关系学研究中的一个重要趋势，人们一方面关注全球政治层次上跨国行为体在国际关系中的意义，另一方面越来越重视次国家层次上国内官僚机构、利益集团、党派在国家对外政策形成过程中的作用”。[①] 在这种背景下纯粹的整体的国家经济利益已经很难界定。国家利益分散化的主要表现就是各种利益集团竞相追逐本集团利益，各地区追求本地区利益，而且都想通过游说来使自己的利益上升为国家利益。美国作为联邦制国家，这种现象更加突出和明显。全球化的不断深入发展使各州的经济与世界其他地区紧密地联系起来，各州想要获得经济上的长足发展，单纯地靠本地企业或国家支持再也无法满足需求。而且，全球化对于美国各州来说都意味着机遇和挑战。机遇在于各州可以充分利用国际资源来发展自己，挑战是面临其他各州的竞争。美国联邦政府面临日益复杂的世界经济也无法兼顾各州利益。在这种情势下，州政府不得不扩张在对外贸易领域的实际权力，以便适应全球化的要求。

2. 国际制度对州政府的影响

任何一项国际制度都会包括各国应该履行的义务。美国作为世界头号强国，在国际制度体系中具有举足轻重的地位，其参与国际制度的程度也最大。每制定或参与一项国际制度就意味着美国联邦

① ［美］罗伯特·基欧汉、海伦·米尔纳：《国际化与国内政治》（姜鹏等译），北京：北京大学出版社，2005年版，第5页。

政府要统一各州履行其中的责任或义务。“国际化损害一些政策的效能，从而影响了政府政策选择的自主权。”[①] 例如解除资本控制、消除贸易壁垒意味着，流动性生产要素的所有者获得了与州政府讨价还价的优势，这使得州政府的政策效能和选择性降低。自身利益因国际制度受到损害的各州便有强烈的欲望采用各种手段去影响国际制度的制定，比如参与联邦政府的国际谈判、联系其他国家的次国家政府或利益集团来游说他国中央政府等等，以便营造一个本地区经济发展有利的国际制度环境。

（二）国内背景

1. 地方经济利益的国际化

经济全球化的不断深入发展使地方利益与世界其他地区经济紧密地联系在一起，地方利益的界定不再局限在本区域之内，开始向世界其他地区扩展，即地方经济利益开始国际化。其突出表现就是不同国家友好城市关系的建立、地方领导人出访、地方在国外设立经贸办事机构、地方设立对外经贸事务专门机构以及竞相吸引外资等等。这些现象同时还表明地方政府在对外经贸领域国际意识的强化和国际行为能力的增强。

2. 联邦政府与国会在对外贸易决策中的局限性

联邦政府与国会在对外贸易决策中经常会出现一些失误和问题：（1）各州利益的不均衡。由于美国政府的国会机构设置，一些大州相比于小州就可能在参众两院都享有优势，小州的利益由于缺乏广泛的代表性而被忽视。但很难说这些小州的利益对于美国来说就不是至关重要的。（2）联邦政府在对外贸易事务中，无法照顾到中小企业的利益。在对外出口贸易中，大公司大企业具备较强的出口能力，但中小企业则需要更多的补贴和援助。这部分中小企业的利益

① ［美］罗伯特·基欧汉、海伦·米尔纳：《国际化与国内政治》，第18页。

只能由地方政府来解决。（3）联邦政府决策中利益集团的干扰会严重降低决策的效率和科学性。由于美国实行三权分立的原则，国会和行政机构都享有对外贸易的管理权，所以国会和行政机构之间会就某些问题相互掣肘；同时美国国会是一个利益集团就各自利益相互争夺的场所，哪个利益集团组织性强、人多势众，就能在对外贸易决策中占据主导地位。这种决策有时会因为损害某些州的利益而遭到坚决反对。如2000年，克林顿总统争取国会批准给予中国永久性正常贸易待遇时，曾得到42个州长的联名支持。这些州基本上都与中国有着紧密的经济联系。

3. 民主自由传统与地缘政治对联邦政府的制约

美国有强烈的民主自由传统，这种民主自由的传统使人们特别害怕一个大政府的产生。联邦政府过于强大也将被视为对人们民主自由权利的侵害。但人们对州政府的态度就远不像对联邦政府那样恐惧，因为州政府在宪法中的权力被界定在管理公众事务领域。在很大程度上，州政府更像是一个为民服务的机构。正像亚里士多德所讲，人不单是“政治的动物”，还是“地域的动物”。亚历山大·汉密尔顿曾在《联邦党人文集》中论及：“人性的情感通常随着对象的距离或散漫情况而减弱。根据这一原则，一个人对家庭的依附性胜于对邻居的依附，对邻居的依附胜于对整个社会的依附。各州人民对他们的地方政府往往比对联邦政府怀有更强烈的偏袒，除非这一原则的力量为后者的大为优越的管理所破坏。”① 我们很难看到联邦政府会在公众事务方面出现上述的“大为优越的管理”，我们看到的却是联邦政府的很多公众事务政策备受批评。对外经贸领域也呈现出联邦政府的各种弊端。所以较之于联邦政府人民更倾向于支持一个权力扩张的州政府来为自己谋福利。

① ［美］汉密尔顿、杰伊、麦迪逊：《联邦党人文集》，第83页。

4. 选举制度的保障（地方领导人民选产生）

美国各州的州长不是由联邦政府任命的，而是由地方人民选举产生的。各州选举产生的州长，联邦政府与国会无权撤换。各州州长的政治基础在地方，为了能赢得选民的支持，他们会专注于解决地方问题，特别是增加税收和减少失业。这种选举制度安排实际上满足了地方自治的需要。但这种制度客观上也为各州权力的增长提供了保障，减少了政治风险。

三、州政府的职能与贸易政策的独特性

（一）解决失业问题

失业问题一直是困扰联邦政府和州政府的重要问题，因为失业问题不仅关系到领导人的选民支持率，而且关系到经济能否健康运行。美国州政府一直受到来自议会和劳工利益集团在失业问题上的强大压力。同时失业人数持续增加可能会导致美国消费者压缩开支，从而加重经济衰退的程度。而且由于美国知识经济的到来和经济全球化条件下社会分工的转移，失业问题成为一个经常性的结构性问题，即“结构性失业”。美国很多制造业由于成为夕阳工业而且劳动生产率不断提高，同时因为出口增长缓慢，所以失业问题尤为显著。

对外贸易与失业问题密切相关。美国州政府吸引外资的政策，为跨国公司在当地的投资创造良好的环境，将可以带动一大批劳工的就业。外国企业或风险投资在本州的投入，可以带动一批相关产业的增长，进而能够促进这些产业吸收更多工人。州政府不断扩大出口也可以促进企业对劳工的需求。按照美国贸易代表办公室在“美国和世界贸易组织”的报告中提供的信息：美国每出口 10 亿美元价值的商品和服务，就能给美国国内带来近万个工作岗位。这就是州政府竭力促进对外贸易出口，设立众多对外贸易办事处的重要

原因。

（二）增加税收

美国州政府要适应选民的要求提供更多更好的公共服务就要拥有更多的财政收入。美国州政府的财政收入来源除各种税赋收入外，就是联邦政府赠款。“州的收入中有15%以上是由联邦赠款援助项目提供的，而地方政府的收入有30%来自州、5%来自华盛顿的赠款。没有这些赠款，州和地方都将面临困境，但是这种经费有一个缺陷——它的获得都要附带条件。”① 显然，如果州政府过分依赖联邦政府的赠款将会受制于联邦政府，削弱其在很多经济贸易政策上讨价还价的能力。所以，州政府必须依靠自身增加税收。但又不能靠增加税率的办法，因为这样就会把很多企业和个人赶到低税率的州内。所以最好的办法只能是采取各种措施来促进经济和企业的繁荣，而在当今全球化世界促进经济繁荣便不得不参与对外贸易。总之，州政府要想增加税收，解决近年来的财政危机，甚至是巨大的财政赤字，参与对外贸易决策是必然的。

对外贸易领域对州政府解决就业问题和增加税收如此重要，以至于他们不得不积极参与到对外贸易的决策中来，以便能够立足于本州利益的基础上趋利避害。

四、州政府对美国对外贸易决策的影响

（一）州政府的三种影响方式及对应的三种角色

美国州政府影响美国对外贸易决策的方式可以归结为参与决策、与之冲突、弥补不足三种，三种影响方式对应的是州政府担当的三

① ［美］托马斯·帕特森：《美国政治文化》，第653页。

种角色，即参与者、对抗者、补充者。三种影响方式各有其内在的原因或适用的条件，同时也往往采用不同的渠道来施加影响，而且在经济结构及发展状况不尽相同的各州也有差异。

1. 参与者

当美国联邦政府及国会正在制定的一项对外贸易政策或参与的某项国际谈判，影响到一些州的至关重要的利益或给其带来发展机遇时，这些州的州政府就会在对外贸易决策过程中通过各种方式施加影响，以便趋利避害。这时候，州政府就担当起参与者的角色。这种参与决策的影响方式通常是较为温和的，是一种协作式的博弈模式。这样的后果是使某项对外贸易决策或国际谈判不一定代表美国的全局利益，相反更可能是掺杂进各州利益的拼盘。但同时这种决策因为是比较温和的，所以能够维护一种良好的政府间关系，而且决策的结果——政策也能够更好地在州政府层面执行。

州政府参与美国对外决策的渠道很多，主要的是政府间协调机制、游说联邦行政部门和国会两种。

政府间协调机制：这是设在联邦政府内部的政府间协调机构，例如国务院内部的政府间事务办公室、美国总统贸易代表办公室内部的政府间政策咨询委员会，主要目的是为了加强联邦政府和州政府间的利益协调，使各州的利益能够在上层充分表达。比如在每次国际贸易谈判时，一般会邀请利益相关州的要员参与谈判过程，以便能够使最后的谈判结果在地方层面即州层面得以执行。这种协调机制在利益集团发达的美国所能发挥的作用是微弱的，因为各州的利益极有可能被强大的利益集团利益所冲销，而且还会使这种协调收效甚微。

游说联邦行政部门和国会：各州政府单独或集体对联邦行政部门和国会议员进行游说。这是最常见的一种方式。原因主要有两点：第一，美国利益集团很发达，游说机制很成熟。采用这种方式更加轻车熟路，而且收效会更好；如果不采用这种方式，自身的利益可能就会被更为强大的利益集团所损害。第二，根据美国宪法规定，美国众议员由州级以下各选区人民选举产生，参议员由各州人民直接选举产生，最后由选举产生的参、众两院组成国会。既然很多国会议员都来自地方，因此地方的利益也就能能够通过这些议员得以表达。“州和地方政府可以影响外交政策——如通过与国会中本地方的代表联系，它们可以对某一外交行为的经济影响表示关注。”① 有很多例子证明这种游说渠道的效用。例如在我们熟悉的中国加入WTO的问题上，许多美国州的州长就代表本州企业向国会施加压力，要求批准中美 WTO 协议。在 2000 年克林顿总统争取国会给予中国永久性正常贸易待遇过程中，包括德克萨斯州、康涅狄格州、华盛顿州、纽约州、加利福尼亚州、新泽西州、北卡莱罗纳州、威斯康辛州、佛罗里达州和马里兰州等在内的 42 个州的州长联名写信给众议院议长哈斯托特，强烈要求他支持给予中国永久性正常贸易待遇，最后使这种政策得以实现。

2. 冲突者

为了维护本州的利益，州政府可能会采取与联邦政府或国会对外贸易决策或意愿相左的政策，使联邦政策的实施大打折扣，甚至使美国整体全局利益严重受损。一般情况下，美国州政府都会考虑联邦一级的反应，从而采取一种较为温和的政策；但也不排除州政府为了本州利益而有意采取与联邦政府相左的政策。我们暂且将这两种方式称之为“温和的冲突政策”和“激烈的冲突政策”。

在州权因为财政收入增加或联邦放权等情况下得以增长时，州政府是有可能采取较为激烈的冲突政策的。例如加利福尼亚的单一税问题。20 世纪 70 年代，加利福尼亚为防止来自当地跨国企业的税收流失，将国内单一税推广为世界单一税。这遭到了大多数西方国

① 王勇：《美国地方因素对中美关系的影响》，《外交评论》2006 年 90 期，第 89 页。

家政府和企业界的反对，认为这种措施造成双重征税和僭越了对外贸易管理权限。因为这涉及到非常敏感的税收和州权问题，当时的里根政府和国会受到来自国际社会和国内各州的巨大压力。再如1997年，纽约市议会要求纽约市从与包括中国在内的15个“特殊”国家有生意往来的银行中取出存款和投资，理由是这些国家涉嫌迫害基督教徒。“虽然这一措施最终未被通过，但挫败它却让有关各方付出了巨大的精力。”①

有时候可能冲突没有像上面的两个例子一样那么激烈，但同样会使联邦的对外贸易政策实施受阻。而且这种温和的冲突方式正成为各州政府的更好选择，因为这种做法政治风险较低，不会受到来自联邦政府的强烈干预。例如2007年末，随着选举年的临近，美国国会和政府中对于中国进口产品的压力居高不下，一系列贸易保护主义政策甚嚣尘上。在这种情况下，11月6日美国7个州的议会领袖抵达北京，为2008年美国各州议会领袖集体访华的高峰会议做准备。在与中国方面的商谈中，美国各州议会领袖的代表机构——立法领袖基金会总裁拉齐斯坦率承认，在对于中美贸易关系的看法上，各州和联邦政府以及国会之间存在明显分歧。他认为虽然联邦政府和国会因为政治压力而频频对中国进口产品提出限制政策时，各州的关注点仍然在于如何增加美国公司在中国的商业机会，以及扩大与中国的贸易。而州政府都是由在州议会里所代表的党派按比例组成的，所以州议会的举动必定会对州政府决策产生重要影响。以上各州的开放策略与美国联邦政府和国会的贸易保护主义政策形成鲜明对比并使贸易保护主义政策的实施在州的层面上受阻。

---

① David M. Lampton, *Same Bed, Different Dreams*, LA: University of California Press, 2001, p. 297.

3. 补充者

当一些关系到州利益的经贸领域被联邦所忽视时，州政府就会采取因地制宜的政策来弥补这一缺陷。美国联邦的缺陷有许多：（1）美国各州的经济类型、产业结构、发展程度、地理位置等各有差异，相应的在对外贸易方面就会表现出不同的需求，单纯一项统一的对外贸易政策很难兼顾到各州的利益；（2）由于全球化相互依赖的加强，很多经贸事务是跨国地区间的地方性事务，联邦政府受财力精力所限无法深入到地方性事务中作决策；（3）由于受各种利益集团的干扰，联邦最后作出的决策很可能损害了很多州的利益，这时候各州就要发挥自主性，通过自主的对外贸易行动来弥补可能的损失……这些缺陷都需要州政府来弥补。但这种影响方式并不是直接参与到联邦层面的对外决策，而更多的是在地方层面上的因地制宜。

随着全球化相互依赖的加强，特别是在经贸领域整个世界将被打碎，很多经贸问题的地方性特色会越来越强化，地区分工和差异化日益突出。而且随着美国州政府对外行为能力的不断加强，州政府对美国对外贸易决策的补充者角色也会逐渐增强。

从微观角度看，美国各州近几年的努力充分发挥了其补充者角色，是与联邦层面对外贸易决策领域的并行发展。近几年美国各州纷纷扩大其海外机构，截至2007年包括爱达荷州，纽约新泽西州，华盛顿州，马萨诸塞州等已有19个州在中国内地及港澳台三地设立了代表机构，为其中小企业扩大对华出口提供服务。而在1994年，这一数目仅为5个。这些机构除了承担促进出口的任务外，还有引进外资和促销旅游业的作用。促进出口方面，由于美国联邦政府职能顾及大公司大企业，联邦进出口银行对中小企业不足100万的业务也不愿提供帮助，而中小企业又是各州解决失业的重要力量，所以只能由州政府给予帮助。为各州因地制宜地引进外资和促销旅游业更不是联邦政府所能承担的。除了设立海外办事处外，每年都会有很多美国州的州长来华洽谈商贸问题，而且每次都会带一大批企业团；更有甚者美国州的州长会亲自参加一些关系本州利益的展览会或大型合作项目的仪式。另外，美国州政府还会就很多地方性事务与其他国家的地方政府签订协定，如美国北部各州与加拿大省份的密切关系、南部各州与墨西哥的密切关系及大量的友好省份和友好城市关系，这些都会促进地区间的经贸交流。上面这些都是各州的自主对外贸易行为，能够起到繁荣地方经济的重要作用，弥补了联邦政府的缺陷。

从更加宏观的角度看，美国各州的独自对外贸易行为也能防止联邦层面狭隘的错误及对外贸易决策对地方经济产生影响。由于美国的利益集团众多，而且这些集团凝聚性特别强，能够对国会施加很大影响，所以如果一项符合某个利益集团目标的政策出台很可能会影响到众多州的利益。比如劳工集团要求对中国采取贸易保护主义，这就会对很多州内的中国产品加工商和分销商产生重要影响，州政府不得不采取措施减少这些企业的损失，否则就会产生大量的失业。

综上所述，商务部在美国对外贸易决策过程中主要作用的政策执行。政策制定具体包括五个环节，即议程建立、政策形成、政策采纳、政策执行、政策评估。商务部的主要作用集中在政策采纳和政策执行阶段。总而言之，商务部在美国贸易政策决策体系中属于执行型部门，决策影响力有限。但在商务部管辖的具体范围内，该部门的主导地位是毋庸置疑的。与此同时，商务部领导人作为内阁成员，也会参与到贸易政策的具体制定过程中，并有可能发挥特殊作用。

具体到财政部，根据本章节的分析，美国财政部的贸易政策制定受到多重因素的影响。府会关系的基本格局是影响财政部发挥作用的基本变量。国会通过听证会等形式对以总统为首的行政机构进行监督，并会时常立法成立新机构，在行政机构内部培植心腹，上演“无间大戏”。而在行政机构内部，首先，财政部作为内阁部门，财政部长作为总统的阁僚，受到总统当然的领导；其次，在内阁部门之间，财政部、商务部、美国贸易谈判代表等部门也会因为管辖范围的重叠而产生纠纷。在这一情况下，财政部在贸易政策决策过程中的影响力很大程度上取决于财政部部长的个人能力。在特定时期，财政部不仅影响了美国的贸易，还影响着美国的全球地位和世界的稳定与发展方向。

虽然美国州政府目前在对外贸易决策中的影响还是有限的，但随着一系列国际社会和国内社会因素的变化，州政府在美国对外贸易决策中的地位会越来越重要。因为全球化所带来的地区分工和专业化的加强，美国经济不再是一个整体，很多对外贸易决策会越来越多地涉及地方因素，这时候就需要美国州政府就本州特点自行决策或参与到联邦政府的决策中来。而且，州政府以三种方式影响美国对外贸易决策。州政府充当参与者角色，一方面可以使美国联邦的对外贸易决策考虑到州的利益，加强联邦和州之间利益的协调以及实现各州之间利益的平衡；但另一方面也会使美国的对外贸易决策变得更加复杂繁琐和具有不确定性，影响到与他国的整体关系。州政府充当冲突者角色，一方面可能会使美国联邦政府的对外贸易政策难以在州层面实施，影响联邦政策的效力；另一方面也可能会引起美国联邦层面对州利益的重视，或者恰好弥补了一些偏激联邦政策的失误。州政府充当补充者角色所起到的影响通常是正面的，因为这样可以弥补联邦政策的一些缺陷，特别是那些联邦政策鞭长莫及的领域和地方基础上的跨国合作。州政府的三种角色会依据实际情况而加以运用。

充分认识到美国州政府在对外贸易决策中的作用或角色，可以使我国在处理与美国经贸关系的时候有更加广阔的思路。在当前中美贸易摩擦不断的情况下，拓展与美国州政府的经贸合作是一个很好的突破口。在需要促使美国对外贸易政策转变的时候，游说各州支持我们的立场是一个不错的选择。平时也应该促进中美地方间的经贸联系和友好交流，这样美国对华的一些不良贸易政策所能发挥的效力就会越来越小。

第四章

美国贸易决策体制中的贸易谈判代表处

美国贸易谈判代表办公室是美国贸易政策是主要制定者和直接执行者。纵观美国贸易政策的历史，美国贸易谈判代表办公室的地位几经起伏。伴随着近年来贸易问题的持续升温，美国贸易谈判代表的地位日渐提升，已经成为分析美国贸易政策的不可或缺的一环。

第一节　美国贸易谈判代表办公室的沿革

1934年以前，美国贸易政策主要由国会主导制定。1934年，美国通过了《1934年互惠贸易法案》。该法案首次明确提出，美国贸易政策的目标就是要实现全球范围的自由贸易，也就此标志着美国开始转向多边贸易体制。多边贸易的启动导致贸易谈判的工作量骤然加大。这一方面要求行政机构提高谈判的能力；另一方面要求行政机构提高内部相关部门间的协调沟通能力，改革多部门间的协作机制。

20世纪60年代，国际经济格局发生了重大变化，由于国家间经济相互依赖程度日益加深，经贸关系更加复杂，贸易政策的影响面越来越大，美国政府不得不改变贸易政策的制定模式，建立新的机构以便更好的应对世界经济形势的新变化。以关税与贸易总协定（GATT）为代表的多边贸易谈判为开端，美国政府成立了贸易协议委员会，协助政府部门处理具体的贸易问题。由于多边谈判的规模和重要性不断提升，主要负责外交事务的国务院和只能搜集信息的贸易协议委员会无法胜任该项工作。在这一背景下，国会开始要求建立行政机构建立专门机构从事贸易谈判工作，美国政府也根据形势开始着手建立贸易谈判机构。

针对即将到来的肯尼迪回合谈判，美国国会通过《1962 年贸易扩大法》。该法要求总统指派贸易特别代表，同时规定必须建立跨部门机构以便向总统提供贸易协议方面的政策咨询。该法案不仅解决了贸易谈判机构的建立问题，而且平衡了国际贸易谈判中的国际和国内利益，有利于美国更好地制定和实施对外贸易政策。1963 年，肯尼迪总统建立了“贸易特别代表办公室”，将其作为直属于总统的行政部门之一，同时为该机构在华盛顿特区和瑞士日内瓦设立了两个代表处。特别贸易代表办公室在成立之后立即参与了 1964 年的关贸协定的肯尼迪回合谈判。当时该机构仅由 25 名专家构成，与国务院，商务部以及农业部协作共同完成谈判工作。肯尼迪总统指派前国务卿赫托（Christian A Herter）作为首任美国贸易谈判代表。赫托在 1966 年因病辞世，约翰逊总统继而指派副贸易谈判代表威廉·罗斯（William M Roth）为贸易谈判代表继续参与谈判。在约翰逊（Lyndon Baines Johnson）总统的大力支持下，贸易特别代表发挥了积极作用，圆满地完成了谈判工作。

贸易谈判代表办公室在运作了一段时间之后逐渐暴露出一系列问题。《1962 年贸易扩大法》并未规定该机构在双边谈判中的地位，更没有明晰该单位在涉及到单个产品贸易争端的谈判中的权限。与此同时，时任尼克松政府商务部部长莫里斯·斯坦斯（Maurice H Stens）在尼克松总统的支持下试图夺回贸易政策制定的主导权，这极大的冲击了贸易特别代表的正常运作。职能模糊以及政府内部权力斗争导致美国在随后的对日纺织品谈判中陷于被动，谈判也最终宣告失败。其后，尼克松总统又建立了与贸易特别代表功能职责相似的国际经济政策委员会（Council on International Economic Policy 下文简称 CIEP），贸易特别代表面临着被 CIEP 边缘化的危险。

国会立法建立贸易特别代表的初衷就是为了建立一个相对中立的贸易谈判机构，以便牵制行政部门。为解决贸易特别代表面临的问题，国会积极展开立法活动，确保贸易特别代表的存在与运作。1973 年，国会在当时尚未通过的贸易法案中加入新的条款，正式赋予贸易特别代表法律地位，使之成为了国会立法成立的机构。根据追加条款规定，贸易特别代表隶属于美国总统办公室，级别为正部级。1974 年福特总统正式签署《1974 年贸易法》，从法律意义上肯定了贸易特别谈判代表办公室的地位。[①] 1979 年，贸易特别谈判代表办公室根据该年度第三号重组计划进行了重组，该法案扩展了贸易特别代表的机构规模和责权范围，并正式更名为美国贸易谈判代表办公室。

第二节 美国贸易谈判代表办公室的组织结构和运作机制

美国贸易谈判代表办公室经过几十年的运作，不论是在组织机构以及运作等方面都趋于成熟，形成了一套紧凑、高效的组织结构和工作机制。

① I. M. Destler, *American Trade Politics*, p. 109.

一、贸易谈判代表办公室的组织与职能

作为旨在处理贸易谈判的机构，美国贸易谈判代表办公室的人员规模波动较大。伴随着贸易工作复杂程度的加深，该机构的人员规模不断扩大，从建立之初的25名专家，到当今的150名专家。[①]这些专家分属于美国贸易谈判代表办公室下设的20多个办公室，每个办公室平均拥有8名专职人员。在各自的领域中，这些工作人员可以经过授权直接和外国的官员进行谈判。在同其他部门的协作中，特别是在协调贸易政策的过程中，其他贸易相关部门必须在美国贸易谈判代表办公室的领导和指引下进行政策的讨论。高素质的团队保证了美国贸易谈判代表办公室可以灵活运作。美国企业界和商业界也对美国贸易谈判代表办公室的工作效率评价普遍较高。

从组织结构上来讲，美国贸易谈判代表办公室是一个复合型的结构，主要负责对美国贸易政策和贸易协议进行管理，并监督协议的执行。美国贸易谈判代表主要负责该办公室的主要工作。在贸易谈判代表下设三名副贸易谈判代表，并根据职责需要分别常驻日内瓦以及华盛顿。该机构还设有20多个助理贸易谈判代表，这些人分别负责贸易谈判代表办公室下设的各个分办公室。[②]

贸易代表下属的分办公室按照地理位置和贸易部门双轨模式组建。它们主要有：非洲事务办公室、农业事务办公室、东南亚环太平洋国家和APEC事务办公室，环境和自然资源办公室、欧洲地中海国家事务办公室、劳工事务办公室、服务和投资办公室、贸易和地区发展办公室、WTO和多边谈判事务办公室、驻日内瓦使团代表

① Stephen D. Cohen, *The Making of United States International Economic Policy*, p. 60.

② Stephen D. Cohen, *The Making of United States International Economic Policy*, p. 59.

办公室、国会事务办公室、监督与实施办公室等；除了上述直接和贸易谈判相关联的机构，还有专门负责行政事务的行政管理办公室和专门负责联络的政府间事务和公共事务办公室。鉴于美国贸易谈判代表办公室的较为繁重和复杂的日常工作，上述机构设置是相当紧凑且有效的。该设置一方面可以从最大程度上便利了谈判等工作的开展，另一方面也便于在内部进行行政上的领导和管理。

美国贸易谈判代表办公室主要负责国际贸易的谈判工作。具体而言，该机构的职责范围上包括：全面负责制定美国贸易政策及其实施的协调；担任贸易协议和贸易政策事宜的主要发言人，并提供上述事宜以及贸易政策效果方面的建议；与商务部协同负责维持和保护美国在各国际贸易协议中的权益，并监督美国所参加的各贸易协议的实施情况；担任进出口银行的副主席和海外私人投资公司董事会的成员，并参加国家咨询委员会在国际货币和金融政策方面的工作；负责发展与协调服务贸易；负责直接投资事项，同时根据先前制定的谅解备忘录，协助国务院在经合组织、联合国贸发会议以及其他国际组织中开展投资方面的工作等。

为了更好地处理多边贸易谈判相关事宜，国会在 1988 年又通过了《综合贸易竞争法》，修改和补充了美国贸易谈判代表办公室的职责范围。该法案同时还规定：一旦总统建立旨在就国际贸易问题提供建议的任何机构，该机构的高级代表都应该由美国贸易谈判代表出任。而根据该法，美国贸易谈判代表办公室也开始主要负责有关处理关于不公平贸易做法的问题，包括 201 条款和 301 条款的执行等。

随着乌拉圭回合谈判的结束，确保各方遵守谈判结果成为新的问题。1994 年底，美国国会通过了旨在规定 WTO 协议在美国国内生效执行的程序及其与国内法关系的《乌拉圭回合协议法案》，该法规定所有由世贸组织（WTO）发起的谈判都由美国贸易谈判代表办公室代表美国参加，而相关工作也由该办公室主要负责。仿效该法案，随后美国又将当时刚刚成立的北美自由贸易区（NAFTA）的所有谈判及相关工作也交给了美国贸易谈判代表办公室。这些规定大大扩展了美国贸易谈判代表办公室的工作范围。

在上述法案的规范下，美国贸易谈判代表办公室逐渐由不规范走向规范，由不完善走向完善，形成了今天比较成熟的组织体系和比较完善的运作模式。

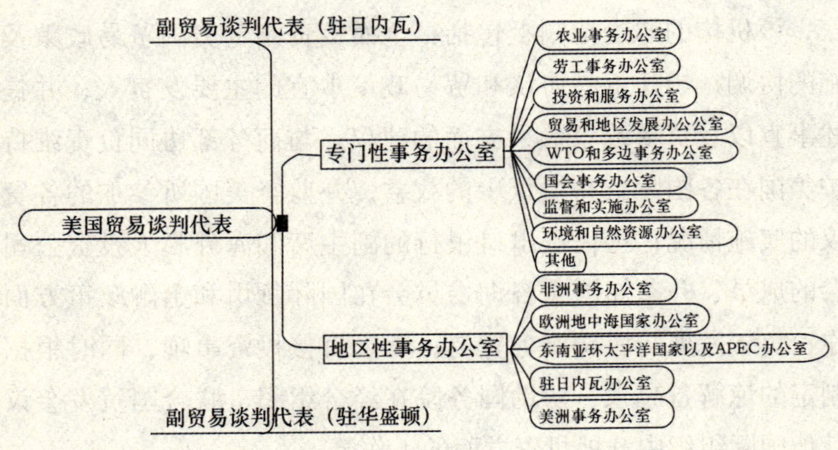

图 4－1　美国贸易谈判代表办公室结构示意图

二、美国贸易谈判代表办公室的运作机制

美国贸易谈判代表办公室机构的预期职能在于协调贸易相关各方的立场与利益。当代国际贸易争端牵扯的行业众多，贸易谈判必须要综合平衡各个部门的利益。美国贸易谈判代表办公室工作的重要组成部分就是与贸易相关部门、委员会等机构进行协作。通过与各个机构实体进行协作，美国贸易谈判代表办公室成功带动了整个贸易政策的制定体系高速运转。这些机构实体既包括咨询委员会系统，又包括立法机构，还包括与贸易相关的行政机构，这些实体共同构成了贸易政策制定的庞大网络。

（一）与咨询委员会系统的协作

咨询委员会系统背景成分较为复杂，涉及到受到贸易影响的各个行业，利益集团等。20世纪70年代，为了更好的应对东京回合的谈判，国会相继通过法案，扩大了各个咨询委员会的职能。在当今美国的贸易决策体系中，这些咨询委员会就谈判的目标提出自己的意见并协助政府部门监督已签署文件的执行情况。目前，咨询委员会系统大概有1000余名专家组成的34个委员会构成，形成了一个从宏观到微观的三层次咨询委员会体系。①

美国贸易谈判代表办公室在谈判过程中通过这一咨询委员会体系来听取国内各方意见，随时对谈判做出调整。近年来，咨询委员会系统获得国会颁布的贸易法的授权，其咨询范围已经从提供政策建议扩展到了影响协议的实施措施等众多方面。咨询委员会体系已经不仅局限于对美国贸易谈判代表办公室提出建议，而是从多方面与美国贸易谈判代表办公室协作并对其产生影响。

居于咨询委员会体系顶端的是贸易政策与谈判咨询委员会（Advisory Committee For Trade Policy and Negotiations 下文简称 ACTPN）。该委员会由总统建立，分别由贸易相关部门派出的45个代表组成，其中包括非政府的环境和环保组织。ACTPN的代表主要负责向美国贸易谈判代表办公室等机构提供其各自所在部门对于贸易谈判和贸易政策制定方面的建议，并代表其所在部门对美国贸易谈判代表办公室的工作予以一定的监督。在运作和权责方面，该委员会对美国贸易谈判代表办公室负责，一旦美国贸易谈判代表办公室进行召集，该委员会就必须召开会议以商讨相关问题，在最短的时间提出可行的方案供美国贸易谈判代表办公室参考。在每一轮贸易谈判结束后，

① Stephen D. Cohen, *The Making of United States International Economic Policy*, p. 59.

该委员会也必须召开会议，针对该轮谈判进行讨论并提出书面报告，对贸易谈判中达成的协议是否以及可以在多大程度上维护美国经济利益等问题进行评估提出意见，并向美国贸易谈判代表办公室以及总统和国会提交。

居于咨询机构体系第二层次是一般政策咨询委员会。该委员会也是由总统建立，下设 8 个专业性的咨询分委员会，包括投资与服务政策咨询委员会、工业政策咨询委员会、政府间政策咨询委员会、非洲贸易咨询委员会、农业政策咨询委员会、劳工政策咨询委员会、国防政策咨询委员会以及贸易与环境政策咨询委员会。美国贸易谈判代表办公室会同商业、国防、劳工、农业、财政以及其他相关部门对该委员会进行组织，该委员会的成员也是由这些部门磋商和任命的。该委员会的运作主要是依靠下属的这些分委会。这些分委会在其各自权责范围内进行调查研究，对贸易谈判和贸易政策制定提出意见，并直接向美国贸易谈判代表办公室报告，协助后者工作的开展。

居于该咨询委员会体系底层的是产业部门咨询委员会。这是一个职能性委员会，下设 25 个技术性、部门性的分委会，其主要代表其职能区域内各产业的利益，对美国贸易谈判代表办公室在谈判和制定贸易政策方面的工作提出意见，同时对谈判工作的进展进行监督。该委员会的成员来自于各个产业部门，由美国贸易谈判代表办公室根据其需要与商业、劳工、农业、财政等部门协商产生。该委员会的运作主要依靠下属的分委会。由于其分委会数目众多，其工作所涉及的面也相应较广，而其所对美国贸易谈判代表办公室的建议也涉及到各个方面，对谈判中的诸多具体问题也有一定影响。

总而言之，上述各咨询委员会分属不同的领域，对不同的机构负责。出于平衡利益的考虑，该委员会在贸易谈判和政策制定方面的工作主要还是由美国贸易谈判代表办公室负责协调。

（二）与立法机构的协作

作为美国国会立法成立的机构，美国贸易谈判代表办公室与国会之间有着“父子”般的亲密关系。美国宪法规定国会享有监督权，因而国会也相应建立了国会咨询委员会，通过听证会等形式对美国贸易谈判代表办公室的工作进行监督。

该委员会由国会建立，成员主要来自众议院的拨款委员会和参议院的财政委员会。目前大约由10名委员，分别从两个委员会各抽调5人组成。在具体工作中，它一方面负责听取美国贸易谈判代表办公室有关于贸易谈判等工作的通报，并向国会汇报；另一方面以磋商的形式向美国贸易谈判代表办公室提供国会对于谈判内容和协议的建议，以便于美国贸易谈判代表办公室在贸易谈判以及政策制定方面工作的开展。

该委员会由于来自国会，所以地位较为特殊。由于美国贸易谈判代表办公室的“国会背景”，该咨询委员会不仅充当了与美国贸易谈判代表办公室进行协作的角色，同时也从另一个方面影响着国会立法、授权等工作。因此该委员会与美国贸易谈判代表办公室的协作在一定程度上起到了疏通国会与政府在国际贸易方面的关系的作用，一旦双方发生矛盾也可以及时得到化解。正是由于这个委员会的存在，美国贸易谈判代表办公室和国会的关系更为紧密，确保了美国贸易谈判代表办公室更能体现国会的要求，保证了谈判所达成的协议在国会的最终通过。

（三）与行政机构的协作

美国贸易谈判代表办公室处理谈判以及政策制定问题，不可避免的要和商务部等其他贸易相关部门进行协作。这一方面是由于贸易问题涵盖面比较广泛，涉及到众多的部门；另一方面也避免了权力过分集中于美国贸易谈判代表办公室。

美国贸易谈判代表办公室与行政部门的协作主要是通过贸易政策幕僚委员会（Trade Policy Staff Committee 下文简称 TPSC）和贸易政策评估小组（Trade Policy Review Group 下文简称 TPRG）来完成的。这两个部门下设几十个办公室和代表处以及数目众多的分委会，主要职责在于国际贸易谈判和政策制定以及其他相关的工作，发挥着在不同部门之间进行互动和协调的作用。

TPRG 主要成员由副国务卿和助理国务卿构成，因而是副部级的机构。TPSR 级别较 TPRG 低，由高级公务员组成。他们的权责范围包括为美国参与地区贸易协商提供协助以及负责美国参与 WTO 事务的周边准备工作。在工作中，如果在具体问题中存在争议，一般先由 TPSC 负责解决，如果在 TPSC 中无法达成共识，那么就可以向上一级机构——TPRG 提交。TPRG 需要对分歧提出明示的意见。如果仍然有争议，则可再向由总统亲自主持的国家经济委员会（National Economy Council 下文简称 NEC）提交，由 NEC 来做出最后的决定。由于贸易活动范围的不断扩展，TPSC 的规模不断扩大。截至到 1998 年底，该委员会共计 80 个专门性委员会，分别处理地区性事务以及专门性事务。

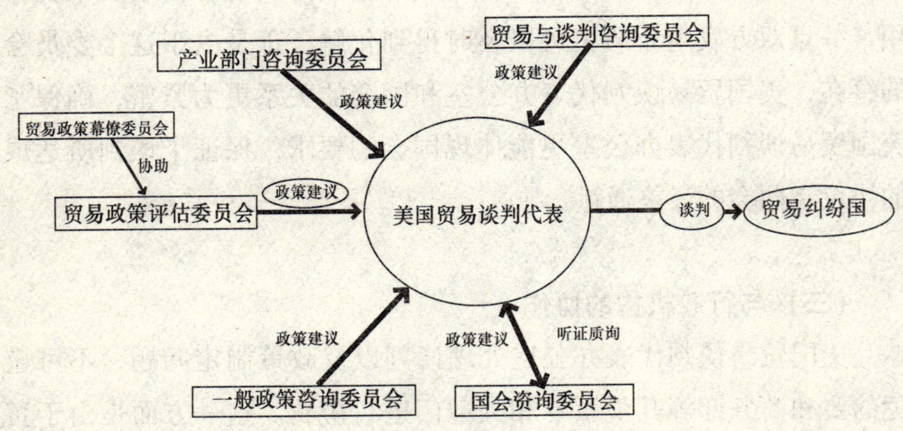

图表 4－2　美国贸易谈判代表办公室与各相关部门与机构协作示意图

值得一提的是，20世纪80年代以前，美国贸易谈判代表办公室主导下的贸易协作体系还包括正部级的贸易政策委员会，但如今该委员会的职责已经被拆分划归到NEC等其他几个委员会。

第三节 美国贸易谈判代表办公室的运作风格及决策模式

美国贸易谈判代表办公室的机构运作呈现出多元化的特点。在长期的运作过程中，美国贸易谈判代表办公室更形成了自身独特的运作风格，分析该机构的风格有助于我们从一个更深层次的视角观察美国贸易谈判代表办公室，了解其行为风格以及决策模式。

一、背靠国会——美国贸易谈判代表办公室生存的根本

美国国会是理解美国贸易谈判代表办公室的“水晶球”。美国贸易谈判代表办公室与国会间的特殊关系是该机构区别于其他行政部门的最大特点。美国的国父们在建国之初就将国设计为美国国内各大政治力量角逐的场所。从法理上看，美国国会在宪政设计上享有更大的决策权。[①] 美国建国200余年来，国会对贸易活动的干预方式也几经变化。总体而言，国会对贸易政策的干预主要通过如下方式进行：首先，作为立法机构，国会享有对立法草案的审批权和否决权，这也成为美国国会干预贸易政策最有直接有效的途径。通过决定行政机构的提案，国会对行政机构的贸易政策可以施加决定性的

① 孙哲、成帅华：《美国国会与后PNTR时代的美国对华贸易政策》。

影响；其次，众所周知，任何一项法律和政策的出台都必须有预算作为支撑，美国国会拥有预算和拨款的权力，这就意味着法律和政策最终实施要有赖于国会的支持；再次，美国高级贸易谈判代表人员的任命必须经过国会的认可和批准，特别是对于美国贸易谈判代表办公室这样的由美国国会立法成立的机构，国会更是在这些机构的人员任免问题上一言九鼎。与此同时，国会也通过召开听证会等方式对美国贸易政策进行回顾与评估，贸易政策的主要负责人包括贸易代表，贸易政策委员会成员甚至总统本人都可能被国会要求出席听证会，接受来自国会议员的质询。

作为国会立法成立的机构，美国贸易谈判代表办公室的处理谈判问题时必须最大限度地考虑国会的立场。国会立法建立美国贸易谈判代表办公室初衷就是保证美国在肯尼迪回合谈判之中保证够得到最有利的协议。出于对美国官僚政治的理解，国会立法规定美国贸易谈判代表办公室作为白宫办事机构的一员参与贸易政策的制定。而由于白宫办事机构在美国行政体系中的中心地位，美国贸易谈判代表办公室得以作为美国的主要代表进行贸易谈判，发挥作用。

鉴于美国贸易谈判代表办公室与美国国会特殊关系，美国贸易谈判代表办公室在处理贸易谈判时必须平衡各个方面的关系，一方面要削减贸易壁垒；另一方面更要考虑到国内相关企业以及工人的诉求，这导致美国贸易谈判代表办公室在一定程度上偏离美国政府一贯持有的自由贸易原则，更多地考虑国会背后的多元利益集团。美国贸易谈判代表办公室在处理对外贸易问题时始终在行政机构和国会间维持着平衡。

美国贸易谈判代表办公室与国会的密切关系还体现在美国政府内部的权力斗争中。众所周知，美国三权分立的制度安排使得总统受到国会制约，总统和国会之间的权力斗争时有发生。对外贸易谈判权以及贸易政策协调的主导权是总统和国会争夺的主要领域。1971 年，尼克松总统建立国际经济政策委员会（CIEP），并指派总统经济事务助理皮特森为该委员会首任主席。在尼克松总统的支持下，CIEP 开始在处理对外贸易决策的问题上挤压贸易特别代表。尼克松此举引起了美国国会的强烈不满，并直接促成了国会通过《1974 年贸易法》，赋予贸易特别代表法定地位。由于得到国会的支持，贸易特别代表在这场权力争夺中后来居上，导致了 CIEP 仅仅成立 2 年便名存实亡，并于 1977 年正式解散。①

美国贸易谈判代表办公室与国会间的特殊关系成为了美国贸易谈判代表办公室的本质特征。在处理具体的贸易争端的过程中，美国贸易谈判代表办公室会最大可能的听取国会的主张，因而国会也就成为了理解美国贸易谈判代表办公室行为的关键。

二、权责不清——困扰美国贸易谈判代表办公室运作的顽疾

作为白宫办事机构一部分，美国贸易谈判代表办公室也同样面临着长期困扰行政机构的权力交割分配问题。自成立之日起，美国贸易谈判代表办公室就遭遇权责不清的顽疾。即便经过了几十年的实际运作之后，困扰美国贸易谈判代表办公室的这一顽疾仍难以缓解。目前，美国实行政策制定与执行分离的双轨体制。商业部，劳工部，国际贸易委员会以及农业部具体负责协议和法规的执行。美国贸易谈判代表办公室时常与上述机构不断因权责发生冲突。

1981 年春，美国与日本就汽车自愿限制出口问题展开谈判。谈判尚未开始，商务部和美国贸易谈判代表办公室就先后召开新闻发布会，宣称自己是本次谈判的主要负责人，导致日本经贸代表团无

---

① Stephen D. Cohen, *The Making of United States International Economic Policy*, pp. 78 – 79.

法确定谈判对手。[1] 管辖范围模糊成为阻碍美国贸易谈判代表办公室正常运作的绊脚石。

三、部门利益——影响美国贸易谈判代表办公室决策的磁石

美国贸易谈判代表办公室成立的初衷之一就是削减贸易壁垒，促进自由贸易。但作为行政机构体系一个部门，美国贸易谈判代表办公室也有自身特定的部门利益，更会面临着多层次的利益排序问题。这决定了美国贸易谈判代表办公室的决策并非完全符合自由贸易的原则，而是在一定程度上受到自身利益排序的影响。

美国著名国际关系学者艾利森在其经典著作《决策的实质——古巴导弹危机的分析》中曾用理性决策模型，官僚政治模型等框架分析美国政府在古巴导弹危机中的决策。其中，官僚政治模型认为：官僚政治模式描述的是一种既非集权，又非理智化的决策过程。它基于一种多元的、权力分散的决策环境。由于参与决策的每个人都有不同的目标，而又没有一个权威来控制整个决策过程，因此整个决策程序围绕着决策者们彼此间的竞争和妥协来进行。官僚政治模式中关键性的命题是：地位决定立场（Where you stand depends on where you sit）。每个决策者大都关心国家安全利益、组织利益、国内政治利益和个人利益，每位决策者都想推进这些利益。但与合理选择理论不同，决策结果“不是依靠决策者对这些利益的理性权衡，而是与其他成员的周旋”。[2]

---

① Stephen D. Cohen, *The Making of United States International Economic Policy*, p. 271.

② ［日］佐藤英夫二：《对外政策》，北京：经济日报出版社，1999 年版，第 30 页。

相比突发性安全危机，贸易争端给予决策者的反应空间相对宽松，更由于贸易政策牵扯到大量行业部门利益，因而在处理贸易争端的过程中充斥了大量的部门间讨价还价，参与决策的不同实体或是代表本部门的利益，或是代表背后利益集团的呼声。在这个过程中，美国贸易谈判代表办公室也会从本部门的利益出发考虑问题，并在一定程度上左右美国贸易谈判代表办公室的决策。

以 1976 年美意西“鞋争端”为例。1976 年，美国制鞋工业协会向美国国际贸易委员会（International Trade Committee 简称 ITC）提出申诉，指出美国的制鞋工业受到了来自意大利和西班牙制鞋工业的不公平竞争，要求美国政府采取保护主义措施，维护本国制鞋工业的利益。这引起了美国政府内部激烈的争论。出于坚持自由贸易的传统，美国国务院坚决反对采取贸易保护主义政策。而商业部和劳工部从保护本国产业的角度出发，支持贸易保护主义，以便保护受损害的本国的鞋制造业和劳工权益。美国国防部则考虑到意大利和西班牙都设有美军军事基地，并且当时两国国内都面临着日益强大的共产党势力的威胁，一旦美国政府采取保护主义策略将打击两国的经济进而引起两国国内的动荡，危及到国际局势。此外，美国军方注意到为美国军方供货的鞋业制造商并没有受到国外不公平竞争的冲击，因而国防部反对实行贸易保护主义策略。

尽管设置美国贸易谈判代表办公室的初衷就是主要为削减贸易壁垒，但此时美国贸易谈判代表办公室的主要注意力集中在确保国会顺利通过《1974 年贸易法》。为了平息进口敏感企业的忧虑，美国贸易谈判代表办公室向这些企业保证在新法案通过之后，这些企业的利益将可以得到更好的保障。为了消除这些企业的忧虑，做出保护本国企业的姿态，美国贸易谈判代表办公室在鞋争端问题上最终采取了支持采用贸易保护策略的立场。尽管此举背离了该机构的职能，但却符合该机构更为长期的利益——确保新的贸易法案的通过。[①]

四、单边主义——美国贸易谈判代表办公室挥舞的大棒

美国作为世界上唯一的超级大国，在处理国际问题上一向具有浓厚的单边主义倾向。美国贸易谈判代表办公室作为美国在经贸领域的代表，在处理对外贸易纠纷时常常援引国内法作为其行为依据，这是该机构处理对外贸易谈判体现出的重要特点。例如援引著名的301 条款[②]和超级 310 条款。[③] 我们看到在日美半导体摩擦，汽车贸易摩擦[④]案例中，美国贸易谈判代表办公室在处理对日贸易争端之时均援引了 301 条款和超级 301 条款。

所谓的超级 301 条款，指《1988 年综合贸易法》规定的美国贸易谈判代表在 1989 年和 1990 年的两年内，在每年 3 月 31 日向国会提交《国家贸易评估报告》，在其后的 30 天内确定一份使得美国受到最大损害的国家名单，要求美国贸易谈判代表与 9 月 30 日以前，通过谈判强迫这些国家取消贸易壁垒，在制定的领域对美国开放市场，如果当事国在 3 个星期内仍然不对美国做出让步，美国将对其进行报复性制裁。

301 条款与超级 301 条款等美国国内法实际上已经被赋予了国际法的效力，成为了美国贸易谈判代表办公室制裁贸易纠纷当事

---

① Stephen D. Cohen, *The Making of United States International Economic Policy*, p. 167.

② 美国《1974 年贸易法》第 310 条。

③ 美国《1988 年综合贸易与竞争法》第 1302 条。

④ 赵瑾：《全球化时代的贸易摩擦：日美实证研究》，北京：商务印书馆，2002 年版，第 97—119 页。

国的有力的武器。据统计，在1974年到1999年的二十几年里，美国贸易谈判代表办公室根据301条款以及其后的超级301条款对别国进行调查的案件数量达到117件，其中美国贸易谈判代表办公室针对其中的11件进行了制裁。在中美贸易中，美国贸易谈判代表同样在知识产权，纺织品等众多问题上利用301与超级301条款向中国发难，因而我们了解美国贸易谈判代表办公室的行为依据，必须从美国国内的相关立法出发，了解美国贸易的相关法律。

五、“左右逢源”——保持美国贸易谈判代表办公室运行的关键

对外贸易争端涉及多个部门进行协作。作为贸易政策制定体系中的协调机构，美国贸易谈判代表办公室能否发挥作用受到多方面因素的影响。美国贸易谈判代表办公室的谈判既要与贸易争端当事国达成谅解，更要满足国内不同利益集团的诉求，还要取得总统和其他行政部门的支持以便开展多部门的协作。特别是涉及到对外进行关税减免的谈判，达成的协议还要经过国会审议方可通过，因而该职位对担任贸易谈判代表的个人素质要求极高。贸易谈判代表在各大机构以及利益集团间的“左右逢源”构成了美国贸易谈判代表办公室运作过程中一个相当鲜明的特征。

在20世纪70年代的多边贸易谈判（Multiple Trade Negotiation 下文简称MTN）案例中，贸易特别代表的成功就取决于时任美国贸易谈判代表的罗伯特·斯特劳斯。作为玩弄政治的行家里手，斯特劳斯成功克服了经验不足的劣势，与相关政府部门以及国会议员，包括当时众议院的金融委员会主席罗素等知名议员都建立了良好的个人关系。在疏通了与各个方面的关系的基础上，贸易特别代表的工

作开展相当顺利，也促成了 MTN 谈判最终获得突破性成功。[①]

而与此相反，如果担任贸易谈判代表职位的官员能力有限抑或美国贸易谈判代表办公室的工作遭遇其他部门的抵制，那么美国贸易谈判代表办公室的工作就很难开展，这种局面有可能源于总统与国会的斗争，也可能是出于官僚机构内部争夺权力的斗争。纵观美国贸易谈判代表办公室的历史，该机构在尼克松政府以及在里根政府第一任期内都曾有被边缘化的尴尬经历。在尼克松政府时期，一方面尼克松政府建立 CIEP，试图侵蚀贸易特别代表的权力；另一方面，尼克松总统支持商业部部长斯坦斯争夺贸易政策协调权，导致贸易特别代表一度陷入有名无实的尴尬境地。在里根政府第一任期内，商务部长马尔科姆·鲍德里奇（Malcolm Baldrige）作风强势，阻碍了美国贸易谈判代表办公室的谈判工作。[②] 总统出于其他方面考虑也会直接否决美国贸易谈判代表办公室的提议。1998 年克林顿总统就曾直接否决美国贸易谈判代表办公室等部门关于支持中国入世的政策建议。[③] 而另一方面，与总统保持密切关系的高层官员很容易绕开美国贸易谈判代表办公室与总统直接商议贸易相关问题，例如美国前国务卿基辛格就时常无视美国贸易谈判代表办公室的存在，就贸易等问题直接与总统商议。在这种情况下美国贸易谈判代表办公室很难采取有效的措施维护自身的地位。

由此可见，美国贸易谈判代表办公室运作的机制环境极为复杂。特别是美国贸易谈判代表办公室作为贸易谈判机构，面临的任务如此艰巨，需要处理的关系如此复杂，必然要求该机构有一个强有力的领导者。而同样作为一个协调机构，美国贸易谈判代表办公室的正常运转更有赖于其他相关部门的配合，特别该机构与总统的关系

① I. M. Destler*American Trade Politics* Third Edition, pp. 109 – 114.

② I. M. Destler, *American Trade Politics* Third Edition, pp. 118 – 120.

③ Stephen D. Cohen, *The Making of United States International Economic Policy*, p. 184.

显得尤为重要。美国贸易谈判代表办公室真正要实现正常平稳的运转，除了自身机构设置的完善，更需要一个大的运作环境的支持，这样美国贸易谈判代表办公室才可能带动整个贸易争端处理机制高效运作。

第五章

美国贸易决策体制中的国际贸易委员会

美国国际贸易委员会（the United States International Trade Commission，以下简称 USITC）是美国对外贸易决策体系中非常重要的一个机构。作为专门性机构，该委员会在法定的基础上独立于行政和立法机构之外，以确保其行动保持客观、公正，不受美国利益集团政治干扰。在众多专业人员的辅佐下，国际贸易委员会的六名委员力求对进口所带来的国内影响进行广泛地调查并做出判断，同时可对相关部门针对不平等的贸易行为所采取的行动予以指导和建议。本章将试图初步探索美国贸易政策的制定，在此基础上深入地从历史沿革，组织结构及其职能等方面出发，辅以案例分析，全面理解美国国际贸易委员会在美国贸易政治中的位置，发掘其运作特点，探讨其对中国更好地处理中美贸易相关问题的思路和意义。

第一节　国际贸易委员会的历史与职能

美国国际贸易委员会是一个独立的、非党派性质的、准司法的联邦机构，其前身为1916 年由美国国会创建的关税委员会。《1974

年贸易法》将关税委员会更名国际贸易委员会。美国国际贸易委员会可以向美国政府和国会提供贸易方面的专业知识和独立的调查意见，这些意见也是美国制定对外贸易政策所要考虑到重要因素。此外，美国国际贸易委员会可以判别进口是否对美国国内产业造成影响，如果存在不公平的贸易行为，该委员会可以对采取的行动进行指导。总的来说，美国国际贸易委员会对发展和健全一整套美国开明的对外贸易政策起着相当大的作用。

一、国际贸易委员会的组织结构及其基本职能

国际贸易委员会沿袭了关税委员会的基本架构。构成该委员会权力核心的六名委员（任期约为9年，不得连任）由总统提名，并由参议院批准同意。委员会的主席和副主席（任期两年）由总统从这六人中指定。值得注意的是，为了避免受到政党偏见、保持委员会的中立性，以实现政治制衡，6名委员中来自同一政治党派的成员不能超过3人，同时主席和副主席人选必须来自不同的政党，并且现任主席也不能与其前任属于同一政党。委员会目前拥有360余名职员下属18个不同职能的办公室，涵盖国际贸易分析、国际经济分析、法律、调查以及技术支持等各项职能（见图5-1）。

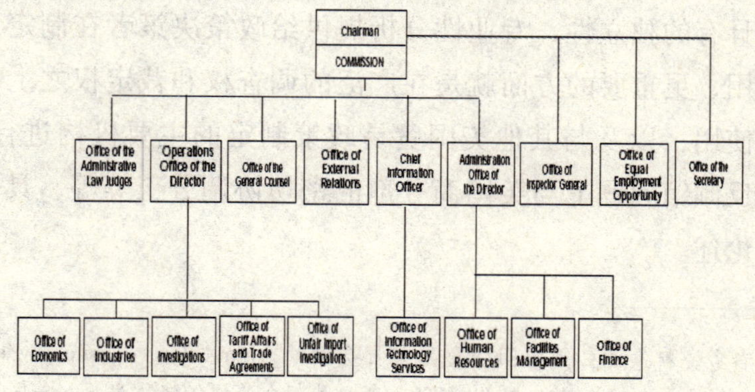

图5-1　美国国际贸易委员会机构设置图

资料来源：美国国际贸易委员会网站（USITC）www. usitc. org。

美国贸易委员会在美国贸易政策体制中发挥作用，简单的说是通过其调查权以及裁定权体现出来的。该委员会不是一个政策制定机构和执行机构，也不在对外贸易中扮演贸易谈判的角色。在这两项基本职权之下，国际委员会的主要工作内容又可以细分为：[①]

1. 进口损害调查：裁定受益于不公平交易或者得到补贴的进口是否对美国相关产业造成实质性伤害；

2. 知识产权相关进口调查：根据总统的反对意见，指导反对进口中不公平贸易行为的行动，包括专利、商标以及知识产权侵犯；

3. 行使建议权：建议总统采取行动，减轻因为进口增加而遭受严重损害的企业的损失；

调查程序：对主要贸易相关问题的客观分析；预测贸易协定的经济影响；分析默写特定行业的竞争性，寻找行业内部及外部影响行业竞争性的经济因素；

4. 贸易信息服务：向总统、国会、美国贸易代表等执行机构和公众传递可靠及时的信息和数据分析；

5. 贸易政策支持：向美国贸易代表、国会委员会、跨部门维护，以及在多边贸易组织中的美国代表团，如世界贸易组织，提供直接技术支持。

6. 作为专门性机构，国际贸易委员会的工作完成不仅在于将其自身所具有的独立性、专业性分析提供给政策决策者在制定贸易政策时使用，更重要的方面就是在广泛的调查权和裁定权之上对例外条款的使用；以及与其他美国贸易政策制定的主要机构进行协作，例如在反倾销问题上与美国商务部的密切协调分工等等，具体将在下文中论述。

---

① 参考资料来源：美国国际贸易委员会网站，http：//www.usitc.gov/ext_ relations/about_ itc/gen_ info.htm 以及《ITC：不对外国企业抱任何敌意——美国国际贸易委员会（ITC）副主席 Deanna Tanner Okun（迪安娜·蒂娜·奥昆）访谈》，《中国对外贸易》2005 年第 6 期，第 35 页。

1. 关税委员会的政治背景

ITC 发展至今，已经成为了影响美国与其他国家贸易关系的一个重要机构。它的发展经历了不同的历史阶段和社会环境。ITC 前身的关税委员会的成立有着复杂的政治背景。关税作为货物经过一国关境时征收的税收，其高低不仅反映一国的市场程度，也是一国重要的财源基础。关税是美国联邦政府最重要的收入来源。在美国复杂的政治背景下，关税成为了各方角力的重中之重。了解关税委员会的成立及其背景对于更好地理解现今国际贸易委员会有着重要的帮助。

在美国建国之初，就出现了代表新兴工业资产阶级的亚历山大·汉密尔顿（Alexander Hamilton）和崇尚重农主义、强调有限政府的托马斯·杰弗逊（Thomas Jefferson）的论战。而此次争论的结果是以汉密尔顿的胜利而告终。自此美国效仿英国重商主义成为了美国贸易政策的主流，但在以制造业为主的北方殖民地和以种植业为主的南方殖民地之间对此存有争议，反映到美国的关税政策上也是摇摆不定。[①] 在随后的南北战争中，北方工业资产阶级取得胜利，奠定了十九世纪后半叶的美国贸易政策基本上以高关税壁垒为特征。

美国在很长一段时间里，基本上都采取了保护主义贸易政策。综合关税议案一直是国会的头等大事，美国的进口壁垒水平也一直是共和党与民主党之间争论得最激烈的问题。关税一百多年来所消耗国会的精力比任何一个话题都多。[②] 关税的议题涉及到众多党派以及其他政治经济力量的利益。1916 年成立关税委员会带给人们最大

① 屠新泉：《GATT/WTO 中的美国：建设者和破坏者的双重角色》，载于《世界经济研究》2004 年第 12 期，第 9 页。

② 参见 I. M 戴斯勒：《美国贸易政治》（王恩冕、于少蔚译），中国市场出版社，2006 年版，第 12 页。

的期许就在于“将关税从政治中脱离出来”。[①] 在南北战争以后很长的时期中，持保守贸易政策的共和党人几乎控制了美国关税政策的主导权。

1913 年，当民主党重新获得国会政治主导权，他们开始寻求一种新的机制来谋求其所崇尚的低关税的自由主义贸易政策。关税委员会的建立，从国会政治的角度来说，其实是民主党对共和党贸易保护主义的一种限制。民主党人希望通过关税委员会的研究来证实关税保护对于美国的危害，达到让选民支持低关税政策的效果。[②] 在委员会职能的设置方面，当时也存在两种不同的争论，一种较为极端的观点认为关税委员会本身应该具备设定关税利率的功能；另一种观点认为，关税委员会只应该作为一个调查机构，为国会做出最终决策进行调研、提供准确信息而存在。由于第一种方案被认为是权力过大，将导致委员会成为新的政治冲突的战场，第二观点被 1916 年法案所最终采用，建立了关税委员会。

关税委员会的成立，在美国政治中可以被看作是公正的象征。从功能性来说，在美国政治体制中，不乏与关税委员会具备相似功能的机构，诸如商务部、财政部、国务院等等。但是随着政党轮替，这些部门的首脑以及他们的政治理念也随之变革，关税委员会的成立及其运作规则的制定就以超越党派性，独立于政党偏见之外为目的。

关税委员会在力所能及的程度上避免了其他因素对其独立性的干扰。但事实上，由于“关税本质上具有政治议题的天性，关税委

① F. W. Taussig: The United States Tariff Commission and the Tariff, *The American Economic Review*, Vol. 16, No. 1, Supplement, Papers and Proceedings of the Thirty – eighth Annual Meeting of the American Economic Association, Mar 1926, p. 171.

② Karen Schnietz: The 1916 Tariff Commission: Democrats' Use of Expert Information to Constrain Republican Tariff Protection. *The Business and Economic History*, Vol. 23, No. 1, (Fall 1994), p. 185.

员会任务极其的艰巨”。[①] 在关税委员会成立的初期，正值第一次世界大战期间，加上实质性权力的缺乏，委员会的工作因此受到了极大的限制。另一方面，委员会在自身的机构建设上取得了很大的进步，由专业化的人员组成的委员会的工作得到了认可。“在有限的领域中，关税委员会所做的工作是极有价值的”。[②] 出于战后复杂形势和对关税政策制定专业化的迫切需求，在强大的压力下，1922 年国会做出让步，关税委员会获得了更多的权力。

尽管实质性权力受到其构建者——美国国会的极大限制，但在美国关税政策的历史上，关税委员会仍是一个极大的创建性举措。该委员会为国会在关税政策制定上提供了新的独立、公正的信息来源。“工业化所创造的技术人才解决问题的方式，使政府与商业机构的关系更具合作性，因为他们之间冲突更多的是技术上的问题，而不是深层次的意识形态或者是政见相左造成的”。[③] 关税委员会也将美国政府政策制定、商业社会的运作带入了一个更加依靠数据、专业性技术分析的时代。

2. 国际贸易委员会与贸易救助制度

国际贸易委员会基于关税委员会所建构起来的独立、非党派以及专业化的基础之上。在成立之初，编辑关税有关的信息目录是关税委员会最重要的工作。[④] 关税委员会的发展，伴随着美国国内在贸易自由化努力上的推进而得到地位上的不断加强。其地位在美国对外贸易政治中上升到一个真正重要的层次，是在贸易竞争愈发激烈

① E. Pendleton Herring:” The Political Context of the Tariff Commission”, *Political Science Quarterly*, Vol. 49, No. 3, Sep. 1934, p. 421.

② E. Pendleton Herring:” The Political Context of the Tariff Commission”, pp. 425 - 426.

③ Karen Schnietz: “Democrats’ 1916 Tariff Commission: Responding to Dumping Fears and Illustrating the Consumer Cost of Protectionism”, *The Business History Review*, Vol. 72, No. 1, (Spring, 1998), p. 4.

④ U. S Tariff Commission, *First Annual Report*, Washington D. C: 1918, p. 5.

的20世纪70年代，美国《1974年贸易法》的出台，关税委员会正式被更名为国际贸易委员会。与此同时，该法案还赋予国际贸易委员会更多的权力。

战后多边贸易在国际上得到普遍接受，欧洲和日本的迅速再崛起除了其本身内部机制的强效作用之外，由美国主导的多边贸易也发挥了重要的作用。反过来，西欧和日本经济的迅速恢复，对美国所主导的全球市场引入了激烈的竞争。1971年美国开始出现了贸易赤字，商品贸易赤字使政界人士容易相信美国企业和工人正在面临不公平的外国竞争的说法。[①] 这引发了贸易主义重新高涨，加上石油危机和经济滞涨，这些因素都迫使美国不得不重新考虑其对外经济政策。

1934年贸易体制下一个重要的内容是对于进口贸易的行政救助。其中一个关键的部分就是例外条款的使用。例外条款是关贸协定和美国法律的条款之一，规定可以实施进口救助来临时保护受进口竞争伤害的国内生产商。例外条款的适用范围只是受美国贸易优惠政策损害的企业。[②]《1962年扩大贸易法》将例外条款的救助条件提高了。它规定要求受损的产业证明受到严重伤害的原因是美国减让关税而导致的进口增长。

然而这一规定在1970年前后引发了巨大的争论，焦点集中于过于严格的申请救助标准。1948年至1962年关税委员会一共就113宗申诉进行调查，建议对其中41宗进行救助，总统最后批准了15宗。1962年修改规定后至1974年，关税委员会仅审议了30宗申诉，最后认定4宗符合救助条件。[③] 从以上两个简单的数据就可以看出，很多美国企业在受到进口贸易的危害后不能够根据例外条款得到及时的救助，不论是受利益集团影响巨大的国会，还是行政部门在1970

① I. M 戴斯勒：《美国贸易政治》，第55页。

② 同上书，第347页。

③ 同上书，第139页。

年左右改变规则的压力变得非常巨大。

《1974 年贸易法》对进口贸易救助规则的变革，使得国际贸易委员会在美国贸易政策中的地位得以提升。这部贸易法第 19 章 201 条款的规定，将例外条款所适用的范围扩大到“造成严重伤害或威胁的实质性原因”的企业，并撤销了 1962 年所增加的损害是由减让关税导致的进口增长这一苛刻条件。同时，1974 年规定，对于国际贸易委员会针对国内企业救助的申诉，总统要在 60 天内做出回应。如果总统没有批准救助的建议，那么国会可以加以否决，通过在参众两院以多数票表决的结果实施国际贸易委员会的建议。同样，如果总统没有来自国际委员会的建议，自身没有权力提供救助。[①]

在 1974 年的贸易规则修改中，还通过提高国际贸易委员会的独立性，例如使其预算从行政预算中脱离出来，以鼓励它找出有利于申诉方的结果。[②] 自此，国际贸易委员会对于救助申请的批准非常的顺利，行业范围也更加多元。但在 1974 年的法律中，国会同时规定总统可以在“提供这一救助不符合美国国家经济利益”的前提下，修改或拒绝国际贸易委员会的裁决。事实上，此后的多位总统一再拒绝或修改该委员会提出的例外条款建议。国会虽然有权力推翻总统的决定，但是事实上从来没有这么做过。[③] 这反映了在美国对外贸易政策的制定过程的复杂性，作为行政首脑和对外象征的总统，在贸易决策过程中必须考虑到其国际影响，相比之下，国会山的议员们面对国内利益集团和选民的压力要大得多。最终结果就是国际贸易委员会很难进行进口救助。

---

① Kazimierz Grzybowski, Victor Rud and George Stepanyenko: “Towards Integrated Management of International Trade: The U. S. Trade Act of 1974”, *The International and Comparative Law Quarterly*, Vol. 26, No. 2, Apr. 1977, p. 318 - 319.

② 根据《1974 年贸易法》，此时的关税委员会已经更名为国际贸易委员会，做出变更的原因是因为“关税不再是贸易的主要障碍”。参见《美国贸易政治》，第 141 页。

③ 参见《美国贸易政治》，第 143 页。

二、国际贸易委员会的运作机制

美国贸易法律中例外条款设定了许多标准，以评判进口贸易对国内的危害程度。国际贸易委员会负责根据这些标准，依法裁定进口是否存在严重损害、或是严重损害威胁。一旦委员会认定实质性损害存在，它有职责像总统建议对受损害的行业采取救助性措施。上文提到，在1974年的贸易规则修改中，美国降低了救助申诉的标准，这一来，贸易委员会的工作量也随之增加，更重要的是，它在美国对外贸易政策中的分量变得尤为特殊，尤其是涉及贸易额非比寻常的大宗贸易，例如来自亚洲日本汽车行业的挑战。[①]

除此之外，在反倾销方面，在美国商务部调查事实的基础上，国际贸易委员会需要裁定倾销或补贴的威胁程度。在知识产权方面，国际贸易委员会负责调查进口侵犯知识产权的案件。根据美国贸易法337条款的规定，它有权要求海关禁止侵权产品入境，并且要求进口商停止侵权行为。

1. 反倾销与共同责任

倾销是指一国在外国市场销售其商品的价格低于同样的产品在出口国或者第三国的售价。后者也就是美国贸易术语中所经常提到的公平价值（Fair Value）。根据美国的法律，如果一旦认定倾销行为发生，那么美国将对其所认定的倾销商品征收特别关税。这一关税的水平既是美国对倾销商品的公平价值与其实际售价的差额。

在美国的贸易体系设计中，对于倾销行为的裁定和反倾销措施开展，有一套严密的制度设计。美国商务部（行政机构）和美国国际贸易委员会（独立的、准司法联邦机构）共同负责实施美国反倾

① Stephen D. Cohen：*The Making of United States International Economic Policy*, p. 17.

销法。两个部门在反倾销行动过程中各司其职，共同开展调查。反倾销调查也是国际贸易委员会一个非常重要的职能。

下文将对美国反倾销行动涉及的几个阶段进行分析：[①]

反倾销的第一步——立案：发起对反倾销调查，首先需要美国认为受到倾销损害的美国生产者、贸易协会或工会向美国商务部和国际贸易委员会同时提起申诉。此时，申诉方必须提供证据证明其所申诉进口商品以低于公平价值的价格在美国市场销售，导致了美国国内相关行业受到损害。

国际贸易委员会没有主动发起调查的权力。只有当接受到申诉方请求，或者美国商务部已经通知委员会它已经开始发起了调查时，该委员会才可以进行调查。

在收到申诉后的二十天内，美国商务部需要认定倾销行为是否存在，以及倾销的幅度，如果得出肯定的结果则进行立案，而国际贸易委员会自收到起诉书起就意味着立案；商务部如果认定申诉不符合条件，[②] 则予以驳回，停止调查。

值得注意的是，如果商务部决定不受理申诉，那么在接到商务部的通知后，国际贸易委员会也就自动停止调查。这表明，虽然美国反倾销机制是由商务部和国际贸易委员会合作完成，但在反倾销的第一步立案阶段，商务部有着绝对的否决权。

基于双重肯定的有效裁定：在基于商务部进行立案后的广泛调

---

① 参见对外经济贸易部条法局资料室编：《美国国际贸易委员会简介》，《国际贸易》1984 年第 9 期；《美国国际贸易委员会官员：我眼中的中美贸易》，《WTO 经济导刊》2005 年 1—2 期，第 106—107 页；Mark G. Herander and J. Brad Schwartz："An Empirical Test of the Impact of the Threat of U. S. Trade Policy: The Case of Antidumping Duties", Southern Economic Journal, Vol. 51, No. 1, Jul. 1984, pp. 59 - 79。

② "条件"见上文"申诉方必须提供证据证明其所申诉进口商品以低于公平价值的价格在美国市场销售"。

查基础之上，[①] 国际贸易委员会在四十五天以内，需要确定是否有“合理的迹象”[②] 表明被指控的进口倾销对美国国内相关行业造成实质性损害或者是实质性损害威胁。

如果国际贸易委员会的初步调查结果是否定的，那么该案即行终止；相反，则由商务部下属的国际贸易局（International Trade Administration，简称 ITA）继续展开调查。ITA 的职责是裁定进口倾销或者补贴是否确实发生及其幅度。在 ITA 认定存在进口倾销或者补贴存在之后，[③] 国际贸易委员会必须呈报对案件的最终裁决结果。在这个反倾销体系设计里面，最终裁决的结果生效必须得到国际贸易委员会与商务部都得出肯定的裁决才能够成立，任何一方做出否定的裁决则意味着反倾销案的撤销。

2. 听证会制度考察

听证会制度在国际贸易委员会内部决策机制中的地位非同寻常。在最终对美国国内产业是否造成实质性损害或实质性损害威胁之前，国际贸易委员会须启动最终调查[④]程序。从表面上看，这一步同其之前调查的并没有太大差别，无非是对更加详尽的资料进行收集、分析，或是花费更多的时间做这些工作。实质上，在初步调查中，国

---

① 商务部在联邦公报上公布立案调查通知后一、二周内，即可向出口商发出调查问卷，问卷内容相当广泛，涉及出口国的有关政策法规、出口商的组织结构、被指控商品的内销、出口数量及价格、生产成本及各个生产环节的数据和证据。出口商应在问卷发出后 30 天内填写完毕并寄给商务部。参见韩经建：《世后我国企业应熟悉美国的反倾销机制》，载于《现代企业》2002 年第八期，第 7 页。

② James M. Devault: “Economics and the International Trade Commission”, *Southern Economic Journal*, Vol. 60, No. 2, Oct. 1993, p. 465.

③ 此时，如商务部国际贸易局做出初步裁决，认定存在进口倾销或者补贴存在，它即公布“终止估价通知”，并要求进口商为受调查的商品将来清关预交一笔现金或债券作抵押，其数额相当于商务部初步确定的倾销差额。参见对外经济贸易部条法局资料室编：《美国国际贸易委员会简介》，第 39 页。

④ 商务部一旦做出关于倾销的初步确定，委员会即开始其最终调查。参见对外经济贸易部条法局资料室编：《美国国际贸易委员会简介》，第 40 页。

际贸易委员会只需要确定存在“合理的迹象”表明实质性损害的事实。而在具决定性的最终调查中，需更加审慎和基于广泛信息获取的基础上做出最后决策。

听证会由国际贸易委员会的委员主持，所有与调查结果有关的当事者（包括美国生产商、进口商、买主、外国生产者，以及其他公共机构的成员，如国会成员、消费者团体的代表或公共利益团体的代表）都被允许在听证会上发表见解，提出问题，反驳对立方观点，对工作人员在听证会前提供所有当事者的听证前报告的公开文章中包含的资料加以评论，向委员会提出不同的事实或分析意见。[①]

在听证会及对调查中所掌握信息的再审查之后，委员们需要对最终倾销行为对国内实质性损害问题是否成立进行投票，并发布一份公开报告，包括国际贸易委员会的决定和委员会投票的理由。有学者通过建立在统计学基础上的经验主义分析发现，通过统计学上对于投票行为与外部因素变量相关性分析，委员们在初次裁决的投票和最终裁决中投票行为做出了不同的选择，并且他们执行了更严厉的标准。[②]

介于两次裁决中的听证会在提供了更丰富的信息，并且引入了新影响因子，在这一过程中直接允许其他政治因素（上面提到的国会成员、消费者团体的代表以及公共利益团体的代表）进入到委员会的决策过程中来，在开放性的听证会中，可以直接影响即将做出最终投票的委员们的判断。一个行业能否在反倾销过程中取得成功，首先在于他们的申诉是否客观，行业自身的性质，但最终也要取决于他们所选举的代言人的影响力。[③]

所以，如果国际委员会委员们对于最终裁决相对于他们此前所

---

① 对外经济贸易部条法局资料室编：《美国国际贸易委员会简介》，第40页。

② Moore, Michael O:” Rules or Politics?: An Empirical Analysis of ITC Anti - Dumping Decisions”, *Economic Inquiry*, Jul 1992; 30, 3; ABI/INFORM Global, p. 461.

③ Ibid, p. 465.

做出的选择发生了变更，听证会制度必然发挥了相当的作用，并且这样的变化可能也是复杂的贸易利益关系中某一方愿意看到的结果。

3. 美国知识产权保护的利器——337 条款

"337 条款"最早源于象征着贸易保护主义高峰的《1930 年关税法案》（《史慕德－哈利关税法》）的第 337 条，也因此而得名。"337 条款"是美国知识产权的拥有者在获知某一种外国产品进口美国后向美国国际贸易委员会提出请求以期达到没收该产品或指令禁止今后再次进口和销售的目的。[①] 经过几十年立法贸易的修改，"337 条款"得以不断充实和发展。

从实体法律的角度来看，"337 条款"禁止的是一切不公平竞争行为或向美国出口产品中的任何不公平贸易行为。这种不公平行为具体是指：产品以不正当竞争的方式或不公平的行为进入美国，或产品的所有权人、进口商、代理人以不公平的方式在美国市场上销售该产品，并对美国相关产业造成实质损害或损害威胁，或阻碍美国相关产业的建立，或压制、操纵美国的商业和贸易，或侵犯合法有效的美国商标和专利权，或侵犯了集成电路芯片布图设计专有权，或侵犯了美国法律保护的其他设计权，并且，美国存在相关产业或相关产业正在建立中。[②] 简单来说，"337 条款"所涉及的"美国进口中的不正当贸易"包括两个方面，一是有关知识产权的不公平做法；二是一般不公平贸易做法。

从"337 条款"实践来看，绝大多数案件的争议都是涉及知识产权案件（如专利侵权），或是涉及较为广义的信息产权或其他与知识产权有关的权益。而非知识产权方面的案件由于与谢尔曼法、克

---

① 赵杰宏、张银杰：《中国企业就 337 条款在美国国际贸易委员会的应诉策略》，载于《科技和产业》2006 年 8 期，第 37 页。

② 资料来源：中国保护知识产权网，http：//int. ipr. gov. cn/ipr/inter/info/Article. jsp? a_ no = 2268&col_ no = 85&dir = 200603。

莱顿法等所惩治的托拉斯行为相关，诉讼案寥寥无几。这就使得“337 条款”在实现保护国内产业目的的同时，凸显了其重点旨在加强知识产权保护功能。[①]

4. 申诉方有力的法律工具

美国国内知识产权拥有者有权依法提起申诉，禁止他人在美国生产其受保护的专利产品和在海外仿制其专利产品后销往美国。根据美国知识产权保护制度，除了上面提到的“337 条款”，还可以通过地方联邦法院进行申请。

在《1974 年贸易法》之前，“337 条款”很少被美国公司使用，但是在 1974 年进行了修改后，该条款对美国国内工业界产生了巨大的吸引力。《1988 年综合贸易与竞争法》第 1342 条对该条款进行了进一步的修改，及随后的《1995 年乌拉圭回合协议法》对《美国法典》第 19 章的修订[②]都对“337 条款”的发展产生了巨大的影响。相比在美国联邦法院的专利诉讼案件一般要几年才能有结果，大多数“337 条款”案件必须在不到 12 个月内结案，这样一来申诉企业的成本得到了极大的节省，“337 条款”已经成为美国公司对付外国公司的一个强有力的法律工具。

除此之外，对美国企业来说，提起“337 条款”调查的门槛比较低，申请立案更为容易，可以说“337 条款”的制度设计对于申诉方明显有利。可以通过一个比较来探讨这个问题。国际贸易委员会的反倾销职能是由商务部与其共同承担，而“337 条款”只是国际贸易委员会单独进行管理和运用。(见表 5－1)

---

① 陈泰锋:《美国“337 条款”特点与本质辨析》，载于《国际商务研究》2007 年第 6 期，第 36 页。

② 陈泰锋:《美国“337 条款”特点与本质辨析》，第 35—36 页。

表 5－1　“337 条款”与反倾销的区别①

项目	337 条款	反倾销
申请立案	侵权事实	倾销事实＋损害存在
受理机构	国际贸易委员会	国际贸易委员会和商务部
针对对象	知识产权竞争	价格竞争
是否考虑非市场经济	不考虑	考虑
是否中止调查	可以	不可以
是否签订中止协议	不可以	可以
是否签订和解协议	可以	不可以
听证会	14 到 20 天	1 至 2 天
调查期限	临时禁止令可在 90 天内发出	1 年
裁决后果	赔偿令、禁止令、停止令	征收反倾销税
诉讼费用	百万美元以上	数十万美元
反诉	允许	不允许（被诉方即使胜诉也不能得到赔偿），只能提出复议
制裁期限	有意或恶意侵权可判 100 年以上、甚至无期	5 年
结案方式	起诉方撤诉、当事人和解、做出最终裁决	裁决、价格承诺
行政复审	没有	有

从表 5－1 可以看出，首先“337 条款”申请立案的条件更加宽松，它并不要求以对美国国内产生造成损害为立案条件。其次，由于听证会审查的时间相对较长，对于应诉方带来了巨大的成本。最后，从结果来看“337 条款”规定，美国国际贸易委员会对胜诉方的救济的形式包括排除令，即对某特定产品禁止进口；以及停止或拒绝令，即禁止进口方进入，也可同时发出两个命令。可见，一旦美国申诉人胜诉，对进口方将产生致命打击。

① 陈泰锋：《美国“337 条款”特点与本质辨析》，第 39 页。

第二节　中国企业如何应对美国国际贸易委员会

自加入世界贸易组织八年多以来，随着中国经济实力的进一步增强，国际贸易地位也日益提高，贸易摩擦也不可避免地增加，如何在“走出去”战略指导下掌握国际贸易规则，合理利用国际贸易中潜在的因素规避贸易风险，减少贸易摩擦成为摆在中国相关部门以及企业面前的一个重要课题。

作为中国的最主要贸易国之一，美国在近几年频频向来自中国的产品发难，两国的贸易摩擦不断增加。虽然在政府层面上，直接的经济对话的平台已经在相当大的程度上得以建立，但是中国对于美国贸易政治的理解还是非常有限，尤其是对于决策者和正在走向国际化的中国企业来说，美国贸易政治制定背后涉及各种广泛且复杂的利益，这就要求对美国贸易的研究应当从细微的角度入手以认清美国贸易政治的全貌。对美国国际贸易委员会的研究就是这样的一种努力。

美国国际贸易委员会是美国贸易政策制定中一个特殊的角色。该委员会是独立的、准司法的联邦机构，负责调查倾销和补贴的进口对国内产业所造成的影响，以及根据“337 条款”直接开展知识产权保护的调查。它还负责收集并分析贸易数据及其他与贸易政策相关的信息，提供给美国总统、美国贸易代表和国会，以便他们制订贸易政策。无论是美国反倾销调查，还是针对知识产权“337 条款”调查，美国企业的矛头都无一例外的主要指向了中国。中国制造已经成为了美国乃至全球遭受反倾销调查最多的对象；无论是从涉案数量还是涉案金额来看，中国企业已经成为 337 调查的最主要对象。2007年美国对我国企业的337调查案件17起，达同期美国337调查案件的50%以上。[①]

事实结果证明，中国企业在一系列非关税贸易壁垒面前已经遭受了巨大损失，在思考自身不足和提高自我竞争力的同时，更重要的是掌握在中美贸易中如果遭遇类似境遇时候回应的方式，这样才能掌握贸易摩擦发生时的主动权。

因此，对美国国际贸易委员会的研究显得十分迫切。只有掌握美国国际贸易委员会的运作机制和职能，理解美国贸易政治过程，才能使中国企业更好地应对来自美国的挑战，这对“中国制造”具有非同寻常的意义。

① 资料来源：中国保护知识产权网：http：//int. ipr. gov. cn/ipr/inter/info/Article. jsp？a_ no = 207427&col_ no = 1305&dir = 200805。

第六章

美国贸易决策体制中的外资审查委员会

2005年的优尼科、迪拜港并购案以后，美国外资审议会员会（Committee on Foreign Investments in the United States，CFIUS）浮出了水面，成为一个各国政府和媒体关注的焦点。本文将介绍CFIUS的发展历史、组织结构以及操作程序。本文也将通过分析1988—2007年的相关数据和案例，从而试图理解CFIUS的作用以及影响CFIUS工作的一些主要因素。

第一节　CFIUS的历史起源和变革

美国限制外国投资的历史可以追溯至一战时的《与敌贸易法案》（Trading with Enemy Act）。1915年一名德国外交官将手提箱遗失在车站月台上，箱中文件显示德国对美部分投资目的在于加强德国战力。1917年对德宣战后，美国国会通过上述法案，冻结德国企业在美的大多资产。

二战以后，美国的经济鹤立鸡群，而当时美国政府对外资的流入持欢迎态度。然而，20世纪70年代的石油危机和80年代日本的经济崛起再次引起了美国国内对于外资以及跨国并购的恐慌。[①] 阿拉伯国家和日本最终没有能够撼动美国的经济霸主地位，外资的问题又逐渐离开美国人的视线。“9·11”事件以后，美国对于外资的敏感度大大提高，典型案例就是2005年的迪拜港以及优尼科收购案。这两个收购案也让CFIUS浮出了水面，引起了各国政府和媒体的广泛关注。

一、20世纪70年代：石油危机以及CFIUS的成立

20世纪70年代的石油危机之后，美国媒体大肆报道“欧佩克”国家（OPEC）对于美国资产的并购，引起美国公众的一阵恐慌。[②] 这个时候，最积极推动新的外国投资审查制度出台的是那些代表接受到大量新投资的州或地区的国会议员。[③] 这种立场对于他们的政治前途是有利的，因为公众舆论倒向他们这一边。[④] 与此同时，白宫虽然也意识到外国投资的危险性，但是总统手上的财政部和商务部数据（并未公布给国会）明确表明媒体和国会议员的这种担忧是夸张或不属实的。白宫更加关心的是，公众的负面情绪是否会间接影响

---

① 本书中所指的“并购”（Merger &Acquisition），兼指（1）“股权并购”，即外国投资者取得境内企业的股权；及（2）“资产并购”，即外国投资者直接或间接取得境内企业资产且运营该资产。

② See: “Will the Arabs Use the Money Sword?” *Forbes*, 15 December 1973, p. 31; Arnaud de Borchgrave, “We Don't Want to Ruin You,” *Newsweek*, 7 October 1974, pp. 53 – 54; Richard N. Cooper, “The Invasion of the Petrodollar,” *Saturday Review*, 25 January 1975, pp. 10 – 13; “New Invasions by Oil Money: ‘Take – over’ Fears Rise Again,” *U. S. News and World Report*, 3 March 1975, pp. 21 – 23.

③ Judith Miller, “Foreign Investment in the U. S. Economy Arouses Congressional Concern: The Buying of America,” *The Progressive*, May 1974, pp. 42 – 44.

④ David R. Mayhew, *Congress*: *The electoral connection*, New Haven, CT.: Yale University Press, 1974, pp. 43 – 79.

外国投资的主要成分：与国家安全无关的证券投资（portfolio investments）。[①]

为了安抚国会，白宫开始向国会发布以上所提到的财政部和商务部的数据，并且发表了一些研究报告以证明当时的外国投资管理机制是完善的。但是，国会并没有被这些数据说服（或者说，国会议员根本就没有被说服的打算）。于是，白宫做出一个高调且具有分量的决定：福特总统在1975年的春天根据《美国第11858号行政法》宣布了CFIUS的成立。白宫答应国会，CFIUS将会是一个高级的、跨机构的委员会，直接向总统报告。[②] 然而，在这个阶段，CFIUS实际上只是一只纸老虎，只有监督职能（monitoring），其主要功能是白宫安抚国会的政治妥协。一方面，它满足了总统想保持对经济政策尽量大的控制，因为CFIUS是直接向总统报告的；另一方面，国会议员也可以对选民交代。国会和白宫的政治博弈取得了一种平衡。

二、20世纪80年代：日本威胁以及CFIUS权力的扩大

然而，这种平衡在20世纪80年代被打破了。随着全球经济在20世纪80年代的复苏，外国在美直接投资进入了高潮。从1981年开始，美国年年的外国直接投资是净输入的，这在战后是从所未见的现象。而这当中又属来自日本的投资最引人注目。随着日本经济快速发展和1985年《广场协议》签订后，日元大幅升值，日本企业开始大量在海

① Benjamin Cohen, *In whose interest?* New Haven, CT.: Yale University Press, 1986, p. 134.

② 成立之初，CFIUS成员包括：国务卿、国防部长、商务部长、司法部长、行政管理和预算局长、美国贸易代表和经济顾问委员会主席。

外收购公司。到了80年代后期，日本已经几乎可以和英国平起平坐，成为美国的最大投资国。这个时候，美国媒体和学术界又开始渲染来自日本的投资的威胁。[①] 到了80年代中期，国会议员，特别是民主党议员，已经为了选举利益而开始利用这种公众情绪。[②]

1986年，日本富士通公司对于美国飞兆公司（Fairchild Semiconductor Corporation）的并购案所引起的轩然大波导致美国的外国投资审查机制出现了历史转折点。[③] 由于飞兆公司和美国国防部曾有合作，所以这项交易被视为严重危害到美国的国家安全。里根政府虽然原则上支持市场经济的自由运作，[④] 但是民主党所控制的国会却没有这么宽容，大力抨击这项交易，导致富士通最后自愿退出。[⑤] 很显然，有些国会议员是想通过迎合美国公众的态度，从而为自己累积政治资本：洛佩尔媒介调查公司（Roper Organization）在1988年的民调发现84%的被试者认为外国收购美国资产对于美国不利；72%认为外国投资应该受到更多管制。[⑥]

1986年3月，约翰·布莱恩特修正案（Bryant Amendment）提出对等原则（reciprocity）是在美投资的先决条件。[⑦] 里根政府判断这

---

① See: Daniel Burstein, *Yen! JapanT's new financial empire and its threat to America*, New York: Fawcett Columbine, 1988; Douglas Frantz and Catherine Collins, *Selling out: How we are letting Japan buy our land, our institutions, and our future*, Contemporary Books, 1989.

② I. M. Destler, *American Trade Politics*, Washington, D. C.: Institute for International Economics, 1992, pp. 88 – 97.

③ Dale C. Turza and Anthony F. Essaye, "New Foreign Investment Provision Has Potential for Broad Restriction: The Exon – Florio Amendment," *Federal Bar News and Journal*, March/April 1990.

④ 里根政府内部也有少许的分歧，如："Two in Cabinet Fight Sale to Japanese," *New York Times*, 12 March 1987.

⑤ William Safire, "Goodbye, Mr. Chips," *New York Times*, 26 January 1987.

⑥ Mack Ott, "Is America being sold out?", *Review of the Federal Reserve Bank*, March 1989, p. 48.

⑦ 对等原则指的是：如果外来企业想要在美国投资的话，这些企业来自的国家也必须为美国企业提供同等的投资环境和条件。

项严厉的修正案有可能引起其它国家的投资保护主义的报复性措施，因此非常反对。即便后来布莱恩特对修正案做出了一些改变，总统还是极力反对，甚至威胁动用否决权。参议院最终屈服于总统的意志，没有通过修正案。与此同时，民主党的詹姆斯·佛罗里奥（James Florio）、詹姆斯·埃克森（James Exon）又提出了一个新的修正案。由于此项修正案并没有笼统地涵盖所有外国投资，而且把阻止外国投资的权力赋予总统，因此白宫答应了。1988 年，美国国会通过了修正《1950 年国防产品法》第 721 条的《埃克森－佛罗里奥法案》（Exon－Florio Act），该法成为美国规制外资并购、保护国家安全的基本法。① 法案规定，只要有足够的证据证明某项外国并购所获利益会危及美国国家安全，总统就有权力暂停或中止该项交易。同年，美国总统根据《第 12661 号行政命令》赋予 CFIUS 执行第 721 条款的责任。换句话说，总统把权力下放给 CFIUS。由此，CFIUS 不再是纸老虎。它已经成为审核外国公司并购美国企业安全审查的最重要关卡，主要功能是评估和监控外国投资对美国国家安全的影响。

三、“9·11”事件以后：CFIUS 受到前所未有的关注

“9·11”事件之后，美国国家安全提上了美国政治的日程。

① 除《埃克森－佛罗里奥法案》外，美国涉及对国家安全保护的还有《武器出口控制法》、《国防工业安全计划法》和《国防授权法》等。而在产业政策方面，除国防领域外，美国对外国在美的投资也设有不少限制，对通讯（电话、电报、电台、电视）领域、航空（主要是为飞机营运目的进行的直接投资）、秘密政府合同（美国国防部限制外国与美国政府的秘密合同或其他公司参与此类项目）、沿海和内河航运、水电、土地、不动产等方面的投资都有严格限制。这些行业禁止外国投资者进入，以防止公共服务和公共利益活动被外资控制。

2003年在反恐呼声高涨时，CFIUS增加了国土安全部成员。在这个高度敏感的政治气氛下，2005年中国海洋石油有限公司的优尼科收购案以及2006年阿联酋国营公司迪拜港口世界（Dubai Ports World，DPW）的英国铁行港口（P&O）收购案都胎死腹中。尤其是迪拜交易案，在美国引起了轩然大波。虽然CFIUS已经同意批准该项交易，而布什总统也多次声明该交易符合美国家利益，[①] 但是美国国会和主流媒体却以政治和意识形态为标准对这宗交易大肆反对。[②] 根据CNN/Gallup/USA Today的民调，当时有66%的美国人反对此项交易。[③]

在国会看来，CFIUS批准迪拜港交易案是很大的失职。这种情绪再次推进了《埃克森—佛罗里奥修正案》的修订。参众两院都通过提出相关议案来推进这一进程，最终导致了新的《外国投资与国家安全法案》（The Foreign Investment and National Security Act，FINSA）的出台。2007年7月26日，美国总统布什签署了FINSA。这项法案使得国家安全的概念清晰化。[④] 法案第一次提出将对涉及美国国家安全的基础设施、能源和关键技术领域的交易项目进行审查，而且对于涉及到外国国有或者国家控股的企业，以及重要的基础设

① 布什总统举出的理由包括：阿拉伯联合酋长国是美国在中东的重要盟友之一，以及阻止该收购可能对在美国直接提供了500万个就业机会的外国投资起到抑制作用。

② 他们的理由包括：两个“9·11”的劫机者来自于阿拉伯联合酋长国，支持“9·11”恐怖袭击事件的资金在阿拉伯联合酋长国政府不知情的情况下经过了该国的银行系统转账。

③ Holly Yeager，“Ports Sale Unrest Deepens Bush Political Woes，” *Financial Times*，March 9，2006.

④ 尤其值得一提的是，FINSA没有采用曾引起广泛争议的“国家经济安全”标准作为审查依据，只是采用了“国家安全”标准。“国家经济安全”和“国家安全”是两个非常不同的概念，国家经济安全概念较为广泛，而且在实践中非常难以界定范围，最终签署的FINSA对“国家经济安全”标准的放弃很大程度上排除了泛政治化的风险。应该说，FINSA法案还是比较合理的。

施企业的并购交易将受到特别审查。[①] 如果收购美国产业的外国公司属于国家所有，审查期将在30日的基础上再延长45日。FINSA同时首次明确了审查这类交易时的考虑因素，包括：向对美国构成威胁的国家进行技术转移的风险；交易对重要基础设施和重要技术的影响；交易是否涉及外国政府所有的资产。FINSA更是明确了审查涉及外国国有企业的收购案的考虑因素，即要求考虑该外国政府与美国之间的外交一致性、在多边反恐、防止核扩散以及出口限制方面的政策一致性。

从以上的介绍可以看出，CFIUS从成立至今的发展和变革有一个特点：该组织的发展在很大的程度上是由国会和白宫之间的政治博弈所推动的。

从结构选择（structural choice approach）的理论角度来说，美国政府的结构性特点是它的统一性。它听命于总统，而国会则是由一群平等的政治家所组成的（group of many coequals）。[②] 因此，在美国政治的权力博弈中，总统更加愿意建设一个统一的、协调的、由白宫领导的官僚体制。这意味着它的政策选择倾向于把权力保留或者集中在总统的手里，同时尽量避免国会的干扰。[③] 当国会和白宫分别由不同的政党所控制时，这种博弈会因为政党的不同政治理念而进一步复杂化。这种博弈的后果对CFIUS的工作起到了至关重要的

---

① 这似乎是强化了对外国投资的审查，但是必须同时考虑到：对这两个领域的审查在FINSA颁布之前CFIUS实际已经在进行。比如CFIUS对中国中海油公司（“国有公司”）2005年7月收购优尼科石油公司的审查，就属于对外国“国有企业”的审查，2006年2月对迪拜DPW公司（国有公司）收购英国航运公司的六个美国港口运营权（“重要基础设施”）的审查，就同时属于对外国政府拥有或控制的“国有企业”的审查以及对涉及“重要基础设施”的审查。所以FINSA只不过是将CFIUS的既有实践以法律的形式固定下来。

② Terry Moe, *President, Institutions and Theory*, Pittsburgh, Penn: University of Pittsburgh Press, 1993, p. 367.

③ C. S. Eliot Kang, “U. S. Politics and Greater Regulation of Inward Foreign Direct Investment”, *International Organization*, Vol. 51, No. 2, Spring, 1997, pp. 301 - 333.

影响。

美国政治结构的特点决定了政府与国会在对外经济领域的立场不尽相同。政府机构（如财政部和商务部）是对外经济的具体监管者，他们接受总统领导；CFIUS 亦如此。从制度上来说，总统已经把权力下放到 CFIUS；CFIUS 代表的就是白宫的看法。而总统这一职位要求当选者对全国的经济大局通盘考虑，不能屈从个别利益集团的诉求。而且，能够登上总统宝座的人往往会有众多利益集团支持，他也必须要能够平衡各方利益。因此，不论是民主党还是共和党的总统，上台以后都会倾向于中间路线，不会完全倒向投资保守主义或者投资开放主义。然而，国会的权力分散在三百多个委员会和小组委员会中，更便于那些力量强大的个别利益集团展开游说，施加影响。[①] 因此，国会里保护主义的呼声往往更高，而府院之争也就成为一个不可避免、长期存在的现象。

第二节　CFIUS 的组织结构和操作程序

一、组织机构以及内部分工

CFIUS 隶属于财政部，但是它的运作是跨部门的。CFIUS 主席由美国财政部长担任，秘书处设在财政部国际投资局，该局牵头负责委员会的日常事务工作。

2008 年 1 月 23 日，布什总统发布了《美国第 13456 号行政命令》，规定 CFIUS 的 9 个成员为：国务卿、国防部长、商务部长、财政部长、国土安全部长、能源部长、司法部长、美国贸易代表和总

① 李道揆：《美国政府与美国政治》，第 316 页。

统科技政策办公室主任。劳工部长为CFIUS提供关于美国劳动法的专业知识，而国家情报局局长则为CFIUS提供独立的情报分析。由于他们没有投票权，劳工部长和情报局局长都不能够直接参与CFIUS的政策决定（ex officio members）。另外，CFIUS增添了5名向总统报告的观察成员：行政管理和预算局长、经济顾问委员会主席、总统国家安全事务助理、总统经济政策助理和总统国土安全和反恐事务助理。由于CFIUS的成员代表的利益是不一样的，所以它们往往会在同一个问题上采取不同的立场。“这种成员之间的辩论……能够帮助CFIUS做出对于国家安全最有利的决定。”①

从其成员构成可以看出，CFIUS可谓是要员云集，位高权重。在实际运作中，CFIUS发展出一整套衡量和评估体系。② 委员会各成员的分工明确、各司其职、各有侧重，相互配合，共同履行对外资并购的国家安全审查职责。哪些成员在决策过程中最重要？应该说，CFIUS在制度上保证了每个成员都是同等重要的。由于CFIUS采取的是一致通过的决策形式（consensual decision - making），所以只要有三名成员反对某项交易，CFIUS就会启动45天的调查程序。③ 换句话说，每一名成员都拥有准否决权。因此，虽然CFIUS隶属于财政部，但是财政部并不能够主导该组织的运作。④

当然，在CFIUS的工作中，某些成员的参与程度还是相对较高的。中国学者方达认为美国财政部、国防部和商务部发挥的作用是

---

① Implementation Hearings, supra note 214 (statement of Robert Kimmitt, Deputy Secretary of the Treasury).

② 方达：《透视美国的外国投资委员会》，载《国际技术经济研究》，第10卷第1期2007年1月，第17—19页。

③ Dubai Purchase Hearings, supra note 138 (statement of Robert Kimmitt, Deputy Secretary of the Treasury).

④ 一般认为，美国财政部的职能意味着它更加倾向于投资开放主义。因此，有些学者担心隶属于财政部的CFIUS并不会全力审查可能对美国国家安全构成威胁的并购案。

最大的。具体地说，国防部国防技术安全局作为委员会的对口机构，在参与委员会工作的同时，承担着大量部内相关事务的协调工作，它将国防调查局、收购办公室、国防后勤局等部门对外资并购交易审查的反馈意见，收集、汇总和研究后，向委员会提出国防部的综合性意见和建议。国际贸易局作为商务部参与部门，具体负责涉及军民两用产品和技术出口管制的相关审查。美国学者詹姆斯·路易斯（James Lewis）则认为，CFIUS过程中最有影响力的成员机构分别是国防部和司法部，因为这两个机构的工作和外来并购的联系是最强的。根据他的研究，这两个机构经常会主动地与并购方进行非正式协商，解决可能交易可能涉及到的国家安全问题。①

二、审查程序

CFIUS对于外资并购的审查程序分为五个阶段：

1. 非正式洽谈阶段（Informal Determination）。外国企业如果认为自己的并购案可能会触及国家安全方面的问题的话，一般来说都会先和CFIUS进行非正式的洽谈。CFIUS会为它们的并购案进行评估。如果CFIUS认为这项交易很难被通过的话，这些企业也可以在启动正式的申报阶段之前就选择退出。这是因为CFIUS一旦对交易启动调查程序的话，这对该公司的股价有可能造成负面的影响。②

2. 申报阶段（Notification/Notice）。申报分为主动申报和通报启动。前者指申报并购交易方本着自愿的原则，以书面形式向委员会主席提出申报。申报既可以在一项并购交易的进行过程中提出，也

① James A. Lewis, *New Objectives for CFIUS: Foreign Ownership, Critical Infrastructure, and Communications Interception*, Center for Strategic and International Studies: Washington, D. C., 2005.

② 例如，CFIUS在2000年对日本企业NTT Communications并购美国Verio, Inc.公司一案启动了调查程序，而Verio的股价在调查期间下降。

可在完成以后提出。[①] 后者则是通报委员会任何成员如果认为某项并购交易属于721条款的管辖范围，且可能对国家安全产生不利影响，即可向委员会主席提交机构通报。委员会主席接到通报后，及时通知并购交易的双方。

3. 审查阶段（Review）。经过交易方的申报或机构通报，即进入审查阶段。审查期限为30天。委员会对并购交易的审查具体步骤是：各成员机构在接到相关资料后，分发到本机构内各相关部门，由各部门提出具体意见和建议。各成员机构内部在协调综合各部门建议后报委员会。委员会召集副部长级会议，讨论研究是否有充分的理由对并购交易展开调查，如3个或3个以上机构表示同意，则报告总统，并正式通知交易各方进入调查阶段。

4. 调查阶段（Investigation）。调查期限为45天。进入调查阶段的并购案有两种情况：一种是根据《国防产品法》2170（b）规定，并购方被外国政府所控制或代表外国政府针对美国公司的兼并、收购和接管，并对美国国家安全利益产生影响；一种是在审查阶段未通过审查，并购方不愿撤回申请的案件。委员会完成调查后，向总统提交报告。如果委员会成员就并购交易未能达到一致意见，在给总统的报告中将详细阐明各种不同的意见，供总统决策参考。

5. 总统决定（Presidential Determination）。美国总统在收到委员会的报告后，充分考虑并购涉及国家安全的各种因素，将在15天内做出最后决定。这样，整个国家安全审查过程最长为90天。根据721条款（d）和（e），总统有权决定是否暂停或禁止某项并购交易。

---

① 申报的主要内容包括：（1）并购交易的简要情况，如注册名称、交易时间、交易规模、组织机构等；（2）收购方手续合法性，如是否向联邦贸易委员会提出申请，是否持有商务部颁发的出口许可证等；（3）被收购方是否涉及国防部和其他政府机构机密；（4）收购方和被收购方的相关信息等等。

第三节 对 CFIUS 作用的评估

关于 CFIUS 的实际作用的观点可以分为三种派别：第一种看法认为它形同虚设，监督不力。第二种看法则指责 CFIUS 是可怕的“看门狗”。前两种看法都比较极端，主要还是出自媒体的报道。第三种看法则是学术界的基本共识：从数字上来看，CFIUS 实际操作不多，但其隐性的威慑作用是显著的，因为 CFIUS 的存在往往导致并购方选择放弃交易。例如，2002 年中国香港李嘉诚的和记黄埔公司收购美国环球电讯公司，即在审查程序尚未完成之前主动撤销了申请。

为了证明 CFIUS 的作用是隐性而不是显性的，目前关于 CFIUS 的学术文章和著作经常引用以下的财政部的数据（见表 6－1）。[①] 从 1988 年到 2007 年，CFIUS 虽然接收到 1842 个申报，但是它只调查了其中的 38 起。也就是说，CFIUS 只调查了大约 2% 的申报。

表 6－1

年份	申报量	调查量	申报撤退	总统决定
1988	14	1	0	1
1989	204	5	2	3
1990	295	6	2	4
1991	152	1	0	1
1992	106	2	1	1
1993	82	0	0	0
1994	69	0	0	0

① 资料来源：美国财政部。

续表

1995	81	0	0	0
1996	55	0	0	0
1997	62	0	0	0
1998	65	2	2	0
1999	79	0	0	0
2000	72	1	0	1
2001	55	1	1	0
2002	43	0	0	0
2003	41	2	1	1
2004	53	2	2	0
2005	65	2	2	0
2006	111	7	5	2
2007	138	6	5	1
Total	1842	38	23	15

以上的解释是存在一定问题的：首先，财政部的数据只是绝对数字。如果我们要更好地分析 CFIUS 的实际操作，这组数字是不足够的。具体地说，我们需要知道的不是申报量而是申报率（申报量/并购量的百分比）；不是调查量而是调查率（调查量/申报量的百分比）。这是至关重要的。如果单看财政部的这组数据，很容易会得到错误的结论。例如，有学者引用这组数据，指出 CFIUS 在 1999—2006 年所处理的并购案申报的数量有所下降，并把这种趋势归因于 CFIUS 的非正式洽谈制度的效果。然而，本章统计出的申报率却告诉我们，CFIUS 在 1999—2006 年期间的申报率其实是上升的（见表 6 - 2）。这主要是因为这个时期的并购数量其实是呈下降趋势的（见图 6 - 1）。

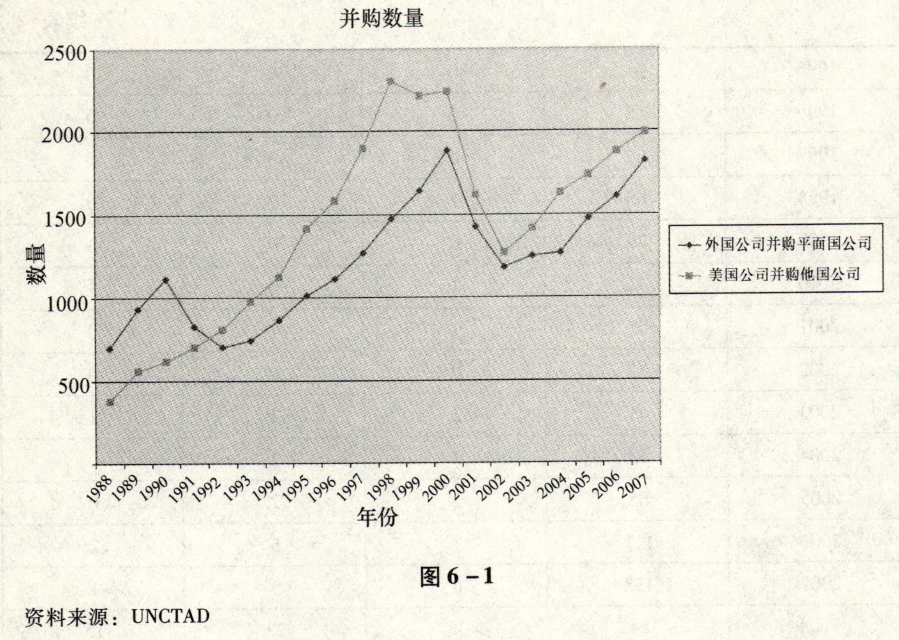

图 6－1

资料来源：UNCTAD

如果要更好地了解 CFIUS 的作用，就必须研究调查率对于申报率的影响。

第一，调查率（调查率＝调查量/申报量×100%）。

从表 2 的时间序列可以看出，1988—2007 年，调查率基本上维持在 5% 以下。最高的一年是 1988 年的 7.14%。本章认为这一年的调查率之所以会这么高，并不是因为美国的国家安全受到前所未有的威胁，也不是因为美国国内的保护主义情绪在这一年是最高的。应该说，这个数字反映的有可能是 CFIUS 当时的机制的相对不成熟。随着 CFIUS 机制日趋完善，特别是非正式洽谈机制的建立，调查率在 1989 年以后急速下降。1989—2002 的 17 年间，年均调查率只有 0.95%。然而，从 2003—2007 年，年均调查率高达 4.48%。这也许是“9·11”以后美国国内政治氛围所致。

表 6-2

年份	调查率	申报率
1988	7.142857	2.008608321
1989	2.45098	21.86495177
1990	2.033898	26.48114901
1991	0.657895	18.40193705
1992	1.886792	15.0997151
1993	0	11.05121294
1994	0	7.976878613
1995	0	7.996051333
1996	0	4.937163375
1997	0	4.87804878
1998	3.076923	4.409769335
1999	0	4.808277541
2000	1.388889	3.821656051
2001	1.818182	3.856942496
2002	0	3.637901861
2003	4.878049	3.277378098
2004	3.773585	4.176516942
2005	3.076923	4.403794038
2006	6.306306	6.902985075
2007	4.347826	7.574094402

资料来源：申报量和调查量数据来自财政部；并购量的数据来自 UNCTAD。

第二，申报率（申报率=申报量/并购量×100%）。

本章统计了这个时期外企并购活动当中的申报率。这组数据意味着什么？本章认为申报率可以从一个侧面来说明美国国内的保护主义倾向。在一般情况下，是否要向 CFIUS 申报是企业自身的决定。应该说，这些企业的经理是对美国国内保护主义情绪比较敏感的。如果他们认为美国国内的保护主义情绪比较强烈，那么这些企业会主动地向 CFIUS 申报并购案，即便并购项目完全不涉及国家安全。这是因为被 CFIUS 正式通过的并购案在法律上是得到豁免权（immunity）的，这一点在文章的后面也会讨论。第一年（1988 年）的申报率是 CFIUS 历史最低的，这也许是因为经理们对 CFIUS 程序还不是十分了解。然而，随后 5 年的申报率暴增，平均达到 18.58%。之后则一路下降，到了 2003 年达到 3.28% 的历史第二低点。2004—2007 年，又有回升的趋势（见图 6－2）。

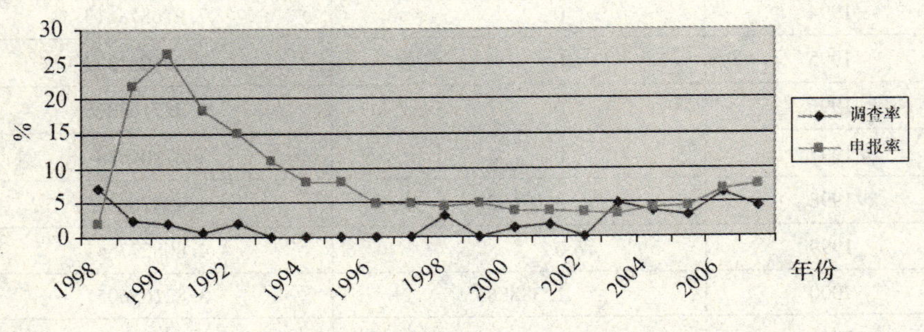

图 6－2

资料来源：申报量和调查量数据来自财政部；并购量的数据来自 UNCTAD。

结合调查率和申报率的数据，我们可以在这两个变量之间做一个简单的回归分析（regression analysis），以回答本章所提出的一个问题，即：CFIUS 的作用是否含有显性的成分？本章回答这个问题的角度是：如果 CFIUS 提高其调查率，外来企业是否会更加积极地向 CFIUS 申报它们的并购案？本章把时间滞（timelag）设为 2 年，即：企业需要 2 年的时间对 CFIUS 的政策调整做出自己相应的调整。

如果我们观察回归图（见图 6－3），我们会发现这两个变量是成正比的关系。从 E－views 软件得出的回归数据（见表 6－3）也可以看到，当 Investpernotice（调查率）增加 100% 时，Notifperma（申报率）在两年以后会增加 77%。

当然，影响申报率的因素还有很多。回归数据告诉我们 R－square fit 是 0.33，说明调查率对于申报率的解释力是中等的。但是，从这个简单的分析不难看出，CFIUS 对于企业微观行为的影响力还是相当大的。目前关于 CFIUS 的研究似乎忽略了 CFIUS 的显性作用。

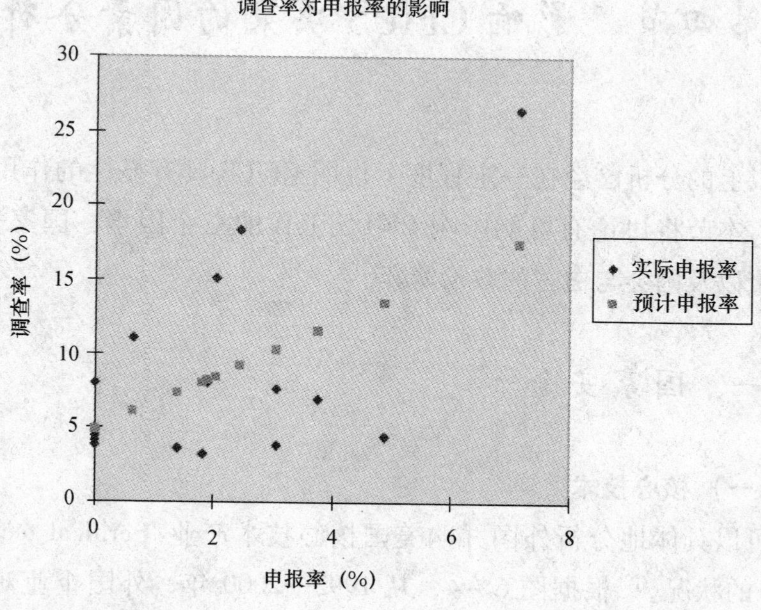

图 6－3

表 6－3

Dependent Variable: NOTIFPERMA				
Method: Least Squares				
Date: 05/11/09　Time: 17:26				
Sample (adjusted): 1988 2005				
Included observations: 18 after adjustments				
Variable	Coefficient	Std. Error	t-Statistic	Prob.
C	4.807910	1.662712	2.891606	0.0106
INVESTPERNOTICE	1.775645	0.625076	2.840686	0.0118

R-squared	0.335258	Mean dependent var	7.982860
Adjusted R-squared	0.293712	S.D. dependent var	6.214593
S.E. of regression	5.222803	Akaike info criterion	6.248385
Sum squared resid	436.4427	Schwarz criterion	6.347315
Log likelihood	-54.23546	F-statistic	8.069495
Durbin-Watson stat	0.572693	Prob(F-statistic)	0.011806

第四节　影响 CFIUS 决策的因素分析

以上的分析已经在一定程度上说明 CFIUS 具有显性的作用。接下来，本节将讨论有可能影响 CFIUS 工作的三个因素：国家安全、并购量以及国会与白宫的政治博弈。

一、国家安全

（一）核心技术

我们可以具体地分析外国并购美国核心技术产业（critical technologies）的状况。[①] 根据图 6－4，从 1993—2000 年，外国企业对于美国核心技术产业的并购案呈明显的上升趋势，从 1993 年少于 50 起至 2000 年的超过 600 起。"9·11"事件以后，并购量连续两年大幅度下滑，到了 2002 年只有大概 200 起。随后的 3 年又有逐渐恢复的迹象。由此可见，"9·11"以后，美国人对于国家安全的担忧确实在某种程度上抑制了外国企业对美国核心技术企业的并购活动。

另外，2001 年的"9·11"事件是否证明了 1993—2000 年美国大量的核心技术企业被外国企业所并购的现象确实危害了美国国家安全？答案应该是否定的。首先，"9·11"恐怖袭击的成功与并购无关。其次，虽然外来企业在近年来对美国的核心科技产业的投资稍微增加了，但是这些外来投资者并不是有针对性和战略性地把投资集中在这些产业。1997 年，美国 19% 的外来投资储量涉及到核心

① CFIUS 对核心技术的定义是：那些满足长远国家经济和科学目标（包括强大的国防力量、提升经济竞争力、生活水平的提高、能源安全等等）的技术。

技术产业；这个比例在2006年增加到23%。然而，总体而言，外来企业在美国的核心技术产业所占据的地位并没有太大的变化。2002年，在美国核心技术产业的经济增值活动中，外国联署企业（foreign affiliates）占据了10%，而1997年则是8%。外国联署企业所雇用的人数占据核心技术产业整体的雇佣人数的12%，和1997年一样。另外，虽然国会对来自中东和中国的政府控有的企业很有戒心，但是98%的外来直接投资其实是来自各国的私人企业；94%的外来资产是被OECD的25个民主发达国家的企业所拥有；74%的投资来自于欧洲盟国的企业。①

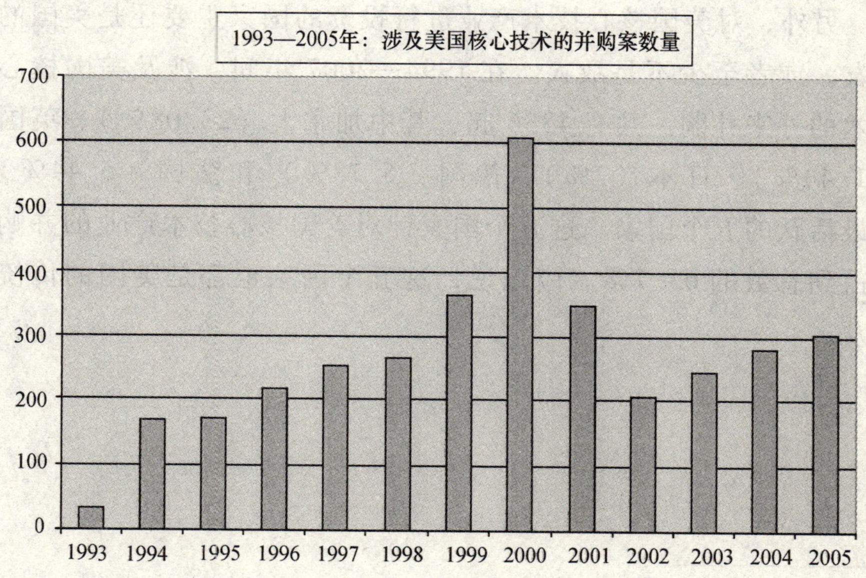

图6－4

资料来源：CFIUS。

① Daniel S. Hamilton and Joseph P. Quinlan, *Protecting Our Prosperity: Ensuring Both National Security and the Benefits of Foreign Investment in the Untied States*, National Foundation for American Policy, June 2006.

实际上，历史上外国投资和美国国家安全的联系一直都不是特别强。[①] 事实证明，20 世纪 70 年代的阿拉伯国家和 20 世纪 80 年代的日本其实都没有对美国国家安全造成多大的威胁。例如，阿拉伯国家在 70 年代对于美国的投资其实并没有像美国人想象那么多，美国的外来投资主要还是来自欧洲和加拿大。再如，美国国会当年也夸大了富士通的飞兆（Fairchild）收购案的国家安全威胁。实际上，飞兆早已经不是美国公司，而在多年前已经被法国的斯伦贝谢公司（Schlumberger Ltd.）收购。针对“9·11”以后的优尼科和迪拜港案例，学术界基本上也认为美国国会夸大了这两宗并购案对于美国国家安全的威胁。

另外，对美国核心技术产业进行投资的国家主要还是美国的盟友，或者至少不是敌人。在 1994—2007 年间，涉及美国核心技术的外来并购一共有 4336 起，其中加拿大（23.08%）、英国（21.44%）、日本（7%）、德国（6.78%）和法国（5.44%）是最活跃的五个国家。这五个国家针对美国核心技术产业的并购案占到总数的 63.7%。应该说，这五个国家也都是美国的传统盟友。

① 这种联系最强的时期应该是在一战和二战期间。例如，一战时，德国在无线广播和电信方面的投资对美国国家安全构成威胁。1914 年尾，美国海军发现外国控有的美国无线电台在实行间谍活动。这导致美国在 1915 年没收了德国电子公司 Telefunken 在美国的资产。即便如此，敌国的投资是否真的负面地影响了美国在两次大战中的作战能力也是一个可以争辩的问题。我们可以从一个有趣的现象来了解这个问题。在被美国政府没收以后，原本是外国资产的美国博世公司（American Bosch Corporation），美国钾碱化学公司（American Potash and Chemical Corporation）等企业最后都获得了美国陆军和海军的战时贡献表彰（Army - Navy Excellence awards for substantial wartime contributions）。

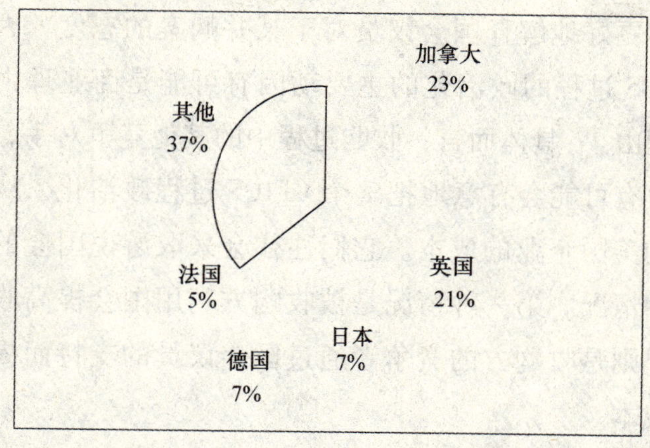

图 6－5

资料来源：CFIUS。

（二）国家安全？商业游说？

当然，即便外来并购与美国国家安全的联系并不强，国家安全因素对于 CFIUS 的工作还是有影响的。这涉及到两种可能性。第一，国会议员并不了解实际情况，误以为外来并购威胁到美国国家安全，所以对 CFIUS 施压。第二，国会议员其实知道外来并购对美国国家安全的威胁其实很小，但是国会议员因为一些其他的原因而反对某些并购案。

本节倾向于第二种可能性。实际上，在 1988—2007 年间，CFIUS 已经向美国国会提交了 3 份关于美国国家安全的报告，而这三份报告的结论都很清晰："没有证据表明外来并购威胁到美国的国家安全，也没有确凿的证据显示外国政府和企业通过外来直接投资有策略性地获取美国核心技术。"[1] 照理说，这三份报告都提交给国会，国会议员应该是知情的。

另外，通过以下案例的分析，我们会发现，国会与商界的互动

① See：CFIUS，"Report to Congress on Foreign Acquisition of and Espionage Activities against U. S. Critical Technology Companies"，September 2007.

有时候能够更好地解释国会议员对于某并购案的态度。因此，过去几年，CFIUS 过程的政治化的主要动因有可能是商业理由，而不是国家安全理由。[1] 具体而言，收购过程中的其他竞争对手，特别是美国企业，很有可能会有意地把整个 CFIUS 过程政治化，从而提高外国企业收购美国企业的成本。它们往往会采取游说国会的手段。案例分为两种情况。第一种情况是被收购方利用国会提高收购价；而第二种情况则是收购方的竞争者通过国会议员的支持而提高了收购方的收购成本。

情况 1：被收购方利用国会。

1990 年，119 名国会议员联名写信给美国总统，要求白宫调查英国车胎公司（British Tire and Rubber，BTR）收购诺顿公司（Norton Company）一案。信中写道，国会议员“不相信此收购案对美国的经济或国家安全利益有任何好处”。[2] 然而，当法国企业提出了高于 BTR 的收购价（每股高出＄15）时，国会议员在诺顿公司的游说下突然改变了论调，允许法国的康培尼公司（Compagnie de Saint Gobain）收购诺顿公司。很显然，诺顿公司利用了国会，为自己赢得了最高利润的收购。很难想象英国的 BTR 的收购会威胁美国国家安全而法国的康培尼公司却不会。

2002 年，卡尔·伊卡恩（Carl Icahn）也利用了国会，尝试捣乱新加坡科技电信有限公司（ST Telemedia）对美国环球电讯公司（Global Crossing）的收购案。他在美国破产法院里挑战环球电讯董事会的决定，认为 CFIUS 不会通过此项收购案，所以该公司应该重新拍卖。他最终虽然没有得逞，不过新加坡科技电信公司也耗费了

---

① Edward M. Graham and David M. Marchick, *US National Security and Foreign Direct Investment*, Institute for International Economics, 2006, p. 123.

② Syed Anwar Karim, *Foreign Acquisitions of U. S. Companies*", *Industrial College of the Armed Forces Executive Research Project*, Washington: National Defense University, 1995.

更多的精力和金钱。

情况2：竞争对手游说。

2000年10月，荷兰的半导体公司（ASML Holding，ASML）宣布收购硅谷集团公司（Silicon Valley Group，SVG）的企图。如果成功的话，世界最大的半导体技术公司将诞生。硅谷集团公司和CFIUS进行了大量的非正式磋商以后，正式向CFIUS提交申报。一切都进展得很顺利，而两家公司也并不觉得接下来会出现什么问题。硅谷集团公司虽然曾经为美国军队制造过间谍卫星的器材，但是这已经是多年以前的事情。况且，ASML也答应不触及这方面的业务。然而，就在30天审核期即将结束的时候，以参议院多数党领袖特伦特·洛特（Trent Lott）为代表的国会议员群起反对此项交易，要求CFIUS启动45天调查程序。[①] 国会突然对此项交易感兴趣，其实是有原因的。应该说，这与国家安全没有太大的关系，因为荷兰是美国的盟友，也是北约的成员国。实际上，国会的参与是有商业因素的推动的。硅谷集团公司的竞争对手，即美国硅谷的芯硕半导体公司（Ultratech Stepper）也想收购硅谷集团公司，不过在投标过程中输给了荷兰的ASML。这家公司随后雇佣了华盛顿的游说公司，游说国会议员，甚至协助成立了一个反全球化的组织，美国工商业协会（US Business and Industrial Council），并通过该组织向国会办公室发放录像带和传单，指责该交易案将威胁到美国国家安全。[②] 这些举措虽然最后没有成功阻止这项交易，但是它们成功地把交易的成本提高了。应该说，要不是它们的搅和，CFIUS根本就不会对ASML启动45天的调查程序。

① Peter Spiegel, "Rival Accused after Security Fears Block High Tech Sale," *Financial Times*, March 9, 2001; Glenn Simpson, "Pentagon Moves to Postpone Dutch Deal for Silicon Valley Group," *Wall Street Journal*, March 8, 2001, B6.

② Toby Sterling, "ASML/SVG Merger Closes, But Deal Once Hung by a Thread," *Dow Jones*, May 23, 2001.

2005年初，印度的VSNL通讯公司尝试收购美国的全球光纤网络（Tyco Global Network，TGN）。VSNL为了确保交易顺利，和国防部、司法部、国土安全部和美国联邦调查局进行了将近5个月的咨询和谈判，并且签订了严格的网络安全协定（Network Security Agreement）。然而，竞争对手阿拉斯加的通讯公司（Crest Communications）向联邦通信委员会（Federal Communications Commission）提交了报告，指责这项交易严重危害美国国家安全，尤其是国防部的网络作战计划以及军事情报将受到威胁。① 全球光纤网络也回击了对手，指出两家公司之前有商业上的矛盾，Crest是在报复Tyco。

另外，迪拜港事件也可以说是有商业起因的。迈阿密的一个小型的装卸公司，埃勒公司（Eller&Co.）与英国铁行港口（P&O）有长期的商业纠纷。另外，埃勒公司担心迪拜港世界如果成功收购了英国铁行港口，将在迈阿密地区威胁到埃勒公司的商业利益。于是，埃勒公司直接去找CFIUS，试图影响它的决定，不过CFIUS不予理会。接着埃勒公司雇佣了华盛顿的著名游说能手乔·穆尔顿（Joe Muldoon），从1月份开始游说国会议员。以色列·克莱恩（Israel Klein），舒默参议员（Senator Schumer）的发言人，也承认埃勒公司对于这项交易所施加的影响："埃勒公司为华盛顿的很多人敲响了警钟"。②

最后，优尼科并购案亦是如此。中国的中海油（CNOOC）尝试收购美国的优尼科，而竞争者则是美国的雪佛龙公司（Chevron）。

---

① Petition to Deny of Crest Communications Corporation, In the Matters of Tyco Telecommunications (US) Inc., Assignor, VSNL Telecommunications (US) Inc., Assignee et al. Applications for Modification, Assignment and Transfer of Control of Cable Landing Licenses for the Tyco Atlantic and Tyco Pacific Submarine Cable Systems, File Nos. SCL-ASG-20050304-0003; SCL-MOD-20050301-0004; SCL-T/C-20050301-0005, March 31, 2005.

② Neil King Jr. and Gregg Hitt, "Small Florida Firm Sowed Seed of Port Dispute," *Wall Street Journal*, February 28, 2006, A3.

身为当时美国的第六大企业，雪佛龙在华盛顿已经有非常成熟的人脉网络，并且拥有庞大的游说团队。[①] 众议院在2005年5月30日以398—15票的优势通过了一项决议，声明中海油并购优尼科“将会威胁美国的国家安全”。该决议是加利福尼亚共和党议员理查德·庞博（Richard W. Pombo）所提出的，而雪佛龙的总部恰好就在加利福尼亚。2004年庞博参加竞选的时候，雪佛龙向他捐赠了1万美元。另外，庞博议员也承认，他是与雪佛龙的游说代表交谈以后，才在2005年6月份向布什总统写信，提出他对这项交易的担忧。2005年6月24日，雪佛龙成功地收购了优尼科。

总之，国家安全议题对于CFIUS的工作的影响是微妙的。有一点很重要。之前已经提到，CFIUS和外国企业之间存在非正式的洽谈机制。在一般情况下，并购案如果和国家安全沾上边，企业就会主动地和CFIUS洽谈。这是符合企业的利益的，因为CFIUS会对并购案做出初步的评估。如果CFIUS对该案持保留态度，企业很有可能就会主动退出，因为如果CFIUS对并购案做出不利的判决的话，企业的形象会受到很大的打击。因此，这些企业如果在洽谈以后仍然决定向CFIUS申报，只能说明两个问题：第一，CFIUS本身认为这项交易对美国国家安全不构成威胁。第二，也是很重要的一点，这项收购案是有可能引起美国国内的反对的，因此才要申报，因为一旦CFIUS拍板通过这项交易，这个收购案就会得到“豁免权”（immunity），往后国会或总统都无权再对这项并购提出异议。从逻辑上来说，CFIUS不可能在后期突然改变想法，觉得这项它已经表示认可的交易会威胁到美国国家安全。如果CFIUS对申报案启动调查程序（investigation），很有可能是外来的力量对CFIUS施压，让它重新考虑它之前所作出的决定。这一点从逻辑上来说是很明显的。

---

① Steve Lohr and Edmund L. Andrews, “The Big Tug of War over Unocal”, *The New York Times*, July 6, 2005.

总而言之，国家安全虽然是 CFIUS 审查并购案的主要标准，但是外国企业也并不天真，不会向 CFIUS 申报一些不可能成功的并购案。

二、并购量

并购量是否会影响申报率？从逻辑上来说，并购量的大幅度增加有可能导致美国国内的投资保护主义情绪高涨，而外来企业的经理们在意识到这种情绪以后，会更加积极地向 CFIUS 申报，从而提高申报率。

从图 6 可以看出，1988—2007 年间，外国企业并购美国企业的数量的总体趋势是往上的，但是期间的波动很大。从 1988 年的 697 起增加到 1990 年的 1114 起；再跌到 1992 年的 702 起；随后一路飙升到 2000 年的 1884 起。之后 2 年的并购量大幅度下滑，2002 年只有 1182 起。2003—2007 年，并购量逐渐恢复，2007 年已经有 1822 起成功的并购案，逼近 2000 年的高峰。

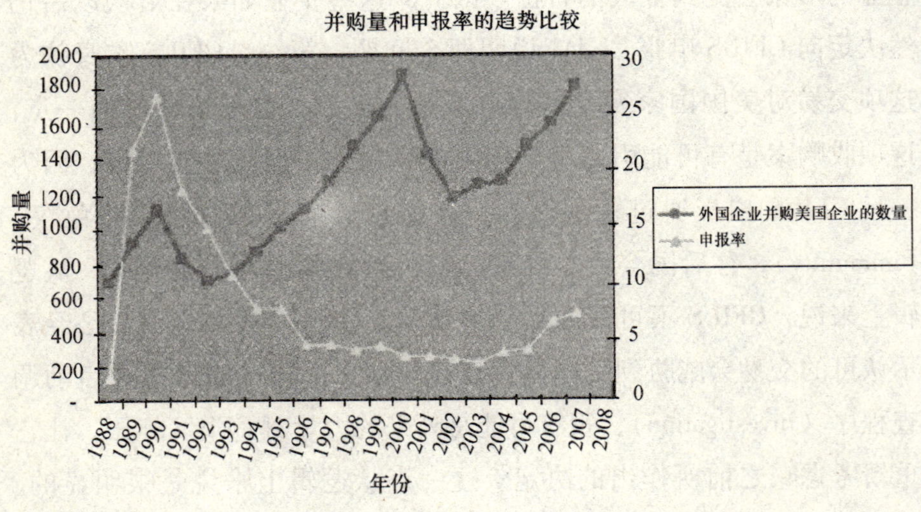

图 6－6

然而，我们从并购量和申报率这两个趋势的比较当中会发现，并购量的趋势似乎并没有对申报率造成多大的影响。最关键的时期应该是1992—2000年间。在这将近10年里，并购量基本上是直线上升；然而，申报率在这个期间也是一路下滑。这说明在这个时期，并购量和申报率呈负相关关系；并购量的增加并未导致美国国内保护主义情绪的高涨。

从以上对1992—2000期间的分析可以看出，并购量的上升并没有导致申报率的上升；然而2001—2007期间并购量和申报率同时上升了。进一步分析2001—2007年的并购量与申报率的趋势，我们会发现，这个时期的并购量大幅度下滑以后又逐渐恢复，而申报率则在2003—2007年间有明显的上升趋势。2001年以后的并购案数量的下滑应该可以归结于“9·11”事件的负面影响。“9·11”事件后，美国对国家安全的敏感度提升，对国家安全的认定也有扩大化趋势，在外资审查方面出现了泛政治化倾向。中国中海油公司2005年7月的优尼科石油公司收购案，以及2006年2月迪拜港口国际公司的英国航运公司的美国港口运营权收购案，都被国会和美国媒体视为美国国家安全的威胁。而“9·11”以后的美国国内政治氛围的高度敏感性也导致了这个时期的申报率有所上升。应该说，这个时期两大指标同时上升是有突发事件或外部原因刺激的，这两个变量本身并不一定相互影响。

三、国会与白宫的政治博弈？

本节认为，国会与白宫的政治博弈也许是影响CFIUS工作的最重要因素之一。两大政党对于国会和白宫的掌控是否会影响CFIUS的审查力度？我们可以想象，共和党应该是比较信封自由市场的，而民主党也许比较倾向于保守主义。

如果用总统来划分时期（表6－4），共和党第一个时期和第二个时期的申报率相差很大。应该说，这两个时期是有可比性的，因为在第一个时期，美国国内对日本很担心，而第二个时期，美国国内在“9·11”以后对阿拉伯国家以及中国的崛起很担心。那么为什么同样是共和党总统，CFIUS平均申报率却相差三倍？本节认为有三个原因：

第一，在第一个时期，CFIUS的监管制度刚刚确立，制度尚未健全。在这种不确定性下，企业为了以防万一，不论其并购案是否和国家安全有关，都会向CFIUS申报；

第二，第一年（1988）的调查率达到历史最高的7.14%（见表6-2），这对许多企业起到一种警示作用；

第三，也是更为重要的一点，我们不能单看总统，还要看国会。这是因为总统一般上台以后都走中间路线，所以不论是共和党的总统之间，还是共和党与民主党的总统之间的对外经济政策态度应该都不会有太大的区别。

表6-4 不同总统时期的CFIUS平均申报率

年份	总统	CFIUS平均申报率
1988—1992	共和党	16.77%
1993—2000	民主党	6.23%
2001—2007	共和党	4.99%

如果按照国会的政党派别来分类（表6-5），第一和第二个时期的平均申报率相差还是很大的（超过三倍）。因此，在1988—1992年，虽然总统是共和党人，但是民主党所控制的国会无疑对CFIUS的工作造成了压力。1995—2006年，共和党控制了国会，而这个时期的平均申报率只有4.76%。

表 6－5　不同国会时期的 CFIUS 平均申报率

年份	国会	CFIUS 平均申报率
1988—1994	民主党	14.69%
1995—2006	共和党	4.75%

然而，以国会划分的分析仍然是不足够的，因为如之前所提到，影响 CFIUS 工作的一大因素是国会与白宫之间的政治博弈。因此，应该要进一步地做出一个综合性的分析。同时分析国会和总统的政党派别的话（表 6－6），可以把 1988—2006 年的美国政治权力结构分为 4 大时期。

表 6－6　国会—总统权力结构的分期

年份	国会	总统	CFIUS 平均申报率
1988—1992	民主党	共和党	16.77%
1993—1994	民主党	民主党	9.51%
1995—2000	共和党	民主党	5.14%
2001—2006	共和党	共和党	4.37%

其中 1993—1994 年民主党控制了国会和白宫；而 2001—2006 年共和党也是如此。如果比较这两个时期的话，可以看出共和党 2001—2006 年的平均申报率是 4.36%，只有 1993—1994 年的平均申报率的一半。按照逻辑，这个时期的申报率应该是最低的，因为共和党支持自由市场。数据表明，这五年间的申报率确实是 CFIUS 历史上最低的。

另外，当国会和总统不是由同一个政党控制时，申报率也有很大的差别。1988—1992 年，民主党控制国会而共和党控制白宫，这个时期的平均申报率是所有时期当中最高的：16.77%。而 1995—2000 年，共和党控制国会而民主党控制白宫，这个时期的平均申报只有 4.37%。考虑到白宫的对外经济政策一般是中间路线，这是否意味着民主党所控制的国会更加倾向于保护主义？

总之，以上的研究似乎指向以下三个现象：

第一，在民主党（而不是共和党）控制国会的时期，CFIUS 更加倾向于并购保护主义；

第二，当白宫和国会都在共和党的控制下时，CFIUS 的保守主义是最少的；

第三，总统的党派身份对 CFIUS 的工作的影响较小。

当然，以上分析也是存在缺陷的。首先，CFIUS 申报率在多大程度上可以作为衡量美国国内保护主义情绪的变量是一个问题。虽然本文认为这个变量是最合理的，但是它也不是完美的。其次，关于第 4 个时期（2001—2006 年），虽然白宫和国会都是共和党的天下，但是这不代表国会和白宫的看法一定是一致的。例如，在迪拜港事件上，共和党国会议员和布什总统唱反调，和以希拉里为代表的民主党员一起大力反对收购案。[①] 最后，CFIUS 早期可能因为制度比较不完善，所以申报率很高。这和政党派别没有关系。

结论

总而言之，针对本章提出的第一个问题，本章的研究认为 CFIUS 的作用是具有显性的成分的。CFIUS 的这种显性作用可以从企业的微观行为的变化中看出来。至于第二个问题，本章认为，在影响 CFIUS 工作的三大因素中，国会与政府的政治博弈应该是最重要的；外来并购数量与 CFIUS 的工作并没有明显的关系；国家安全因素对 CFIUS 的工作影响则是较为微妙和复杂的。

① 应该说，在大部分的情况下，国会的共和党议员基本上还是比较配合布什政府的政策。共和党议员公开在迪拜港问题上和布什总统唱反调，已经是总统任期进入了尾声的阶段。这些议员为了累积自己的政治资本，急于和一个不受欢迎的总统划清界限。

当然，我们也不应该夸大 CFIUS 的作用。除了 CFIUS 以外，美国还有许多其他管制并购的机制，如反垄断法等。另外，CFIUS 制度运作的这 20 年里，美国的外来并购数量总的来说还是上涨的，从 1988 年的 697 起增长到 2007 年的 1882 起，涨幅超过 280%。应该说，CFIUS 的存在并没有对外来并购数量的整体趋势造成太大的影响。

然而，今天研究 CFIUS 制度应该还是有意义的。首先，由于 CFIUS 已经运作 10 年了，所以我们现在可以有足够的数据来对它的工作做具体的分析，而不是空谈理论。其次，随着 FINSA 法案的实施，CFIUS 在美国对外经济政策中的角色提高了，研究 CFIUS 能够更好地了解美国的外资审查环境，对各国企业有指导性意义。最后，研究 CFIUS 能够在一定程度上揭示白宫和国会的权力博弈过程和特征，帮助我们更好地理解美国国内政治的一些因素和规律。

第二编

美国贸易决策过程

本部分重点研究多元政治系统中，利益集团的组织、特点、行为及其在贸易政策中的作用机制。主要研究内容包括美国贸易决策的多元主义特征、美国贸易决策过程、利益集团的组织和游说战略、利益集团政治的作用机制以及美国贸易政策的历史演变。这一部分的研究重在提供美国决策的动态过程，揭示政策背后的权力运行于利益分配状态，寻找影响美国贸易政策的关键性要素。

第七章

美国贸易政治过程的特点

自由与民主是美国政治的价值基石，美国政治结构的“强社会、弱政府”特点以及分权制衡的制度结构决定了美国贸易决策的开放性、竞争性和多元性的特点。本章从美国政治制度的结构出发分析了美国贸易政治过程的特点，进而详细分析了利益集团政治的基本战略以及对贸易政治的影响，最后从民主理论出发阐述了美国多元民主主义贸易政治过程的理论基础。

第一节 多元竞争的美国的贸易政治

多元利益集团对公共政策决策的广泛参与是多元主义民主的关键，在当代国家职能不断扩大的情况下，利益集团能否做到这一点，取决于它们如何对这种变化作出反应，以及采取什么有效的方式来影响政府决策，包括贸易政策决策。

制定公共政策是国家的权力。根据 18 世纪启蒙思想家霍布斯、洛克、卢梭等人的观点，人类社会之所以出现国家，是因为人们面临一些单靠自己的力量无法解决的公共问题，如无政府状态下的共同秩序问题、公地的悲剧、猎鹿人的博弈等等。于是，人们决定放弃自己的部分权利和自由，通过契约的形式把这些权利交给一个共同体，这个共同体掌握强制性的公共权力，行使公共职能，维持人群的秩序和共同利益。这个共同体就是国家。

当代制度经济学家则认为，国家的存在是因为维持社会的正常运行需要某些不可或缺的公共物品（public goods），也就是公众所共同需要、共同使用的产品，如路灯、灯塔、城市公共设施、社会治安、国防等等。公共物品的特点是具有非竞争性和排他性，不能按照“谁消费，谁付费”的原则来收取成本，不能由私人企业来提供，也不能通过市场来生产和供给，因此，它们必须由一个公共的权威通过占有一定的公共资源来提供。这个公共的权威就是国家。

从理论上讲，作为公共权威的掌握者，国家垄断了制定公共政策的权力并且通过强制手段来实施权力。反过讲，公共政策就是国家提供公共物品的手段，其目的是为了解决公共的问题，这些问题包括共同体内部的秩序、共同体的安全（免受外来威胁）以及共同体的福利等等。在现代社会，作为公共权威的国家每天都要处理成百上千的公共问题，制定出成百上千的政策，这些政策涵盖了社会生活的各个领域。这些公共政策虽然看起来令人眼花缭乱，但就其性质而言，不外乎三大职能：第一，保护性职能，即维护共同体的秩序和安全。它又包括两个方面：一是通过仲裁和强制维持共同体内部的安全和秩序；二是通过国防和外交防止共同体受到外来的强制。第二，生产性职能，为公民提供公共或私人物品。国家不仅提供公共物品，而且也在不同程度上参与了一些私人物品的生产，尤其是在铁路、矿山等具有垄断性的行业。第三，再分配职能，以“社会公正”的名义对个人的收入和财富进行再分配。国家可以通过两种手段来实行社会资源的再分配：一是改变结果，通过税收、转移支付和政府采购实现财富的转移；二是改变机会，通过干预市场规则，影响私人竞争的结果。

在刚刚过去的20世纪中，人们可以明显地看出国家的规模、职能、管理的领域和掌握的资源呈现高速膨胀的趋势。在当今西方世界五个最大的经济体——美国、日本、德国、法国和英国当中，政府支出占国内生产总值的百分比在1870年前后平均为10%左右，在1930年前后升至25%，1995年前后达到40%以上。[①] 出现这种态势的原因既有主观的，也有客观的。其客观原因是因为工业化带来的社会化大生产，导致市场机制本身无法维持经济的正常运转和社会的稳定。主观原因是以凯恩斯主义为代表的资本主义改良思想主张通过国家干预的方式促进市场的发展和社会的公平。此外，现代通信、交通、政治组织、社会动员技术的进步，也使国家职能的扩大具备了技术条件。

国家职能的扩大究竟是好事还是坏事，目前仍然是理论上争论不休的问题，然而这一扩大本身却已经成为不可逆转的事实。国家职能的扩大直接带来的现象是公共政策对社会的影响越来越大。由于国家掌握了社会最大的一部分资源，同时又掌握着合法的强制力，国家的决策对于社会的渗透越来越深，对于公民、市场以及私人团体利益的影响也越来越大，这反过来鼓励了多元主义政治的发展。面对触角无孔不入、无处不在的国家机器，公民要自觉不自觉地、主动或被动地做出反应，而结社是单个公民参与政治活动的最有效的途径。研究美国利益集团的学者发现，20世纪60—80年代是利益集团数量增长最快的时期，现有院外活动集团中的40%是在这一时期成立的。[②] 这一现象与同期美国联邦政府职能和责任的迅速扩大有着密切的因果关联。

从院外游说活动的目标上看，利益集团参与多元主义政治的类型大致可以分为两类：一是被动防御型的，目标是阻止国家制定不

---

① 柯武刚、史漫飞：《制度经济学：社会秩序与公共政策》（韩朝华译），北京：商务印书馆，2003年版，第358页。

② Denis L. Baer，David A. Bositis，*Politics and Linkage in a Democratic Society*（New Jersey：Pretice Hall Inc.，1993），p. 53.

利于自己的政策，或者是对抗其它利益集团的游说活动；二是主动进攻型的，目标是通过游说某些政策实现对自己有利的“寻租”或“设租”。[①] 利益集团的政治行为主要集中在同国家生产性和再分配性职能相关的政策领域。西奥多·路威（Theodore J. Lowi）把公共政策分为三个领域：（1）分配政策，如一年一度的国会拨款。这类政策涉及的利益几乎是无限的，而且是可分解的，几乎所有的集团都可以从中分得一杯羹，因此这个领域几乎不存在公开的冲突。（2）管制政策，如劳工、环保法案。这类政策直接针对某些利益集团，而且这方面的利益不可分解，在社会集团之间存在着“谁将受惠、谁被剥夺”的直接选择。在这个领域里有组织的政治斗争会十分激烈和公开化。（3）再分配政策，如减税或加税。这类政策涉及的利益也不能随意分解，而其社会影响面却非常大，赢家和输家的规模接近“社会阶级……穷人和富人、资本家和无产阶级”，这里通常是全国性大型组织活动的场所。[②] 由此可见，在不同的领域，利益集团政治的活跃程度和行为方式是不同的。

现在我们来看多元主义民主政治同美国对外贸易政策的关系。对外贸易政策属于国家的保护性职能，同其他两项职能比较起来，国家在这个领域的垄断性要大一些，而且比较不容易受到利益集团的渗透。然而，这仅仅是相对而言，在美国的多元主义民主架构中，对外贸易政策也经常成为利益集团政治活动的舞台。

美国对外贸易政策的多元主义色彩是建立在美国国内政治结构的基础之上的：

---

① 所谓寻租，简单地说就是通过政策、立法等手段人为地改变市场交易的规则，从而获得剩余的福利。寻租的行为通常是以社会福利的净损失为代价的。参见丹尼斯·C. 缪勒：《公共选择理论》（杨春学等译），北京：中国社会科学出版社，1999 年版，第 281—284 页。

② Theodore J. Lowi, “American Business, Public Policy, Case Studies and Political Theory,” *World Politics*, Vol. 16 (1964), p. 697, p. 690, p. 691.

首先表现为国家与社会之间相对能力的强弱。史蒂芬·克拉斯纳（Stephen D. Krasner）用三条标准来衡量来国家控制社会的能力：（1）国家能否抵制私人压力；（2）国家能否改变私人行为；（3）国家能否改变社会结构。根据这三条标准，他把国家分为四种类型：弱、中、强和支配性的（参见表7－1）。[①] 美国政治体系是基本特征属于典型的“强社会、弱国家”类型，这种类型的国家能够抵制社会团体的压力，但无法改变个人和私营部门的行为；中央政府可以不理睬利益集团的压力，但却无法使多元的利益集团服从国家的目标，也无法变革社会经济、文化结构。

表7－1　国家控制社会的能力

	抵制私人压力		改变私人行为		改变社会结构		典型代表
不存在		否		否		否	卢旺达*
弱	能			否		否	美国
中	能		能			否	瑞典
强	能		能		能（很慢）		日本
支配性	能		能		能		前苏联**

＊“不存在”国家控制社会能力的类型是一种非常规的类型，在现实中只有处于内战和无政府状态的国家属于这一类型，如20世纪70年代的黎巴嫩、90年代的索马里、卢旺达。

＊＊斯大林体制下的苏联。

资料来源：G. John Ikenberry, ed., *American Foreign Policy*: *Theoretical Essays* (Glenview, Illinois, Boston, London: Scott: Foresman and Company, 1989), p. 293.

正如托克维尔在一个多世纪以前就已经指出的，美国政治的“强社会、弱国家”特征根植于美国的文化传统。美国的立国之父们认为，人的权利来自造物主或者自然状态，是至高无上的。国家是

---

① Stephen D. Krasner, “Policy Making in a Weak State,” G. John Ikenberry ed., *American Foreign Policy*: *Theoretical Essays* (Glenview, Illinois, Boston, London: Scott: Foresman and Company, 1989), pp. 293－295.

社会契约的产物，“共和国所有的权力来自社会和从属于社会”，[①]因此个人的权利和社会的自由优先于国家。根据这些启蒙主义理念，美国宪法和修正案明确界定了政府无权干预公民合法的言论、出版、集会和结社自由，这在很大程度上保障了公民和社会的独立和自治能力。与此同时，民主的原则又保障了公民通过制度化的选举和自愿结社的方式参与政治活动的权利。

其次，美国政治制度的分权特征为多元利益集团提供了介入对外贸易决策的途径。美国联邦政府的基本制度结构是“三权分立、权力制衡”，立法、行政和司法权力分属国会、总统和最高法院三个部门。而实际上，美国政治体制的分权并不局限于此，它还表现为国会参、众两院的分立，联邦与州的权力分割以及行政系统内官僚权力的分立等等。从决策的角度看，权力的分割和“多中心化”必然导致决策主体的增加，决策主体之间的相互权衡和讨价还价必然导致决策过程的复杂化，决策过程的复杂化又在客观上增加了决策公开性，这一切都使政府之外的利益集团获得了介入和干预决策的途径和机会。

美国总统是唯一由全体公民选举产生的公职人员，在理论上他可以代表全体公民和国家的利益和意志来行使权力。同时，作为最高行政长官，总统被授与领导、指挥和监督行政机构各部门的权力，因此在理论上总统领导的行政部门具有高度的独立性、统一性和纪律性。然而在实践中，美利坚合众国的总统却经常为政令不通、下属部门的各行其是而苦恼。柯立芝内阁的副总统查尔斯·道斯曾经评论道：“内阁成员是总统的天然敌人。”[②] 造成这种状况的主要原因是现代职业文官制度带来的本位主义倾向，职业文官利用其专业化的资源实际上在行政系统内形成了众多的非正式权力主体，并能

---

① 汉密尔顿等：《联邦党人文集》，程逢如等译，第206页。

② 罗杰·希尔斯曼等：《防务与外交决策中的政治》（曹大鹏译），北京：商务印书馆，2000年版，第91页。

够杯葛总统的权力。学者还发现，有些行政部门同国会相关委员会、特殊利益集团之间存在微妙的“铁三角”联盟，如艾森豪威尔曾在公开讲话中警告过的“军工复合体”。这些“铁三角”联盟背后的关系盘根错节，即使总统也对此束手无策。

美国国会拥有宪法赋予的立法、财政、人事、宣战、批准条约、弹劾总统等重要权力，因此可以制约总统权力。而其本身是一个更加四分五裂的机构。从组织结构上看，美国国会被分为众议院和参议院两部分，两者相互并列而又相互牵制。国会的真正权力中心是其内部林立的大小委员会，在2001年开始的第107届国会中，两院共有大小委员会197个。[①] 这些委员会是“国会山上制定政策的中心舞台”，“是政治神经末梢、情况汇集处、方案筛选器、立法细节提炼场”。[②] 从人员结构上看，美国政党的组织特征使政党不能用严格的党纲、党纪来约束议员的行为，国会议员基本上是各行其是。[③] 而国会议员是由地方选举产生的，他们在任内中的表现直接影响他们在下一次选举中的筹款和选票，因此为了保证自己连任，议员们必须千方百计地为公众谋福利。此外，还有被称为“幕后议员”的国会工作人员和议员助手。据统计，2001年国会参众议院共有16030名助理人员，平均每一个议员身边围着30个助手。[④] 这些人帮助议员和委员会收集信息、分析情况、提出方案。在公共政策日益复杂化、专业化的今天，这些幕僚几乎成为国会“真正的统治者”。

总统和国会是影响和决定美国对外贸易政策的主要部门。这两

---

① John Chwat, “The Impact of the US Congress in the Development of US Foreign and Military Policy: A Review of 2002 and a Look Ahead to 2003,” Lecture paper at the Chinese Academy of Social Sciences, Institute of American Studies, Beijing, China, July 4, 2002.

② 孙哲：《左右未来：美国国会的制度创新和决策行为》，第213页。

③ 张立平：《美国政党与选举政治》，北京：中国社会科学出版社，2002年版，第53—56页。

④ John Chwat, “The Impact of the US Congress in the Development of US Foreign and Military Policy: A Review of 2002 and a Look Ahead to 2003”.

个部门之间的相互制衡，加上各自的制度结构和组织特征，决定了美国对外贸易决策过程的开放性和广泛性。杰里尔·A. 罗赛蒂（Jerel A. Rosati）认为，美国“对外政策的真髓”是决策过程的政治性。[①] 政治性意味着对外贸易政策的制定是一个“谁得到什么，何时以及如何得到”的过程，其中多元化的观念、利益和行为者都有机会参与并施加自己的影响力。

罗杰·希尔斯曼等人还认为：“制定政策是政治”。他们实际上提出了关于对外贸易决策的多元主义政治模式，其基本假定是：第一，范围广泛的各色人等都能参与政府决策，其中不仅有总统、国家安全委员会、国务院、五角大楼等行政官员，还有国会议员及其助手们、利益集团、学者、新闻界、热心公众和广大选民。第二，无论是个人还是组织，每个参与者都在行使权力，尽管权力大小不同。第三，每个权力中心，无论是个人还是组织，都有不同的动机和目标。第四，由于各种权力中心有着不同目标，而且对于达到目标的各种可供选择的手段以及效应和代价如何也有自己的判断，政策上的冲突和斗争由此而生。[②]

罗伯特·帕特南（Robert D. Putnam）提出的“双层博弈”理论实际上也包含了多元主义政治的要素。他认为：“很多国际谈判中的政治”是在“两张桌子”上进行的。[③] 在一张桌子上，政治家和外交官以国家利益的名义竭尽全力地与其他国家讨价还价。在另一张桌子周围，挤满了国内利益集团，它们为了自己的利益向政府施加压力，政治家为了巩固自己的地位也有意地与某些利益集团结成联

---

① 杰里尔·A. 罗赛蒂：《美国对外政策的政治学》（周启朋等译），第 3 页。

② 罗杰·希尔斯曼等著：《防务与外交决策中的政治》，第 116、120—123 页。

③ Robert D. Putnam, “Diplomacy and Domestic Politics: the Logic of Two - Level Games,” Charles Lipson & Benjamin J. Cohen eds., *Theory and Structure in International Political Economy*, Cambridge (Massachusetts and London, England: the MIT Press, 1999), p. 354.

盟。帕特南把国内各利益集团支持国际协议的程度称为“赢面”（win - sets）。[①] 帕特南认为，“赢面”大小取决于三方面的因素。第一，国内各集团的权力、偏好分布以及可能形成的联盟关系。第二，国内政治制度以及“国家能力”和“国家的自主性”。第三，政治家的才能和谈判策略。国内政治中的“赢面”是多元利益集团之间相互博弈的结果，利益集团为了获取对自己有力的国际协议，就必须采取多种手段动员自己的力量，表达自己的意图。

第二节　利益集团政治战略及其影响

20 世纪 60 年代以来，由于美国国内政治环境的变化，利益集团的政治活动和政治影响呈现急剧上升的趋势。同其他利益集团一样，利益集团常用的政治战略有四种：直接游说、间接游说、草根游说和政治行动委员会。相比较而言，利益集团更愿意选择直接游说作为自己的政治战略。由于利益集团所在行业不同、问题领域不同、竞争的环境不同，人们很难对利益集团政治影响力做出统一的判断和衡量。

一、利益集团的政治战略

在表达自身利益，影响政策制定的过程中，利益集团常用的政治战略有四种：直接游说、间接游说、草根游说和政治行动委员会。这四种政治战略各有其优点和弊端，利益集团根据问题的性质和政

① Robert D. Putnam，“Diplomacy and Domestic Politics：the Logic of Two - Level Games，” p. 357.

治形势选择其中的一种或几种战略展开政治行动。实证研究发现，相比较而言，利益集团更愿意选择直接游说作为自己的政治战略。

（一）直接游说

直接游说是利益集团所采用的最为传统和古老的政治战略，但也是最为有效和常用的政治战略。所谓游说，就是公民或利益集团向决策者传递信息或观点，并以此影响特定政策的活动。① 而直接游说就是指公民、利益集团代表本人或委托专业游说人员通过面对面的方式与决策者发生接触，传递信息、表达观点、施加影响的活动。同其他形式的游说活动相比，直接游说具有简单、保密、廉价等特点。尤其关键的是，这种面对面的沟通避免了信息在传递过程可能发生的耗散、扭曲和误读，保证了游说的质量。在直接游说活动中采用的主要方式有：登门拜访政府官员或国会议员、在政策听政会上发言、向决策部门递送材料等等。

当然，并不是随便哪个人都可以跑到白宫或国会山去找总统、部长或议员反映情况的，政治家、政府官员和议员们都是日理万机的大忙人，他们可不一定有时间陪你“闲聊”。另外，国会大厦和政府大楼里有几百位议员和成千上万名工作人员，每个人负责不同的事务，当你需要解决什么问题的时候，你必须知道该去什么地方、敲哪个门、找什么人。因此，直接游说作为一项有效的政治战略是以微妙的人际关系为基础的。一位资深的国会游说人士用三个词来概括直接游说的关键要素：关系（Connections）、信（Trust）、关系网（Relationship Network）。他指出，成功的游说人士应该具备以下几项素质：

（1）信用/可靠性/诚意；

① Lester Milbrath, *The Washington Lobbyists* (Chicago: Rand McNally, 1963), p. 8.

（2）门路：找对人；面对面会谈；友谊/关系；

（3）时机：知道什么时候上门；知道程序；

（4）经验和知识：知道国会喜好什么；起草声明、法案、讲话、新闻稿以及听政会的证词；提供信息和材料；选择助手和伙伴；

（5）为自己的立场发展新的盟友；

（6）协调；

（7）草根/草尖[①]。

这位资深的游说人士把他的经验概括为中国人非常熟悉的一句话："多一个关系，多一条路。"利益集团的老板们自然深谙此道，他们争相用重金聘请退休的政治家，用这些退休政客在政府或国会工作期间积累的经验和关系网为公司游说。

（二）间接游说

间接游说是一种迂回的政治战略，它不与决策者发生面对面的接触，而通过广告、宣传、公众舆论、群众示威等手段向决策者发送信息。间接游说在更大程度上是一个公开的信息传递的过程，这些信息不仅针对决策者，而且也面向公众，并试图通过吸引群众的注意来强化对决策者的影响。由于其公开性，间接游说的信息有可能被歪曲和篡改，也可能引起对立集团的反应，所以风险比较大，成本也比较高。但是，秘密的直接游说经常涉及道德和法律方面的风险，尤其是大公司与政府之间的"钱权交易"历来受美国民众的憎恶。为了树立良好的公众形象，争取公众的支持，广泛和公开的间接游说成为利益集团经常采用的政治战略。常见的间接游说手段有：政治结盟、动议和公决、示威和游行以及媒体宣传。在上述手段中，利益集团最常用的是媒体宣传，有时候也采取政治结盟的方式。

---

① John Chwat. "草根/草尖"，指的是游说活动需要一定的群众基础和上层关系网。

在地方报纸上做一次广告大约需要几百美元，而在《纽约时报》、《华盛顿邮报》、《时代》、《新闻周刊》之类的全国性报刊上做一次广告至少需要几千美元。电视媒体上的广告费用就更加惊人了，黄金时段每秒钟都在上万美元。因此，通过媒体宣传进行的间接游说是十分昂贵的，没有一定财力做基础的利益集团是负担不起的。根据其目的，利益集团的媒体宣传大致可以分为三种类型：第一，树立良好公众形象。这类的宣传没有明确的目的，而旨在通过长期的舆论影响塑造良好的公众形象，以便在需要的时候获得对自己有利的舆论环境。第二，进攻性媒体宣传。这类的宣传具有明确的目的，在宣传中不仅开宗明义地表达自己的政策目标，而且指名道姓地支持或攻击某位政治家。第三，防御性媒体宣传。这是利益集团在自身形象和利益遭到攻击的情况下进行的媒体游说活动，有时候是为了挽回声誉损失，有时是为了阻止国会或行政当局通过对自己不利的法案或政策。①

所谓"团结和数量就是力量"，为了壮大自己的声势，利益集团也会采取政治结盟的手段进行间接游说。有时候，这种结盟是对对手阵营的一种反应，例如，1978 年 500 家大公司和工商业协会组成了劳工改革法案全国行动委员会，以抵制劳联—产联发起的劳工改革法案。有时候，结盟是为了争取共同的利益，例如，1993—1994 年，为了推动电信改革法案，贝尔电话公司、哥伦比亚广播公司、福克斯、时代—华纳集团、报业协会等 200 家公司和行业协会组成了两个规模巨大的游说同盟。在大多数情况下，这种政治结盟都是临时性，根据形势和问题的性质而定。

（三）草根游说

草根游说指的是普通公民通过信函、电话、传真、电子邮件等

① Ronald J. Hrebenar, *Interest Group Politics in America* (Armonk, New York: M. E. Sharpe, Inc., 1997), pp. 120 - 127.

手段比较广泛和集中地向决策者表达政治意愿的行为。在一个民主社会中，任何公民都有权发表自己的政治意见和看法并影响政策的制定，但从理论上讲，他们表达的是自己的独立的意愿，不应该受政治组织的影响和操纵。“自然是成功的草根游说行动的关键概念”，成千上万的民众自发地、无组织地拿起了笔和电话将自己的观点传达给决策者。[①] 然而在现实中，自发的、自然的草根游说根本不可能发生，这种大规模的群众运动必然有某些政治力量在背后进行运作、组织和发动。有组织的草根游说被称为“草皮游说”，当然，为了使游说行动更有说服力，这些“草皮”总是尽量假装成草根。

草根游说在国会众议院的游说活动中特别有效，这是因为众议院议员的选区都比较小，只要把选区里的民众发动起来就可能对他们的投票行为构成重大影响。根据对象不同，草根游说大致有三种类型：一是“扫射”，即动员群众向国会发动覆盖性的攻击，每一个国会议员都会收到成千上万封群众来信，所有的来信都众口一词地表达同一个意见。例如，1983 年国会在考虑银行税收方面提出新要求的时候，遭到了银行业发动的草根“扫射”，2200 万封书信、明信片如雪崩一般涌入国会，很多议员不得不改变自己原来的立场。二是“点射”，即针对某一位或几位关键人物的密集攻击。有针对性地把游说目标集中在关键性议员的身上，能够收到事半功倍的效果。根据美国国会的立法程序，大多数法案首先需要通过国会委员会的讨论，游说者只要成功地影响委员会当中的 10—15 个议员就足以把法案搁置，而无需费力又费钱地游说 100 个参议员或 435 个众议员。三是“弹药”，即为直接游说提供火力支援。可以想象，如果一个说客的公文包里装满了群众来信，他同议员会谈时的底气一定会更加充足。

① Ronald J. Hrebenar，*Interest Group Politics in America*，p. 157.

（四）政治行动委员会

所谓政治行动委员会（Political Action Committees，PACs）就是在选举中代表利益集团筹集并向候选人及政党捐助竞选经费的组织。政治行动委员会是20世纪美国政治生活中出现的一个独特现象，是美国“金钱政治”的表现，也是利益集团及其它利益集团常用的政治工具之一。政治行动委员会兴起是美国70年代选举经费改革的产物，这一改革严格限制了个人对候选人的捐款，但对政治行动委员会的捐款没有上限。相关的法令还承认了政治行动委员会的合法地位。这项改革在结束了以个人捐款为主的“肥猫”政治的同时，催生了以利益集团为主角的PACs政治。从1974年到1998年，美国政治行动委员会的数量从608个增加到4200个，对国会选举的捐款数从1250万美元增加到2.07亿美元。[①]

最早的政治行动委员会是资本家的对立阶级——产业工人建立的。1943年7月，由于《史密斯—康纳利法》禁止工会组织进行竞选捐赠，美国产业工人联合会成立了一个名为“美国产业工人联合会政治行动委员会”的组织。次年，产业工人联合会又建立了“全国公民政治行动委员会”，以争取工人以外的进步人士的捐款。这些行动委员会在性质上不属于工会组织，因而回避了法律对捐赠行为的限制。[②] 由于70年代的选举经费改革，公司开始大量组建政治行动委员会。目前，除了公司之外，劳工组织、行业协会、农业利益集团、公益组织等各种利益集团都建有自己的政治行动委员会。（见表7－2）

---

① 关于美国选举经费的改革及其对政治行动委员会的影响，参见张立平：《美国政党与选举政治》，第190—210、213—215页。

② Larry J. Sabato, *PAC Power: Inside the World of Political Action Committees* (New York: W. W. Norton & Company, 1985), p. 5.

表 7－2　2000 年美国各类政治行动委员会对国会竞选的捐赠

政治行动委员的类别	政治行动委员会的数量	捐款总额（美元）
公司政治行动委员会	1365	91524699
劳工组织政治行动委员会	236	51573364
非联系组织政治行动委员会	670	37297383
贸易/成员/健康组织行动委员会	662	71802756
合作组织政治行动委员会	37	2360236
无股份公司政治行动委员会	94	5270336

数据来源：美国联邦选举委员会①。

政治行动委员会的捐款与国会议员的投票行为之间关系一直是人们关注的焦点。人们通常的看法认为政治行动委员会作用是“用金钱买投票”，但是政治学家的研究发现政治捐款与议员的投票行为之间并不存在紧密的关联性。例如，1980 年 38 位接受了汽车制造商政治捐赠的议员在相关的法案上投了反对票，而其中 18 位在 1982 年的选举仍然获得了汽车制造商的捐赠。这是因为，政治行动委员会的捐赠并不能直接决定议员的选举，决定议员能否当选的是选民的选票，而不是金钱。除了少数意识形态色彩很强的政治行动委员会之外，大多数政治行动委员会的捐赠都向现任议员倾斜，因为现任议员的连任机率比较高。2000 年国会竞选中，现任竞选人获得的捐赠占总额的 75%，而挑战者以及空缺席位的竞争者只获得了 11% 和 14% 的捐赠。②

美国政治行动委员会专家拉里·萨巴托指出，政治行动委员会的捐款与其说是为了“买投票”（buying votes），不如说是为了“买门路”（buying access）。③ 利益集团通过政治行动委员会的捐款获得

① 转引自谭融：《美国利益集团政治研究》，北京：中国社会科学出版社，2002 年版，第 165 页。

② 谭融：《美国利益集团政治研究》，第 168 页。

③ Larry J. Sabato，p. 126.

了与国会议员接触并展开游说的机会。有人曾经做过这样的计算，根据2000年国会选举的平均费用，一位参议员如果要连任的话必须筹集2192777美元，也就是说在他的任期内平均每个月要筹集182734美元，每周要42168美元，每天要6024美元；一位众议员的当选的平均费用是435507美元，平均起来每月36292美元，每周8375美元，每天1193美元。[①] 如此巨大的费用和沉重的负担，使得每一位国会议员都无法拒绝来自政治行动委员会的会谈请求。因此，作为利益集团的一项政治战略，政治行动委员会主要扮演了“敲门砖”的作用。正如一位游说专家所言：政客们“都是好东西，不过如果带点钱的话他们会更好地听你（游说）”。[②]

二、利益集团政治战略的特点

在利益集团政治战略的选择方面，美国政治学家格雷汉姆·威尔逊进行的实证研究具有很好的参考价值。这项研究向名列《财富》500强或服务业500强的210家大企业发放调查问卷，并获得了超过50%的回馈率。威尔逊的问卷列出了7项美国公司常用的政治战略：（1）在华盛顿设立游说办事处；（2）委托华盛顿的律师事务所作为公司的代表；（3）雇用政治咨询公司；（4）依靠企业所在行业的同业公会；（5）加入大型商业组织，如企业圆桌会议（Business Roundtable）、美国商会（Chamber of Commerce）、全国制造商协会（National Association of Manufacturers）；（6）寻求企业所在地议员的帮助；（7）建立政治行动委员会。[③] 调查结果表明：首先，除了少数例外，美国大公司几乎建立了政治行动委员会，加入同业公会和

---

① John Chwat.

② Larry J. Sabato, p. 122.

③ Graham K. Wilson, “Corporate Political Strategies,” *British Journal of Political Science*, Vol. 20, No. 2 (April 1990), pp. 281 - 288.

美国商会。其次，60%—70%以上的大公司都在华盛顿设有游说办事处，或者成为企业圆桌会议和全国制造商协会的成员。最后，大公司似乎不太需要或愿意委托专业游说机构来代表自己的利益，只有不到一半的公司经常雇用律师事务所，而雇用政治咨询公司的比例更小，只有1/4左右。（见表7-3）

表7-3　美国公司常用的政治战略

	%
拥有华盛顿办事处	69.6
委托律师事务所（每6个月超过一次）	49.0
雇用政治咨询公司（每6个月超过一次）	25.9
加入企业圆桌会议	60.7
加入全国制造商协会	77.7
加入美国商会	86.6
建立政治行动委员会	84.8
加入相关行业的同业公会	100.0

威尔逊在调查中请大公司的管理人员对各项政治战略的重要性进行评估。（见表7-4）这一深入调查发现，大公司最为重视的两项政治战略是寻求企业所在地议员的帮助和在华盛顿设立办事处。虽然大公司几乎都参加了美国商会、全国制造商协会、企业圆桌会议等大型的商业组织，但这些组织的受重视程度却很低。同业公会的重要性获得了相当高的认同，大公司都愿意加入同业公会，但并不积极参加同业公会的活动。[①] 由此可见，政治组织的规模越大，其受重视的程度越低。很多大公司参加这些组织的目的并不是直接为自己的政治游说服务，而在很大程度上是一种荣誉的表现。此外，同前面的调查结果一致，律师和咨询机构的地位都不受重视。

① Graham K. Wilson, p. 284.

表7－4 大公司对政治战略重要性的评估

	重要性排序（%）					
	1	2	3	4	5	总计
寻求企业所在地议员的帮助（n＝104）	0	1.0	5.9	13.7	79.4	100.0
同业公会（n＝104）	1.0	8.7	29.8	32.7	27.9	100.1
大型商业组织（n＝104）	8.7	13.5	43.3	26.9	7.7	100.1
华盛顿的律师事务所（n＝98）	17.3	14.3	26.5	23.5	18.4	100.0
政治咨询公司（n＝85）	36.5	15.3	12.9	18.8	16.5	100.0
华盛顿办事处（n＝85）	0	8.2	1.2	12.9	77.6	99.9

注：a. 重要性排序：1代表不重要，3代表比较重要，5代表非常重要；

b. 由于计算误差，总计不一定等于100%；

c. （n＝）代表采用本项战略的公司数目，有的公司没有采用就无法做出评估。

威尔逊的调查清楚地表明，利益集团更愿意通过直接游说的战略来传达自己的意愿、维护自己的利益。这一倾向可以从三方面得到解释：首先，曼库尔·奥尔森指出的“集体行动的逻辑”从利益集团的政治战略倾向中得到了验证。这一逻辑的基本结论是：由于存在不可避免的“搭便车”行为，“除非一个集团中人数很少，或者除非存在强制或其他特殊手段以使个人按照他们的共同利益行事，有理性的、寻求自我利益的个人不会采取行动以实现他们的共同或集体利益”。[①] 因此，利益集团更愿意通过单独的行为，而不是集体的行动来实现自己的政治目标。其次，利益集团可以充分利用其具有的政治资源，不需要通过律师和政治咨询公司来代理自己的政治利益。利益集团通常都设有自己的政治行动委员会和华盛顿办事处，它们传统上与政府部门存在密切的沟通和联系渠道，这些政治资源大大增强了利益集团的直接游说能力。最后，利益集团对直接游说的偏爱也反映出了它们力图使政治市场“内部化”的倾向。利用“内部化”理论的解释，直接游说的优势十分明显，它免除了中间环

① 曼库尔·奥尔森：《集体行动的逻辑》，第2页。

节的成本，降低了信息泄露的风险，同时也使信息的传递更加准确和可靠。

第三节　多元主义民主：美国贸易政治过程的理论基础

自由和民主构成了当代美国意识形态和政治制度的两块基石。所谓“自由”，就是个人自由、个人权利、个人选择和个人价值，个体的性质决定集体的性质。[①] 所谓“民主”，根据《中国大百科全书·政治学》的界定，是指：“以多数人的意志为政权的基础，承认全体公民自由、平等的统治形式和国家形态”，从词源上看，英文democracy 的基本含义是“人民的权力”、“人民的政权”或“人民进行统治、治理”。[②] 自由和民主这两种价值观实际存在着辨证统一的关系，两者相互包容，同时也存在着对立和矛盾性，因为如果民主体现为少数服从多数的统治的话，那么少数人的权利和自由就不能得到保障，就会产生“多数专政”甚至“多数暴政”的现象。这一矛盾实际困扰了西方政治思想家很多年，以卢梭为代表的“人民主权”理论强调多数人的民主，而以孟德斯鸠和联邦党人为代表的“三权分立”理论则强调保护个人自由，这两大理论主导了自启蒙运动以来西方关于民主问题的争论。

“人民主权”理论，正如其倡导者卢梭所言，把人民的意志称为“公意”。公意高于一切意志，永远以公正和公共利益为归依：“我

① 李强：《自由主义》，北京：中国社会科学出版社，1998 年版，第 143—144 页。

② 《中国大百科全书·政治学》，北京：中国大百科全书出版社，1992 年版，第 251 页。

们每个人都以其自身及其全部的力量共同置于公意的最高指导之下，”受公意的约束。公意体现为多数人的统治：“投票的大多数是永远可以约束其它一切人的”，如果有人拒不服从公意和人民的主权，“全体就要迫使他服从”。[①] 由此产生的两个推论是：首先，既然权力已经掌握在人民手中，就没有必要采取措施限制这种权力，因为民主会自动阻止对权力的专断和滥用；其次，全体人民的主权和公意是一个不可分割的整体，让人民来反对人民，这在逻辑上是矛盾的，因此分权学说简直就是一种“江湖幻术”。

实际上，“人民主权”和多数人统治的民主理论隐含着一系列的前提假设：第一，集体的智慧高于个人智慧。例如古希腊哲学家亚里士多德认为：“就多数而论，其中每一个别的人常常是无善足述；但当他们合而为一个集体时，却往往可能超过少数贤良的智能。”[②] 因此，亚里士多德认为由多数人控制的“平民政体”优于少数人统治的“寡头政体”。第二，正义在多数人一边。当代美国著名哲学家罗尔斯把正义分为实质正义、形式正义和程序正义三大类，其中程序正义要求在规则制定和适用过程中适用正当的程序。由于在政治事务中不可能获得完善的程序正义，因此立宪过程必须依赖某种形式的投票。尽管多数人可能由于缺乏知识和判断力，或者由于偏狭和自私而犯错误，但是要支持一种正义宪法，某种多数裁决规则在实践中是必不可少的，因为它是保证正义的最佳的、最可行的方法。[③] 第三，多数规则是简单可行的民主规则。多数裁定规则既能防止少数人代表整体行动，也能防止少数人阻碍整体行动，因此集效

① 卢梭：《社会契约论》（何兆武译），北京：商务印书馆，1994 年版，第 24—39 页。

② 亚里士多德：《政治学》（吴寿彭译），北京：商务印书馆，1995 年版，第 143 页。

③ 约翰·罗尔斯：《正义论》（何怀荣译），北京：中国社会科学出版社，1988 年版，第 342—343 页。

率和保护作用于一体，使民主变得具有可行性。启蒙思想家洛克也认为：在达成社会契约的时候，“当每个人和其它人同意建立一个由一个政府统辖的国家的时候，他使自己对这个社会的每一成员负有服从大多数的决定和取决于大多数的义务”。[①]

主张“三权分立”的思想家在原则上不否认由人民来统治的民主原则，但是他们认为人民作为一个集体概念在现实中是不存在的。现实政治是由个体的人来运作的，而人性在本质上是不可靠的。例如，麦迪逊就认为：“如果人都是天使，就不需要任何政府了。如果天使统治人，就不需要对政府有任何外来的或内在的控制了。”[②] 正因为人不是天使，所以孟德斯鸠认为：“一切有权力的人都容易滥用权力，这是万古不易的一条经验。说也奇怪，即使品德本身也是需要界限的！”[③] 汉密尔顿的看法更加直截了当：“立法、行政和司法权置于同一人手中，无论是一个人、少数人或许多人，均可公正地断定是虐政。”[④]

孟德斯鸠和联邦党人所谓的“滥用权力”，就是担心个人的权利和自由被政府侵犯甚至剥夺。无论这个政府是代表多数人的，还是代表少数人的，政治权力都不能侵犯个人的自由和“私域”。为了防止权力被滥用，“三权分立”理论的思想家们主张通过制度的设计，用权力来制约权力，“运用相互对抗的野心或者相互冲突的利益，通

① 洛克：《政府论》（下册，翟菊农、叶启芳译），北京：商务印书馆，1997 年版，第 59—60 页。

② 汉密尔顿等：《联邦党人文集》（程逢如等译），北京：商务印书馆，1995 年版，第 261 页。

③ 孟德斯鸠：《论法的精神》上册，张雁深译，北京：商务印书馆，1997 年版，第 154 页。

④ 汉密尔顿等：《联邦党人文集》，程逢如等译，北京：商务印书馆，1980 年版，第 47 页。

过把个人利益与其立宪权力相适应来实现”。[①] 孟德斯鸠提出了把国家的权力分为立法权、行政权和司法权并使它们相互制衡的思想。这一思想得到了美国国父们的认同，并成为美国政治制度设计的基本框架。

杰斐逊主张邦联制，他认为，政治体系中权力的自我膨胀是产生暴政、毁灭人权、瓦解共和的主要原因，因此国家的立法、行政和司法三权应该彼此独立，不能集中在一个人或主体的手中。此外，权力必须受到制约，由于宪法赋予总统很大的行政权力，最容易产生暴政和独裁，因此必须限制总统的任期不能超过两届；立法权虽然由多数人行使，但如果不加限制，“173 个暴君肯定会和一个暴君一样，富于压迫性”；[②] 甚至司法部门也会扩张权力，干涉其他部门，导致寡头统治。杰斐逊还主张地方层层分权，以松散的邦联结构防止权力集中、政府腐化和庞大的官僚体制，保护人民的参政、议政和自治的权力。

杰斐逊关于邦联制的主张遭到了汉密尔顿等联邦党人的反对，他们主张建立中央集权的联邦体制，不过这些联邦党人在三权分立、权力制衡的基本思想方面同杰斐逊是一致的。汉密尔顿认为，为了保持三权的相对独立，在人员的产生方法上应当以选举为主、任命为辅、工资法定，并赋予各部门必要的自我防御手段。同时，三权之间必须相互牵制，例如，总统利用提案权和否决权牵制国会；国会利用弹劾权监督总统；最高法院利用违宪审查权监督国会和行政部门；总统和国会联合行使最高法院法官的任命权；等等。汉密尔顿的另一个主张是：由于三权当中立法权最强，因此国会应分为参议院和众议院，通过两院制内部的制衡约束立法权的膨胀。

---

① 孟德斯鸠：《论法的精神》上册，张雁深译，北京：商务印书馆，1997 年版，第 157 页。

② 托马斯·杰斐逊：《杰斐逊选集》（朱曾文译），北京：商务印书馆，1999 年版，第 229 页。

联邦党人中最受推崇的思想家当属詹姆斯·麦迪逊，他除了提出“野心必须用野心来对抗”[①] 的著名论断之外，还看到了政治体系之外的多元社会集团因素对民主的影响。他把社会公众受共同利益和观念驱使，以多元集团的方式对政治施加影响的活动称为“党争”，这个概念既包括了后来的政党政治，也包括了利益集团政治。麦迪逊指出：“党争就是一些公民……团结在一起，被某种共同的情感或利益所驱使，反对其它公民的权利，或者反对社会的永久的和集体的利益。”“造成党争的最普遍而持久的原因，是财产分配的不同和不平等。有产者和无产者在社会上总会形成不同的利益集团。”[②]

麦迪逊对党争的态度在整体上是贬义的，但是他很清醒地认识到：“党争的原因不能排除，只有用控制其结果的原则来求得解决”，因为党争是公民自由权利的必然表现和产物，“自由于党争，如同空气于火，是一种离开它就会立刻窒息的养料。但是因为自由会助长党争而废除政治生活中不可缺少的自由，这同因为空气给火以破坏力而希望消灭动物生命必不可少的空气是同样的愚蠢”。[③] 因此，他主张用宪政设计的手段，通过间接民主和共和政体的结构消弭党争的弊端：“管理这各种各样、又互不相容的利益集团，是现代立法的主要任务，并且把党派精神和党争带入政府的必要的和日常活动中去。”[④]

麦迪逊利用宪政手段管理和控制党争的设计主要包括两个层次：

---

① 汉密尔顿等：《联邦党人文集》，第 264 页。

② 同上书，第 46 页。

③ 同上书，第 48 页。

④ 汉密尔顿等：《联邦党人文集》，第 46 页。国内有学者指出，《联邦党人文集》中译本的翻译存在一些问题，例如这句话更妥帖的译法应为“管理这各种各样、又互不相容的利益集团，不仅成为现代立法的主要任务，而且意味着要把党派精神和党争纳入政府必要的日常活动中去”。参见夏立安、万尚庆：《美国宪政体制稳定的第一基石：麦迪逊的社会利益多元体制论》，载《湖北大学学报》（哲学社会科学版）1997 年第 5 期，第 78 页。

第一，“如果党争包括的人不是多数，可用共和政体的原则来求得解决，这就是多数人用正规投票的方法来击败其阴险的企图”。[1] 麦迪逊实际上并不担忧这种少数人的党争，它充其量只能妨碍行政、震撼社会，但绝对不会在宪政的形式下出现暴政。麦迪逊真正担忧的是第二个层次上的党争，即多数派为牟取私利而结成集团，从而造成损害公益和压迫少数派的前景。对此，他认为：“只能用两种方法当中的一个。要么必须防止大多数人同时存在同样的情感和利益，要么必须使具有同样情感和利益的大多数人出于人数和当地情况的限制而不能同心协力实现损害他人的阴谋。”[2] 他开出的药方实际上是一帖合复剂：一方面他主张建立国土更加辽阔、公民更加众多的联邦国家，因为共和政府管理的范围越大、人口越多，公民的利益也就越分化、越广泛、越多样化，这样就不可能存在多数人的宗派；另一方面他强调外部制约，也就是通过分权制衡的方式防止权力过分地向某个部门或个人集中。

麦迪逊在《联邦党人文集》第10篇中的论述触及到了当代民主理论的一个重要方面，即民主政治的社会环境问题。任何一种政治制度都是与其生存的社会环境密切互动的，借用制度经济学的概念分析，所谓制度就是“由人制定的规则”，其目的是为了“创立起一定程度的秩序，将人类的行为导入可合理预期的轨道”。[3] 人类社会中有很多制度在规范人的行为，有的是人为创造的、由法律手段强加给社会的“外在制度”，民主制度就是其中的一种；还有的是在人际交往中自发形成和演进的、不成文的“内在制度”，如社会的文化习俗、道德伦理、生活习惯、潜规则等等。从本源上看，外在制度只有在符合内在制度的基本规则的前提才能真正发挥作用，事实

① 汉密尔顿等：《联邦党人文集》，第48页。

② 同上书，第48—49页。

③ 柯武刚、史漫飞：《制度经济学：社会秩序与公共政策》（韩朝华译），北京：商务印书馆，2003年版，第32页。

上很多外在制度只是内在制度的成文化形式而已。

在揭示美国民主的社会环境因素方面，托克维尔是最杰出的先驱。他的《论美国的民主》一书最具启发性的价值就在于揭示了独立的公民社会对于民主制度建设的重要意义。托克维尔认为，美国民主所依赖的三权分立的制度结构是绝对必要的，但仅此不足以保障美国人民既享受民主，又拥有自由。促进美国自由民主的一个关键因素在于，美国是一个由各种独立的、自主的社团组成的多元的社会，有着特殊的民情和自治传统，可以对民主制度构成“社会的制衡”。“世界上只有一个国家能使人们每天行使政治结社的无限自由。在世界上，也只有这个国家能使公民想到在社会生活中不断行使结社权，并由此得到文明所能够提供的一切好处”，“美国是世界上最便于组党结社和把这一强大行动手段用于多种多样目的国家。”[①]

托克维尔认为，结社自由是反对多数专政的“一项必要保障”：“处于少数地位的美国公民之所以结社，首先是为了现实自己的力量和削弱多数的道义力量；其次是为联合起来进行竞争，从而找出最适于感动多数的论据……”[②] 托克维尔对美国民主的观察得到了其同时代很多思想家的认同，例如黑格尔认为：美国没有国家，没有统一的民族意志反映的政治秩序，只有个体的自我利益和他们追求自由的热情，而多数欧洲民族的情况则是由国家治理社会。[③] 从麦迪逊到托克维尔，这些早期思想家们的著作直接启发了20世纪的美国多元主义民主理论。

20世纪美国多元主义民主理论的深化是同对利益集团在民主政治中作用的认识密切相关。在这一方面，阿瑟·本特利（Arthur Bentley）的研究提供了最初的贡献。1908年，本特利发表了《政府

① 托克维尔：《论美国的民主》（董果良译）北京：商务印书馆，1996年版，第645、213页。

② 托克维尔：《论美国的民主》，第216、218页。

③ 转引自李强：《自由主义》，北京：中国社会科学出版社，1998年版，第7页。

过程》一书，把社会中的多元利益集团看成政治的“原材料”：社会是集团复杂的组合，政府行为是利益集团作用的结果。[①] 本特利的研究是一种经验主义的研究，但在他的观察中看到了美国政治的多元主义现象。

大约半个世纪之后，另一位著名政治学家戴维·杜鲁门（David B. Truman）继承了本特利的观点和方法，并将其追溯到麦迪逊的早期思想。与本特利一样，杜鲁门也肯定了多元利益集团对美国民主的积极意义，但他的侧重点是利益集团的产生。他认为：“在任何复杂的社会中，个人较少直接受到社会整体的影响，而较多地不同程度地受到社会各个部分或集团的影响”，“通过集团，人们去了解、解释他们存在于其中的社会，并对社会做出反应”。因此，他的结论是：正式的利益集团是作为一种调整集团内部成员间关系和调整与其他利益集团间关系的工具出现的。[②] 杜鲁门把研究的焦点集中在利益集团的内部，当我们把他的视角掉转过来之后就会发现，社会就是一幅由众多集团组成的多元化的拼图。

只是到了罗伯特·达尔那里，多元民主理论才得到了完善。达尔在这方面的工作是以分析多元政体和多重少数人统治为开端的，而多元政体和多重少数人统治的基础是多元利益集团。因此，他的多元民主理论同本特利和杜鲁门的研究是一脉相承的。

作为当代美国政治学界公认的大师级理论家，达尔的论著甚丰，而且时间的跨度长达半个多世纪。达尔在其学术生涯的前期侧重经验主义的研究，他的《谁统治》就是一部对耶鲁大学所在的纽黑文市（New Heaven）的实证研究，他发现纽黑文的地方政治并不是在正式的制度结构中运行的，真正的统治者是不同社会阶层和人群组

---

① 谭融：《美国利益集团政治理论综述》，载《天津大学学报》（社会科学版），第3卷第1期，2001年3月，第8页。

② 谭融：《美国利益集团政治理论综述》，第9页。

成的利益集团。[①] 达尔后期的研究更多地侧重于规范主义，探讨民主的价值及其实现方式，其思想观点也相应地有所变化和发展，逐渐地接受了左翼社会民主主义的经济分析方法，并提出了“经济秩序民主化”的新多元主义思想。[②]

罗伯特·达尔的多元主义民主思想主要体现在《民主理论的前言》(*A Preface to Democratic Theory*)、《多元主义民主的困境》(*Dilemmas of Pluralist Democracy*) 两部著作当中。这两本书的篇幅都不大，但都已经成为美国政治学专业学生必读的经典著作，他本人也因此奠定了其在当代民主理论方面的卓越地位。另一位美国著名政治理论家白鲁恂 (Lucian W. Pye) 是这样评论的：“当达尔谈起民主时，每个人都应洗耳恭听。”[③]

《民主理论的前言》最初发表于1956年，正如其书名所显示的那样，这是一部引导学者探究达尔的多元主义民主理论的“前言”和“导论”。他在这部只有200多页的小书中用了很大的篇幅对民主的两大理论，即“人民主权”理论和“三权分立”理论，进行了辩驳。达尔把前者称为“平民主义民主理论”，把后者称为“麦迪逊式民主理论”。达尔认为“平民主义民主理论不是一个经验体系。它包含的只是若干伦理预设之间的逻辑关系。关于现实世界，它没有告诉我们任何东西”。[④] 这个论断说明他在原则上同意麦迪逊和联邦

---

① Robert A. Dahl, *Who Governs? Democracy and Power in the City New Heaven* (New Heaven: Yale University Press, 1961).

② 达尔的新多元主义思想体现在他后期发表的著作：*A Preface to Economic Democracy* (Berkeley and Los Angeles: University of California Press, 1985); *Democracy, Liberty, and Equality* (Norway: Norwegian University Press, 1986); *Democracy and Its Critics* (New Heaven: Yale University Press, 1989).

③ 转引自顾昕：《以社会制约权力：达尔的多元主义民主理论与公民社会》，此文系达尔：《民主理论的前言》(顾昕、朱丹译)(北京：三联书店，1999年版)的译者后记，第207页。

④ 达尔：《民主理论的前言》，第70页。

党人对民主的理解，不过他同时也指出，麦迪逊关于民主的论证也没有给出令人满意的答案，其主要缺陷是：第一，缺乏逻辑的严密性和说服力，并未证明“领袖之间的相互控制足以阻止暴政”，也不能说明为什么必然要求用宪法来规定“分权的体制”；第二，夸大了宪法作为外部制约的意义，误解了制约或控制行为中的心理现实；第三，夸大了政府内部官员对官员的制约作用，“低估了存在于任何多元社会中的固有的社会制衡的重要性”。[①]

在上述三点批评当中，最重要的是第三点，它开启了达尔关于多元主义民主的论证。达尔认为，麦迪逊对多数人暴政的担心是根本没有必要的，“因为在一个大的、多元的社会中，多数很可能是不稳定的、过渡的，所以他们很可能在政治上没有影响力；这一点奠定了防止他们剥夺少数人仅有的基本保障”。[②] 因此，从经验的角度看，“我们不能根据多数与少数之间的对比，来描述民主社会的实际运作。我们只能区分各种不同类型和大小的群体，它们都在以各种不同的方式试图推进它们的目标，当然常常（至少部分地）以其它群体为代价”。[③] 在现实政治当中，正是一些群体和集团为了自身的利益，持续地对公职人员的产生和任命、对公共政策的制定施加影响。这些集团有效地肢解了社会的公共权力，并且在相互冲突和交易中，形成动态的竞争性均衡格局。这个过程就是多元的民主政治过程。

达尔认为，现实中的民主从来没有出现过多数人通过民主程序实施暴政的情况，而是恰恰相反，民主的真正的问题在于大多数普通民众并不关心政治，比起日常生活中的工作、家庭、健康、朋友、休闲等事务而言，“政治只是生活大戏中的小插曲”。因此，只存在一种情况的暴政，即一些少数人压制另一些少数人。“如果说有什么

① 达尔：《民主理论的前言》，第27—28页。
② 同上书，第39页。
③ 同上书，第180页。

东西能够真正区分民主（或多元政体）与专制，那么在多数人政府与少数人政府的分野中不可能发现这种东西。这种分野越来越接近于少数人的统治与多重少数人统治之间的差别。与专制的政治过程相比较，多元政体的特征大大扩展了少数人的数量、规模和多样性，它们的偏好将影响政府决策的产生。”①

上述这段话中出现了两个关键概念：多元政体（polyarchy）和多重少数人统治，它们构成了达尔多元民主理论的核心。达尔认为理想的民主就是卢梭说的“人民主权”和多数人的统治，但在现实中从未实现过。现实中出现过两种类型的民主，即古希腊城邦的直接民主和现代民族国家的间接民主，两者同理想的民主都有相当的差距。为了避免概念的混乱，达尔把现实世界中接近理想状态的政治制度称为“多元政体”，以区别于理想的“民主”。多元政体的核心就是多重少数人的统治，在制度上表现为以下七个特征：（1）宪法授权当选官员对政府的决策进行控制；（2）被选官员要在经常的、公平进行的选举中接受挑选，在这样的选举中强制是比较少见的；（3）实际上所有的成年人都有权在官员的选举中投票；（4）实际上所有的成年人都有权参加官职的竞选；（5）公民有权就政治事务表示自己的看法，包括对官员、政府、制度、社会经济秩序和流行的意识形态进行批评，而不受严重惩罚的威胁；（6）公民有权寻求任何其他的消息来源，而且这些消息来源同时存在并受法律保护；（7）公民有权建立相对独立的社团或组织，包括独立的政党和利益集团。②

从政治制度的角度看，多元政体实际上包含了五个基本特征：代议制、普选制、言论自由、新闻和出版自由、结社自由。从政治过程的角度看，多元政体的运行主要体现为两个基本参数：政治参

① 达尔：《民主理论的前言》，第183页。

② 达尔：《多元主义民主的困境》（尤正明译），北京：求实出版社，1989年版，第11页。

与和公开竞争。多元政体构成了多元主义民主的制度基础，但达尔认为其本身还不能代表多元主义民主的全部："多元主义或者多元的这一概念指的是一种组织上的多元主义，也就是说，指在一个国家的范围内有一种相对自治的独立的组织（子系统）的多元存在"，"一个国家，如果（1）它在多元政体的意义上是民主的，（2）其重要的组织是相对自治的，那就是一种多元民主的国家"。[①] 由此可见，完整意义上的多元主义民主除了制度上的多元政体之外，还应该有独立的、自治的、平等的组织和集团的存在，并对政治产生作用。

综上所述，多元主义民主指的是这样一种政治形态：由少数人参与的多元集团通过影响法律和政策的制定和管理过程实现对国家的统治。这种政治形态具体表现出以下几个特征：（1）控制政府的不是单一的精英而是多元的集团，这些集团活动的参与者只占人口的一小部分。（2）这些集团在政治上是自主的、独立的，它们的组织和行为资源来自多元化的社会。（3）集团之间的竞争导致了均衡的格局，一个集团的企图会被其他集团的企图所抵消，集团成员的身份也是相互交叉的，从而在整体上维持了系统的稳定。（4）多元政治的系统是开放的、机会均等的，公民既可以自由地加入某个集团，也可以自由地结成新的集团。（5）系统内的集团不断地寻求公众的支持和对政治的影响力。（6）各个集团之间对"游戏的规则"具有一定的共识，只有某种社会共识的存在，民主才不会被多元竞争所毁灭。

达尔认为，对于美国的民主而言，多元集团的存在和多元主义民主的意义和作用是至关重要的。首先，多元主义民主有助于防止政府通过等级结构对公民实行单项控制。国家是现代社会中最为强大的政治机器，它居于社会政治的顶端、占有巨大的资源并通过其

① 达尔：《民主理论的前言》，第4页。

内部严密的等级结构对社会实施统治。如果没有独立的社会集团的存在和抗衡，国家机器很容易自我膨胀并吞噬社会和公民个人的空间。其次，多元主义民主是大规模民主必不可少的组成要素。“它们不仅是大规模民主的必要条件，而且既作为其活动的先决条件，又作为其制度不可避免的结果。”[①] 例如在美国这样的大型民主国家中，如果没有相对独立的自治组织，是不可能进行自由而公正的选举的。

作为一名政治学家，达尔也清楚地认识到多元主义民主也存在着潜在的和现实的弊端。首先，多元主义民主使政治不平等稳定化。达尔认为，政治不平等的根源来自经济，私有制和市场制度下的自由竞争使经济、社会和政治资源的积累不均衡。[②] 而当社会面临结构性改革的时候，多元利益集团往往是一支保守的力量，因为每个既得利益集团都会设法阻止有损于自身利益的改革。[③] 其次，多元主义民主会扭曲公民意识。在多元主义民主政治中，公共利益实际上被林立的利益集团所肢解，利益集团的行为通常以牺牲更加广泛的公共利益和长远利益为代价。这种政治培养的是一种分裂的和冲突的政治文化，缺乏关于公共的、社会的、整体的、普遍的利益观，强调自己的、个人的、集团的、狭隘的利益。第三，多元主义民主使公共议事日程不正常。多元政体下，公共政策议程被多元化的利益集团所左右。各种利益集团的资源能力、组织能力参差不齐，对公共政策的影响力也存在差别。由于公民整体意识不强，利益集团的活动必然使公共政策的制定出现一定程度的偏差，往往是集团利益凌驾于社会和国家的整体利益之上。最后，多元主义民主使人民失去对议事日程的最终控制。多元主义民主的实质是多重少数人的政

① 达尔：《多元主义民主的困境》，第38页。

② Robert A. Dahl, *A Preface to Economic Democracy* (Berkeley and Los Angeles: University of California Press, 1985), p. 50, p. 55.

③ 达尔：《多元主义民主的困境》，第43页。

治，而这些多元的利益集团通常打出人民利益的旗号。在多元政体中，政治家出于选举的需要也会经常迎合某些少数人集团的需要，这样就会导致人民对公共事务的控制发生异化。①

① 国内学者关于达尔多元主义民主思想的评介，参见：马德普：《超越“人民主权”与“三权分立”之争：罗伯特·达尔的民主理论述评》，载《教学与研究》2001年第7期；金太军：《当代西方多元民主论评析》，载《中国青年政治学院学报》1996年第3期。

第八章

美国贸易政治中的利益集团

利益集团是美国民主政治进程中不可缺少的组成部分，直接或间接地影响着美国内外政策的制定，在美国对外贸易政策的制定过程中发挥不容忽视的影响力。在上一章系统分析了美国贸易政治的特点以及利益集团政治的基本运行规则的基础上，本章将深入分析在美国贸易政治中具有较大影响力的农业利益集团、代表劳工利益的劳联—产联以及代表工商业利益的美国商会、美国全国制造商协会以及美国商业圆桌会议。

第一节　美国农业利益集团与对华最惠国待遇

农业利益集团是美国历史上最早出现的利益集团之一，最早出现的农业集团是1872年建立的“格兰其”（Grange）组织，主要关注农场主受益、农业商品生产水平、生产和销售环节等与农业有关的问题。随后，美国农业社联合会（American Farm Bureau Federation）、全国农场主联合会（National Farmer Union）、全国农场主组织（National Grange）、美国农业运动（American Agriculture Movement）等利益集团先后产生。美国尽管只有不到2%的人口从事农业，但在农业问题上的影响却很大，特别是20世纪20年代以来，美国政府实行对农民补贴的计划，对部分农产品给予价格补贴，政府关于农业以及农产品政策的细小变化，都会牵动近400万农业从业人员的神经。以农业利益集团作分析单位，我们可以解释美国农业政策的形成，例如尽管20世纪80年代以来美国历届总统竭力减少农业补贴，都是无功而返。

一、美国的农业利益集团概况

根据农业利益集团开展国会游说追求的目标不同以及影响政策的层次不同，可以把当今美国农业利益集团划分为综合利益集团和单一利益集团两大类。前者影响美国总体的联邦农业政策，后者仅仅影响某一个方面。

（一）综合农业利益集团

综合农业利益集团关心的问题比较广泛，政治关系网比较宽，决定着美国农业政策的总体变化方向和调整程度。目前，综合性的全国组织主要有三个，即美国农业社联合会、全国农场主联合会和全国农场主组织。三个最大的农业利益集团在政治立场、政策主张以及群众基础方面都有所不同。

1. 美国农业社联合会是美国最大的农业集团组织，自称代表美国农业各行业的利益，但实际上，主要是代表大农场主的利益，是典型的“富农”利益集团。除了阿拉斯加州以外，在全国各州大约有300万户会员，主要分布在谷物种植地带。它在华盛顿哥伦比亚特区设有办事处，拥有28名专职工作人员，10名公共事务代表，所关注的问题比较广泛，涉及交通、农业政策、价格补贴、大田作物、劳动力、农业环境、税率、预算、拨款、能源、水资源、公共土地、信贷、保险、社会问题和国际贸易等各个方面。总体来看，美国农业社联合会政治上比较保守，常常支持共和党特别是保守势力的立场。它反对政府的干预行为，认为福利国家是把美国“社会主义化”。在对外政策上，主张干预其他国家的事务，奉行美国优先的立场，顽固坚持保守主义的路线。

2. 全国农场主联合会也是美国比较大的农业利益集团，主要代表中西部和西部地区的小农或者家庭农场主的利益，是典型的小农组织。不过，近年来这种区别已经不大，因为不少最富有的农场主也加入了该组织。从政治立场上来看，该组织与全国农业社联合会是对立的，基本属于自由主义的立场。虽然他们自称不是党派性组织，但是在许多问题上更多支持民主党的政策和主张，支持民主党的候选人。具体政策上主张政府加强对农业的干预，增加补贴，实行福利计划。在外交政策上倾向于反对对外干预，集中于国内事务。

3. 全国农场主组织同全国农场主联合的政治立场相似，都属于自由主义的立场。成立于1955年，主要是为了改善农场主在销售过程中的地位而建立的，主要关心经济问题，政治上不太积极。此外，还有美国农业运动、全国农民协进会等，不过，由于活动方式激烈或者带有社交性质、立场不鲜明等原因，对美国政治的影响力不大。

（二）单一农业利益集团，即专门针对某一农业问题而游说政府的农业集团

比如美国农田托拉斯（American Farmland Trust）、奶品生产者联合会、中部奶品生产者组织、奶品生产者组织、全国棉花委员会、美国肉类协会、全国养羊售毛者协会、全国牲畜饲养者协会、美国养牛人协会等。美国农田托拉斯就是一个新兴的单一农业利益集团，每年都向商业开发者宣传农田维护和保养的重要性，极力主张控制农田荒芜和受侵蚀。为了避免上述问题，该组织发起运动筹集捐款向商业开发者购买大量的农田，而且还建立了一个针对保护美国农

田的长期教育项目，组织人员开展游说活动等。

美国的农业利益集团是一个人数少但政治影响相对比较大的利益集团，就像美国政治学家杜鲁门于20世纪50年代所指出的那样“显然，一个像全美农业协会那样覆盖众多农业州的团体，能比城市利益集团更容易影响国会的决策。”[①] 其中的原因是多方面的：

第一，美国农场主相对比较独立，不像工商业集团和劳工那样，自己的利益和其他集团的利益密切联系在一起，要想达到自己的利益就必须以其他集团的利益作出牺牲为代价。农业利益集团则不然，实现自己的得益不大影响其他利益集团，因而不需要其他集团作出重大的牺牲，也就不会产生抵消游说的问题，自己有多大力量就能发挥多大力量。由于缺少了抵消游说的牵制，农业利益集团尽管人数比较少，但影响很大。

第二，农业利益集团自身之间的矛盾不大，农业是一个保护性的产业，每一个农业集团都想从政府政策中获得更大的份额，而且集中关心经济问题，对政治问题不像其他利益集团那么热心，所谓的争端不过是“绝对受益”之争，即谁得益更多的争论，并非有人得益，有人损益的争端。因此，整个农业集团为了农业问题可以形成很强大的力量。不过，也必须注意到，农业利益集团仅仅在农业问题上影响很大，在其他问题上的影响就不大。

第三，规模小的集团相对于规模大的集团而言，其成员于集体行动有较深的利害关系，而且监督成本较低，容易克服“搭便车”行为，因而具有较高的组织水平和较大的政治能量。应该说，自新政以来的美国农民正属于这种规模小、组织水平高的集团，这些农业利益集团在很大程度上能够克服集体行为中的“搭便车”现象，保证了集体行动较低的交易成本，因此政治影响力甚大。

---

① ［美］戴维·杜鲁门：《政治过程》（陈尧译），天津人民出版社，2005年版，第218页。

第四，美国政府机构存在一种结构上的不平等，比如美国的参议院，不管是人数最少的阿拉斯加州还是人数最多的加利福尼亚州，根据宪法都拥有两名参议院的席位。这种制度设置的特殊后果就是，在美国一些集团比其他集团有更好、更多的机会来影响政府决策。例如，美国一些中西部的小州是美国农业的集中区，尽管它们人数很少，但是在参议院中的代表席位却没有削减。在这些州占主要地位的农业利益集团就比一些城市中另外一些利益集团具有更多的参与政府决策的机会。[①]

通过“院外活动”以维持自身在农业立法过程中的作用是美国农业利益集团的主要方式。他们使用的方法是，在华盛顿设立一批办事处，雇佣一批院外活动人士，代表他们的利益，活跃在政府决策的各个层次。在行政部门，他们企图影响那些向农业部长和总统推荐有关政策和计划的官员，他们也可能直接与农业部的官员、农业部长、总统面对面接触，向他们游说或提供有关政治战略方面的咨询。在国会中，他们积极设法影响对农业政策制定起重要作用的国会工作人员，以影响国会的研究和情报部门的报告，并最后影响国会的态度，使他们造成有利于自己的立法。同时他们还积极进行利益表达，以形成有利于自身利益维护的公共舆论。

农业利益集团通过各种途径，采取各种策略游说政府，提出要求，同时也为政府的政策制定提供相关技术支持和有针对性的信息咨询。他们积极向农业部门进行利益诉求，同时也以极大的热情努力配合农业部门向国会施加压力，以求政策上的倾斜和农业拨款的增加。由于美国国会两院的农业委员会的议员大多来自农业州或农业生产集中的地区，他们中的大多数成员对农民政治组织表示同情，多年来也一直表现出为农业利益集团服务的倾向，虽然在涉及农民利益的一些政策制定，不一定都能很好地照顾到农民的利益，但在

① 孙哲、李巍：《国会政治与美国经贸决策》，第129页。

纯粹的农业政策方面，大多还是有益于农民的。20 世纪 80 年代，由于农业利益集团的游说，联邦政府帮助农民的财政支出总计每年达到近 260 亿美元，其中大笔资金为农产品的价格补贴。美国国内的政治家对农业政策的关心部分是由于农业作为基础产业所具有的重要地位；部分则是出于对一个强大而独立的自由农场主国家的想法存着不现实的依恋之情；而另一部分则毫无疑问地出于实用主义的政治需要。

美国的农业补贴问题虽然是一个国内经济问题，但是在全球贸易体系下，政府的农业补贴影响到一国产品的竞争力，因此逐渐成为一个国际经济问题。美国农业利益集团虽然一直是全球农业自由贸易的消极力量，但是在维护对华经贸关系上，它一度扮演过非常积极的关键性角色。

二、农业利益集团与对华最惠国待遇问题

冷战时期，美国对华经贸政策基本上从属于共同对抗苏联威胁的准联盟关系的战略需要。因此，这一时期美国对华经贸政策的重点是突出对华援助。但随着冷战的结束，中国在美国外交日程中的地位大大下降了，两国在经贸关系中的问题逐渐显露出来。在 20 世纪 90 年代，中美经贸关系中一个最为棘手的问题莫过于美国在对华贸易政策中是否给予中方最惠国待遇的问题。该问题的产生不仅极大地制约了中美经贸关系正常健康地发展，而是直接延伸到中美政治关系中。

美国国内在中国最惠国待遇问题上存在三种不同的见解与主张。这三种政策主张的背后，都有强大的政治力量的支持，体现了对华经贸、政治、安全和意识形态等复杂因素的考量。这三种政策主张分别是：

（一）延长派

他们认为虽然冷战结束，中国仍然在战略上对美国来说是非常重要的。其次，延长最惠国待遇有利于促进中国的改革、开放及逐步向市场经济“和平演变”。另外，取消对华最惠国待遇，将可能对美国的工商业、消费者产生“灾难性后果”。延长派还指出，取消对华最惠国待遇不应该是美国用来表示不满的手段。

（二）取消派

他们认为在中国的人权状况没有得到改善之前，延长对华最惠国待遇有悖于美国的民主原则和价值观。其次，中美间的传统战略关系因为苏联这一对手的消失已经变得无足轻重。另外，在对待地区性冲突“热点”上，中国仍奉行违背美国利益的政策。总的来说，他们认为取消给予中国的最惠国待遇，可以使中国接受美国的上述要求和做出全面让步。

（三）条件派

他们提出一系列有条件延长对华最惠国待遇的议案。他们觉得，有条件延长最惠国待遇的议案比取消最惠国待遇议案在策略上更为灵活，他既能迎合美国国内反华意识的诉求，又不至于造成美国经济利益的最大损失。这种观点在国会内外有较大的市场，因此随着时间的转移，“取消派”逐渐向“条件派”靠拢，成为当时对华最惠国待遇政策的主流声音。

在1989年以后，美国国内针对中国最惠国待遇问题经历了几次重大的辩论。美国101届国会中，民主党在参众两院都是多数党，因此他们倾向于把布什的对华政策当作是党派斗争的有效工具加以利用。在布什执政期间，民主党基本上是美国外交政策的旁观者，他们目睹了布什政府取得了海湾战争的胜利，因此感到在其他方面无法批评布什。在对华最惠国待遇问题上，他们看到了一个难得的机会，立即向布什的外交政策发起了挑战。从1990年开始的中国最惠国待遇问题正是在这种背景下展开的。关于中国最惠国待遇的辩论在102届国会到达顶峰，但是众议院甚至通过了取消中国最惠国待遇的联合议案。不过那时候辩论的焦点并不是在整体上否决中国的最惠国待遇，因为参议院从未通过取消中国最惠国待遇的两盒决议案，众议院议案尚未到达白宫就胎死腹中。但是辩论的焦点是在于对中国的最惠国待遇附加什么样的人权条件，这一度给中美正常经贸关系带来相当大程度的威胁。1991年和1992年，国会众参两院都通过了附加人权条款。这两年，布什总统处于对美国国家利益和中美关系大局的考虑，两次否决了国会议案。尽管众议院两次都推翻了总统的否决，参议院却都没有达到足以推翻总统否决的2/3票。这两年的美国总统和国会之间围绕中国最惠国待遇的纷争在美国国内，但它直接牵涉中美经贸而且是政治关系的未来。

在1990年到1992年间，美国的农业利益集团亦被牵涉到美国国会与布什总统就中国最惠国待遇的纷争当中。美国农业利益集团提出，美国对华农产品出口将为其他竞争对手取代，美国农产品将被排挤出潜力巨大的中国市场。在历次中美贸易争端中，美国农业部门都成为中国威胁采取报复措施的对象，因此，美国全国种植者协会、北美谷物出口协会在游说时要求政府保证，他们不会成为美国对外政策的牺牲品。1990年5月3日，北美谷物出口协会在致布什总统的心中指出，如果取消最惠国待遇，美国“几乎肯定”将丢掉对中国的农业出口。取消最惠国待遇不会改变中国的国内政策，相反“却会给依赖每种贸易的美国产业带来灾难性的后果”。呼吁总统保持过去的承诺，即美国农业贸易将不受到禁运的影响，以及不用食品作为外交的政策的武器。[1]

布什时期，美国国会两院在关于中国最惠国待遇的投票中往往以党派划线，即共和党议员多支持共和党总统布什延长对华最会国待遇的立场，而民主党议员则多支持取消对华最惠国待遇或对之附加条件，但是来自农业州的民主党议员却一般都支持布什总统的政策。如在1991年国会与总统间关于对华最惠国待遇的关键斗争中，面对参议院反对与赞成力量僵持不下的形式，以鲍卡斯（Max Baucus）为首的来自农业州的七位民主党参议院都站到了布什总统一边。参议院财政委员会贸易小组委员会主席鲍卡斯参议院领导参议院温和派，组织协调国会与总统的立场，为1991年回合中无条件延长对华最惠国待遇发挥了极其关键的作用。

美国国会研究部发表的有关报告也给农业出口商游说工作以很大的支持。例如，1991年5月，国会研究部发表的报告证实，如果取消对华最惠国待遇并遭中国报复的话，美国将丢掉一年向中国出口420万公吨小麦的生意，美国小麦的总价格每蒲式耳也将下降27美分。国会研究报告还指出，1990年中国是美国第11大农产品出口市场，美国对华出口约8亿美元，包括小麦、玉米、大豆、棉花、牲畜，其中小麦占向中国出口农产品的60%以上。在中国失去最惠国待遇并采取对等报复措施的情况下，加拿大和欧共体国家将很容易取代美国在中国的农产品市场份额。[2]

根据公共选择理论，假定美国农民在政治市场中是理性经济人，是自私的、理性的效用最大化者，具有用选票为自己福利最大化服务的强烈偏好；同时假定美国政府的立法者、行政官僚也理性行事，通过细致的成本—收益分析最大化重新当选前景或使预算支配最大化，且具有政治支持（选票）最大化的强烈偏好。可以认为，这两

① 《国际贸易报道》，1990年5月9日。

② 《国际贸易报道》，1991年6月5日。

个“理性人”假设是分析政治市场中的农民、政府行为及其互动关系的基本前提。由于所有立法都构成财富的转移，因而通过向政府或立法者表达要求，施加压力，以影响农业立法（或农业政策）是美国农民维护自身利益的主要选择；又由于立法机构往往倾向于向其有效施加压力的集团，因而美国农民往往组织各种农业利益集团，开展集体行动，借助团体的力量，表达要求，施加压力。

公共选择理论认为政治与经济的实质都是交易，交易的双方为降低交易成本，在博弈策略选择上往往趋向于合作，以取得更多的效用。因此，为保证最大化当选前景，国会议员可能输出有利于农民的农业政策或计划，同时向总统施加压力，以影响这些农业支持政策的实施，进而获得农民的选票支持。在这种博弈情形下，农民的博弈成本很小，民选官员一般会顺从。

农民的意愿。也即农民供给选票保证民选官员再次当选，民选官员为获得农民选票的持续最大化供给，取悦农民，尽可能的输出农业支持政策，保障农民福利。这种合作博弈，使双方都获得了更多的效用。在另一情况下，包括农业利益集团在内的多个利益群体的利益要求和压力，因此他们往往偏向于那些能够有效向其施加压力的群体或集团。在这种情形下，美国农民能够很好地组织起来，通过集体的力量促使政府政策上的倾斜。美国农民利益集团属于那种规模小，组织水平高，政治能量极大的利益集团，因此即使有多种政治力量，农民的利益要求也不会轻易被忽视，且在农业政策领域，美国农业利益集团起决定作用。美国农民通过农业利益集团与政府进行博弈，大大降低了农民、政府间博弈的交易成本，又由于这种博弈属于重复博弈，所以双方更倾向于合作，以获得更大的效用。

第二节　劳联—产联对中美经贸关系的影响

冷战结束后，随着美国最强大的对手苏联的解体，国内因素对美国外交的影响力日渐加强，经济贸易问题在对外政策中的地位显著上升。特别是经济全球化向纵深发展，经贸领域在中美两国关系中起到了越来越重要的作用。美国对华经贸政策的制定有着美国特色，在三权分立的体制及宪法的保护下，利益集团对于美国政策制定的影响不可小视。在众多利益集团中，美国的劳工组织由于代表着工人阶级的特殊诉求，在对华贸易政策中力求对国会和政府产生重要的影响。而劳联—产联作为美国最大的和最具影响力的劳工组织，对中美经贸关系的塑造发挥着一定的作用。本节从劳联—产联的历史发展过程，反华的原因，影响国会政府的行为方式等几个方面进行介绍，最后结合世界与美国的政治经济环境对其未来影响力做了简要分析。

一、劳联—产联的历史沿革

南北战争后，伴随着美国第二次工业革命的快速发展，美国现代劳工运动开始迈入历史舞台。1866 年全国劳工工会在巴尔的摩成立，这是美国历史上首个工会组织，但由于后来失去了工人的支持，于 1872 年消失了。1869 年劳动骑士团在费城成立，这是美国工人阶级所创立的第一个全国性组织。一直到 1878 年，它处于极端秘密状态，以后开始公开组织熟练和非熟练工人，随着内部纠纷不断升级，到1887年该组织几乎名存实亡。[1] 1886年，美国劳工联合会（劳联）在俄亥俄州哥伦布城代表大会上宣布成立，其前身是1881年荷兰移民塞瑟尔．龚帕斯（Samuel Gompers）成立的“美加产业与劳动工会联合会”。劳联诞生时约有30万名会员，到第一次世界大战结束时的1919年，其成员已达到500多万人，成为美国最大的劳工组织。[2] 1935年，劳联下属的8个在汽车与钢铁领域的工会组织工人成立了产业工会委员会。该工会把熟练工与非熟练工组织在一起，并在许多工厂组织了跨行业的工会。劳联领导人反对这种做法，1938年将设有产业员工会的工会开除，这些被开除的工会一起成立了产业工会组织委员会（后来的产联），由联合矿业工会领导人约翰·刘易斯（John L. Lewis）领导。[3]

自劳联、产联分裂后，要求合并的声音一直存在，第二次世界大战后，垄断资产阶级慑于工会力量的壮大，在杜鲁门时期加强对工会组织的管制，这促使美国有组织的工人认识到自身团结和统一的必要性。1950年7月，劳联和产联开始就合并问题举行谈判。谈判期间曾出现过许多分歧。首先，产联认为必须组织起所有的工人去为工人的利益而斗争，而劳联则认为只需保护技术工人的利益。其次，产联在一段时间里力主介入政治，劳联则不主张工会介入到美国的党派政治斗争中去。第三，权限纠纷，主要涉及相互竞争的各工会之间的组织权限和代表权要求问题。[4] 1952年，共和党的艾森豪威尔总统上台后推行的反工会政策成为合并的另一大动力。同时，劳联领导人威廉·格林（William Green）和产联领导人菲利

---

① 美国劳工部劳工统计局编:《美国劳工运动简史》(邢一译)，北京：工人出版社，1980年版，第82页。

② 孙茹:《劳联—产联》,《国际资料信息》2004年第12期，第35页。

③ 美国驻华大使馆网站刊登的有关美国工会与工会的介绍：http://www.usembassy-china.org.cn/jianliu/j10102/labours.htm/.

④ 李会欣:《二战后美国劳工运动的变迁》,《当代世界社会主义问题》2001年第1期。

普·默里（Philip Murray）都在1952年病逝，新上台的劳联领导人乔治·米尼（George Meany）和产联领导人沃尔特·鲁瑟（Walter P. Reuther）决定合并，以壮大工人力量。①

1953年劳联、产联达成了互不攻击性协议。此协议是两者统一的基础。1955年12月5日，双方召开了第一次劳联和产联大会，宣布成立美国劳工联合会——产业工会联合会（American Federation of Labor and Congress of Industrial Organizations，简称AFL－CIO，即劳联—产联），劳联和产联正式实现合并，成为拥有140多个国际性和全国性工会，约有会员1600万人（占工会会员总数的85%—90%，占工人总人数的34%）的组织，乔治－米尼当选为劳联—产联的主席。② 劳联—产联的总部设在华盛顿，组织机构庞大松散，设置复杂。内部组织有全体大会（最高权力机构），执行委员会（主要的管理机构）、董事会、领导集团、行业和产业部门、小组委员会与职能部门、地方组织等，另外还有各种信托组织与培训机构，深入到各州与地方。③

作为最大最具影响力的全国劳工组织，劳联—产联以关心"一切与工人有关的问题"为宗旨，在争取提高工人收入、缩短工时、伤亡赔偿、实行8小时工作制、禁止使用童工等方面都取得了重要成就。但是由于全球经济和美国经济结构的变化，以制造业为基础的经济逐渐转变为以服务业为导向的经济，机械化的发展使机器代替了很多手工劳动，劳动工人数量的下降使得工会会员人数也一直在走下坡路，工人运动也因此处于衰退之中，工会的政治影响力也有所减弱。

① 孙茹：《劳联—产联》，第35页。

② 杨丽慧：《浅析劳联产联对中美关系的影响》，吉林大学硕士学位论文，编号D814.9。

③ 郑曦：《美国工会对美国对外经贸政策影响的分析》，暨南大学硕士学位论文，编号UDC。

1995年劳联—产联的新任主席约翰·斯威尼（John J. Sweeney）采取各种措施，吸收新会员加入，以增强工人团结，扭转这一局面。此时的劳联—产联把发展重点转向吸收服务业雇员和在公共部门任职的雇员，增加妇女、有色人种和少数民族工会成员。2001年，劳联—产联发起了新联盟倡议（New Alliance Initiative），这是该组织自合并以来的最重要的倡议，目的是使工会组织更有效率、更强大。[①] 尽管斯威尼竭力扩大劳联—产联的影响，一些大的附属工会仍对其工作成效不太满意，对斯威尼不满的声音也时有出现，他们要求该组织进一步精简机构、合并小工会、加强招募新会员工作，并提出了一些设想。[②] 劳联—产联原本就是在矛盾中走向合并的，内部不同利益团体之间的冲突一直没有得到很好的解决。

2005年7月25日在芝加哥宣布年会暨50周年纪念活动开幕的时候，服务业员工国际联合会（The Service Employees International Union，简称SEIU）和美国运输工会（Teamsters），宣布脱离劳联—产联。很快又有另外五家工会[③]加入到他们的队伍中来。[④] 这七个工会联合组成了变革谋胜利工会联合会（Change to Win），带走了大量会员。

虽然这次分裂对劳联—产联产生了不利影响，但是作为美国最

① Shelly Ettinger, "AFL - CIO convention: New labor militancy comes through loud and clear," *Workers World*, Oct. 9, 1997.

② Aaron Bernstein, "Palace Coup at the AFL - CIO," *Business Week*, March 17, 2003; Thomas B. Edsall, "Union Leader Urges AFL - CIO Reform," *Washington Post*, June 22, 2004.

③ 这五家工会是：食品和商业职工联合会（the United Food and Commercial Workers，简称UFCW）、北美劳工国际工会（the Laborers International Union of North America，简称LIUNA）、美国联合农场工人工会（the United Farm Workers of America，简称UFWA）、美国木匠和工匠兄弟联合会（the United Brotherhood of Carpenters and Joiners，简称UBCJ）、团结派工会（the Unite Here Union，简称UHU，以服装工人和餐饮等服务业雇员为主）。

④ Lynne Duke, "Love, Labor, Loss," *The Washington Post*, January 3, 2006.

大的工会组织劳联—产联依旧是美国国内重要的政治力量之一，不仅对美国政治经济的决策产生影响，甚至直接或间接地介入到国际政治经济活动中。在中美经贸关系或张或弛的发展过程中，劳联—产联扮演了重要的角色。

二、劳联—产联在经贸领域反对中国的原因

反对贸易自由化，坚持贸易保护政策是劳联—产联的一贯立场。这不仅仅针对中国，对于世界贸易组织、国际货币基金组织、北美自由贸易区（NAFTA）等促进经济全球化的组织或联盟，劳联—产联认为这些组织和协定，制造了不公平的贸易环境和工作机会，美洲自由贸易区被称之为“一个错误的选择”，应该创造一个“有更公平工作环境的世界”。[①] 1999 年，在美国西雅图举行世界贸易组织会议期间，劳联—产联组织并参加了声势浩大的反全球化游行，并召开了世界工会领导人会议。2000 年，在世界银行和国际货币基金组织年会期间，它又组织了“ 全球正义”游行。[②]

作为美国全国性工会组织的联盟，劳联—产联一直致力于谋求以会员工人工资和就业为核心内容的效用最大化。他们通过多种方式对政府和国会施加压力，达到反对全球化进一步扩大的目的。经济的快速发展，使中国成为国际经济领域中重要的参与者。中美之间的经贸往来与合作在深度与广度上的增加，双方相互依存程度的加深，都使中国在美国经济领域的重要性极大地提升。因此，在反对经济自由化的过程中，中国往往被视为最大的敌手和攻击的对象。一直以来，劳联—产联都是美国国内反华的“急先锋”，具体的原因包括以下三个方面。

---

① http：//www. aflcio. org/issuespolitics/globaleconomy/ftaamain. cfm.

② 孙茹：《劳联—产联》，第 36 页。

（一）对中国出口的廉价商品的担忧

中国经济的快速发展很大地依靠了对外贸易。中国是世界人口最多的国家同时也是发展中国家，在劳动力资源上的比较优势，使我国成为劳动力密集型商品的主要出口国之一。廉价的中国商品如玩具、服装、家电等大量涌入美国市场，对美国国内相关行业造成很大的冲击。最直接的影响就是导致美国进口部门密集使用的生产要素价格下降以及同类产品市场价格的下跌，即工人工资和商品价格下降。一些企业在竞争中失去优势，裁员、减薪都是企业在面对冲击时常采取的做法，有些企业甚至倒闭，造成更多的劳动工人失业，使他们成为了贸易自由化的受害方。50 年前的美国能生产全球超过 50% 的商品，而现在只占 13%，其失去的就业岗位可想而知。[①]劳联—产联认为，正是中国大量廉价的“商品倾销”造成了美国工人的工资下降和大量失业。

（二）对美国对华直接投资的担忧

一个普遍认同的经济全球化的定义是：资本，技术，知识，劳动力的跨国流动。跨国公司作为这一过程中活跃的参与者，将资本，技术，知识带到了可以使其利益最大化的地方，但是由于劳动力流动性的缺乏，这种不对称的流动性使资方获益，劳方受损。首先，美国产业结构的调整与中国吸引外资的优惠政策，促使美国大量的企业将投资和生产转移到中国，特别是那些劳动密集型、技术含量较低的产业。对国外投资的上升必然导致国内投资的下降，就业岗位也随着企业一同转移，从美国工人转移到中国工人身上，美国的失业率因此上升。劳联—产联谴责大量的美国公司和资本为了寻求更廉价的劳动力和生产成本，把生产部门迁到一些不注重工人福利

① 佘云霞：《处在变革十字路口的美国工会》，《上海工运》2006 年第 2 期。

和权利的国家和地区，从而导致大量美国工人失业。[1] 其次，资本和劳动力流动性的不对称加剧了劳方对资方的依赖，削弱了工人谈判的实力，还出现了工作条件和劳工利益的“向下竞争”（Race to bottom）。[2] 失业率的升高，也将导致劳联—产联成员人数的减少，压低工会与资方讨价还价的本钱，进而削弱影响力。最后，美国工厂纷纷迁往中国，利用中国廉价劳动力生产商品。而这些商品用来供应美国市场，会进一步加剧对华贸易赤字，损害工人的利益。

（三）一贯反共政策的延续

历史上，劳联—产联保持着严重的反共倾向。冷战期间，一直是帮助美国政府反对共产党和社会主义，支持越南战争，反对尼克松的缓和政策。对社会主义和其他持有不同意识形态的发展中国家推行“西化”和“分化”的政策。1949 年新中国成立后，该组织曾组织了“自由中国劳工联盟”（Free China Labor League），开展反华活动。[3] 苏联解体冷战结束，劳联—产联的反共态势却没有结束，虽然 1997 年劳联—产联大会把反对共产主义条款从其章程中去掉，但现实表明它仍然难以割断与其反共历史的联系，[4] 在很多问题上依旧坚持反华立场。中华全国总工会有 1 亿会员，是全世界无可争议的最大工会，但是劳联—产联主席斯威尼等人以中国工会是国家机构为理由，拒绝同中国工会交流，也从未访问过任何一个中国工会的基层组织。从主张工人自治出发，该组织支持海外中国工人“自治”

---

① http：//www. aflcio. org/issuespolitics/globaleconomy/workersrights. cfm.

② 余晓敏：《经济全球化背景下的劳工运动：现象、问题与理论》，《社会学研究》2006 年第 3 期，第 191 页。

③ Jerry White and Barry Grey，“Former AFL－CIO President Lane Kirkland Dies，a Cold War anti－Communist and Servant of Big Business”，Agust 21，1999，World Socialist Web Site，http：//www. wsws. Org/articles. 1999/aug1999/kirk－a21. html.

④ 李会欣：《战后美国劳工运动的特点分析》。

组织，并给予财力和物力支持。[①] 随着经济全球化的纵深发展，这种反华态度表现得更为强硬。劳联—产联领导人多次表示，反华是其反对跨国公司控制的全球化运动的首要问题。[②]

三、劳联—产联影响中美经贸关系的方式

美国是个利益集团高度发达的国家，利益集团在其政治体制中占据重要地位。利益集团既是美国多元参政的民主制衡机制中的重要角色，也是美国政府制定内外政策时不容忽视的重要国内因素之一。[③] 在美国贸易政策的制定程中，特定的利益集团自我组织起来在“什么或哪个是好的贸易政策”的论辩中去扮演不可替代的角色。[④] 对利益集团来说，游说是保护自身特定利益的手段；对政策制定者来说，为了得到更全面的信息以做出判断，也需要这些利益集团作为信息提供者。

劳联—产联作为代表劳工阶级的利益集团，为谋求利益最大化，积极参与美国对外贸易政策的制定，一般通过游说影响政府官员，以采取对他们有利的观点、行动和政策。劳联—产联拥有规范的管理人员和运作手段，在华盛顿设有很大的总部，有专职的院外活动人员，还拥有一个单独的立法部门。通过这些机构来协调会员工会的院外活动。“另外，它还有一个政治教育委员会，专门研究和处理总统和议员的竞选、国会和行政部门的立法和决策，并且负责推动基层群众性政治活动。”[⑤]

---

① 孙茹：《劳联—产联》。

② 李会欣：《战后美国劳工运动的特点分析》。

③ 刘恩东：《利益集团与美国知识产权政策》，《国际资料信息》2007 年第 9 期。

④ 焦方太：《浅论美国的贸易政策制定体制》，《南方经济》2004 年第 12 期。

⑤ 李寿祺：《利益集团和美国政治》，北京：中国社会科学院出版社，1988 年版，第 31 页。

劳联—产联影响中美贸易政策的方式主要是内部游说（inside lobbying）和外部游说（out side lobbying）。内部游说指直接做议员们的工作，动员他们利用立法手段支持工会的政策主张，一般包括政治捐献和“选票威胁”；直接多次向议员表达其立场主张；提供相关的信息和服务；阻挠议员与中方的交流。外部游说是指通过舆论引导，塑造民意，发动公众向议员们施加压力，为内部游说制造有利的气氛，形式主要有：结合其他集团、组织（环保，人权，）就世界普遍关注的话题进行宣传，以增强影响力；游行，罢工，以提高关注度；动员消费者联合抵制、公民集体表态，以扩大覆盖面；资助相关的基金会或活动，以获得更多支持。从自身所代表的美国制造业工人的利益出发，劳联—产联在中美贸易问题上，多种游说方式并用，频繁呼吁要对中国进行制裁或限制，组织中美贸易进一步自由化。

（一）内部游说

1. 政治捐献和“选票威胁”

劳联—产联对美国国会和政府最大的影响在于对其所提供的贸易政策的需求。劳联—产联是贸易政策的众多需求者之一，而美国国会和政府是贸易政策的唯一供给者，因此形成了一种特殊的卖方垄断市场，交换价格必然高于一般市场价格而形成垄断价格。构成这种垄断价格的并非全是有形资本——政治捐献，还包括无形的资本，即国会议员和政府官员不断追求的政治支持。[①] 所以，劳联—产联要获得有利于本集团的贸易政策，必须支付这种垄断价格。

美国金钱政治的合法化为劳联—产联利用竞选资金影响政策提供合法而有效的渠道。劳联—产联通过提供金钱资助使代表劳联—

① 李晓刚：《劳联—产联影响美国对华贸易政策的机制研究》，《中共济南市委党校学报》2006 年第 1 期。

产联利益或支持劳联—产联的候选人赢得竞选，从而培养起在政府中的代言人，达到影响政府决策的目的，进而实现劳联—产联的集团利益。研究表明，工商界和劳工政治行动委员会的捐助尤其对国会在贸易问题上的表决有重要影响。[①] 1996 年，劳联—产联花费 3500 万美元，在全国范围内为数十个国会议员候选人做竞选广告，据估计选举期间的总费用将达到 1 亿美元。[②] 在 1998 年的院外活动支出中，工会为 2370 万美元，排在所有利益集团支出总额中第六位。[③] 2006 年国会中期大选，又筹集了上亿美元帮助民主党竞选（劳联—产联和民主党是传统上的铁杆盟友，在竞选捐款和选举动员等方面都进行了长期很好的合作），[④] 民主党得以获得国会选举的胜利，与劳联—产联的资助密不可分。

相较有形资本的含量劳联—产联无形资本的含量较高．从 1955 年劳联、产联合并时开始，就成立了政治教育委员会，在选举过程中进行广泛地、有组织地工会活动，如进行选民登记、政治教育运动和动员选民参加投票活动。劳工领袖就曾宣称他们能对大约 2500 万选民施加影响。劳联—产联实行“奖励朋友，惩罚敌人”的原则，对于那些在关键问题上没有支持他们的议员，劳联—产联对他进行制裁，不给他其他政治上的好处。[⑤] 在是否通过对华永久正常贸易关

① Stephen V. Marks, “Economic Interests and Voting on the Omnibus Trade Bill of 1987”, *Public Choice*, Vol. 75, No. 1, 1993, P21 - 42; Stanley D. Nollenc and Dennis P. Quinn, “Free Trade, Fair Trade, Strategic Trade and Protectionism in the U. S Congress 1987 - 1988”, *International Organization*, Vol. 48, No. 3, 1994, P491 - 525.

② James Gray, “Whose Agenda?”, *Business Journal*, Vol. 10, Issue 21, 1996, p4.

③ Charles Lewis, “Media Money”, *Columbia Journalism Review*, Vol. 39 Issue3, Sep/Oct, 2000.

④ 小夏：《美国劳工运动复兴》，《南风窗》2007 年 1 月下。

⑤ 杨丽慧《浅析劳联产联对中美关系的影响》，吉林大学硕士学位论文，编号 D814. 9。

系（Permanent Normal Trade Relations，即PNTR）[①] 问题上，众议员堪萨斯州民主党人丹尼斯·穆尔由于投票支持中国永久性正常贸易关系，遭到了火车司机兄弟会的报复，不仅不再为他的竞选活动捐款，也不再动员会员投他的票。劳联—产联以选票作“利器”，不断向议员发出或明或暗的威胁，强调如果支持PNTR，就别想从工会得到选票，被其重点“围攻”的10名议员，都先后决定反对PNTR。[②] 虽然2000年5月，众议院以237：197的投票结果批准了中国的“正常贸易地位”，但也附加了一系列有关人权和防止进口产品激增等方面的内容。

2. 直接表达立场主张

直接向国会议员表明自己的观点立场，这种方式看似简单，却往往更能引起关注。在授予中国永久性正常贸易关系（PNTR）地位的争论中，为了影响国会议员的态度，2000年4月，货车司机工会和劳联—产联派出大约1万名活动分子到国会进行游说。直接游说的方式也是多种多样。对国会议员进行“地毯式轰炸”：包括打电话、写信、发电子邮件，动员全国基层组织成员到议员选区办公室登门游说，并公开威胁说谁支持PNTR，就叫他当不上议员。[③] 据统计，仅钢铁工人联合会会员就写了20多万封信，敦促众议员反对给予中国永久正常贸易关系。[④] 派人把手机送到车间，让工人直接给议员打电话。组织花车队在十几个州一路造势，给议员或明或暗的压力。[⑤]

① 即原来的“最惠国待遇”（MFN）。从字面上看“最惠国待遇”似乎是一种特殊待遇，实际是美国给予它几乎所有贸易伙伴的一种标准的关税待遇。根据1998年7月生效的美国税收改革法，“最惠国待遇”改称“正常贸易关系”（NTR）。

② 孙茹：《劳联—产联》。

③ http：//www.epochtimes.com/gb/4/5/5/n529767.htm.

④ 陈奕平：《美国工会现状分析》，《工会理论与实践》2006年6月，第16卷第3期。

⑤ New York Times，May 14，2000.

劳联—产联直接游说的对象更多的是民主党人，但是也不忘记争取较温和的共和党人的支持。劳联—产联主席斯威尼与众议员直接举行面对面的会谈，并与温和的共和党人、国会中的黑人议会党团举行会议。斯威尼说："我们告诉他们，工会会员们对这个问题的态度很严肃。我们对他们说，他们绝对没有充分的理由支持中国的永久性正常贸易关系。没有信息表明中国在改善其人权状况或工人的权利。"[①] 美国俄亥俄州第16选区的共和党联邦众议员雷古拉就收到一个由劳工组织寄出的大信封，里边是一块塑料浴池垫，写着：亲爱的雷古拉众议员，我们是生产浴池垫的，但这些东西将要由墨西哥生产了，我们这里将会有180名工人失业。《北美自由贸易区协议》生效后，我们出口最多的是就业机会，而不是产品。不要再犯同样的错误了，投票反对PNTR吧。[②]

人民币汇率问题也是劳联—产联向中国发难的又一领域。劳联—产联认为中国人民币的低估使美国制造业受损，进而导致了工人的大量失业。劳联—产联公共政策部助理主任李西亚于2003年9月25日及10月21日分别在国会"美中经济安全评估委员会"及众议院国际关系委员会上作证，指责中国低估人民币40%以促进出口的做法违反了世界贸易组织的规则。[③] 劳联—产联的努力使一些议员开始对本州工人的失业率及人民币汇率问题进行关注。2003年7月31日，以纽约州民主党参议员舒默（Charles Schumer）以及众议院小企业委员会主席、伊利诺伊州共和党议员曼佐罗（Manzullo）为首的16名两党议员写信敦促总统采取直接行动，促使人民币自由流动，要求财政部、国务院以及美国贸易代表处采取更多强有力的措施提高人民币汇率。[④]

---

① New York Times, May 14, 2000.

② Ibid.

③ 美联社华盛顿2000年2月11日电。

④ 何兴强：《美国利益集团与人民币升值压力》，《当代亚太》2006年第3期。

3. 提供信息及服务

劳联—产联通过细心地搜集完整的、及时的、对自己有利的信息，向国会议员提供这些信息资料，或者对某一问题进行深入的调查分析，提交研究报告，来提高说服力。对议员来说，在做出判断前往往需要权衡利弊，掌握更全面更实际的信息，这种游说的形式在一定程度上恰好满足了议员对于信息的需求。通过为决策立法者提供情报和材料，帮助他们进行专题研究，起草法案和公告，在听证会上作证，参加顾问委员会等等，都可以使议员对争论的问题做出全新的判断。

2004 年 3 月，劳联—产联向美国贸易代表办公室提交了一份指控中国为压低工资而降低产品成本并要求联邦政府对此展开调查的请求报告。报告中称，根据保守估计，由于中国对工人权利的忽视，使得工人工资至少下降了 47%—86%，进而使中国产品的价格相应地下降了 11%—44%。如果按照美国的标准来衡量，中国制造业商品的价格将提升 12%—77%。[①] 据此报告，劳联—产联认为中国的廉价商品与美国本土商品的竞争是建立在不公平基础上的，不仅造成了美国的高失业率，也导致了美国的高贸易逆差。因此，他们还要求布什政府动用“301 条款”[②] 对中国进行经济制裁。

2004 年 9 月 9 日，劳联—产联认为布什政府在人民币汇率上无所作为，带领由 23 家工业、农业公司和工会组成的“中国货币联盟”，向美国政府提出了一份长达 200 页的文件，要求美国政府根据国内贸易法条款对中国是否操控货币进行调查，并实施经济制裁。[③]

① 何兴强《美国利益集团与人民币升值压力》。

② 301 条款是指《1988 年综合贸易与竞争法》第 1301 至 1310 节的全部内容，其主要内容是保护美国在国际贸易中的权利，对其他被认为贸易做法“不合理”、“不公平”的国家进行报复。根据这项条款，美国可以对他认为是“不公平”的其他国家的贸易做法进行调查，并可与有关国家政府协商，最后有总统决定采取提高关税、限制进口、停止有关协定等报复措施。

③ 何兴强：《美国利益集团与人民币升值压力》。

虽然布什政府否决了该提议，但是对中美经贸关系的发展还是蒙上了一层阴影。为了缓解美国内部要求人民币升值的压力，2005 年 7 月 21 日中国政府宣布人民币小幅度升值，但是劳联—产联并未满意。由他带领的中国货币联盟利用制造业流失的工作数目等数据，论证中国小幅度的人民币升值对中美贸易赤字，制造业工作的流失并未起到作用，向美国政府施压要求对中国采取措施，并促使国会通过了《2005 年中国货币法案》（Chinese Currency Act of 2005）。[①] 该法案认为中国政府操纵人民币，使人民币紧盯美元的做法是一种不公平的贸易手段，并允许美国制造商直接向人民币挑战。

4. 阻挠与中方的交流

交流是增进了解的一种方式，由于担心美国的议员在与中国接触交流的过程中，受到影响而通过对劳联—产联有损的政策，阻挠美国国会议员与中国方面的交流也成为其游说的目的之一。2000 年，美国给予中国永久最惠国待遇提上日程，这一年在众议院复活节休会期间，克林顿政府曾准备组织两批各 15 位议员进行访华活动。劳联—产联给每个有意访华的议员寄去一个“救生包”，内装：手铐，西藏手镯，一瓶新鲜的空气，两角钱，圣经，猫狗皮毛加工手册和工会卡。这个“救生包”是反华谬论的一个缩影，在其压力下，最后仅有 4 位议员访华。[②] 虽然对中美贸易政策的制定和最惠国待遇问题上没有产生实质性的作用，但是却妨碍了两国的进一步沟通和了解，影响还是深远的。

（二）外部游说

1. 联合其他组织集团，以增强影响力

为了最大限度地调动一切可利用的资源来进行游说和增加影响

① 杨丽慧：《浅析劳联产联对中美关系的影响》，吉林大学硕士学位论文，编号 D814.9。

② 李晓岗：《推动中美贸易问题的非政治化》，《美国研究》2005 年第 4 期。

力，劳联—产联会联合关心类似问题的组织，比如人权组织、绿色环保组织等。“通过建立联盟，这些组织既可以节省单个游说的开支和避免利益集团的重复劳动，又可克服单个力量的不足从而增强游说的力量和影响。这种共同的游说可以模糊个别利益集团的特殊利益与大众的共同利益的界限，给人以关注大的公众利益的假象，以此赢得更多不明真相者的同情。”① 在中美经贸领域，人权组织和环保组织是劳联—产联合作的主要对象。

为争取与人权组织的合作与支持，劳联—产联主要在三个方面对中国人权问题发难。首先也是最主要的是在劳工标准的问题上，强调将劳工标准引入中美贸易政策中去是劳联—产联的目标之一。他们认为中国的劳工标准不规范，工作环境不符合标准，工人的权利受到极大地损害，工会官员称，他们早已抛弃过去的保护主义，也不盲目反对进口。他们对扩大对外贸易的态度是很开明的，只要这些议案中有保护外国工人权利的核心条款，比如给予组织工会的权利和禁止使用童工等，他们就赞成。劳联—产联称，他们正在认真考虑以这种“进步的国际主义”计划替代过去带有保护主义色彩的主张。② 斯威尼指出：“在签订对美国及其贸易伙伴国家的工人都有益的贸易协定时，必须有劳动标准的核心条款。”③ 在是否给予中国永久最惠国待遇的争论中，劳联—产联的主管助理里森说，“中国目前没有相应法律保障人权或者劳工的权利，”“世贸组织也没有保护人权或者劳工权利的条款，如果国会通过这个议案，那么以后中国发生损害劳工权利的事情，我们将无法对中国采取贸易制裁的

---

① 孙大雄：《宪政体制下的第三种分权：利益集团对美国政府决策的影响》，中国社会科学出版社，2004 年版，第 52 页。

② Thomas Palley, “How to Say No to the IMF”, *The Nation*, June 21, 1999, pp. 21－22.

③ New York Times, April 24, 2000.

措施。”[①]

2004年2月5日，劳联—产联司库杜姆卡在美中经济与安全评估委员会作证时，指责中国加入世界贸易组织两年以来，人权状况并没有改善。污蔑中国政府侵犯工人权利、镇压工人抗议和对持不同政见者开展“严打”运动。同时，称中国2001年对工会法的修改，只是表面上保障私营企业组织工会和加强工人的权利，而实际上“镇压工人权利”仍是中国政府实施政治和经济战略的关键组成部分。[②] 其次是“劳改产品”的问题。劳联—产联指责中国有计划、有步骤地关押政治犯，使用劳改犯生产商品，反对进口中国的“劳改产品”。1992年4月，劳联—产联下属的“服装和纺织工人联合会”迫使西尔斯公司制订了一条新政策，以保证中国的劳改产品不得进入西尔斯公司的存货仓库。1992年6月5日，劳联一产联要求美国最大的零售企业沃尔玛公司的股东们进行一次特别调查，以查明该公司从中国进口的商品是否由劳改人员所生产。[③] 他们提出的要求，实质上是为了限制美国公司与中国进行贸易活动。最后是对“死刑”和“计划生育政策”的抨击，在国会讨论是否给予中国PNTR问题前，劳工组织花费80万美元做广告，渲染中国处决死刑犯问题，诬蔑中国侵犯人权。他们还提出美国应对中国“强制绝育和堕胎”的做法进行惩罚。

劳联—产联与环保组织一起对发展中国家产品实施“绿色贸易壁垒”[④] 中国是美国用绿色贸易壁垒限制出口最多的国家，大多商品

---

① 李晓岗《推动中美贸易问题的非政治化》。

② Statement of Richard L. Trumka, before the US－China Economic and Security Review Commission, “China and the WTO: Compliance and Monitoring”, Feb. 5 2004, http: //www. aflcio. org.

③ 《劳联—产联要求沃尔玛公司调查中国进口产品》，美国《商业日报》，1992年6月5日。

④ 即指利用保护国际生态环境、自然资源、动植物健康为理由，抵制发展中国家的产品。

都是农产品。2002 年 1 月到 3 月，美国扣押发展中国家出口产品 12025 次，中国占了 1140 次。[①] 绿色贸易壁垒本来意在保护消费者的权益，但更多地被用于抵制贸易。劳联—产联大力支持环保人士的宣传，说中国毫无环境标准、工业企业以惊人的速度向大气排放含氯氟烃，污染状况让人感到恐惧。[②] 把反对与中国贸易自由化的问题与保护环境联系在一起，使自己的主张更加国际化，往往还带有着某道义感和使命感，更容易使自己的主张被重视被采纳。

2. 组织工人游行罢工，以提高关注度

游行示威及罢工由于参与的人数众多，影响的范围较广，一直是劳联—产联用来影响政府政策的重要手段之一。而劳联—产联更可以参与到其他工会组织的罢工活动中，借此获得更多的政治权力和行政资源。2002 年 10 月美国西海岸封港事件就是一个典型案例。由于码头业主和工人在续签一项劳动合同时产生分歧，双方矛盾激化。代表一万多名美西港口工人的国际码头和仓库装卸工人联盟进行罢工，使美国西海岸 29 个主要港口封闭近两周。停泊在港口外的 120 多艘巨型货轮无法进港卸货。后来工会方面邀请劳联—产联的首席财务官理查德·特鲁姆卡参与谈判。由于劳联—产联这个势力巨大的工会组织的介入，缓和了资方的强硬立场，最终谈判获得了成功。[③] 冲击不仅影响到美国还波及到全球。美国西海岸的工潮对严重依赖美国市场的中国的进出口带来了重大影响。法国巴黎百富勤当时发表的报告指出，若工潮持续 3 个月，中国经济增长或许会因此减少 2 个百分点。在香港方面，据香港贸易发展局估计，香港的出口总值因为这次事件而减少 100 亿港元，而数十亿美元的美国农

---

① 王斌义：《我国农业遭受绿色贸易壁垒的现状，成因与对策》，《湖北汽车工业学院学报》2003 年 12 月，第 17 卷第 4 期，第 47 页。

② 新华社联合国 2000 年 1 月 11 日英文电。

③ 周薇：《劳联—产联与全球经济贸易问题》，《工会论坛》2005 年 1 月，第 11 卷第 1 期。

产品、急冻肉类等也无法运至香港。[①] 罢工的影响力往往具有滚雪球效应，实际的效用会大于它所带来的直接效用。在游行示威方面，劳联—产联和其他非政府组织声称，正是他们的抗议才制止了2002年12月在西雅图召开的新一轮全球贸易谈判。虽然有些夸大事实，但工会等团体的抗议确实是西雅图会议失败的原因之一。[②] 游行过程中，反对扩大对华贸易是主要的口号之一。在一些国际组织的重大会议的会场周围，经常可以见到工会组织的大批游行人群，这也成为劳联—产联唤起更多关注的有力手段之一。2003年9月初，斯诺访问中国期间，数以千计的美国工人利用劳工节举行示威，抗议中国政府人为压低人民币价值，使中国产品以极低的价格大批进入美国，对美国企业造成冲击。[③] 以谋求对国会和政府的压力升级。

3. 动员公民和消费者，以扩大覆盖面

与游行罢工相比，还有一种相对较温和的影响方式，就是动员消费者联合抵制或者越过参与决策者直接动员社会公众表态，比如公开倡议书、公民投票等发动大量民众的活动。劳联—产联重视在公共关系上的维护，他们通过网站、演讲、研讨会等形式的活动努力使公众形成对他们良好印象，然后组织公众参与到他们组织的活动中去。在动员消费者联合抵制商品方面，1991年11月25日，劳联—产联下属的青年组织“光鞭”劳工组织与人权组织以及部分消费者组织连盟，在圣诞节前联合呼吁在纽约、洛杉矶、旧金山等14个大城市抵制中国生产的玩具，抗议所谓中国侵犯人权，使用童工以及虐待监狱犯人的行为。[④] 动员大学生建立起工人权利联合组织，对服装企业自愿遵守基本劳动标准的情况，独立地进行监视并发布

① http://rich.online.sh.cn/rich/gh/content/2002-10/10/content-441835.htm.

② 参见 http://www.chd.cei.gov.Cn/ox/D200602.htm。

③ 杨丽慧：《浅析劳联产联对中美关系的影响》，吉林大学硕士学位论文，编号D814.9。

④《国际贸易报道》1991年11月27日。

监视结果。美国大约有44所大学参加了这一组织。1999年，一些美国公司面临着与许多大学合同被中止的危险，最后在耐克公司的带头下，这些公司都同意遵守工人权利联合组织的相关规则。[①]

4. 资助相关活动团体，以获得更多支持

扩大影响力和覆盖范围是获得更多支持的方法，劳联—产联积极资助各种与其利益相关的基金会和活动，希望借此提高对国会政策制定过程中的影响力。2001年5月1日，劳联—产联和国际自由劳工联盟联合发起了在全球148个国家的工作场所、工会礼堂、政府办公室等处张贴海报、宣传国际劳工组织发布的工作权力的基本原则、向工人宣传相关知识等活动，这是工人运动史上最大的一次国际性公共宣传活动。劳联—产联还向设在加州的劳改研究基金会提供了大量的资助，而劳改基金会则帮助其搜集有关中国出口“劳改产品”的证据；同时还资助人权组织对中国的人权状况进行监督。[②] 无论是通过大量宣传提高人们对劳工权利的重视，还是对相关基金会的资助，其目标都直指中国。

由于劳联—产联影响国会、政府的手段多种多样，在美国的经济政治生活中仍有较大的影响力。许多中国企业，包括中国国际信托投资公司（中国国际信托投资公司曾在美国收购了一个不是很大的工厂，由于该厂与工会间的纠纷，仅打官司就打了九年）、中国五矿进出口公司、中国建筑总公司、中国风险技术咨询公司、广东健力宝集团和中旅集团等，在进军美国市场时都曾吃过美国工会的苦头。[③]

① 陈奕平：《美国工会对中美经贸关系的影响》。

② 周薇：《劳联—产联与全球经济贸易问题》，《工会论坛》2005年1月，第11卷第1期。

③ 陈奕平：《美国工会现状分析》，《工会理论与实践》2006年6月，第16卷13期。

中国海尔集团投资美国选择制造基地时，曾考虑过美国北方的工业重镇，但是鉴于那里工会力量强大，中国公司没有与美国工会交涉的经验，最后将工厂设在工会力量比较薄弱的南卡罗来那州，因为该州法律并无企业必须成立工会的规定。按照海尔集团首席执行官张瑞敏的说法，“一旦成立工会的话，成本就要增加20% - 30%”。[①] 作为美国最大的工会组织，劳联—产联拥有较多的会员和较强的经济资源，并通过多种方式来维护自己的利益，影响政治事务，在针对中国的问题上表现得尤为充分。不难看出，劳联—产联各种各样的内部和外部游说活动对中美经贸关系的发展产生了一定的消极效果。他们先是通过联合更多的力量集团进行宣传等外部活动影响民意，在一定程度上引起公众对政府贸易自由化政策的不满。然后，游说人员再通过内部活动向政策制定者表达这种民意，传达公众的态度。由“外部”活动制造气氛，由“内部”游说加强影响，促使政府和国会做出对工人有利的决策。

四、劳联—产联未来影响力分析

由于代表的利益团体是美国劳动工人，这使的劳联—产联在经贸领域上必然是反华的。它在中美经贸关系的塑造上发挥着一定的作用。影响力的大小又直接决定了作用力的深浅，在经济危机和美国新政府的大环境下，对劳联—产联影响力的分析是必要的。

2005 年劳联—产联出现的内部分化导致会员骤减将半，严重地削弱了自身的影响力。分裂前，劳联—产联共有 64 个产业、行业工

---

① 张瑞敏：《创新是海尔发展的灵魂》：http：//wwww. cashq. ac. cn/html/Dir/2001/10/10/0953. htm。

会，总计拥有会员 1300 万。[①] 而变革谋胜利工会联合会的 7 个工会会员总共约 600 万，[②] 占分裂前劳联—产联会员总数的 46%。大分裂主要是由于自身体制的弊端。罗伯特·费奇在《出卖团结：腐败如何毁了劳工运动，削弱了美国的前程》一书中认为，美国工会体制存在着三大弊端：腐败、分裂、孱弱，即劳工活动分子所谓的“美国病”。“美国的两万多相对独立的地方工会，如同封建领主一样。工会大多有自己的地盘，在自己的地盘里有与资方的独家谈判权，向工人们征收会费。这些工会更像半独立的封建领地，而不像是为劳动人民的共同利益而斗争的劳工组织。”[③] 劳联—产联会员的利益要求是多方面的、多层次的，如何在内部不同工会之间找到多方利益的重合点是劳联—产联发展过程中的最重要问题之一。经济全球化对不同行业的工人来说利弊也是不同的。这次分裂出去的 7 个工会的成员主要来自服务业，运输业和农业，这些产业无疑是经济全球化进程中的受惠方，与传统“夕阳产业”工人的态度必然截然不同，最终走上了分裂的道路。

除了内部存在的问题导致分裂，进而削弱了影响力，劳联—产联还必须面对以下三方面来自外部的挑战：首先是与不断涌入的亚、非、拉移民之间的冲突。劳联—产联一贯都以保护本国白人劳工的利益为目标，往往忽视了非白人工人的要求，甚至会采取一些歧视移民的措施。随着移民数量的扩大，与劳联—产联唱对台戏的可能性进一步增加。其次是和工商利益集团之间的矛盾，美国在直接对外投资中既是重要的投资国也是被投资国，企业的利益诉求在于促

① 丁骥千编著：《美国工会分裂的影响》，《国外理论动态》2007 年第 2 期，本文是对《美国工运这一次分裂是否意味着该国工运一个春天即将到来?》（美国社会学教授里克·方塔西亚（Rick Fantasia）撰写，刊登在法国《外交世界》月刊 2006 年 3 月号）这篇文章内容的介绍。

② Andrew L. Stern “Unions Reinvented”, *The Los Angeles Times*, July 26, 2005.

③ 严海蓉：《美国劳工运动中的病症》，《世界工运》2007 年第 22 期。

进经济贸易的自由化。最后是与美国政府政策之间的对抗，美国经济的繁荣与经济全球化必不可分。全球化使美国经济增长越来越依赖于国外市场，只有不断扩大国外市场，美国经济才能持续繁荣。为了促进经济复苏，维持美国在全球经济中的主导地位，经济开放的根本经济战略将不会轻易改变。

挑战与机遇并存。一方面，2005 年的大分裂击碎了劳联—产联在工会中垄断的局面，却也是促进工会内部增强竞争性的催化剂，更多的创新性可能由此激发，从这一点来说，分裂不一定只有负面影响。在全球化的冲击下，新世纪金融危机的影响下，美国的劳动力市场受到了严重的冲击，失业率高居不下，让越来越多的人愿意依靠集体的力量来保障自身的利益。最近的民意调查显示，有 5700 万的美国人有兴趣考虑加入工会。[①] 另一方面，民主党人奥巴马成为白宫的新主人，这对与民主党有特殊伙伴关系的劳联—产联来说，是扩大影响力的良机。共和党是自由贸易的倡导者，而民主党则倾向保护劳工，奥巴马在竞选时提出的经济复苏方案也在很大程度上保护着底层工人。借助着经济危机和白宫易主，劳联—产联如果能够抓住这两个重要机遇，其力量复兴和影响力的扩大并不困难。

结论

随着中国经济贸易的持续稳定发展，加上金融风暴下美国经济的不景气，失业率不断上升，以及民主党人奥巴马入主白宫，中美之间的贸易问题会继续存在，以劳联—产联为代表的强大工会利益集团所积极参与并发挥重要作用的活动上，多数都将给中美经贸关系的发展增添更多的障碍，这也是我们在中美经贸关系发展中必须面对和解决的问题。在与美国这样一个庞大的国际市场顺利开展经

① 小夏：《美国劳工运动复兴》，《南风窗》2007 年 1 月下。

济贸易合作，以达到促进中国经济的快速稳定增长的过程中，加强对美国工会尤其是劳联—产联的关注是十分必要的。

第三节　美国商会对中美贸易政策的影响

美国商会在中美关系中扮演了重要的角色。自1979年7月，美国休斯敦商会会长路易·韦尔什率休斯顿商会代表团访华。1980年2月，美国商会主席理查德·莱谢尔率团对华访问。美国的全国制造商协会和各种行业协会也纷纷来华拓展业务。[①] 其中总部坐落在华盛顿的美国商会现在是世界最大的商业联盟，代表近300万公司、3000个州和地方商会，850个商业组织和92个海外美国商会。美国商会的对华活动，总是受到中国中央政府及各级高官的接见，而中国领导对美国的访问也免不了美国商会的热情招待。随着美国商人在中国的投资、贸易的增加，美国在华商会也纷纷建立，充当起跨国公司在华开拓市场、游说政府、争取权益、扩大商业利益的排头兵。美国在华商会在中国代表投资者的利益，在本国又代表着海外投资者的利益，其双重身份使它对两国政府政策的制定和实施都有一定的影响。一般说来，美国国内商会与在华商会在中美两国政府出现矛盾时，会竭力担当起一个润滑剂的角色。它们在最惠国待遇、中国复关谈判及加入世界贸易组织谈判方面多支持中国，也因而扩大了他们的在华利益。它们在国内的政治地位和影响也因而得到提升。

① 朱根发：《美国行业协会运作特点及对我国的启示》，摘自《现代商贸工业》2004年第4期。

一、美国商会概况

美国商会的成立缘起于美国总统威廉·霍华德·塔夫脱于1911年12月关于“商业共同利益体”概念的提出。[①] 四个月后，即1912年4月12日，美国商会诞生了。总部设在华盛顿的美国商会不仅是美国行业协会的总代表，也是世界上最大的非盈利组织之一。在90多年的发展历程中，美国商会成功地发展曾为世界上最大的商业联盟，代表300万家企业会员，拥有1300个贸易协会、3000多个地方商会以及92个海外分支。[②] 它多年来一直扮演美国企业代言人的角色，在通过有效地游说美国政府有关部门维护企业利益等方面发挥了积极作用。

从成立至今，美国商会一直致力于为成员提供广泛而深入的服务。具体的服务项目涉及资本市场、教育、能源、基础设施建设、知识产权、法律、组织管理、政治、安全、国际贸易等诸多方面。在组织结构方面，美国商会下设八个职能中心，包括：商业领导力中心、国际私有企业中心、资本市场中心、全球知识产权中心、劳动力竞争力研究所、法律研究所、国家基金会和诉讼中心。[③] 这些职能中心各司其职，为美国商会成员提供多种多样的服务。

美国商会在中国的历史源远流长。中国美国商会最早成立于1915年，是美国在亚洲的第一个商会，在海外的第三个分支[④]，也是当时在中国的第一个国外商会。虽然成立较早，但是受到战争和中美关系影响，中国美国商会直到改革开放后才重新开始进行活动。商会代表在华的美国企业以及从事商业活动的美国公民，是一家促

① 美国商会官方网站：http：//www.uschamber.com/，2009年5月20日访。

② 同上。

③ 同上。

④ 同上。

进中美两国之间的经济、贸易、商务与投资的非赢利组织。目前在中国的北京、上海、广州、香港等共有七个商会，拥有20多个产业及专题论坛和专业委员会，提供多种专业服务。[①] 商会的使命和目标是通过提供及时可靠的信息、广泛有力的宣传来帮助会员在中国这个极具潜力的市场中获得成功。[②]

中国美国商会拥有2500多名会员，代表1100多家在华从事商务活动的美国企业，是目前在中国境内规模最大的海外商会。成员既有在华的美国企业和个人，也有中国企业与个人，甚至还有一些其他小国家的企业与个人。会员中不仅有如雷贯耳的商业巨头，还包括众多中小型企业。这些企业涉及的行业和领域非常广泛，涵盖汽车、制造、医疗器械、基础设施和服务业等众多行业。他们中很多是世界500强企业，拥有雄厚尖端的科技实力，可以说他们代表着美国商业的精英力量。这些企业来到中国寻找商机的同时，也为中国带来许多先进的技术和创新的理念。他们通过参加中国美国商会的活动，建立各种关系，获得各类信息与商业机会。

中国美国商会提供的服务主要包括：快速商务签证通道等。中国美国商会的各个代表处还会定期举办行业论坛，涉及农业、航空、食品、金融服务等多个领域。[③] 除此之外，中国美国商会的代表处下还设有处理政府公共关系等职能机构。这些机构为中国美国商会处理中美两方政府关系做出了巨大贡献。

---

① 21世纪新闻网：http://finance.21cn.com/jjbd/2009/05/18/6296416.shtml，2009年5月18日。

② 中国美国商会官方网站：http://www.amchamchina.org/，2009年5月27日访。

③ 同上。

二、美国商会的主要特点

从美国行业协会的运行情况来看，美国商会主要有以下四个特点：

（一）本土化和国际化相结合

作为美国各类企业、大小农场等经济实体的利益代表，美国商会在美国国内建立了四通八达的网络，其成员遍布全美各地，几乎涵盖所有行业。目前，美国商会共拥有30万个企业会员和830个企业协会会员，在全美各州设有3000个分支机构。几乎所有美国知名的大型企业都是美国商会的会员，但有96%以上的会员是雇员总数低于100人的小型企业，而这些势力单薄的小型企业更需要美国商会的帮助。美国商会主席史提夫·温安洛介绍说："我们在国会、白宫、政府常规机构、法院、公众舆论以及外国政府面前积极游说，力争有效地维护企业利益。"[①] 美国经济是国际化的经济，而作为企业利益的代表，美国商会顺应潮流，积极采取措施，使其机构实现国际化。目前，美国商会已经在国外设立了92个分支机构，它们代表美资企业的利益，为美国企业打开外国市场筑桥铺路，冲锋陷阵，避免企业自己单枪匹马地在国外市场上闯荡。与此同时，美国商会还与驻在国政府进行沟通和协调，为美资企业在进出口与税收政策等方面争取最大限度的优惠待遇。实际上，美国商会在为企业提供服务上做到了国内与国外有机结合。以美国大豆协会为例，该协会代表美国所有种植大豆的农场主的利益，在国内与银行就贷款利息的高低进行谈判，在国会面前就即将通过的农业法案进行游说，并对政府正在制定的农业政策施加影响。在国外，美国大豆协会积极

① 美国商会官方网站：http://www.uschamber.com/，2009年5月20日访。

参与美国与欧洲和亚洲等国家和地区的贸易谈判，并主动向美国国内有关方面介绍有关国家大豆进口政策等方面的知识。总之，该协会在努力为美国大豆争取海外市场的同时，还尽量维护美国大豆农场主的利益。[①]

（二）通过维护企业利益树立自己的权威

美国商会对会员没有行政约束，主要是通过在国会和白宫为企业进行游说以及在法院帮助企业打官司等具体业务来增强对企业的吸引力，通过利益交换将企业紧密地团结在自己的周围。这一权威地位意味着美国商会等行业协会能够办成企业单靠自身力量办不到的事情。此外，美国商会对美国的政治生活具有一定的影响力，这是美国行业协会权威地位的另一个具体表现。在以竞选为主要特征的美国政治生活中，各级公务员的竞选是非常频繁而又重要的活动，因为美国商会会员中包括一大批资金雄厚的企业，能够决定为谁捐款以及捐款资金和选票的流向，所以美国政客们对美国商会也不敢小看。

（三）按市场规律进行商业化运作

美国商会等行业协会的经费主要来源于企业按照各自规模所缴纳的会费、行业协会自身的经营收入以及各方面的赞助捐款。由于会费数额有限，因此，美国行业协会便根据市场经济规律进行运作，如提供组织大型会议、举办商务讲座和学术研讨会、帮助企业打官司以及贸易和法律咨询等有偿服务。

（四）按市场规律进行商业化运作

一个行业协会要得到会员的坚决拥护，必须每年设立并完成得

---

① 朱根发：《美国行业协会运作特点及对我国的启示》。

到不同行业会员支持的固定项目，这对行业协会来说是一个非常严峻的考验，因为如果一个行业协会连本应该办到的事情也办不到，势必将失去会员的支持，协会本身也将面临生存危机。以举办讨论讲座为例，美国商会经常围绕国内、国际非常关心的经贸问题，邀请国内外成功企业的总经理和首席执行官来介绍经验、分析案例、提供咨询。出席讲座的所有听众均需付费，对非会员企业代表的入场收费标准要明显高于会员企业。此外，商会每年还组织一系列全国性的大型会议，通过联系饭店、预订宴会等活动赚取一定的经费。这样一来，美国商会便具有双重商业化的地位：一是为会员企业提供服务的商业化；二是自身运作的商业化。

事实上，美国商会能够在生物技术、国防、电子商务及其技术、经济和税务政策、教育与劳动力培训、环境与能源、食品与农业、卫生保健、移民、国际贸易、劳工、法律改革、私有化和企业购并、日常事务、退休与社会保障、小型企业以及运输等领域代表企业的利益，直接与政府打交道。每年商会还要公布维护企业利益的成功案例，召开项目研讨会并组织专门委员会征求会员意见，以便进一步改进来年的工作。设立项目，既要兼顾不同的利益，更要长期坚持不懈，决不虎头蛇尾，直到大多数会员根据市场形势的变化认为某个项目不必继续进行下去为止。[①]

二、美国商会对中美关系的作用

中国美国商会通过其在华活动对中美双方的关系施加影响。要想了解美国商会对中美关系的作用，首先要了解中国美国商会在中国的主要活动。笔者认为中国美国商会在中国的主要的活动主要有：发布年度白皮书；加强与中国政界、商界的来往（包括定期举行对

① 朱根发：《美国行业协会运作特点及对我国的启示》。

话和各种会议和论坛）；进行年度商业尽职调查三个方面。

（一）发布年度白皮书

一年一度的《白皮书》的发布是中国美国商会在中国的最主要活动之一。通过一系列的商业调查、对成员的访问以及与中国政府的沟通，中国美国商会撰写出年度《白皮书》。这些《白皮书》不仅能够帮助在中国的美国企业更加了解中国的国情、商业环境、政府政策，还能帮助美国商会总部及美国政府了解中国的经济状况以及在华投资的美国企业的境况。

以2009年的《白皮书》为例，我们可以更清楚看到《白皮书》的主要内容和起到的作用。《2009美国企业在中国》白皮书是中国美国商会发布的第11本年度白皮书，内容源自会员在华工作生活的切身体验。《白皮书》就如何改善中国的商业环境，以及在全球经济衰退的时候促进经济增长提出了观点和建议。该文件奠定了中国美国商会在其发布之后一年中的政策讨论及政府对话的基础。它包括38个章节，分为商业环境概述、各省市展望，以及包括知识产权保护、环保、金融服务和航空等主要行业和领域的分析和建议。[①]

中国是2009年全球经济体中为数不多的仍保持增长的国家。中国美国商会近期的会员调查显示，三分之二的在华美企期待从中国的四万亿经济刺激计划中直接或间接获益。中国美国商会强调，中美两国的经济刺激计划应该公开有效的实施以最大化其影响力。商会主席华金声指出："2009年，我们认为有两个关键且相互关联的目标：克服保护主义，改善中国地方政府的政策执行环境。"《白皮书》提出了如何确保中美两国经济刺激计划实施中效率优先于政治的建议，其中对中国政府的建议之一是加快中国加入WTO政府采购

---

① 中国美国商会新闻稿：《促进中美经贸关系，支持经济发展》，http：//www.amchamchina.org/article/91，2009年4月27日。

协定（GPA）的步伐。成为GPA的成员国将确保中国企业能够全面竞投美国政府合约，而美国在华企业也能够获得公平的机会参与在中国的竞标。华金声表示，即使中国不能很快加入GPA，“经济刺激方案的实施也给中国提供了一个很好的契机，证明中国将以透明、规范的方式加强政策监管和法规的执行”。《白皮书》还建议中美两国政府通过进一步的合作来改善商业环境。中国美国商会认为两国间的高层及工作层面的对话将使企业和消费者从中获益。会长柏迈高表示：“美国食品药品管理局（FDA）最近在中国开设了办事处，与中国地方政府机构合作共同促进产品安全。此举是中美两国对话的积极成果之一。这一成功的合作为双方今后在其他重要领域（如环保和节能方面）的合作创造了一个先例。”

美国商会的主席华金声表示，该白皮书将会递交1200本给中方官员，其中包括亲自面交商务部的高级官员。另外，两周后，中国美国商会的代表还将赴华盛顿，向美国国会议员和政府官员递交约750本白皮书，其中包括美国贸易事务代表等十几位高官。

（二）扩大与中国各界的交往

随着中美两国经济合作的加深，中国美国商会在中国的活动也日益增多，其中不但加强与中国商界的交往和相互了解，更加强与中国政府的沟通。中国美国商会也将美国政府的声音传达给中国的各界以增强相互了解。

在商界方面，中美两国商会的相互交往日益扩大。中美商会就双方共同关心的中美经贸问题交换意见，可以理解彼此的关切，扩大双方的共同利益，由此推动中美战略性合作关系的建立。如2003年10月成立的中美商务理事会由中国国际贸易促进委员会（中国国际商会）与美国商会共同组建，旨在促进两国工商界的交流与合作。中美商务理事会轮流在中美两国举行年度会议，为两国工商界搭建了一个机制性合作平台。中美商会深入探讨双边贸易与投资问题，研究现行政策对双边经贸关系的影响，并就存在的问题为双方政府提出良好建议。中美商会的频繁互访和充分交流，促进了中美“建立互利互惠的战略性商贸伙伴关系”。[①]

同时，美国商会也日渐加强与中国中央政府和地方政府的交流。首先，美国商会总部非常注重与中国领导人的沟通，每年都会派代表团来到中国进行考察调研，并与中国领导人进行会晤。例如，2009 年 1 月 13 日，全国人大常委会委员长吴邦国在人民大会堂会见了会长多诺霍率领的美国商会代表团，双方就中美经贸关系和中美经济面临的机遇和挑战发表了彼此的砍伐。[②] 其次，中国美国商会关注中央政府的改革及各项措施。例如，2008 年，中国美国商会的专家发表对于国务院机构改革的评价。“我们赞同中国政府进行机构整合的努力，这些改革可以改变当前政府机构重叠、职责交叉、政出多门的现状，提升行政效率，以深化改革从而适应市场经济需要。”中国美国商会前主席吉姆·吉莫曼（James Zimmerman）说道。“我们支持‘大部委’的建立，这有利于中国政府提高行政效率，减少行政成本。”[③] 第三，中国美国商会的各地办公室都与地方政府进行定期的会晤。例如中国美国商会北京、上海办公室会每年举办与市长的对话。[④] 通过这种对话，中国美国商会可以加深对地方政府政策的了解，为会员提供详尽可靠的信息。

---

① 李佳诗：《中美经贸合作面临前所未有的机遇》，《人民日报》2003 年 10 月 15 日。

② 中央政府门户网站：http：//www. gov. cn/ldhd/2009 - 01/13/content _ 1204521. htm，2009 年 1 月 13 日。

③ 投资中国网：http：//invest. china. cn/chamber/shdt/txt/2008 - 03/14/content_ 2122771. htm，2008 年 3 月 14 日。

④ 中国美国商会官方网站：http：//www. amchamchina. org/，2009 年 5 月 27 日访。

（三）进行商务尽职调查

最后，中国美国商会在中国的商务调查也是其日常活动的重要部分。例如，2009 年 3 月 10 日，中国美国商会公布了“2009 商务环境调查”。这次调查项目包括企业营运状况、短期利润预期、未来五年发展展望、十大商业挑战、影响利润的因素、未来投资计划等。调查结果显示，63% 的受访企业面向中国市场生产并提供产品和服务，2008 年报告中这一比例为 51%。22% 的受访企业把中国列为全球投资战略第一位，这是 2004 年以来的最低点。并且 37% 的受访企业表示将推迟在华投资计划。但是尽管高达 84% 的受访企业表示中国竞争力受到成本上升的影响，仍有 91% 的企业并不打算撤离中国市场或重新选址，并且 24% 的受访企业表示将在 2009 年将业务扩张到二、三线城市。受到经济危机影响，受访企业对未来一年商业前景的预期，48% 持悲观态度；但是两年和五年期预期，这一比例分别下降至 16% 和 5%，表明尽管短期商业信心受损，长期仍保持乐观。对于中美经贸合作未来 30 年展望，中国美国商会主席华金声提出了三个“1 万亿”的希望。① 中国美国商会有近 2700 名在华经商的企业及个人会员。该调查针对美商会在华会员企业，受访企业中，外商独资企业占 64%，在华代表处占 38%。中小企业比例为 56%，大型企业为 38%。

可以清晰地看到中国美国商会这样详尽又职业的商务环境调查，不仅可以帮助美国企业了解中国的商务环境状况，以便及早做出打算，而且可以帮助中国企业及中国政府及早了解美资公司动态，从而制定出适应他们发展和有利于中国经济发展的政策及措施。

① 财经网：http：//www. caijing. com. cn/，2009 年 3 月 13 日。

三、基于美国商会在华活动的作用分析

在笔者看来，中国美国商会在中美关系中最重要的作用就是分别在中国政府与美国企业、美国政府与美国企业以及美国政府与中国政府三方面搭起了沟通的桥梁，既让中国政府了解美国公司的情况，倾听美国政府的声音，也让美国政府了解在华投资的美国企业的情况以及中国政府的政策和措施。

例如，中国美国商会年度《白皮书》就是最好的一种架起两国沟通桥梁的方式。这 11 部《白皮书》通过详细的记载，反映了近 10 年来中美两国政府在诸多领域开展的合作，以及共同寻找和解决对两国发展至关重要的问题所做的不懈努力。《白皮书》不仅仅希望为中国提供建议，更重要的是，它更多地体现了一种合作与协作精神，并希望秉承这种精神，共同探讨双方如何改善商业环境、如何为两国企业的成功创造良好条件。商会提出的一些建议，如知识产权保护问题，实际上对所有人都有益，其中也包括中国企业。中国美国商会不仅向中国政府介绍会员企业的情况，同时也向美国政府提出积极的建设性意见。商会高层将出版的《白皮书》带回华盛顿，并与国会成员们当面交流。目的是促进中美两国之间积极的、建设性的关系，同时努力不让美国国会的决定或措施对这种关系造成消极、负面的影响。①

由于社会制度以及国情的种种不同，中美两国之间难免有冲突和摩擦。中国美国商会很好的起到了调节两国关系、解决冲突的作用。

例如，2007 年正值美国对中国汇率问题指责最激烈的时候。中国美国商会发布了企业状况年度调查——《2007 美国企业在中国》

① 彭立立：《建立双向沟通 携手迎接挑战》，摘自《中国外资》2009 年第 1 期。

白皮书。这份报告称，美国企业必须认清一个事实，那就是他们的全球竞争力越来越依赖于在中国的表现，而在汇率等问题上对这个“大客户”施压，显然并非明智之举。而美国国会也应尽量避免通过立法试图借汇率调整或其他激烈的措施来改变对华的贸易条款。这份白皮书是中美商会在对2000多个美国在华企业做出调查后得出的。在接受该商会调查的会员企业中，有73%的企业称其中国业务是盈利的，高于上次年度调查时64%的比例。大多数企业还表示，2006年其中国业务的运营利润率实现了增长。大部分企业都计划继续扩大在华业务。事实上，尽管身处美中巨额贸易逆差和知识产权争端的阴影下，中国仍然成为很多美国企业的淘金“圣地”。据统计，中国加入WTO，不仅有益于美国对华出口，也进一步增强了美国公司在全球的竞争力。“2002—2006年，美国对华出口的增长速度2.5倍于他对世界其他地区出口的增长。去年，美国对华出口增长了1/3。”中美商会在白皮书中做出了如此评价。因此，中美商会认为，美国政府的努力应该更加切合实际。“我们为推动在华商业利益而投入资金，但美国政府的总体表现，却使我们在华商业利益与作为一个国家为争取更大的市场份额所准备做出的承诺之间存在重大脱节。因此，美国政府应给予美国企业必要的资源以分享这些努力的结果，包括制定更友善的出口管制和签证政策。”①

结论

通过对美国商会在中国主要活动介绍，笔者认为美国商会在中美关系中的作用主要有两点：第一是桥梁作用。作为一座沟通的桥梁，中国美国商会的《白皮书》以及对双方政府的政策建议都使中美两国更深入地了解对方，促进了对双方政策的了解也促进了双方

① 李莹、杨振宇：《美国不应对中国施压》，摘自《时代经贸》2007年第4期。

的战略关系发展。第二是润滑剂作用。作为世界上最发达资本主义国家和世界上最大的社会主义国家，美国和中国无论是从社会制度还是国情上讲都存在很多的不同。美国商会的存在使两国在有摩擦的时候能够以更理性的态度面对问题和解决问题。在近两年的中美贸易中，美国总是在人民币汇率和反倾销问题上提出不利于中国的建议及政策。美国商会作为第三方给美国政府提出了一些有建设性的意见，也有效缓解了双方的矛盾冲突。笔者以为美国商会在中美关系中起到的作用是积极且有效的。中国政府应该关注美国商会在中国的活动，积极与美国商会沟通。同时中国政府应该进一步完善中国的商会制度，建立一个能够成为中国企业利益代言人的中国商会，从而加强两国商会的合作和沟通，进一步改善两国关系。

第四节　美国商业圆桌会议及其对中美经贸关系的影响

"圆桌会议本来的概念是围绕圆桌举行的会议，没有主席位置和随从位置，人人平等，源自英国传说里的亚瑟王与其圆桌骑士在卡莫洛特时代的习俗。圆桌会议亦可比喻为以和平手段寻求解决问题的方法。"[①] 这里说的圆桌会议，其实是美国主要的大公司首席执行官组成的联盟组织，商业圆桌会议（Business Roundtable）。美国商业圆桌会议（Business Roundtable）早已超出了本来的意思，它早已不是指一个简简单单的会议，而发展成为了一个大企业 CEO 联盟，代表着一千万雇员，而且它的成员们实力雄厚。

---

① 维基百科"圆桌会议"：http：//zh. wikipedia. org/w/index. php? title = % E5% 9C% 86% E6% A1% 8C% E4% BC% 9A% E8% AE% AE&variant = zh - cn。

一、时代催生的跨国公司联合组织

“商业圆桌会议创建于1972年，是由三个组织融合而成：三月团队——由首席执行官们组成的非正式公共政策讨论组，反通胀圆桌会议和劳动法研究委员会——大部分由大公司的劳动关系执行官组成。”①

“创建者们相信，在多元社会中，商业领域应该对公共政策的形成起着积极有效的作用。……他们认为美国需要一个组织，使CEO们能够聚集起来，研究问题，达成共识，宣传他们的共识。因此商业圆桌会议建立于两个使命：第一是让首席执行官们能够共同解决与经济和企业密切相关的问题；第二是向社会和公众呈现最新的知识成果、信息和积极现实的行动方案。他们相信CEO们的努力能够促进政府与企业组织的合作，减少摩擦，因此能促使美国的经济更加健康，减少政府对经济的错误干预。”②

正如创建人们所认为的那样，商业圆桌会议的使命是让大企业共同解决与企业发展攸关的问题，促使政府和企业之间的有效合作，减少错误的干预。他们关注公共政策事务，提出反映出经济社会原理立场或反应发展趋势的观点，影响政府决策。

为了更好地理解商业圆桌会议成立的必要性和历史背景，让我们先看看20世纪30年代大危机以来美国政治经济政策的历史沿革。20世纪30年代的大萧条中，美国的经济利益集团要求保护本国的经济，于是他们集中采取强有力的游说活动，对国会施压，促使国会选择了贸易保护主义。在经济危机之下，美国国会迫于国内政治经济集团的压力，通过了《斯穆特—霍利关税法》，极端保护主义不但

① 见美国商业圆桌会议的官方网站：http：//www. businessroundtable. org/about/history。

② 同上。

没有解决经济危机，反而由于美国经济与世界经济的密切联系，加重了世界的危机，也使美国受到重创。国会领导人认识到这一点，又在1934年通过了《1934年互惠贸易法》，这项法律授权总统去谈判贸易自由化的协定。由于总统行政部门比国会更加稳定，较少受制于选举压力，1934年的协定也就增强了决策部门对贸易保护主义的抵抗力。“从20世纪30年代直到60年代，美国贸易政策制定的主要过程就是建立和完善一个转移压力的政策管理体制。谁也没有通盘考虑过1934年体制。它是从一个强大的行政部门与国会双重领导以及一系列对具体压力所做出的特殊处理中产生的。”[①] 这个应对利益集团压力做出特殊处理的过程，使得美国减轻了贸易保护主义对决策部门的控制。

从1934年协定开始，美国不断促进贸易自由化，使得美国的经济越来越依赖国际贸易合作，地区一体化与全球经济一体化也迅速发展。到了20世纪七八十年代，美国的贸易保护主义较之40年前的情形衰落了，国会的领导人和上升中的大企业深知要避免20世纪30年代初那种窘况必须促进贸易自由化，在完善国际体制和国内法规制度的同时更好地融入世界经济，参与国际竞争。传统的制造业在经济全球化中受到了竞争的损害，美国贸易保护主义的维护力量式微，而与此同时，由于科学技术的发展、信息在全球的流通、经济合作竞争的一体化，美国的跨国公司、科技行业的企业发展壮大，他们成为“政府错误干预”的反对者，是贸易自由化、经济全球化的拥护者。

然而，保护主义并没有远去，要求提高环境保护、劳工标准的集团与尚未消失的传统保护主义结合。“这些新保护主义势力的活跃，表现在反对北美自由贸易协定、反对世界贸易组织以及反对经

① 戴斯勒：《美国贸易政治》，第37页。

济全球化的运动中。"[①] 1971 年开始，亚洲与欧洲的经济开始往前赶，美国面临着外国的竞争，相对地位下降。美元地位岌岌可危，同时美国商品贸易进出口差额出现变化，美国的贸易顺差下跌，走向贸易逆差。1970 年众议院通过的一项限制性进口配额的议案表明，新的保护主义开始了。美元开始贬值，美国受到了很大的挑战。20 世纪 70 年代初期到中期，是美国的信心流失的时期。美国的经济依赖国际贸易，却受到了来自于多方面的威胁，美国的超级大国地位也被动摇，国内一些产业受到了进口的威胁，保护主义又开始兴起，在全球化的初期美国面临着各种问题。在这样的背景下，作为美国经济主流的跨国大企业主张促使贸易自由化。为了减少政府错误的干预、解决国际经济一体化中出现的问题，跨国企业共同集中起来加强对政府政策的影响力，他们的 CEO 们组成了圆桌会议。发展到今天，商业圆桌会议已是最大的跨国公司组织，拥有雄厚的经济实力和严密的组织性，它已经在美国的经济、社会和政治生活中占据了不可忽视的位置。

二、目标与"五辆马车"

"商业圆桌会议是一个美国多家大企业的首席执行官组成的联合组织，这些大企业的年收入总额超过 500 亿美元，拥有将近 1000 万职工，占据着美国证券市场总价值的三分之一，向美国政府交纳的企业营业税差不多占据了总额的一半。……他们是技术创新的领头羊，每年花费 7000 亿美元在技术研发上，这超过了美国私人研发资金的三分之一。"[②]

圆桌会议的成员们代表了今天美国经济、技术和知识的领头羊，

① 戴斯勒：《美国贸易政治》，第 4 页。

② 见美国商业圆桌会议官方网站：http：//www. businessroundtable. org/about。

是美国经济发展的上升力量，他们共同掌握了美国经济命脉的很大一部分。我们可以说，这个庞大的利益集团不可避免的影响着美国的政治。在美国，经济、金融与政治决策的联系尤为密切，他们通过召开年会、做研究，针对经济形势、社会问题提出观点，通过游说、提供资金支持、参与投票、投入广告等等方式对美国的贸易决策产生影响。作为美国的“经济巨头联合组织”，他们有金钱、有野心，因此对政治的影响无疑是重大的。

“商业圆桌会议汇聚了这些顶级的 CEO 们，成为一个高端平台，让他们表达多样化的经济观点、为解决世界上的难题提出解决方法。”① “成立该组织的目的是为了有效地加强企业界的声音，加强大企业对政府的影响，目前它是企业界一个势力很大的院外活动集团。企业界圆桌会议不依靠雇佣专职人员进行院外活动，也很少公开发表立场声明或进行动员舆论和群众的运动，而主要由大公司的董事长或主要经理人员直接对国会议员和高级行政人员进行工作，并且由他们亲自出席政府的有关会议作证。”②

由此可见，商业圆桌会议是一个与其他利益集团有差异的强大的利益集团，代表着工商业界 200 多家大型跨国公司的利益，这些公司的 CEO 们组成的这个利益集团，依靠它强大的研究力量、雄厚的经济实力、具有组织合作才能和游说才能的 CEO 们，对公众公布他们的研究成果，发表言论，投入广告，对国会施加压力，从而影响政府决策，使得政策朝着有利于这些跨国公司的方向发展。可以说，商业圆桌会议是美国最重要的工商业利益集团之一，是美国贸易政治中的重要角色。用马克思主义的观点来看，他们从根本上维护着大企业的大资本家的利益，用贸易政治的观点来看，他们是代

① 见美国商业圆锥会议官方网站：http：//www. businessroundtable. org/about/history。

② 孙大雄，《政治互动——利益集团与美国政府决策》，华中师范大学博士论文，2002 年，第 21 页。

表着200多大型跨国公司利益的利益集团，他们所说的“表达经济观点，为解决世界上的难题提出解决方法”，意思也就是维护成员企业的利益，他们要对今天世界存在的与他们有关的问题，如金融危机，倾销，失业，环境问题等提出解决方法，具体就是做研究，提供研究报告，通过传媒发表观点，对政府进行游说，影响政府政策，这样他们就参与了“问题的解决”。他们要做的是维护技术革新企业、跨国企业在自由贸易中的利益，阻止政府对企业的错误干预，打破国外的贸易壁垒，同时想办法利用国会游说斗争、国际组织、国际会议使法规、制度朝有利于自己的方向发展。

“圆桌会议的成员们在五个关键领域进行研究，监督职位报告的准备，提出政策建议，游说国会和政府，这五个领域被称为五辆马车：消费者健康与退休部门；合作与领导部门；教育、创新与劳动力部门；国际参与部门；持续发展部门。”[①] 它的五个机构基本上涵盖了美国经济发展涉及的几大方面：国内社会保障制度是经济发展的后盾，企业联合是对抗竞争的有效手段，教育与创新是经济发展的发动机，促进国际自由贸易与对本国的保护是经济发展的核心，环境与能源是持续发展与生存的保障。这五个机构分别由相关领域的跨国公司CEO组成。

三、商业圆桌会议与中国PNTR游说

在中美经贸关系的发展过程中，有一个重要事件，那就是2000年的PNTR（Permanent Normal Trade Relations，美国给予中国永久性正常贸易关系的地位）。在这场自1994年北美自由贸易区协定以来美国最大规模的贸易立法游说过程中，商业圆桌会议凭借其独特的

① 见美国商业圆桌会议的网站：http：//www.businessroundtable.org/about/history。

地位和影响力做出了积极的贡献。

（一）PNTR 引发游说战争

美国商业圆桌会议关注美国的自由贸易发展，以及与之相关的一切重大问题，比如环境保护、政府干预，他们关注本企业的经济利益以及与美国利益相关的贸易国家。中国从 20 世纪 80 年代开始，经济地位上升的速度使得全世界都注意到了这个迅速上升的社会主义国家，这引起了美国的关注，中国与美国的经济合作不断扩大，使得美国也把注意力从欧盟、日本身上分了很大一部分出来。“20 世纪最后 20 年里，在贸易和发展上给人印象最深的国家非中华人民共和国莫属。该国从计划经济走向市场经济，从封闭走向不断对外开放，经济在 20 世纪 80 年代增长了一倍半，到 90 年代又增长了一倍半。”[①] “中国越来越像是未来的经济超级大国，美国商界则需要在中国建立尽可能强大的立足点。出于同样的原因，来自中国的进口商品对美国企业和工人可能造成的威胁要比墨西哥产品在以往甚至在今后所造成的威胁更大。”[②] 无论是利益还是威胁，商业圆桌会议定会对中国以及中美经贸关系的发展投以更多的关注。

美国对中国态度是复杂的，对于中国积极的合作提案，若否定与中国的永久性正常贸易关系，损失是巨大的。2000 年，美国发起了给予中国永久性正常贸易关系（PNTR）的立法提案，PNTR 法案的通过将结束美国国会每年审议中国贸易地位的不正常做法，中美的正常经济往来将得到更确切的法律保障，然而我们必须看到，PNTR 捆绑了一些条件，这些条件成为美方后来解决中美贸易纠纷的依据。这个提案获得了广泛的支持，而同时，由于中国贸易定值问题、劳工问题、人权问题、产品倾销问题等等，反对的呼声不低。

① 戴斯勒：《美国贸易政治》，第 275 页。

② 同上。

“由于美国全球贸易赤字在2004年创下了6650亿美元的纪录，对华贸易逆差达到惊人的1620亿美元，在一次程序性表决中，有67位参议员投票赞成一项由查尔斯·舒默和林赛·格雷厄姆提出的议案，要求向来自中国的进口商品征收27.5%的临时附加税，目的是迫使中国调整人民币汇率。”① 在2000年提案之时，在美国国内，PNTR成为自由贸易反对派与支持派、劳工集团与工商界争夺的战场。“克林顿在16次记者招待会和重要演讲中大声疾呼给与中国PNTR；8次集体会见民主党议员，争取其支持，加上单独会见的人数，总计已对100多位议员进行了直接劝说。……美中商业贸易联盟已经出资1200万美元做国会工作，并投入150万做广告。3月底，197位高科技企业主管联名给国会写信。”② “反对给与中国PNTR的势力主要包括：大部分民主党众议员、工会、人权组织、宗教团体、环境保护组织、新孤立主义者、共和党极右派、西藏活动分子以及受到中国出口商品冲击的一些中小型制造商等等。……以劳联—产联为首的工会组织发起了美国贸易史上最大规模的游说活动。”③

反对派都是由那些受到了中国企业和产品冲击的产业组织和企业组成，他们认为PNTR会使得中国对美国贸易顺差更加严重，如果不加以控制，那么美国本土的工人及相关的企业将会受到更大的冲击。工商业的联盟和组织代表的是受到中美跨国贸易的益处的企业，而工会组织代表的正是受到中美贸易冲击的企业及工人，这两者表面上在进行游说斗争，实际上是在相冲突的领域进行利益之争。

（二）实力雄厚的游说角色：商业圆桌会议

在这场没有硝烟的政策战争中，圆桌会议是工商界游说集团里支持PNTR的骨干力量。雄厚的经济实力是商业圆桌会议影响政府

① 戴斯勒：《美国贸易政治》，第311页。

② 金灿荣：《PNTR及相关问题》，《世界经济与政治》2000年11期，第67页。

③ 金灿荣：《PNTR及相关问题》。

决策的后盾。他们经济实力使得他们可以投入大量的研究经费，做出令人信服的研究报告，更能让他们将钱投往，传媒界和国会议员。2000 年，美国工商界花巨资进行游说。“由全美最大跨国公司组成的商业圆桌会议和工会的游说开支之比是 11：1，工商界占尽优势。”[①] 工商界的一位重要成员就是商业圆桌会议，他们以雄厚的经济实力支持了这次游说活动，支持了 PNTR 的通过，方式主要有如下几种：

第一，他们花费巨资进行广告宣传，向公众宣传 PNTR 的好处，以换取公众的支持、对国会形成压力。“4 月初，商业圆桌会议在 CNN 和近 50 个众议院选区联合抛出一组价值 400 万美元的广告。仅摩托罗拉一家在广告商的花费就高达 100 万美元。4 月到 5 月间，《芝加哥论坛报》每天以半个版面为摩托罗拉刊登价值 32949 美元的支持 PNTR 的广告。波音以 110342 美元的价格买下《华盛顿邮报》2/3 的版面。”[②] 美国的民众对于政府政策的影响力是很大的，总统是由全民投票，议员们要保持他们的权力也必须要考虑他们的形象和民众对他们的看法，总之，无论是总统还是国会议员，他们为了保护手中的权力，必须考虑民意。言论和政治倾向决定了形象，形象决定了民意，民意最后决定了权力。

第二，商业圆桌议游说国会议员，以向议员竞选提供资金、劝说等方式要求国会议员投票支持 PNTR。“在争夺选票最激烈的 5 月份，商业圆桌会议的会员提供了 805000 美元的资助，是工会所提供的 70000 美元的 11.5 倍。国会对政治捐助和投票预测的调查表明：有望投支持票的议员人均已从商业圆桌会议得到 46000 美元的资助，而有望投反对票的议员人均只得到 23000 美元，仍未决定的议员人

---

① 王勇：《中美经贸关系》，北京：中国市场出版社，2007 年版，第 93 页。

② 彭炜：《由 PNTR 的通过看商业利益对美国对外经济政策的影响》，《国际经济评论》2001 年第 5 期，第 62 页。

均得到35000美元。”[①] 政治资助是一项有效措施，它使得企业圆桌会议得以接触国会议员，赢得了不少犹豫未决的议员的支持。作为商业圆桌会议游说团的两位重要人物，波音公司主席菲利·康迪特和大型生产商FMC主席罗伯特·博特2月份曾对《华尔街日报》称：“PNTR的表决将是决策人对商业利益是否友好的试金石。”[②] 在决大多数情况下，如果政治家选择商业利益不会很大地损害他们的形象和手中的权力，那么他们对于商业利益就是友好的。

第三，商业圆桌会议的执行力和严密的组织性使得它在国会游说中有效运作。“为了游说国会支持授予中国PNTR，美中贸易商界联盟设立了一个非正式指导小组，……小组成员囊括了全国制造商协会、商业圆桌会议、美国商会、全美零售业协会、波音公司、摩托罗拉公司等30余家最大的商业团体和跨国公司的代表。联盟通常举行定期协商，协调工商界游说活动。根据有关研究，在美国国会审议对华PNTR期间，小组成员之间会商的频率有时可达每周3—4次。”[③] 这个游说指导小组是领导力、判断力直接影响到游说人员的工作，这个小组成员们的执行力、有效合作和协调一致直接影响到他们在PNTR游说战争中的战斗力，对决策的影响力。

从PNTR游说战争中商业圆桌会议的突出表现我们可以看出，它代表着美国工商界大跨国企业的利益，支持美国贸易的开放与自由，支持自由贸易中的体制和规范的完善，它是中美正常贸易的获益者，因此它以巨大地耗费推动了PNTR的通过，这在中美经贸关系的发展中有着重要的意义。

---

① 彭炜：《由PNTR的通过看商业利益对美国对外经济政策的影响》。

② 同上。

③ 王勇：《中美经贸关系》，第95页。

四、既矛盾又合理的立场

商业圆桌会议以巨额的资金，做调查研究、投入广告、游说国会，进行严密的组织，履行了它创立之初的使命：解决与企业发展攸关的问题，促进政府与企业之间的有效积极的合作，减少政府的错误干预。在中美经贸关系发展的关键一步上，圆桌会议起到了很重要的积极作用。

2000 年 5 月和 9 月，美国众议院和参议院分别通过了 H. R. 4444 号法案。该法案终止了原“杰克逊－瓦尼克修正案”对中国的适用，有效确立了两国的永久性正常贸易关系。2001 年 12 月 11 日，中国正式加入世界贸易组织，PNTR 法案正式生效。这项法案打通了中美两国进行经济往来的通道，促进了中美两国的经济互补。对于美国的大跨国公司来说，方便了他们将触角伸向中国，优化资源配置，增加经济收益，获得了一片广大的自由市场，而对于中国来说，这项法案使得中国那些劳动力和资源密集型的产业发挥了优势，劳动力密集型的产品也进入了美国这片市场。

商业圆桌会议发表的研究报告认为：“在 1980 与 2003 年间，贸易自由化与国外的投资使得中国的 4 亿人口摆脱了贫困。”[①] 与此同时，美国也中美经贸关系中获得了丰厚的利益。中国质优价廉产品仅 2004 年美国消费者就节省了将近 1000 亿美元，而美国的企业也赚取了巨额的利润，同时提供了大量的就业机会。摩根斯坦利公司的研究报告表明，2004 年美国公司从中国制造的产品中获得的利润 600 亿美元，占标准普尔公司全年利润的 10% 以上，中美贸易发展带动的美国就业人数在 400 万—800 万之间。”[②]

---

① Business Roundtable：http：//www. businessroundtable. org/publication/，*Understanding Trade*，p16.

② 王勇：《中美经贸关系》，第 135 页。

然而，我们必须看到，尽管跨国公司 CEO 们尽全力支持中美的正常贸易关系，美国的跨国公司与中国之间的经济摩擦不可忽视。在 PNTR 通过的同时，它就被捆绑了一些条款，这些条款有利于争取议员们对 PNTR 的支持，但是也为日后他们发起反倾销、保护本国产业提供了依据。随着两国经贸关系的发展，摩擦和矛盾也随之而来，如中国的知识产权问题、环境污染问题、国有企业问题都成为美国大企业关注的焦点。圆桌会议的企业成员既是中国的合作者、中美永久性正常贸易关系的支持者，同时也是中国的竞争者、贸易争端中的挑战者。

然而，经贸关系集中体现的是中美关系的相互依赖性，商业圆桌会议也清楚的认识到："如果从中国的进口减少，他们将主要被其他高价的进口取代，而不是美国本国的产品。若为了增加中国那边 27.5% 的税，美国将失去三十万工作岗位。"[①] 因此，任何形式的贸易保护主义不是解决中美贸易问题的根本途径，只有通过耐心的协商、明晰化贸易规则双方才能谋求长远发展。

第五节　美国全国制造商协会对中美经贸关系的影响

一、全国制造商协会简介

美国全国制造商协会（The National Association of Manufacturers, 简称 NAM）于 1895 年建立于于俄亥俄州辛辛那提市。它的总部现

① Business Roundtable: http://www.businessroundtable.org/publication/, *Understanding Trade*, p. 111.

在华盛顿，同时在全国设有11个办事处，[①] 旗下有专业的机构和人员发布相关新闻、杂志、年度报告、经济数据和学术研究成果。它是美国最大的工业贸易协会，代表着全国50个州每个工业部门的大小制造商，是公认的游说领袖。其成员包括生产着全国85%制造业商品的12000家公司，另外还有350家全国性的行业协会以及州一级的制造业协会。[②]

19世纪90年代，美国正处于严重衰退的中期，许多国内的制造商认为非常需要为其产品在其他国家找到新的市场。其中，一个有影响力的南部报纸 *TheDixie* 呼吁成立一个“制造商的全国性协会”。1895年1月22日至25日，一群辛辛那提商人召开了集会，全国共有583个协会和制造业高管出席了会议。其第一任主席是来自费城的托马斯·杜兰。

起初，它只是一个社团的联盟；但三年后，为了产生足够的财政支持和更好地代表制造商的利益，它将重点转向了个体制造商。1896年，全国制造商协会呼吁政府建立商业部，7年后这个建议被实现。协会还在一战和二战前为美国的经济筹备效力，并在二战后成功游说政府取消价格管制。1974年1月，协会总部迁往华盛顿。

20世纪初，全国制造商协会还只有会员1000人。主要代表着小企业的利益。到了70年代，该组织已不再以小企业为主，而是以大企业为主。会员也保持在1.3万到1.5万之间。[③] 自建立以来，全国制造商协会一直致力于促进美国制造业商品的出口和双边互惠，并一直关注劳工权益、职业培训以及知识产权问题；协会多次提倡税

---

① En. Wikipedia - NAM，http：//en. wikipedia. org/wiki/National_ Association_ of _ Manufacturers.

② 何兴强：《美国利益集团与人民币升值压力》，《当代亚太》2006年第3期，第51页。

③ 王树盛：《美国私有企业对政府决策的影响》，《美国研究》1991年第1期，第61页。

制改革、劳工法改革。80 年代中期，美元大幅度升值，产生了创纪录的贸易赤字，严重影响了国内制成品的出口，协会自此开始热切关注美元汇率问题。

全国制造商协会在其公开网站上宣称自己的使命是塑造一个立法和监管环境，使之有利于美国的经济发展，并促使决策者、媒体和普通民众了解到它所认为的制造业在美国的经济前景及生活水平中所扮演的重要角色，从而提高制造商的竞争力：

1. 全国制造商协会是支持增长、支持制造业的议程的主要倡导者。

2. 全国制造商协会是其会员企业增强立法和监管活动的伙伴。

3. 全国制造商协会是了解制造商对创新和生产力的贡献的主要信息来源。[①]

全国制造商协会的组织结构是由会员选举产生的，这个结构包括：1 位被选举出的、任期为一年的主席，1 个执行委员会，1 个理事会，10 个政策委员会以及专业的职员。政策委员会为执行委员会和理事会解决问题、提出政策建议。这一组织结构使得中小制造商能够积极参与协会，并且确保协会的工作能满足会员的要求。

全国制造商协会之下还有几个分会和附属机构，如美国司法合作会（the American Justice Partnership，简称 AJP）。据其网站所载，美国司法合作会于2005 年 1 月 26 日被全国制造商协会创立，“是一个由领先企业、智库、基金会、行业协会、个人及组织为了在国家层面倡导法律改革而组成的全国非盈利性联盟”。美国司法合作会的领导人包括总裁史蒂芬·汉特勒（退休克莱斯勒法律顾问），主席丹·佩罗（共和党政治顾问），副主席、通讯史蒂夫·诺兰（也是新兴趋势咨询集团的任事股东）和董事、通讯服务克里斯汀·谢昂

---

① NAM Home page《About Us》History，http://www.nam.org/AboutUs/History.aspx.

（也加入了新兴趋势咨询集团）。

制造业研究所（The Manufacturing Institute）成立于1991年，是全国制造商协会下属的研究和教育部门；其作用是建立智力支持，提高决策者、媒体、教育工作者和潜在的工人对以下几方面的理解：制造业对美国生活质量的贡献，该部门面临的挑战以及其优良，技术先进的职业机会。该研究所现正着手实施一项由三部分组成的战略，以提高公众对现代制造业的了解，从而创造更为有利的政府政策和刺激公众对制造业工作机会更大的兴趣。它包括：

1. 通讯和广告的宣传活动，通过报刊、广播和电视改变公众对制造业的态度。

2. 新的研究举措，消除关于制造业的陈旧观念，之后提出有关此行业的了新的、高科技的现实。

3. 通过“去梦想、去实现”职业运动，使制造业的工作机会到2010年成为年轻人的优先选择。[①]

制造业研究所包括制造业研究与创新中心和美国国家劳动力中心。其中，后者是应美国制造商的需求而于2008年1月建立的，其使命是“推进公共政策和公共、私人投资，以确保培养出受过教育的、有准备的制造业人才，从而在21世纪的全球经济中定位美国制造商的竞争优势”。[②]

全国制造商协会在2001年领导组建了美国最大的代表制造业和农业贸易团体利益的“健全美元联盟（Coalition for a sound Dollar）”。该联盟由包括全国制造商协会、钢铁制造商协会、美国纺织制造商协会、美国航空业协会等数十个美国贸易协会组成，代表着95%的美国出口商。2003年1月联盟的协会会员发展到61个，2003年6月

① NAM Home page：http：//www.nam.org/AboutUs/TheManufacturingInstitute.aspx.

② NAM Home page：http：//www.nam.org/AboutUs/TheManufacturingInstitute/NationalCenterfortheAmericanWorkforce/NationalCenterfortheAmericanWorkforce.aspx.

有80个，到2005年底发展到102个。[①]

二、全国制造商协会在中美关系上的基本立场

中国加入WTO以来，对美出口结构发生了很大变化。除了维持纺织品、成衣等传统劳动密集型产业的出口外，中国对美机电产品的出口比重也在快速上升，对美国本土的中小型制造企业造成了不小的竞争压力。2004年以来，美国对中国未履行其入世义务的抱怨不断增加，制造业尤甚。因此，全球制造商协会在中美经贸关系上更加积极地发挥其作用，即针对其关心的问题加大了对政府的游说力度。

（一）推进对制造商有利的议程

2004年，布什政府继续支持一项由全国制造商协会资助的、基于市场的美元贬值政策。相对多数货币而言，美元跌回了一个更加传统的价格，从而刺激了美国的出口增长。全国制造商协会和布什政府将继续合作，以稳固中国和其他一些国家的基于市场的货币政策。

2005年2月，全国制造商协会新闻发布会公布了其全部贸易议程以及有关中国的议程。议程由一个中小制造商组成的委员会制定，它强调，美国政府需要更大胆的步骤来确保对美国制造业有商业意义的成果，无论在全球范围还是国内。议程同时强调了与立法者的沟通。[②]

2006年12月，中美首次战略经济对话（SED）期间，全国制造商协会建立了一个董事会级别的“中美商务关系专责小组”，以确保

① NAM Home page：http：//www.nam.org/AboutUs/AnnualReports.aspx，《2004：Moving Forward》.

② Ibid.

美国政府清晰地理解了制造商针对其的观点。值得注意的是，小组举办了一系列会议，与会者包括财政部长保尔森、商务部长古铁雷斯和美国贸易代表施瓦布，协会表示希望在对话中将人民币问题列为优先议题。这些会议将持续至下一轮中美战略经济对话。[①]

2008年，全国制造商协会忙于领导全球制造商努力保证世贸多哈回合的协议会包含足够数量的市场准入收益，协会希望这些收益来源于巴西、中国和印度高关税国家。

（二）监督中国履行入世承诺

美全国制造商协会负责国际经济事务副主席 Franklin J. Vargo 在 2003 年 12 月 9 日参院听证会上指出，中国加入 WTO 和美国启动综合性的双边自由贸易协定谈判两大新形势对美执行贸易政策提出了严峻挑战，要求商务部和美国贸易代表办公室（USTR）在人员配备和财务预算上加强力量。协会敦促参院尽快通过一项综合拨款法案并在有关的执行机构付诸实施，根据该拨款法，USTR 将增加 700 万美元，其中 200 万美元用于监督和促进中国执行 WTO 承诺。不仅如此，商务部还将加强进口管理局的职能，新设监督中国履行协议办公室，下设执行办公室。[②]

全国制造商协会不断呼吁中国遵守其入世承诺，其中，协会最关注的是仿冒商品、人民币汇率以及出口补贴问题。2004 年底一次全国记者俱乐部的演讲中，全国制造商协会主席约翰·英格勒在赞扬国会通过重要的侵权行为改革法案的同时，呼吁布什政府对中国施加更多的压力以停止其不公平贸易做法，尤其是仿冒商品和操纵

---

① NAM Home page: http: //www. nam. org/AboutUs/AnnualReports. aspx, 《2004: Moving Forward》,《2007: The Voice of the Manufacturing Economy》.

② 中国食品产业网，“美全国制造商协会称联邦政府在谈判、监督与执行贸易协定能力上面临新的挑战”，http: //www. foodqs. com/news/alibaba/info. asp? id = 81190&zt = zx，2004 年 1 月 7 日。

汇率问题。协会负责国际经济事务副主席富兰克林·瓦戈（Franklin J. Vargo）在2003年12月9日参院听证会上指出，当前最迫切的任务是调查中国出口补贴和对外国产品实施不同增值税待遇问题，还特别指出当前国会应考虑重新修改1986年后对非市场经济国家产品不适用反补贴条款的有关规定，明确反补贴条款同样适用于非市场经济国家。

仿冒商品在全球贸易中占5%—7%的份额。全国制造商协会自成立以来就十分关注此问题。2005年2月，为了回应布什政府的要求，全国制造商协会建议将中国指定为“优先指定国家（PFC）”，[①]并同时筹备一个WTO申诉案，除非中国的伪造和盗版有明显的减少。[②]

（三）呼吁人民币升值

全国制造商协会是要求美国政府在人民币汇率问题上向中国施加压力的最有实力的游说集团，协会长期以来坚持反对美元汇率估值过高的立场。他们反对20世纪90年代推行的“强势美元”政策，认为美元汇率过高虽然有利于美国金融业的全球扩张，但却损害了美国制造业的利益。2001年夏，全国制造商协会曾在华盛顿组织示威游行，要求政府允许美元协会会长当时向外界宣布，在过去一年半的时间里，美元高估导致美国制成品出口大幅下降，引发了制造业的大量裁员。从2003年开始，全国制造商协会开始把施加压力的焦点集中在人民币汇率问题上。

---

① 《1988年贸易法》在301条款上增加了一条，授权美国贸易代表在1985年5月31日之前确定“优先指定国家”。指定这类国家的依据是其损害美国出口的“行动、政策或措施的数量与范围”，以及撤除这些障碍后可以预计的美国出口收益。见［美］I·戴维斯（I. M. Destler）著，王恩冕、于少蔚译：《美国贸易政治》，北京：中国市场出版社，2006年版，第130页。

② NAM Home page《About Us》Annual Reports，http：//www. nam. org/AboutUs/AnnualReports. aspx，《2004：Moving Forward》.

全国制造商协会是第一个关注人民币汇率问题的美国利益集团，用其现任主席恩格勒的话说，NAM 在 2003 年“几乎是单枪匹马使人民币汇率问题成为受关注的首要问题，并且为人民币实行更大的灵活性施加压力已经两年之久”。①

2005 年 6 月 23 日，全国制造商协会向参议院财政委员会作证，证明中国操纵货币导致了美国的对华贸易赤字。协会认为，人民币定价过低是导致美国制成品逆差的重要因素，“大于 40% 的制成品贸易赤字是在对华贸易中产生的”。② 经过几年的鼓吹，这个论断在美国国会具有很大的影响面。

（四）反对出口补贴

全国制造商协会认为，全球规则需要改善以应对新的贸易壁垒：包括越来越多的非关税壁垒，影响美国的贸易、出口及就业的贸易扭曲。作为美国最重要的双边贸易伙伴，中国需要受到特别的关注。对中美关系的长期健康发展来说，为了努力实现共同目标和解决分歧而进行的两国高层接触有着实质性的作用。所有世贸组织的法律必须努力确保中国坚守其国际承诺。③

而在非关税壁垒中，造成中美制造业摩擦最大的是出口补贴问题。协会表明，美国反补贴法必须应用于对付中国的出口补贴，其立场得到了商业部的赞同。2006 - 2007 年，在全国制造商协会的敦促下，美国政府在 WTO 发起了一个诉讼案，直接导致中国政府同意结束补贴，为多家美国公司赢得了公平的竞争环境。协会对针对中国等国的反补贴税法的应用的大力支持在促使商业部接受此类贸易

① John Engler，“China's Move on Currency：Potentially of Enormous Importance”.

② NAM Home page：http：//www. nam. org/AboutUs/AnnualReports. aspx，《2004：Moving Forward》，《2005/06：The Voice of the Manufacturing Economy》.

③ NAM Home page：http：//www. nam. org/AboutUs/AgendaforCongress. aspx，《NAM Agenda Booklet for the 111th Congress（Full Version）》.

案件时也起到了帮助作用。

2006年2月9日，美国贸易代表苏珊·施瓦布表示，美国已要求就中国的出口补贴问题启用争端解决咨询机制。美国政府在申诉中表示，中国政府向木制品、计算机和钢铁等一系列工业产品给予出口补贴，这些享受了退税等优惠政策的企业所出口的产品在2005年中国对美出口中占到了六成。2006年，美国对中国的贸易逆差超过2000亿美元，因此美国制造企业纷纷抱怨中国没有对他们开放市场。这也正是全国制造商协会对美国政府施压的原因。

最终，2007年11月29日，美中针对这一申诉签署了谅解备忘录，中国同意在年底之前取消与WTO规定相悖的补贴政策。美国贸易代表苏珊·施瓦布表示，这“斩断了一条或影响美中经济关系的导火索”。她认为，“这一成果标致着美国制造业企业及其从业人员取得的胜利，该问题的解决也表明，美中两个贸易大国可以通过双赢的合作来平息争端”。

三、全国制造商协会的主要游说手段

为了推进其建议的实现，全国制造商协会通常会使用以下手段对政府进行游说：访问国会议员办公室，与行政部门官员会谈，发表立场声明，召开新闻发布会，出席国会及其他常规听证会等；另外协会还通过媒体游说，草根游说，利益集团结盟，给议员打分等手段，进行圈外游说。协会成员每年要在国会山之外同议员们进行200多次会面。协会在媒体战略方面尤其成功，2003年下半年协会在媒体上被报道了1750次；2004年底，上任伊始的协会主席约翰·英格勒走遍了整个美国，以促进协会和美国制造业的发展，他常在华盛顿的纸质和电视媒体上发言，将协会存在的意义推到一个更高的层次。协会针对国会议员在对美国制造业关键问题上的投票进行记录和评分，使得议员们在NAM关注的法案投票中都不敢掉以轻心。

协会还会通过与中国直接沟通的方式来解决问题。2007年底，全国制造商协会主席约翰·英格勒率领一个总统贸易顾问代表团访问了中国，目的是会见其政府和商界领袖，同时为其中央提供贸易政策的建议。“在日益全球化的即集中，美国制造商大大受益于与遍及世界的贸易伙伴的开放对话，”回国后，英格勒长官解释道，“这些会议为这种交流提供了重要的机会。”

四、全国制造商协会在人民币汇率问题上的游说

2000年以前，美国制造业的年均就业人数在1700万人以上，此后开始大幅度下滑。根据美国劳工部劳工统计局（BLS）的统计报告，2007年制造业只占整个美国就业人口的11%。从2008年金融危机爆发以来，美国制造业的就业人数呈现了更大幅度的下降，年初甚至只占整个美国就业人口的9%。[①]

（一）在人民币汇率问题上的主要观点

关于美国制造业就业人数日益萎缩的原因，美国有不同的解释。主流经济学家的一个解释是，主要原因在于美国制造业劳动生产率近些年得到了大幅度提高。但美国全国制造商协会则认为，这种状况主要是由美元汇率定价过高导致的。因此，自2002年以来，它不断向政府施加压力，要求美元贬值，解决中国等亚洲国家所谓的“操纵货币”的行为。

全国制造商协会在人民币汇率问题上持有的观点如下：

① 参见中财网，“一周经济评析：美国就业人数降幅趋缓”，http://www.cfi.net.cn/p20090511000816.html，2009年05月11日。

（1）人民币汇率定价过低，不能反映市场的变化与中国经济实力的快速增长。协会指出，1994 年人民币汇率“并轨”，人民币贬值高达 30%，但是，在此后的 10 年间，人民币汇率几乎没有调整，显然未能及时准确反映中国工业产能、生产率、质量、产品范围、外资流入等因素的变化，而这些因素通常会导致一个国家货币汇率的升值。协会一部分成员坚持认为，人民币汇率低于市场价格 40%。

（2）中国外汇储备规模的不断增大，是中国“刻意”压低人民币汇率的证据。协会在提交给国会的证词中指出，1994 年人民币进行贬值时，中国的外汇储备仅有 300 亿美元。但是，到了 2004 年，中国的外汇储备增加了 2000 亿美元，超过了全年 GDP 的增幅。2005 年中国的外汇储备更打到 6910 亿美元，中国“花费”了 6600 亿人民币购买美元防止人民币升值，达到中国年度货物、服务总产值的将近一半。

（3）人民币汇率定价过低，使得美国出口在“第三国”市场缺乏竞争力，严重恶化了美国对外贸易赤字。协会认为人民币汇率过低，人为地“扭曲”中国的投资成本，不仅增加了中国国内的投资，同时也使得外国在中国投资建厂更加便宜，中国吸引的外资总额也达到创纪录的水平。因此，美国公司难以与以中国为生产基地的中国和外资企业进行竞争。

（4）中国的汇率政策违反了国际货币基金组织（IMF）的有关规定。尽管人民币与美元“挂钩”本身并未违反国际货币基金组织的规定，但是，IMF 第 4 条规定，禁止“操纵汇率获得对其他成员不公平的竞争优势”，包括“单方向、长时间、大规模干预外汇市场”，中国的外汇政策显然违反这一条款。

（5）如果中国产品的价格上升 10%—20%，美国公司就能与中国产品进行竞争。全国制造商协会还引用了会员公司的研究指出，如果人民币对美元的汇率反映市场的真实，那么在机床、工具、模具、塑料、家具、人造金属制品等方面，美国公司仍有竞争力。

（6）全国制造商协会不少会员认为，中国产品替代了他们的产品。与电子产品不同，金属制品、塑料、工具等产品从前就在美国加工，并没有在亚洲生产，如果人民币汇率升高，这些产品很多就会回到美国国内生产。

（7）要减少美国对华贸易逆差，需要改变美国的进口来源国结构。

（8）中国不再购买美国国债不会影响美国的宏观经济环境。美国流行一种说法，即如果人民币不再与美元“挂钩”，那么，中国就会停止购买财政部发行的国债，从而导致美国利率上升，房地产价格下跌等。但实际上，美国国债市场每天的交易量在6000亿美元左右，如果中国停止每月购买200亿美元的国债，而且其中并非所有的都是以美元进行交易的，那么对于美国的国债市场几乎不会有什么影响。

（9）人民币升值对中国经济是有好处的。国际货币基金组织、美国财政部、格林斯潘、一些中国经济学家都建议，人民币汇率具有更大的灵活性将十分有利于中国自己的利益。中国迈向由市场决定的汇率体制将有助于几件银行体制的问题，降低投机资金流入带来的风险。人民币汇率上升也有助于解决亚洲其他国家货币对美元汇率过低的问题。

（二）围绕人民币汇率问题的游说活动

由全国制造商协会领导组建的健全美元联盟从2003年开始关注人民币汇率问题。5月，联盟主席瓦戈根据即将出版的第一期《亚洲货币操纵监控报告》，称美国制造业正在衰退，自2001年3月以来已经流失了220万份工作，被低估40%的人民币是“罪魁祸首”。[①] 6月，联盟便开始考虑是否引用“301条款”对人民币问题

---

① 〔美国〕彭博新闻社2003年5月15日报道。

进行申诉。

联盟一连串的行动和讲话引起广泛关注，美国国内开始形成要求人民币升值的舆论，美国政府特别是财政部感受到了这种压力，也做出了积极的回应。国会议员特别是制造业较发达的许多州的议员考虑到本州的制造业及工人失业问题，也开始关注人民币问题。7月31日，16位国会议员写信敦促总统和政府“采取更多强有力步骤纠正人民币汇率”。[①] 南卡罗莱那州参议员格雷厄姆（Lindsey Graham）与其他7名两党参议员提出针对中国在国际贸易中欺骗行为的决议案，要求中国政府“纠正”人民币被低估的行为，该决议案于2003年9月26日获得参议院一致通过。[②] 一时间，美国对人民币问题的关注和指责出现了第一次高潮。

虽然不断对中国的汇率问题发出抱怨，但全国制造商协会从一开始就抱有较为实际的观点：协会主席呼吁中国采取分阶段步骤，最终实现人民币自由浮动的目标。他表示，期望中国一夜之间放弃人民币实际上紧盯美元的政策是不切实际的，因为这将引发不稳定因素。[③]

2005年2月1日，NAM发表《全国制造商协会2005年中国贸易议程》，宣布NAM的目标是促使人民币立即升值40%，并将敦促财政部促使IMF监督中国汇率；推动政府与G－7集团，G－20集团、APEC以及其他国际组织共同促使人民币升值；促使财政部在其向国会提交的报告中将中国列为“货币操纵国”。5月2日，NAM发出了“中国货币操纵必须停止”的呼吁，并公布免费电话号码，邀

① “New Bipartisan Congressional Coalition Urges President to Increase Pressure on China to Float its Currency”, http: //www. sounddollar. org/, July 31, 2003.

② “Senate Unanimously Passes Graham Resolution on Chinese Trade abuses”, http: //lgraham. senate. gov, Sep 26, 2003.

③ 道琼斯，“美制造商协会呼吁中国为汇率政策制定阶段规划”，http: //www. chinamoney. com. cn/content/zongheng/dqs/200309/811V11ZA045056. htm，2003年9月25日。

请企业及个人加入 NAM 共同反对不公平贸易，呼吁选民与其议员联系，推动他们为此问题而努力。同利益集团的压力增加相呼应，国会中要求人民币大幅度升值的提案一个接一个被提了出来。

获得通过的法案内容包括：要求中国在 6 个月内提高人民币兑美元的汇率，否则将对出口到美国的所有中国内地产品征收 27.5% 的关税；中国政府"操纵货币"是不公平的贸易手段，敦促布什政府以立法形式向中国政府施加压力，迫使中国改变人民币紧盯美元的固定汇率政策，改变美中贸易严重失衡的局面。

2005 年 7 月 21 日，中国宣布人民币升值 2.1%，实行以一揽子货币为基础的"爬行盯住"浮动汇率制。全国制造商协会主席恩格勒对此较为满意，将这一举动看作是更大升值的开始，但表示 2.1% 的升值是不够的。一个多月之后，协会发表"2005 年中国遵守 WTO 承诺的报告"，称如果中国未能在短期内显著升值并加速人民币的市场浮动，美国政府就应将其列为货币操纵国并促使 WTO 与 IMF 采取行动。此后，协会仍不断对政府施压，呼吁人民币汇率的继续增长。

结论

作为美国制造商的代表以及有极大影响力的游说集团，全国制造商协会对中美经贸关系的观点集中反映了美国中小制造企业的利益与看法。近年来，协会积极采用各种游说方式，在争取制造业的利益上去的了诸多成就。

协会对中美经贸关系也有比较全面的认识，它表示，美国制造业寻求在市场机制和贸易规则基础上同中国发展积极、平衡的贸易关系，认为美不断增长的贸易逆差不是影响美制造业生产和就业状况的唯一因素，将中国归为替罪羊并不能解决所有问题；协会也表示反对某些国会议员提出全面提高中国关税的贸易保护主义做法。

然而，与那些大型跨国公司相比，制造商不能在美国进行投资，相反与来自中国的进口产品存在很大的竞争关系；因此，协会还是更关注对其有直接利益的议题，反对影响制成品出口的各种因素，特别是人民币汇率的被低估。总的来说，由于与对华贸易存在明显的矛盾点，协会一直并将继续维持其反华观点，为其会员争取更多的利益。

第九章

美国贸易政治中的快车道授权

快车道授权，本质上是为促进自由贸易的手段，是国会与行政部门共同协商合作才能有效运作的程序。笔者将其看作是美国用来促进自由贸易的政治平衡的手段之一，是在特定的历史环境下，协调国内贸易保护势力与国际自由贸易必要的政治程序。原因就在于它的产生是为了使20世纪70年代的非关税壁垒能够通过行政部门的谈判而得到抑制；它运用并没有想象中的那么广泛，签订的协议总量是有限的，大多数运行的双边或者多边协议（涉及的都是货物）其实都有其政治考虑，比较来看的话，经济效益有限，在授权下签订的协议没有使得美国的贸易赤字多大程度上的改善。

第一节　美国贸易快车道授权的政治背景及其变迁

二战后，世界贸易体系基调是以美国为核心的大国规范性地推广自由贸易，主要表现为降低或者消除关税，参加贸易谈判回合，建立自由贸易区等等。但是，回到美国国内，每一个政策的形成，都需要经过法定的程序。法定程序既是长久的政治结构内部互动的产物，也是不同部门在既得利益上博弈的结果。在 20 世纪 70 年代之前促进自由贸易的主要方式是在关税问题上做文章，但是在多轮贸易谈判降低关税之后，非关税壁垒成为贸易保护主义的方式，为了减少其不良影响，推动自由贸易协议，国会通过了快车道授权[①]。简单地说，快车道授权，就是国会通过法案赋予总统参与国际贸易谈判并签署国际协议的权力，对于谈判结果国会不能做任何修订，只能在有限的时间内通过或者否决，以确保谈判对象的信任。[②]

从法律角度来看，宪法规定通过一个国际条款，要求总统在谈判条款的过程中咨询国会，并通过参议院 2/3 的投票同意。快车道授权取代了这样的规定，使得国际贸易协定只要得到国会两院简单多数的同意即可。将其放入贸易政治中考虑，快车道授权却一个渐进变革的概念。美国学者 Edmund W. Sim 将其总结为，立法部门和行政部门多年来在国际贸易政策上，权衡与锻造责任分配方式的结晶。[③] 以这个为出发点，笔者于下文讨论快车道授权的历史演变。

一、快车道授权的历史演变

在 20 世纪之前，美国对外商业关系的管理权基本上由国会一家独掌；而美国的关税只根据国会法案来进行调整。[④] 关税更像是国内

---

① 快车道译自 fast track authority，按照 1974 年贸易法案规定开始启用，通过延长一直用到 1994 年。2002 年至 2007 年，又以新的名称出现，trade promotion authority，贸易促进授权，授权有微调，但是结构上没有变化，故笔者合二为一，统称快车道授权。

② 具体内容，参见笔者下文的第二部分，快车道授权的内容及其运作。

③ 原文"it is the product of many years of rebalancing and refining the responsibilities of the Legislative and Executive Branches in international trade policy" 参见 Edmund W. Sim，"*Derailing The Fast Track For International Trade Agreements*，" 5 fla. J. int'l L. 471 (1992)。

④ 参见 John Linarelli，"*International Trade Relations And The Separation Of Powers Under The United States Constitution*，" 13 dick. J. lnt'l L. 203，208 (1995). 以及 I. M Destler，*American Trade Politics*，14 (3d ed. 1995)。

政策而非对外事务，贸易立法甚至源自于众议院提高岁入议案中的部分条款。在这个时期，总统的主要责任是根据国会设定的关税管理和收集关税，出于友谊、商业和海军①而与别的国家进行双边条约的谈判，其中包括了最惠国待遇。②

经济大萧条时期，高关税导致大萧条的观念甚嚣尘上，国会通过1934年贸易法案授予总统“与外国政府进入贸易协议……宣布当前义务的变动和其他进口限制……执行这样的贸易协定。”③ 1934年法案不同以往，之前的法案即使授予总统一定的权利，仍会有很多限制；然而1934年法案，不仅使得互惠协议伙伴可以获得关税降低，而且通过最惠国待遇传递给所有国家。④ 但是这个法案没有要求总统在谈判开始之前，通知或者咨询国会，也不要求这些协议的执行通过任何的立法。

1934年法案给予总统的授权，只有三年有效期，但是之后通过了11次贸易协定延长法案，延续到1962年。在1958年延长法案终止之后，国会再度通过1962年法案给予总统授权。该法案恢复了总统的关税变更权，限时五年，以便美国参与关贸总协定的肯尼迪回合的谈判。⑤ 1962年法案，进一步地扩大了总统的授权⑥，增加了一些条款使得国会能够监督总统的行为，方式就是要求总统及时说明

---

① 参见 Theresa Wilson，“*Who Controls International Trade? Congressional Delegation Of The Foreign Commerce Power*，” 47 drake L. Rev. 141，163－64（1998）。

② 参见 I. M Destler，*American Trade Politics*，14（3d ed. 1995）。

③ 完整内容见 Trade expansion act of the 1934，Pub. L. No. 73－316，§350（a）（1）－（2），48 stat. 943－44（1934）。

④ 19 U. S. C. §1881；Pub L. No. 73－316，48 stat. 943－44（1934）.

⑤ 参见 Congressional Research Service，“*Fast Track Implementation Of Trade Agreement：History，Procedure And Other Options*，” report for congress No. 97－41E，Sept. 23，1997，at 2。

⑥ 比如在关税问题上，不再是减少关税，而是完全消除关税。

协议的文本和签订协议的原因,[1] 而且要求总统组建的谈判代表团包括来自参议院财政委员会两名不同党派的参议员和众议院拨款委员会两名不同党派的众议员。[2]

肯尼迪回合牵涉到一系列的关税减少的安排，更有超出美国关税事务范围的两个协议，事关美国反倾销法和美国衡量进口价值的方式。在国内执行的时候，非关税协议就引发了国会的争议，有些国会议员认为总统在没有国会授权或者同意的情况下超出了授权范围。[3]

虽然国会存在关于总统的谈判权的忧虑，但在20世纪70年代，国会更为关注的是通过新的授权使总统能够参与东京回合谈判。[4] 与此同时，国会也意识到，东京回合不可避免地会超出关税的范围进入非关税贸易壁垒的领域。

非关税壁垒的问题逐渐扩大化了，当时非关税壁垒能以技术标准，健康和安全标准，食品监督要求等形式出现。如此，国会既要考虑适时改变美国法律又要考虑非关税壁垒的现实，既要容许总统单独行动又要将其控制在国会限定的范围内。[5]

尼克松政府尝试提出两全其美的方法，让国会授予总统进入关税同盟谈判与其他涉及到非关税事物谈判的授权，但是必须获得国会的通过。[6] 他提出非关税事务谈判程序如下：首先，在进入谈判前90天，通知国会，留给国会充足的时间对其进行否决；然后咨询相关委员会；接着，向国会提交协议文本。在协议文本提交后，两院

① 参见 Trade Expansion Act of 1962, Pub. L. No. 87 – 794, §243, 76stat. 872, 878 (1962)。

② 同上。

③ 参见 I. M Destler, *American trade politics*, 14 (3d ed. 1995), p72。

④ 同上, pp. 20 – 21。

⑤ 参见 Michael J. Carrier, "*All Abroad The Congressional Fast Track: From Trade To Beyond*," 29 Geo. Wash. Int' l L. Econ. 687, 701 – 02 (1996)。

⑥ 参见 I. M Destler, *Making Foreign Economic Policy* (1980), pp. 144、157。

都必须在 90 天内进行多数决。① 这个议案在众议院以 272 - 140 获得通过，但参议院财政委员会否决了它，理由是违背宪法，给予了总统过多的授权。

在此之后，"快车道"，在财政委员会的备忘录中首次出现。② 当时的备忘录讨论了两种替代方式：A 方式就是传统的立法程序，国会可以采取、拒绝或者修改总统提出的协议。B 方式，就是设立快车道，也就是一个流转程序，在一段时间后，从委员会到自动进行执行立法。

在此基础上，1974 年的贸易法案重新授予了总统减少关税的权利，以促进减免关税的互惠性协议。考虑到非关税壁垒也开始扭曲贸易，总统再次获得了进入非关税协议和宣布关税变动的授权，这个法案消除了总统不能获得任何非关税协议谈判权的障碍。相反，法案要求所有的非关税协定都要通过立法执行，这样就使得总统必须提交协定获取国会的通过。③

但是常规立法程序要求苛刻，国会意识到这会使美国的谈判代表陷入困境。外国政府，很可能会不愿投入大量的时间与资源进行多边谈判，因为谈判结果极有可能无法在国会通过，更有可能被国会修改，谈判没有任何保证。因此国会又建立了一个新的机制，既给予其他国家一定的信誉保证，又坚持国会的谈判目标。这个机制就是，"up - or - down vote"，要求总统在协议谈判中咨询国会，然后国会就在严格的时间限制内进行通过或者否决的投票。④

以上内容的综合体，1974 年贸易法案，在参议院以 77 - 4，众

---

① 参见 H. R. 6767，93d cong.，1st sess. § 103（c）-（e）（1973）。

② Memorandum from senate finance committee staff to the honorable Herman E. Talmadge（June 5，1974），reprinted in 4 Michael J. Glennon et al.，united states foreign relations law：documents and sources 64，65（1984）.

③ CRS report 97 - 41E，supra note 16，at 3 - 4.

④ Trade Act of 1974，Pub. L. No. 93 - 618，§ 102（e），88 stat. 1978（1974）.

议院以323－36获得通过。[①]

二、快车道的延续与中断

包含快车道授权的1979年贸易法案，1984年贸易法案，1988年综合贸易与竞争法案轻而易举地获得通过。这些法案使得总统获得进入贸易谈判、减少或者消除关税以及非关税壁垒的权力，同时可以建立自由贸易区。1988年综合贸易与竞争法案的授权在1993年4月1日终止，但是单独为乌拉圭回合谈判而延长到1994年4月15日。在此之后的每位总统都有了决定贸易伙伴的选择以及谈判内容的决定权。[②]

到克林顿政府时期，国会要求把劳工和环境问题纳入协定，造成谈判困难。北美自由贸易区进一步激化政治紧张，特别是协定造成的美国－墨西哥边境上的环境问题，美国的工作岗位和工资问题。在1994年期间，国会毫不费劲地通过了乌拉圭回合谈判的系列协定。然而，到北美自由贸易区和世界贸易组织的投票时，出现了极大的争议，这体现了潜在的政治敌对。反对者将自由贸易区看作是恶性竞争，各个国家通过降低管制门槛的方式，去吸引外国投资。

第105届国会时，各种关于提供缔结条约授权和贸易协议的快车道授权的议案引入国会，但由于这些议案没有将劳动和环境标准的条款写进快车道执行案中，所以没有获得通过。1997年9月16日，克林顿政府提交了快车道议案的草案，没有通过，之后又有两次尝试，还是以缺乏充分的支持者告终。

小布什总统上台之后，积极争取国会通过“贸易促进授权”[③]，

① 120 cong. Rec. 39，858 and 41，807（1974）.

② Hal S. Shapiro，*Fast Track*：*A Legal*，*Historical and Political Analysis*，published and distributed by transnational publishers，inc，2006. pp16.

③ 系当时美国的贸易代表，现任世界银行行长佐利克（Robert Zoellick）更名。

以实现美国贸易政策目标，增强政府进行自由贸易谈判的能力。他明确表示，用这项授权来推动发起于2001年的多哈回合全球贸易谈判，最终2002年两党贸易促进授权法案以众议院215—214票[①]戏剧性地获得通过。总统再度获得参加多哈回合区域性和多边贸易谈判权，只是该法案的名称与众议院的投票结果形成鲜明的对比，党派对立的色彩浓重。按照2002年法案规定，总统在2005年之前要求延长快车道授权，在没有两院的否决案的前提下，可自动延长至2007年4月。事实是在此之后，快车道授权退出了美国贸易政治的舞台。

在争取和运用快车道授权的每一个时期，对于快车道授权的关注累积了极大的政治资源耗费。奥巴马总统在2009年提出："要取代快车道授权，要用囊括劳工、环境和关注公民社会的谈判标准来进行贸易谈判……我保证国会将在国际经济政策和任何将来的协定中扮演重要的角色。"[②]

但是奥巴马政府没有拿出新的机制，透过他的贸易代表的选择，似乎可以知道他在快车道授权上的立场。他的贸易代表，Ron Kirk是快车道的批判者。根据Dallas Morning News（3/8/02），在2002年的快车道投票中，他就持反对意见，在议案通过之后，他强调说虽然这一票的胜利没有保证因为贸易而受损的劳动者们的利益。[③]而且首位奥巴马提名的贸易代表Xavier Becerra，也批判快车道授权，"在过去超过250年的时间里，我们国家的存在，只有二十年，从1974—1994，给予总统这项授权。在这二十年里，5个协定签订了。相比较而言，在克林顿政府的八年中，签订了300个协定。即使没

① 戴斯勒：《美国贸易政治》，附录A：2001年贸易促进授权：不成功的讨价还价。

② Todd Tucker and Lori Wallach, The Rise And Fall Of Fast Track Trade Authority, Washington D. C.: Public Citizen's Global Trade Watch, 2009. p. 126.

③ Ibid., p. 127.

有快车道，我们也可以做这类事情”。[①]

第二节 快车道贸易授权的内容与分析

一、快车道授权及其运作

Fast track trade authority，在法案规定中没有明确而固定的界定，一方面是法案本身总是以运用程序细节式的语言为主，另一方面快车道授权的内容本身在不断的变动，所以存在不同的界定，笔者截取具有代表性的政府、政府官员、学者的几种说法：

（1）国会通过“快车道”程序授权总统进行贸易谈判，并提供特定规则来审议总统所签订的贸易协定。“快车道”将宪法授予国会的部分权限转移给行政部门。[②]

（2）“贸易促进权”是指在审议贸易协定时，旨在加速常规立法过程的特别快速程序。该特别快速程序对（两院）的辩论有所限制，并且还禁止或严格限制对协定的修正。“贸易促进权”在适用于附加于任何特定的外贸协定的实施议案前，均必须获得国会的事先批准。在涉及贸易协定程序时，“贸易促进权”为术语“快车道”

① 参见同上，需要注意的是，他对 agreement 的概念在克林顿时期和快车道授权期间是不一样的，他把东京回合中的 14 个协定当作 1 个，而克林顿政府期间的协定也是在具体领域的协定，功用与自由贸易区的协定不可同日而语。

② “*What is fast track*”, at http：//cilinton2. nara. gov/initijatives/fast track. html Feb. 21，2004. 转引自陈功：《美国对外贸易法中“贸易促进权”模式研究》，西南政法大学 2005 年博士论文，第 10 页。

的后继者。①

（3）“贸易促进权”是赋予美国参与谈判和提交贸易协定的能力，以维护美国经济领导地位的关键。②

（4）“贸易促进权”授权总统参与贸易协定谈判的权力，（对于谈判结果）国会只能批准或否决，不得提出修正。国会保留对谈判进行监督和决定是否接受协定的权力。由于大多数的贸易谈判需耗时数年才能得以完成，因此，对于谈判者而言，在将协定提交最后批准之前，将拥有充裕的时间，定期与国会议员和相关利益方协商。③

因此，笔者综合授权历史和各学者的观点认为，快车道授权，是在正常的贸易协定生效程序无法促进自由贸易的情况下，国会和政府在贸易协定方面权力妥协的结果：国会在保证最终决定权的基础上增加了在谈判过程中的参与和监督，让渡了谈判内容的控制权；政府在持有谈判权的前提下，拥有了谈判过程中所涉及的各方面的自主裁量权，让渡了谈判目标的决定权，最终使得贸易协定能够更为快速地走完立法程序，成为直通法律的议案。具体表现为，一旦政府按照法定的程序进行贸易谈判，国会就只能在限定的时间内以

---

① C－SPAN，” congressional glossary”，at http：//www. c － span. rog/guide/congress/glossay/tradepromo. html. Dec. 20. 2004，转引自陈功：《美国对外贸易法中“贸易促进权”模式研究》，西南政法大学 2005 年博士论文，第 11 页。

② “*zoellick statement regarding trade promotion authority and senate majority leader dashle’ s comments*”. At http：// www. ust. gov/Document Library/Press Release/2002/January/Zoellick statement regarding trade promotion authority senate majority leader daschle’ s comments. html Feb. 12，2004. 转引自陈功：《美国对外贸易法中“贸易促进权”模式研究》，西南政法大学 2005 年博士论文，第 11 页。

③ “Trade Promotion Authority”，At http：//www. houston. org/govermentrelations/federal issues 2002/ trade promotion authority. htm Dec 20，2004. Or Jim Lobe，*Going Backwards*，*Bush On Verge Of Fast Track Trade Victory*，inter press service published on Tuesday. At www. jps. org/ July 30，2002. 转引自陈功：《美国对外贸易法中“贸易促进权”模式研究》，西南政法大学 2005 年博士论文，第 12 页。

无修订的方式通过或者否决贸易协定的议案。

按照美国关于快车道的贸易法条款，不同于一般的贸易协定立法[①]，快车道授权的运行是在运用授权上复杂化，在立法过程中快速化。快车道授权的运行程序可分为三类：1. 国会参与和监督贸易谈判的条款，即快车道授权生效的前提；2. 快车道运行的贸易协定立法程序；3. 国会撤销快车道授权生效的条款。

（一）国会参与和监督贸易谈判的条款

国会参与和监督贸易谈判，其实就是行政机构获取快车道授权要达到国会设定的要求：

第一，要求是谈判目标。国会列举了整体的和微观的谈判目标，以引导总统缔结协定。[②] 谈判目标一般包括了国会希冀通过协定达成或者不会涉及到的内容，整体的目标包括："通向更开放、更平等、更互惠的市场"、"减少或者废除市场壁垒"、"加强国际贸易的原则性和程序性"；[③] 微观的谈判目标包括：清除美国特定行业特殊产品的出口阻碍（比如农产品或者高科技产品），完善关于服务、对外投资、贸易法律的透明度、纠纷解决机制。[④]

整体来看，目标只是给予谈判方向上的引导，明确谈判事务的轻重缓急，在涉及到协议的细节上总统有非常大的裁量权。

---

① 美国一般的立法程序：议员提出议案后，提交到议案主管委员会进行审议，在委员会审议阶段，议案可能被废弃或修改。如果委员会将该议案报至议院，就列入该议院议程，再经过辩论、表决程序，如获得通过，则送至另一议院，此时，另一议院对此法案可以全盘接受，也可以修改、否决甚至完全搁置不顾。如果它作了改动，而前一议院认为后一议院的改动根本修改了它法案，则通常由两院协商会议来解决相互间的意见冲突。法案在两院均获通过后，由总统签署生效，如果总统否决，两院还可以2/3 多数推翻总统的否决。

② 19 U.S.C §2901.

③ 19 U.S.C §2901（a）（1）—（3）.

④ 19 U.S.C §2901（a）（1）-（16）.

第二，行政机构向国会咨询。在进入贸易协议运用快车道之前，总统要履行向国会财政委员会和拨款委员会以及在协议内容上有管理权的委员会咨询的义务。[①] 这些咨询不仅仅涉及到协议的内容，而且事关协议目标以及美国的法律在协议范围内如何执行的相关事务。[②]

这些要求，并没有明确咨询的深度与方式，于是也可以理解为总统只要礼节性地咨询，就可以进入贸易协定。

第三，国会顾问。按照贸易法规定总统最主要的谈判者——美国贸易代表指派国会成员作为国会顾问。[③] 国会顾问在贸易政策的发展与执行政策的重点给予建议。[④] 一般而言，众议院议长在拨款委员会主席推荐的人选中选择5个代表，[⑤] 参议院临时议长在财政委员会主席推介的人选中也选择5个代表。[⑥] 两院中选送的代表中不准超过3个的代表是来自一个政党。[⑦] 众议院议长和参议院临时议长也可能会挑选协议涉及领域的其他委员会成员。[⑧] 不仅如此，总统还被要求建立顾问委员会代表广泛的各行业与利益集团。[⑨]

第四，通知。在进入贸易协议之前至少90天，总统要通知参议院与众议院，他执行协议的意图。[⑩] 总统要在联邦记录簿中公开通知。[⑪] 一旦总统没有做到，协议就不能生效。[⑫]

---

① 19 U. S. C §2901（c）.

② 19 U. S. C §2901（e）（2）（A）-（B）.

③ 19 U. S. C §2902（a）（2）.

④ 19 U. S. C §2211（a）（1）.

⑤ 19 U. S. C §2211（a）（2）（A）（ⅰ）.

⑥ 19 U. S. C §2211（a）（2）（A）（ⅱ）.

⑦ 19 U. S. C §2211（a）（1）.

⑧ 19 U. S. C §2211（a）（2）（A）（ⅰ）-（ⅱ）.

⑨ 19 U. S. C §2155（a）（1）.

⑩ 19 U. S. C §2903（a）（1）（A）.

⑪ 19 U. S. C §2903（a）（1）（A）.

⑫ 19 U. S. C §2903（a）（1）.

第五，模拟审议与模拟会议。因为最终由总统提交的议案，不能再进行改动，所以举行模拟审议会议对议案进行审议，在模拟审议中参众两院就分歧进行讨论协商，也提出建议性的修正，关键在于总统的接受与否。

第六，传送。在谈判完毕时，总统向两院提交协议文本，并附有执行协议、美国法律的变动、政府谈判的目的与达到的国会设定的总体目标，并且解释协议如何实现美国的利益。[①]

第七，执行议案。快车道协定必须伴有执行议案。[②] 执行议案有着重要的意义，因为一个协定一旦获得了国会通过，就使得美国在国际法的约束范围内，但是执行议案与国内的贸易法律直接相关。[③] 既然根据美国法律，执行议案具有操作意义，那么，美国理论上可以在某些方面不服从国际义务。

第八，通知把关委员会。这是关于双边和多边自由贸易协议的特殊要求。这些协议涉及到参与国大量的关税减免和其他的贸易壁垒。[④] 对于这些协定，只有当外国要求谈判的时候才启用快车道[⑤]；协定要符合国会事先给定的谈判目标；[⑥] 总统要给拨款委员会和财政委员会提前至少 60 天的通知。[⑦] 这个通知要求使得国会委员会，能够明确贸易问题的责任，了解总统的意图，在谈判初期对总统有一定影响。2002 年贸易法案废止了把关委员会要求，但是要求总统提

---

① 19 U. S. C §2903（a）（2）（B）（2）.

② 19 U. S. C §2903（a）（1）（B）-（C）.

③ 参见 Michael C. McClintock，“*sunrise Mexico*，*sunset NAFTA - Centric FTAA*：*What Next And Why*?”，7 Sw. J. L. Trade Am. 1 17（2000）这篇文章讨论了执行议案的国内影响与贸易协议的国际影响，比较了快车道程序下的法律资源与在正式条约下的法律资源。

④ 19 U. S. C §2902（c）（1）.

⑤ 19 U. S. C §2902（c）（3）（B）.

⑥ 19 U. S. C §2902（c）（3）（A）.

⑦ 19 U. S. C §2902（c）（3）（C）.

前90天通知国会，且提供他的谈判意图。①

（二）快车道立法程序

快车道授权不同于一般的立法程序，主要在于它有助于克服国会阻挠立法的三个主要障碍：其一，是阻止修订，修订会损害协议的支持或者要求总统不得不再花很长时间缔结协议重新谈判。其二，防止议事阻碍或者中止性讨论。其三，保证通过一否决投票，防止程序拖延。这样的立法程序，有如下步骤：

1. 强制性提案。在总统提交提议性协议、执行议案、支持性材料之后，执行议案必须由两院多数派的领袖和少数派领袖提出。如果众议院或者参议院没有执行，那么议案要在随后的第二天被提出。

2. 向相关委员会咨询。执行议案，需要向涉及到协议内容管理范围的委员会咨询，至少要向把关委员会咨询，另外经常会涉及到的是农业委员会。

3. 无修正，在国会两院通过的执行议案不能被修改。

4. 自动流转，委员会考虑议案的时间不能超过45天。② 如果委员会没有在相应的时间内给予报告，那么就自动失去权力，议案置于下一个议程步骤上。

5. 有限的辩论。两院的辩论，限在20个小时之内。在众议院，这个时间按比例分配给支持者和反对者。在参议院，时间分配给多数派领袖和少数派领袖③

6. 有时间限制的投票。对于议案的最终投票必须在委员会给出报告或者自动流转之后的15个立法日之内进行。因此，国会对于快车道执行议案的考虑的时间最多有60天。

7. 无两院衔接与协商时间。因为两院都不能对议案进行修改，

---

① H. R. 3009，107TH cong.，2d sess.，§2104（a）（1）（2002）.

② 19 U. S. C §2191（e）.（1）

③ 19 U. S. C §2191（f）（2）和19 U. S. C §2191（g）（2）.

所以两院面对的议案内容和语言完全一样，不需要会议委员会进行沟通和两院妥协。

8. 生效与宣布。如若任何一院拒绝议案，总统就不得不面对再次进行谈判以满足国会的要求，修改议案，并执行不会变动美国法律的协定，或者只能撤销协议。如果两院都通过了总统的议案，总统只需要签字，然后宣布其生效。

(三) 撤销快车道授权生效的方式

虽然快车道授权为美国谈判者增添了谈判成功的保障，但是国会还是拥有对于快车道应用的最终控制，国会持有否定快车道程序运用的特权。一旦总统没有按照快车道所要求的程序步骤，或者总统提出了国会不青睐的协定，或者国会两院中任何一个想要终止快车道授权，快车道授权就难以为继。

从技术角度上讲，相关法律确实也使得快车道授权下的谈判变成一个容易实现反悔的机制。国会扮演了法官和陪审团的双重角色，它可以自主判断总统是否符合它的要求和标准。但是，事实上，由于国会和总统的默契，国会的撤销机制极少运用。撤销机制有如下几种情况：

1. 满足一定的条件：除非通知、传达、执行议案的种种要求都达到了，否则快车道条款下谈判的协议不能生效。[①]

2. 日落条款规定，即每一部规定快车道程序的法律都是有时间限制的。1974 年法案有五年期限[②]，之后几次的法案也如是。[③] 如若

---

① 19 U. S. C §2903 (a) (1).

② Trade act of 1974, pub L. No. 93 - 618, §101 (a) (1), 88 stat. 1978, 1982.

③ Congress renewed fast - track authority via the trade agreement act of 1979, pub. L. No. 96 - 39, 93 stat. 144 (1979); the trade and tariff act of 1984, pub. L. No. 98 stat. 2948 (1984); and the omnibus trade and competitiveness act of 1988, pub L. No. 100 - 418, 102 stat. 1121 (1988).

总统在授权终止时间之前要求快车道程序，但是在终止时间之后进入协议谈判，也可以继续有效。但是，延长不是全然没有条件的，只要国会一院通过了延长否决决议它就不能延长了。2002 年法案也有类似的日落条款，快车道可以运用到 2005 年 6 月 1 日，如果国会在 2005 年 6 月之前没有通过否决决议，那么自动延长到 2007 年。①

3. 关于咨询的否决。在一定程度上，国会决定了总统是否就协议充分咨询国会，国会能够撤销快车道，通过国会两院的程序否决决议就可以做到。这样的否决案是特权性质的，只有把关委员会的主席或者少数派的资深成员有资格提出。2002 年法案改变了这个提出的资格要求，任何议员都能够提出否决议案，但是这个议案必须在 60 天内在两院都通过。惊动两院，恐怕是国会最难的否决机制了。

4. 把关委员会的否决。1984 年和 1988 年法案，拨款委员会和财政委员会被赋予了扣留快车道程序的权力，在被通知的 60 天内，委员会就双边或者区域贸易协议通过了否决案，协议就无法生效。这样，总统不得不积极就双边或者多边贸易协议谈判通知把关委员会，国会因而也进一步深度跟进贸易协定的谈判。

6. 两院的抵制。国会快车道条款，认为协定立法不是普通的立法，而是“参议院和众议院制定规则权力的运用，因而，这注定也是两院本身的规则。”② 而且，两院都有宪法授予的权力……在任何时候……改变规则，用同样的方式，如同其他规则。也就是说，虽然程序包括了两院通过的立法，有总统的签署，并以法律的方式执行，但是这也是国会运用到自己身上的规则，所以这些规则能够被改变，就如同国会的其他规则那样。因而，总统清楚地知道，在任

① H. R. 3009，107th cong.，2d sess.，§2013（c）（1）（2002）. 布什总统在 2005 年秋季要求了快车道的延长，而国会没有通过否决决议。

② 19 U. S. C §2903（d）（1）.

何时候，由于任何原因，任何一院都能够直截了当地抵制快车道。[1]

二、快车道授权下的美国签署的贸易协定

根据快车道授权的内容，贸易协定主要可以分为三种：双边自由贸易区，区域自由贸易区（多边自由贸易区）和多边贸易协定。到目前为止，成功运用快车道授权，即在快车道授权下发起谈判，完成谈判并协定生效的次数一共为13次。其中，包括两个多边贸易谈判系列协定，一个区域自由贸易区和十个双边自由贸易区协定。

多边贸易谈判主要是以关贸总协定为平台，进行世界范围内多达一百多个国家参与的谈判回合，以促进世界自由贸易的发展。1979年4月胜利完成的东京回合谈判是在快车道授权之下发起的，并在授权之下突破了停滞不前的谈判，减少世界范围内的关税水平和非关税壁垒，在此回合谈判的14个系列协定获得了国会的通过。1993年12月完成的乌拉圭回合谈判，在快车道授权下的54个系列协定再次在美国国内生效。

快车道下的区域自由贸易区是北美自由贸易区，于1994年生效，由美国、加拿大与墨西哥组建。北美自由贸易区的建立在美国国内有着非常大的争论，因为随北美自由贸易区而来的移民、就业、环境问题直接影响到美国人民的生活，而建立北美自由贸易区是源于冷战结束后世界经济区域化和国际贸易保护主义兴起，美国要实现本国经济的发展的内外因素。主导政治的精英和选民大众在北美自由贸易区的问题上就处于比较对立的状态。

---

① 参见 Theresa Wilson, "who controls international trade? Congressional delegation of the foreign commerce power," 47 drake L. Rev. 141, at 173 - 74 (1998)。该文主要讨论了快车道在本质上是没有决定权的，因为国会能够终止快车道。

表9-1　美国的自由贸易协定一览表

<table>
<tr><td rowspan="2">现存</td><td>双边</td><td>澳大利亚、巴林、智利、以色列、约旦、摩洛哥、阿曼、秘鲁、新加坡</td></tr>
<tr><td>多边</td><td>多米尼加共和国—中美洲自由贸易协定（DR-CAFTA）
北美自由贸易协定（NAFTA）</td></tr>
<tr><td>待定</td><td>国会待批</td><td>哥伦比亚、韩国、巴拿马</td></tr>
<tr><td rowspan="3">拟议</td><td>双边</td><td>厄瓜多尔、加纳、印度尼西亚、肯尼亚、科威特、马来西亚、毛里求斯、莫桑比克、新西兰、台湾、阿联酋、乌拉圭</td></tr>
<tr><td>多边</td><td>美洲自由贸易区（FTAA）
中东自由贸易区（MEFTA）
跨大西洋自由贸易区（TAFTA）
亚太自由贸易区（FTAAP）</td></tr>
<tr><td>推迟</td><td>南部非洲关税同盟（2006年起暂停）
泰国（2006年起暂停）
卡塔尔（2006年起暂停）</td></tr>
<tr><td>失效或中止</td><td></td><td>加拿大（并入北美自由贸易区协定）</td></tr>
</table>

资料来源：美国贸易代表官方网站 http：//www. ustr. gov，2011年4月统计资料。

多边自由贸易体制随着多边贸易谈判的进行基本上确立并获得发展，但是在市场经济的竞争观念影响下的各个国家，要通过其他途径巩固和扩大本国的经济空间，这样快车道授权就是一种有效的方式。双边贸易协定就是平衡贸易体制与本国利益的方式之一，建立双边贸易协定，如果形成贸易创造就能够达到双赢，如果形成贸易转移不能双赢但是至少扩大了贸易范围，然而对于双边之外的任何第三方，那就是零和游戏。美国的贸易，数量大，在GDP所占比重一般在10%左右，较之世界其他国家，这比重对美国的经济社会影响是有限的。所以美国在建立双边贸易协定的时候，尤其是在快车道授权之下生效的协定，大都是出于政治考虑，以双边协定为手段，巩固政治军事同盟，或者获取世界经济秩序的主导权。美国于1985年与以色列建立了自由贸易区，1988年建立了与加拿大的自由贸易区，2003年与智利、新加坡签订自由贸易协定，2004年分别与澳大利亚、摩洛哥组建自由贸易区，2005 年与中美洲、巴林建立自由贸易区，2006 年美国—阿曼自由贸易区成立，2007 年美国—秘鲁自由贸易区获得了国会通过。在美国的全部自由贸易协定中，双边贸易协定只有美国—约旦自贸区不是在快车道授权时期建立。

三、美国国内关于快车道授权的争议

快车道授权的产生有其初衷，这也使得运用快车道授权的目的，在美国国内支持者和反对派那里观念一致。他们都认为快车道授权是美国进一步发展和促进自由贸易的政治标志。[①]

快车道授权作为自由贸易的政治工具，关于它的争议首先是基于自由贸易和贸易保护主义的争论。很长一段时间内，争议的核心不是要运用快车道与否，而是在贸易政策中是否对某些行业予以保护，是否在某些方面增加美国的要求。在整个美国贸易思想史中，自由贸易和贸易保护总是交错占据主流，然而在政策实践中，两种思想都不会完全退出，而是混合在政策中，形成美国学者总结的贸易政治的分裂性。[②]

分裂性的美国贸易政治，与政治派系、政党主张紧密相关。在贸易领域的自由派，其核心主张表现在三个方面，要求符合美国基本标准的劳工、环境和人权问题；必要的政策性保护措施，关税、配额、逃避条款、反倾销等方式都包含在内；新重商主义倾向的市场自由化，鼓励本国产品的出口，鼓励用于促进本国生产的进口，限制构成竞争的进口。自由派通常以公平贸易的口号，要求快车道授权运用在谈判内容上要主动加入苛刻的条件。而古典保守派，传承亚当·斯密的自由主义，倾向于不顾国内选民的压力，反对贸易

① Hal S. Shapiro, *Fast Track: A Legal, Historical and Political Analysis*, published and distributed by transnational publishers, inc, 2006. p. 3.

② Ibid., p. 134," the schizophrenic nature of U. S. trade politics".

壁垒，支持没有壁垒的跨国贸易。两大政治派系斗争不断，只有在其选区的选民受到威胁的时候才真正站在同一战线。

同政治派系一样，民主党和共和党各持不同的观点，民主党更倾向于自由贸易，共和党更倾向于有保护的公平贸易，但是政党的主张并没有完全成为议员的观点。在涉及选民支持、国家利益问题上，议员都会有自己的考虑，党派分化在20世纪90年代之前并没有非常明显，快车道授权的通过往往是以大幅度支持票通过。

争议不仅仅在自由贸易和贸易保护之间，到后期越发存在于国会在国际经济协定上直接对于非贸易性国内政策的影响程度，甚至上升到快车道授权破坏了美国的民主观念。历史表明，贸易扩大是通过一系列国内制度的让步来达成，当让步引起国内人民反感的时候，贸易也就很难按照之前的让步来继续扩大了，这在NAFTA/WTO成立的过程中最为典型。

当时大多数国会议员将WTO \ NAFTA理解为普通的贸易协定，不是直接影响到国内的法律或者政策。在关于WTO辩论中，甚至没有什么国会议员读了乌拉圭回合协定。[①] 但是当协定通过开始执行的时候，即使是快车道授权的积极支持者也意识到快车道在贸易甚至内政立法问题上，有极大的自主裁量权。

比如WTO对制药公司进行特别保护，要求成员国政府提供长期的药品垄断专利。[②] 再比如，克林顿政府为北美自由贸易区承诺美国特别的移民政策，包括保证每年最少有65000H1 - BVISA外国工人可以进入美国，超过100个服务部门要与世界贸易组织的服务部门协定相符。这就意味着，美国的财政、医疗保险、土地运用和气候政策都必须受到WTO的限制。

不仅仅如此，WTO要求其成员国遵守国际法规则，自然而然就

---

① Todd Tucker and Lori Wallach, *The Rise And Fall Of Fast Track Trade Authority*, Washington D. C.: Public Citizen's Global Trade Watch, 2009. p. 92.

② Ibid., p. 94.

已经造成国内政策上的限制，并直接进入到非贸易政策领域。比如，美国境内网络赌博的禁止与WTO相悖；美国清洁空气法案和濒临灭绝物种法管制与WTO相悖；即使墨西哥的安全和环境标准都很低，北美自由贸易区法庭要求美国允许墨西哥的卡车能上美国的马路；由于NAFTA，加拿大超长超重卡车也有了相同的权利。[①]

于是，有分析家认为“快车道给了总统过大的权力来塑造贸易协定，放在普通的立法程序中就会是另一番景象”。[②] 因为这过大的自由，就有分析家认为，这已经背离了美国民主的观念，而快车道授权也就失去了合法性。[③]

第三节　快车道授权的政治经济影响

一、快车道授权贸易协定的政治影响

作为世界头号强国，美国的快车道授权支撑起一个有序的国际贸易体系，其中最有影响力的是快车道授权下签署的多边贸易协定。二战后的贸易体系是在美国主导下，以关贸总协定为核心的开放的自由贸易体系。关贸总协定是一个具有固定规则的贸易体系，但是它没有数量目标等强制性规则；它不是一个国际组织，本质上是协商性的论坛；例外条款的运用非常普遍。所以需要在协定之下，进行国际谈判，使各成员国开放市场，建立新的贸易规则。

在快车道授权下，美国领导的东京回合谈判和乌拉圭回合谈判，

---

① 参见 Todd Tucker and Lori Wallach, *The Rise And Fall Of Fast Track Trade Authority*, Washington D. C.: Public Citizen's Global Trade Watch, 2009. pp. 92 – 93。

② 同上，p. 93.

③ 同上，p. 128.

以及建立的世界贸易组织对国际贸易产生了深远的影响，在一系列多边贸易协定谈判完成之后，国际经济秩序逐步得到了规范化。东京回合（1973—1979），削减了大多数工业品的关税，推行农业贸易市场的开放以及降低关税壁垒，处理不公平贸易惯例的管理规则。东京回合极大地促进了自由贸易的扩大，进口贸易更为深入地渗透，贸易成为各个贸易参与国经济的重要组成部分。

在区域主义的影响下，新的保护主义再次以新的形式，例如：配额和政府补贴等非贸易壁垒阻扰自由贸易的发展。在这样的背景下，美国通过快车道授权发起乌拉圭回合谈判，这一次谈判普遍减少了制造业商品的关税，降低了很多重要领域的贸易壁垒，贸易规则也通过谈判延伸到包括农业、纺织品、服务、知识产权和对外投资等领域。乌拉圭回合最大的成就，是建立了世界贸易组织，罗伯特·吉尔平认为，世界贸易组织在本质上是美国的作品。在他看来，世界贸易组织的前身关贸总协定为美国日益衰退的大规模生产提供了很好的服务，但是没有给新兴的经济行业同样的待遇。早在里根政府的时候，经济和技术的发展使得美国成为一个不再是单单依靠货物贸易的国家，而是服务导向的高技术国家。

较之关贸总协定，世界贸易组织无论在决策制定权方面还是在制度结构方面，都有了进一步的发展。世界贸易组织引入了争端解决机制，消除了关贸总协定的基本缺陷，例如争端的协调过程漫长使得争端无限滞后无法得到根本上的解决；它还建立了新的上诉机构，专门针对争端解决的专家小组以保证解决的效度；另外，世界贸易组织被成员国赋予权力对拒绝接受争端解决专家小组决定的国家收取罚款。[①] 在制度结构方面，世界贸易组织改变了关贸总协定的秘书处支持的协定组织，而是会员制，对成员国的权利和义务有更

① （美）罗伯特·吉尔平：《全球政治经济学：解读国际经济秩序》，杨宇光、杨炯译，上海世纪出版集团，2006 年版，第 199 页。

为清晰的界定，采取两年一度的部长级会议，有了制度上的导向作用，也有了组织运行的监督机制。最重要的是世界贸易组织的成员国在不断地增加，成员国越多，自由贸易的可能和世界贸易组织规定的强制力也就越大。

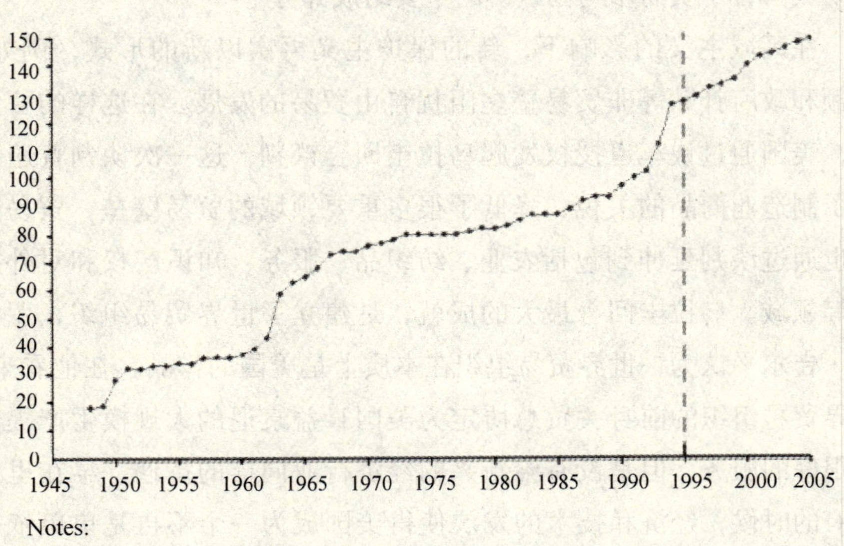

图 9－1

图表来源：余淼杰：《中国对外贸易三十年（1978—2008）》讨论稿系列。

国际影响单一，但快车道对美国本身的影响却具有两面性。笔者认为快车道授权对于美国国内政治的影响，通过三个方面的关系发挥作用。首先是对联邦政府与州政府的关系；其次是对国会与总统的关系；最后是两党关系。

美国的法律或者政策在联邦政府和州政府是各有不同，州政府在地方政策上有极大的自主权。但是贸易是一件特殊的事情，就出口而言，生产是在某个州，销售是在国外；就进口而言，生产是在国外，而销售是在某个州。这样贸易在美国境内一旦出现问题，必须要通过联邦政府和州政府的双重解决。但是在快车道授权下，而且贸易政策也不仅仅是关税和配额等可以用数量计算的方面而是延伸到非贸易政策的领域，比如食品安全、服务管制、医疗保障和能源、专利的垄断、采购和外资等，这就会限制州立法者的政策空间。因为以上各个方面都是州政府（包括立法机构和行政机构）的管辖范围，但是在协定谈判和生效时，联邦政府的权力覆盖了州政府的权力。这表现在谈判内容由联邦政府敲定，协定一旦需要修改美国国内的法律来履行国际义务的时候，直接由联邦政府允诺和执行。

在贸易政策方面，以总统为首的行政机构与立法机构之间本来就存在着紧张关系，这是与分权制衡相伴而生的，这也是美国的贸易政策会有分裂症状的原因之一。根据美国宪法，国会有调整国家间贸易关系的权力，总统有处理外交关系的权力，二者不能获得在贸易领域的全部权限。但是二者如果不能合作，那么府会扯平将会导致贸易政策的失效。就快车道授权的产生而言，它是国会与总统互动妥协、互相让步、共享权力的产物。在乌拉圭回合谈判开始之前，快车道授权既是国会和总统在贸易领域合作的产物，也促进了二者的合作，可以说达到了共赢的效果，国会获得了贸易谈判的参与和监督权，总统获得了谈判的自主裁量权。但是通过授权达到的在一定历史条件下的府会平衡是不稳定的，国会与总统的紧张关系在美国政治中是常态。1990 年左右，自由贸易在全世界范围内获得极大的发展，“全球化”开始登上历史舞台。在这个过程中，必然存在损益问题，国会中的议员关注的正是利益集团的损益，更多的是从局部来看问题和选取态度；总统由于四年一换，能够站在更为长远的角度来看待贸易问题，以国家整体的角度来看问题。另外，利益集团更容易通过一定的途径去影响国会议员的观点，而总统对于利益集团来说更有距离。所以一旦快车道授权的运用影响到了劳工组织和环保组织的利益，关于快车道授权的讨论就越发激烈，而需要延长或者重新授权的快车道也难以存在，国会和总统的关系又将走向互相阻挠、互相斗争的状态。

两党关系与府会关系密切相关，也如同府会关系，快车道对于两党关系的影响也是一种互动循环的关系。当美国总统所在的政党在国会中处于少数地位时，总统能够获得国会支持会相对少，那么总统的权力也就难以发挥；当政党在国会中处于多数地位时，总统受到来自国会的阻力会相对少。所以两党在贸易政策上的政党界限模糊化，对于总统在自由贸易政策上的主张是极大的支持。快车道授权之所以能够产生并延长，很大程度上在于国会和总统在贸易问题上的默契，当快车道授权运用数次，并产生很多富有争议性的问题的时候，两党分化也会在争议中不断强化，2002 年的两党促进贸易授权就是最好的例证，在党派对立最严重的时候，促进贸易授权以一票的优势勉强获得通过。

三者放到美国贸易政治结构，与美国在国际事务中的领导力，构成一个快车道授权的政治悖论。以上快车道授权与三重关系互动共同构成美国支持自由贸易的国内政治基础。另外，对于实力强大的美国来说，快车道授权是美国发挥国际领导力的基础程序。通过快车道授权执行的世界性协定，它在给世界加上规则束缚的同时，自己也不得不退让牺牲一些国内的原则。而且国际领导力越强大，美国就越发不能为自己开辟特殊规则，只能与比美国落后的国家一同严格遵守美国有所退让、有所妥协的国际规则。这国际规则与国内政策必然存在一定程度的矛盾，当高举民主大旗的美国民众意识到这矛盾的时候，离国际领导力的基础程序的衰期也就不远了。

二、快车道授权与全球经济

在快车道授权存在的 25 年间，全球经济获得了极大的发展，全球化一时间成为各个国家关注和强调的重点。贸易全球化的实体经济不断扩张，带动国际金融发展，世界经济总量一路攀升。贸易的扩展自然值得关注。

根据世界银行提供的数据（如表9－2：全球贸易规模，1990—2005年），全球生产总值在1990—2005的15年时间内从22万亿美元增加到45万亿美元，足足翻了一倍。世界货物和服务贸易从1990年占GDP的38%增加到2005年的52%，世界货物贸易从1990年的32.3%到2005年的47.3%（这两处由四舍五入得出），都增加了十几个百分点。

表9－2 全球贸易规模，1990—2005年

	1990	2000	2005
国内生产总值（10亿美元）	21785	31756	44645
货物服务出口占GDP的比重	19	25	26
货物服务进口占GDP的比重	19	25	26
世界货物贸易占GDP的比重	32.3	41.4	47.3

资料来源：World Bank，The Little Data Book，2007［M］. Washington DC：World Bank，2007：2. 转自王勇：《国际贸易政治经济学——全球贸易关系背后的政治逻辑》，北京：中国市场出版社，2008年版，第112页，表4.2。

这样的经济增长速度是前所未有的。虽然引起全球经济增长的原因非常之多，但是得以增长的很大一部分原因在于贸易的发展，在于提倡自由贸易的美国引导下世界市场的开放，这就归功于快车道授权。

根据世界贸易组织的报告（见表9－3：1870—2005年世界商品出口占国内生产总值的比率），可以看出世界贸易占经济总量的比重在1973年之后明显高于快车道授权产生之前的比重，2005年的世界商品出口占GDP的20.5%，整整高出1973年10%。

表9－3　1870—2005年世界商品出口占国内生产总值的比率

（单位：百分比，真实贸易和GDP按照1990年价格和汇率计算）

	1870	1913	1929	1950	1973	1998	2000	2005
世界	4.6	7.9	9.0	5.5	10.5	17.2	18.5	20.5

数据来源：WTO Secretariat. World Trade Report 2007［M］. Geneva，WTO：49.

在快车道授权美国总统参加关贸总协定的东京回合谈判的时候，世界各个国家都开始获取了信心，愿意加入多边谈判，共同促进世界自由贸易的发展。在快车道授权期间的两次多边谈判，参加谈判的国家数量是最多的，东京回合较之肯尼迪回合，参加国数量多出了近50个，最终东京回合和乌拉圭回合的谈判结果对世界贸易的影响也是最大的。

表9－4　关税与贸易总协定的多边贸易谈判时间

	时间	持续时间	地点	国家数
第一轮	1947年4月—10月	6个月	瑞士日内瓦	23
第二轮	1949年4月—10月	6个月	法国安纳西	33
第三轮	1950年10月—10月	6个月	英国托奎	39
第四轮	1956年1月—5月	4个月	瑞士日内瓦	28
第五轮（迪龙回合	1960年9月—1962年7月	22个月	瑞士日内瓦	45
第六轮（肯尼迪回合）	1964年5月—1967年6月	37个月	瑞士内瓦	54
第七轮（东京回合）	1974年—1979年4月	64个月	瑞士日内瓦	102
第八轮（乌拉圭回合）	1986年10月—1993年12月	86个月	乌拉圭塔斯特角城	108

数据来源：Paul R. Krugman and Maurice Obstfeld，*International Economics*：*Theory And Policy*.（the seventh edition）。

第七轮的东京回合谈判（1973—1979），在协定的减少关税的部分，世界各主要的工业国家同意在1980年之后，8年内将平均关税削减1/3，虽然大多数主要国家是通过降低原本较高的关税水平来达到的，但是在20世纪80年代末的时候，关贸总协定内的成员国的平均关税确实降到了5%。与此同时，关贸总协定开始制定新的规则来控制反倾销、政府采购、技术壁垒等非关税壁垒。

第八轮乌拉圭回合谈判（1986—1994），使得主要的发达工业国家平均降低40%的关税水平，从6.3%降到3.9%；而发展中国家的关税水平从15.3%降低到12.3%，转型国家比如东欧国家的关税水平则从8.6%降到6.0%。[①] 另外，乌拉圭回合开始解决其他的贸易管制和贸易扭曲，鼓励保护知识产权，并启动了对享受重点保护的农业、纺织业、服装及其他部门削减保护的进程。最重要的是，在乌拉圭回合中，各个谈判国家同意建立世界贸易组织，引入了有效的纠纷解决机制。

因为有快车道授权，美国贸易代表在谈判的时候在其他国家的眼中具有实质代表性，这样其他国家愿意参与贸易谈判，并执行贸易谈判的结果，在谈判陷入僵局的时候，往往能够找到一定的途径来打破僵局，在平衡各方利益的前提下达成协定。2001年发起的多哈回合，在没有快车道授权或者类似于快车道的程序的条件下，完成谈判的终结时间至今还不可预见。

三、快车道授权对美国经济的影响

经过上文的讨论，可知快车道授权作为促进自由贸易的政治手段对世界经济的发展确实起到了很大的作用，对于美国自身而言，其影响就比较微妙了。从整体上来看，美国在1930年之后平均关税水平一直在下降，在快车道授权之后，关税水平下降到10%以下，然后平稳地稳定在5%左右（见下图）。

---

① United nations, world economic and social survey, 2001, table V.2. 转引自王勇：《国际贸易政治经济学——全球贸易关系背后的政治逻辑》，北京：中国市场出版社，2008年版，第194页。

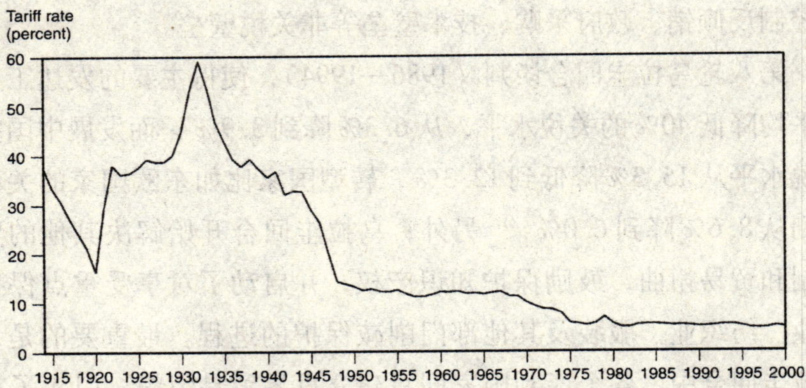

Figure 9-5

The U.S. Tariff Rate

After rising sharply at the beginning of the 1930s, the average tariff rate of the United States has steadily declined.

图 9－2

资料来源：Paul R. Krugman and Maurice Obstfeld, *International Economics*: *Theory And Policy*. (the seventh edition)

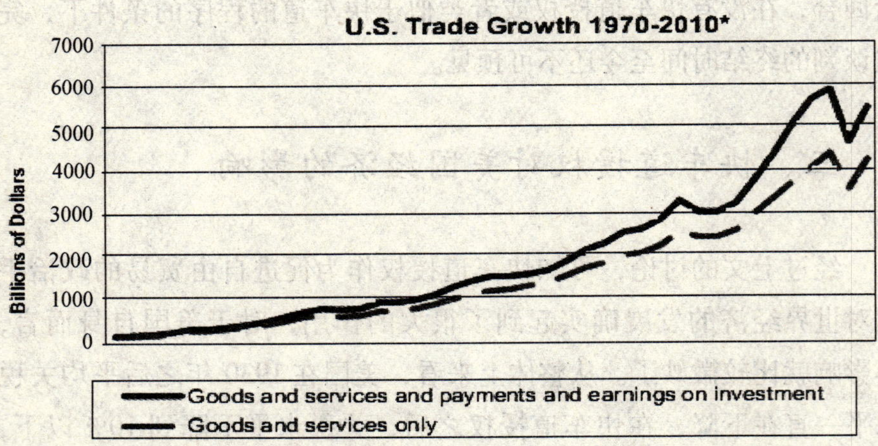

Total exports + imports
* 2010 Annualized based on January-November 2010 data.
Source: U.S. Department of Commerce

图 9－3

资料来源：US trade in 2010, at the president's 2011 trade policy agenda, p. 2.

在1970年尤其是在1974年之后，美国的贸易增长的幅度也相对增加了，基本上在快车道授权终止的2007年达到数值的顶峰，如下图，不仅货物和服务稳定增长，在快车道授权之后，尤其是贸易问题不仅仅涉及关税问题而是开始延伸到其他领域，贸易领域就与非贸易领域联系起来，如移民，这样境外投资也得到较快的发展。

从整体上看，快车道授权有益于美国经济，自由贸易在经济规模中所占比重在1/3左右。但是快车道授权在2007年难以为继，除了政治上的原因外，局部的经济性影响可能是关键因素。

在2008年的时候，美国的民意调查机构表示美国反对自由贸易扩张的人越来越多。① 对此，贸易研究组织public citizen认为如果这些程序保证的新的贸易协定能够帮助大多数的美国家庭能够多于损失的收益，那么对于贸易协定的支持会上升。② 这些局部的经济影响可以归为四类：

1. 美国工资水平停滞不变，劳动生产力和工资水平脱节。③ 自1973年以来，美国的劳动生产力翻番，但是美国的工资水平在基本上没有上涨，1973年的平均工资水平为每小时17.26美元，在2007年增长不到1%为17.42美元。④ 由于贸易协定会提供给跨国公司进

---

① Pew Research Center for People & the Press, *Public Support for Free Trade Declines*, May 2008, at 21－24; John Harwood, "Republicans Grow Skeptical on Free Trade," *Wall Street Journal*, Oct. 4, 2007; Peronet Despeignes, "Poll: Enthusiasm for free trade fades; Dip sharpest for $100K set; loss of jobs cited," *USA Today*, Feb. 24, 2004.

② 参见public citizen的报告：*Prosperity undermined*, *economic outcomes during the era of Fast Trackd NAFTA and WTO model trade agreements*。

③ 不管是在李嘉图贸易理论，奥克谢林贸易理论还是在诺贝尔经济学奖获得者克鲁格曼的贸易模型中，劳动生产力就是是实际工资，而名义工资只是实际工资加上货币因素的影响，除非有非常严重的通货紧缩，否则实际工资与名义工资不会相去甚远。

④ 参见Bureau of Labor Statistics' Current Employment Statistics survey, Major Sector Productivity and Costs index. All data in this document were inflation－adjusted using the Consumer Price Index－U－RS as estimated by the Congressional Budget Office, January 2008。

行境外投资的保障性条件，大多数跨国公司会往工资水平较低的地方转移，降低生产成本，美国工人就不得不与国际劳动市场进行竞争。美国劳动者的消费水平取决于工资，工资停滞，消费能力就受限，而像 NAFTA、WTO 涉及到的协定，注重专利保护，如对于医药公司的特殊保护，在实际上提高了消费价格。

2. 美国国内的收入不平等严重化。快车道授权签署的协定使得国内的工作产生了两个极端的影响，一方面使得国内的高端技术或者服务行业的工资水平增加，另一方面使得低端体力劳动的相关工作转移到发展中国家。这个效果累加反映到一些企业上，就呈现出美国整体的财富分配，过去美国最富的 10% 占有不到美国经济总量财富的一半，最富的 1% 占据了总量的 1/6，这在战后持续了数十年。但是在快车道授权期间，最富的 10% 财富激增了 50%，那顶尖的 1% 的财富增加了 150%。[①] 根据美国国际经济学会的调查，美国收入的不平等化，大约有 40% 源于美国的贸易政策，平均每个美国家庭，因为贸易造成的收入不平等效应，每年损失了 2000 美元。[②]

3. 美国贸易赤字增加，好的工作岗位消失。在快车道授权之前，美国的贸易出口和进口基本上保持平衡，在快车道授权之后，贸易赤字大幅增加。尤其是在北美自由贸易区和世界贸易组织建立之后，美国的贸易赤字成指数的增加，从 1 万亿美元到 7 万亿美元，

---

① 参见 Stephen Roach，“The World Economy at the Crossroads：Outsourcing，Protectionism，and the Global Labor Arbitrage，” Speech before the Boao Forum for Asia，2003。

② 参见 William Cline，*Trade and Income Distribution*，（Washington，D. C.：Peterson Institute for International Economics，1997），at 264；Dean Baker and Mark Weisbrot，“Will New Trade Gains Make Us Rich?” Center for Economic and Policy Research（CEPR）Paper，October 2001。

相当于国民收入的5%。① 而且在快车道授权期间，有500万制造业工作岗位消失，这是整个制造业工作岗位的1/4。在2007年的时候，美国还有大约一千四百万制造业的工作岗位，但是比起1973年快车道授权出现之前的工作岗位数量少了470万，创造了在美国历史上制造行业的工作少于10%的历史记录。②

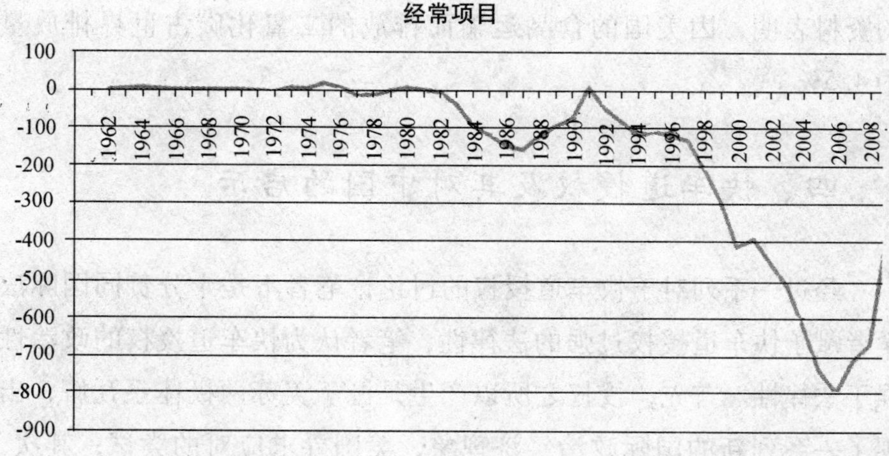

图9－4

数据来源：The Economic Report of President，2011.

4. 进口食品等带来消费风险和环境隐患。快车道授权通过的贸易协定在很大程度上改变了美国人民的食品消费来源，在北美自由贸易区和世界贸易组织产生之前，美国大约有230亿美元的食品贸

---

① 参见Trade balance information from Bureau of Economic Analysis，U. S. International Transactions Accounts Data，released Dec. 17，2007，Line 74；2007 preliminary figure taken from Feb. 14，2008 "*U. S. International Trade in Goods and Services*" news release. GDP numbers taken from Jan. 30，2008 news release on GDP。

② 数据分别参见Bureau of Labor Statistics，Current Employment Statistics survey，series ID CES3000000001，manufacturing industry. Dean Baker，"Economy sheds jobs，unemployment stable，" CEPR Data Byte，Feb. 1，2008. 和 Department of Labor Trade Adjustment Assistance certifications，at http：//www. citizen. org/trade/forms/taa_ info. cfm。

易剩余，到2007年缩水到130亿美元，在2005年美国甚至变成了净食品进口国，在1993年—2007年期间，食品进口增加了112%，出口只增加了49%。[①] 1993年之后，有大约30万个美国家庭农场消失，每个农民的收入减少了13%.[②]最让美国人担忧的是，国外的食品生产标准低于美国，食品安全成为问题。而且，食品运输属于大宗运输，频繁的进出口运输消耗大量的燃料排放二氧化碳，有解密的资料表明，因美国的食品运输而排放的二氧化碳占世界排放量的4.5%。[③]

四、快车道授权及其对中国的启示

经过一系列对于快车道授权的讨论，笔者不是十分赞同国际法学者赋予快车道授权过强的法律性，笔者认为快车道授权的政治性强于法律性。首先，授权之所以产生是源于美苏两极体系瓦解，出现了一系列新的国际政治经济现象，美国寻求应对的尝试；其次，快车道在实际操作上看起来是给予行政部门更多的权力，其实最终决定权仍然掌握在国会的手中，也就是说它之所以能够运行有效，是“府会合作”的结果，没有国会与行政部门的政治合作是难以为继的。再者，运用快车道授权去进行谈判的对象，很大一部分是基于政治目的或者政治利益而进行的，比如在快车道授权运用最多的

① 参见 Charles Conner, “*Agribusiness Food Producers Back NAFTA*,” Memphis Commercial Appeal, Aug. 15, 1993; Jennifer Lin, “*In Texas, High Noon over NAFTA*,” Knight – Ridder Newspapers, Oct. 31, 1993。

② 参见 USDA's Economic Research Service's “*Farm Business and Household* “ Survey Data. 和 This USDA – derived figure is the sum of the average net cash income for both limited resources and farming occupation farms, minus government payments, and is inflation adjusted, for years 1996 and 2005, the most recent comparable data。

③ 观点参见 John Vidal, “*Shipping boom fuels rising tide of global CO2 emissions*,” The Guardian, Feb. 13, 2008。

双边贸易协定，其中美国—以色列自由贸易区最为典型。对于美国来说，如果要进行经济贸易谈判来提高经济收益的话，直接与规模更大的经济体进行谈判可能会更为有效。最后，快车道的不复存在是因为两党隔阂越来越大，美国国内缺乏总统与国会合作促进自由贸易的政治基础；另外，美国相对实力下降，对于国际体系的主导没有之前那么强烈的愿望。

快车道授权放到美国的贸易政治中来看，其实就是围绕贸易政策决策而产生的一系列政治现象的集合。快车道授权，是促进自由贸易的手段，是国会与行政部门共同协商合作才能有效运作的程序。故笔者将其看作是美国用来促进自由贸易的政治平衡的手段之一。

如果说快车道是美国的贸易政治酝酿出的贸易平衡方式，将国内贸易政治与国际贸易政治合理地连接起来，建立起互动的桥梁。那么它的终止，我们可以认为是美国更愿意投入更多精力整饬内务，而一定程度上放弃了其世界领导地位的表现；是美国国内政治的共识基础薄弱，暂时不具备得大部分国内政治力量认可的国际贸易政策的决策方式。

但是在大国崛起，全球化从实体经济到金融领域都紧密相关的时代，美国的国际政策影响力的式微或者选择无作为都变成一种客观性的选择。美国或许不该忘记，当时美国走向世界政治大国地位的时候，正是当时的大国选择无作为，才让美国趁势而起。对中国而言，一定程度上亦是采取主动行为的时机。

中美经济竞争在未来的时间里，变成了一种不可避免的趋势。美国最终会全面而认真地把中国当成竞争对手看待，在这种趋势加强到美国政府采取贸易政策针对中国之前，我们有必要根据美国的贸易政治特点有理有力有节地应对可能的变化。

首先，美国的贸易政策决策过程不是由国会或者总统一方主导，二者有分歧也有默契。分歧在于国会和总统的政治属性不同，各自所处的基本立场也不同；默契在于国会与行政机构在对外贸易中未涉及国内特殊利益集团利益的方面，具有高度的一致性。其他时候对于贸易政策细枝末节的争论，大多数是出于掩饰的目的，让谈判对象知难而退，在谈判上有所退让。

其次，虽然美国的贸易政策在不同时期有不同的决策程序与方式，但是美国始终秉持得到国会通过的政策，则不会出现现实中的颠覆。中国可以务实性地把握适合的时机，与美国进行具体领域的贸易谈判，减少贸易障碍，步步为营，赢得更大的贸易开放与合作机会。

再次，美国的贸易政治，有其鲜明的体系特点，国会、行政机构与利益集团三方互动，促成贸易政策的制定。其中，国会由于选举期限较短，对选民负责的要求更为迫切，所以国会更容易受游说的利益集团的影响；总统在其任内四年只要不违反宪法，没有地位变更的压力，因而所受的选民压力相比之下更为和缓。所以中国要谋求更为有利的美中贸易关系，应该投入更多精力去影响利益集团与国会成员，比起通过外交方式与总统的接触，效果会更为直接。

最后，随着中国的逐步崛起，中国不得不主动去承担更多的国际责任，美国贸易政治中的创造性程序——快车道对于世界开放性贸易体系的形成过程，值得中国思考与借鉴。纵观漫长的人类历史，无论是理论还是实践都证明了开放的贸易体系不会自动形成，正如霸权稳定论中霸权国对于公共品的提供可以支撑整个国际体系并且保证其稳定性。中国要在国际经济的舞台上“有所作为”可以借鉴美国平衡国内与国际经济的政治解决途径之思想，在国际主导中使国内政治与经济均在一定程度上获益。

五、结论

美国贸易政治的基本结构为国会—总统—利益集团三维互动体系。在这个结构中国会、总统有着各自的政治特点：国会更为容易向利益集团妥协，而总统更能从长远和全局的角度来处理内政外交事务。这一结构会根据国际贸易体系和贸易实况做出调整和变化。18 世纪中期—第一次世界大战是现代贸易体系的初步发展时期，美国的贸易政策大部分时间跟随英国，此时美国贸易量非常之少，采取以高关税为核心的保护主义政策。两次世界大战与国际贸易乱象时期，第一次世界大战对国际贸易造成冲击，各国都采取以邻为壑的保护政策，美国此时的保护也达到高潮。进入 1945—1989 年相互依存的国际贸易体系时期和后冷战时代的全球化时期，美国以世界头号大国的身份主导贸易体系，使得自由贸易获得极大的发展。之所以能够做到主导，是因为美国国会和总统在贸易决策权上经历了国会独大，总统逐步把握授权，到二者共享决策权，快车道授权也是在这个政治环境中产生。它是在 20 世纪 70 年代，国会和总统通力合作，在美国实力基础上的促进自由贸易的政治工具，以促进世界经济的发展。

在研读了美国部分贸易法案的基础上，笔者将快车道授权归为三个方面的内容：国会参与和监督贸易谈判的条款，即快车道授权生效的前提；快车道运行的贸易协定立法程序，也就是立法的整个过程；国会撤销快车道授权生效的条款。从政治的角度总结快车道授权，它是在正常的贸易协定生效程序无法促进自由贸易的情况下，国会和政府在贸易协定方面权力妥协的结果。一方面，国会在保证最终决定权的基础上增加了在谈判过程中的参与和监督，让渡了谈判内容的控制权；另一方面，政府在持有谈判权的前提下，拥有了谈判过程中所涉及的各方面的自主裁量权，让渡了谈判目标的决定权，最终使得贸易协定能够更为快速地走完立法程序，成为直通法律的议案。具体表现为，一旦政府按照法定的程序进行贸易谈判，提交协定文本，国会就只能在限定的时间内以无修订的方式通过或者否决贸易协定的议案。

美国运用快车道授权，执行了 13 次国际谈判的贸易协定，包括双边、区域和多边，对促进世界贸易体系的规范化和制度化都起到了很大的作用。在政治上，于美国而言存在一个快车道授权的悖论。这个悖论是国际、国内两个层面双重博弈的结果。快车道授权是美国影响世界的国内政治程序，但是经过快车道谈判而加给世界的规则不仅束缚了其他国家，也束缚了美国自身。当国际规则与国内规则的矛盾，在民主的美国逐步展现出来的时候，国内的讨论和关注，引发关于快车道授权的争论，就使得发挥国际影响力的国内基础程序难以继续了。长期来看，快车道授权本来就不可持续。在经济上，快车道授权影响下自由贸易的发展，无疑构成推动世界 GDP 的增长的动力，也促进了美国经济的增长。但是自由贸易给美国人民带了负面社会经济影响，工资水平与供应消费品的脱节，工作岗位的丢失，进口消费品质量的风险等，奠定了政治悖论的民众基础。

综上所述，笔者认为快车道授权是一定历史阶段美国政策的创新，也只具有一个时间段的政治合理性。快车道授权是在 20 世纪 70 年代的现实条件下出现的，那时的贸易协定开始涉及到非关税事物，国会和总统在合作的共识之上采用快车道，提高国际协定谈判的效率，在 20 世纪末极大地促进自由贸易的发展。但是随着授权的运用和发展，会积累快车道的影响和政治评价，对快车道授权的关注和争议会更加细化，最后使得快车道继续存在的国内政治基础流失。

在美国，关于结束快车道授权有各种讨论。很多学者认为它的弊端在于滥用，需要加上更多新的内容和束缚，与时俱进。如此的话，美国可能会出现另外一个具备快车道授权元素的其他程序取代快车道授权，也可能在国际贸易方面的立法只能走正常的国会立法程序，这需要进一步观察美国贸易政治的变化。就当前来看，新的总统大选将近，奥巴马政府无疑只会保持政策创造的缄默；另外金融危机的打击，贸易保护抬头，美国相对实力下降，美国对国际事务领导地位的建设热情消退，恐怕暂时不会有新的机制出现了。中国可以把握时机，在融入美国主导的国际秩序的同时，获得更大的发言权，缩小与美国的差距，提升国际地位。

第三编

中美经贸关系

本部分在系统概括中美经贸关系发展的基础上，分析中美经贸关系的结构性特征。通过重点解剖当前中美经贸关系面临的主要问题，如反倾销问题、知识产权保护问题、人民币汇率问题等案例。揭示影响中美经贸关系的关键因素。通过这一部分的研究，力求从经济、政治、外交战略等综合性的角度对中美经贸关系的性质、状况和面临的问题做出全面的分析。最后，结合以上两部分对美国贸易决策体制和过程的研究，探索中美经贸关系中的有利和不利因素并提供解决矛盾和摩擦的政策思路。

第十章

中美关系中的“反倾销”、“反补贴”问题

“反倾销”与“反补贴”是中美经贸摩擦的重要表现。自1980年中美天然薄荷脑案件起至今，美国共发起对华反倾销诉讼136起，严重影响了双方经贸关系健康发展。本章将采用政治学、经济学、统计学的结合的方法研究中美关系正常化以来美对华发起的反倾销案件。

本章首先简要介绍了反倾销的理论动因及美国国内反倾销法律演变与程序规则。在此基础上，本章采用统计学的方法，将美对华反倾销立案数量按照年份累加，进而梳理近30年间立案数量随时间的变化趋势和产业部门分布特点。本章还将具体分析反倾销案件频发的根源和推动力量，着重讨论1997—2003年间中国商品在美国市场的占有率与美对华反倾销立案数量，中美两国商品贸易逆差与美对华反倾销立案数量，美国国内失业率与反倾销立案数量之间的统计学关系。

通过对反倾销制度的经济学理论分析，美国国内反倾销程序规则的探讨以及对中美关系正常化以来美国对华反倾销案件的梳理，本章认为反倾销的出发点和核心在于贸易保护主义政策。美对华反倾销频频发生的根源在于美国国内夕阳产业集团出于维护自身利益的考虑，通过直接向行政部门或当局高级官员施压或者间接影响反

倾销立法。美国独特的政治体制，自由制度和传统文化观念为利益集团的存在及行为的合法性提供了条件。

第一节 反倾销制度与美国国内反倾销法

一、国际反倾销法及其缺陷

倾销是指一个国家或地区的出口经营者以低于国内市场正常或平均价格甚至低于成本价格向另一国市场销售其产品的行为。《关税与贸易总协定》第六条第一款明确规定："各缔约国一致认为：倾销，即一国以低于正常价值的价格向另一国输入产品，应受到谴责，如果倾销对另一缔约国已经建立的产业造成实质损害或实质损害之威胁，或实质性阻碍了某一产业的建立。"世界贸易组织成立后，传统的非关税贸易保护（配额、许可证等）措施受到严格限制，反倾销成为了世界贸易组织所允许的用于保护国内产业、抵制不公平竞争行为的主要手段之一。

"反倾销"顾名思义，是指一国（进口国）针对他国对本国的倾销行为所采取的对抗措施。既然反倾销是世界贸易组织框架内允许的贸易救济措施，而世界贸易组织又是典型的多边国际组织。根据约翰·鲁杰（John Ruggie）对多边主义的定义，多边主义（multilateralism）指三个或三个以上国家在普遍的行为原则基础上协调相互关系的制度形式。但由于国际反倾销法自身存在的制度缺陷，反倾销成为了各国贸易保护主义者自由采用的工具。

具体而言，国际反倾销法的制度缺陷主要体现在如下方面：首先是效力缺陷，国际反倾销法只是为各成员国（地区）内反倾销立法提供指导和范本；其次是内容缺陷，世界贸易组织《反倾销协议》

为各国国内法留下了不少余地；再次是争端解决机制缺陷，世界贸易组织争端解决机制小组在处理反倾销问题上的作用有较大的局限性，从而赋予了各国较大的自由裁量权。各国的反倾销实践往往与国际反倾销立法有较大的背离，依从其国内的反倾销法律规范和程序，对倾销的裁决存在很大的主观和人为因素。美国正是很好的利用了反倾销制度的这一特点，在反倾销措施的使用上具有了巨大的灵活性。

二、反倾销的理论动因

古典以及新古典经济理论在分析国际贸易时都假定产品市场是完全竞争的。完全竞争市场有两个重要特征：一是商品的同质性；二是厂商规模相对于市场规模来说很小，单个厂商没有能力影响市场价格。但是，纵观战后的经济发展状况，我们不难发现，国际贸易的现实离完全竞争的假设已经越来越远了。以制造品为例：首先，大多数产品同类不同质，如日本的丰田汽车，美国的通用汽车，德国的大众汽车，虽然它们都属汽车这一类，但在性能、品牌、选型等方面相互之间不能完全替代，因而消费者把它们认为是不同的产品；其次，现在生产和出口商品的并非小企业，尤其是在国际贸易中占重要地位的汽车、家电、钢铁等行业往往由行业巨头垄断。以美国为例，通用、福特和克莱斯勒这三大公司几乎垄断了美国的汽车生产。因此，当代国际贸易理论将市场定位为不完全竞争（包括垄断竞争，寡头和垄断）市场。在这一市场里，厂商有能力影响价格。

如图 10－1 所示。企业在国内市场上所占的份额大于其在国际市场上的份额，企业对国际市场的影响力相对较小，在国际市场上的竞争压力更大。因而，企业对际市场上的产品价格变化更为敏感。在极端情况下，企业在国际市场上可能面临自由竞争的局面。相对于国际市场，企业的规模相对较小，无论产品多么充足，厂商都可以按照市场价格出售，即边际收益曲线即需求曲线是水平的（MR_{FOR}）。相反，在国内市场上，因为企业有影响价格的能力，不能在国内无限制地生产和销售。垄断或垄断竞争企业每增加一个单位的产品销售，所有单位产品的价格就一齐下跌。企业的边际收益就会迅速下降，而体现在图表中即为向下倾斜的边际收益曲线（MR_{DOM}）。

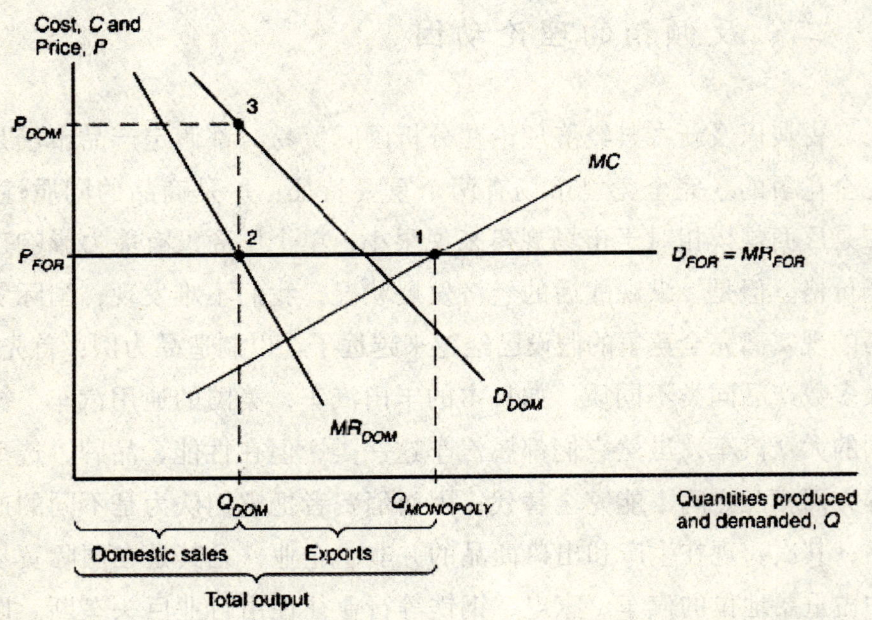

图 10－1　倾销形成原理示意图①

只有在国内市场销售的边际收益大于国际市场时，企业才会选择将产品在国内市场上销售。所以，在图中点 2 的左边，企业以 P_{DOM} 价格将产品在国内销售。当企业将生产的产品在国际市场上销

① 克鲁格曼：《国际经济学（第五版）》（海闻等译），北京：中国人民大学出版社出版，2002 年 11 月第五版，第 207 页。

售所获得的边际收益大于销往国际市场且大于企业生产产品的边际成本时，企业会选择将产品销往海外，定价为 P_{FOR}。显然 $P_{FOR} < P_{DOM}$，因而满足了倾销的基本条件。① 而企业的行为恰恰是在面对国内国际两个不同市场时作出的理性的利益最大化选择的结果。

依照上面的分析，倾销并不都是为了抢夺国外市场进行的不公平竞争，厂商单纯追求利益最大化的结果也可能导致构成倾销条件的在他国市场的销售价格低于在国内的销售价格。英国一位著名经济学家按“倾销动机”分类列表说明，共有 8 种不同类型的动机，除有一种掠夺性定价（predatory）外，其余均有正当经济理由。② 所谓掠夺性定价，即以低价销售赶走市场的其它竞争者之后又规定一个垄断价格销售产品，最终的目的是驱逐竞争者扭曲竞争。但这种情况在现实中很少发生。从整体利益的影响来看，倾销并未给进口国带来净损失。相反，反倾销对进口商品进行征税，最终可能阻碍许多有竞争优势的产品进口，反而损害了国内消费者利益。

有鉴于此，西方各国不断发起反倾销的动机就值得研究。波斯纳（Richard Allen Posner）曾针对美国反倾销动机尖锐地指出：对外国生产商的所谓不公平贸易行为的措施的考虑远非仅是对掠夺性定价的关注，最关键的问题是为了保护美国产业免受真正低成本外国生产者的竞争，而不论外国生产者低成本是否由低薪金、低污染控制和其他管制成本、良好的经营管理、良好的工作条件，更现代化的工厂和设备引起的。因为毫无疑问，任何进口的增加都会给国内进口竞争企业带来压力和损失。由此观之，反倾销措施真正的出发点和内核正是贸易保护主义政策，只是它常常披着反不正当竞争的

① 海闻、P. 林德特、王新奎：《国际贸易》，上海人民出版社，2003 年 3 月第一版，第 133 页。

② M. Kosteeki ,” Marketing Strategies Between Dumping and Antidumping Action”, *European Journal of marketing*（1991）p. 7 – 9. 转引自孙静：《反倾销的动因透视与应对策略》，《甘肃社会科学》2004 年第一期，第 26 页。

合法外衣，具有高度隐蔽性的特征。属于灰色区域措施，可以有效避免多边贸易体制的限制。而事实上，从公平市场的角度出发，反倾销的合理性的确有待质疑。

三、美国反倾销法规的演变

随着美国国际地位，美国经济对国际经济依赖程度的变化，其反倾销法规也经历了历史变迁，逐渐走向成熟。总体而言，美国反倾销法规的演变趋势是灵活性和可操作性逐渐增强。

美国的反倾销法规最早见于《1916 年岁入法》（Revenue Act of 1916）。该法规定倾销者若具有损害美国工业或限制贸易的“掠夺性意图”，则应受刑事裁判。《1921 反倾销法》（Anti – dumping Act of 1921）放松了对外国产品的行动限制，规定如果外国产品以低于美国同类产品价格在美国出售，则被认定为倾销。此外，该法将过去的刑事裁判改为行政救济，即对倾销者课征反倾销税。该法也成为美国反倾销法的基础。《1954 年海关简化法》（Customs Simplification Act of 1954）将损害认定部门由财政部转到关税委员会。1958 年，美国对《1921 年反倾销法》进行了修正。《1974 年贸易法》再次对 1921 年反倾销法进行了修正，主要包括：（1）详细规定了各种价格认定方法；（2）限制裁决期限；（3）增加有关跨国公司倾销规定，以使美国国内厂商有再上诉的权力；（4）将损害认定部门由关税委员会改为国际贸易委员会。目前美国的反倾销法，主要依据 1974 年贸易法的 321 条款。[①]

《1979 年贸易法》再次对《1974 年贸易法》的反倾销法规进行了修正：第一，该法调整了调查程序和时间，规定对价格差距的裁

① 林珏：《战后美国对外贸易政策研究》，昆明：云南大学出版社，1995 年 8 月第一版，第 82—83 页。

决与对损害的裁决应同时进行，并缩短了调查的时间；第二，该法桂东损害必须达到实质性程度，即将“严重损害”改为“实质性损害”，且把“实质损害”定义得非常宽泛，规定：只要“不是没影响的”，“不是非实质的”，“不是不重要的”损害都属于实质损害。[①]《1984年贸易法》推出“累积方式”，即提出申诉的企业只要能证明进口货不论来自几个国家，只要累积起来对美国产品造成损害就属于实质损害。《1988年综合贸易竞争法》又对反倾销法规作了更加严厉的规定。对“非市场经济”的国家作了明确的定义，即将之定义为不按成本原则或不按市场价格体制经营，其内销价格不反映商品的公平价值的国家。同时确立了判定非市场经济国家实行倾销的特殊标准。此综合贸易法的规定大大扩大了他国涉嫌倾销的可能性。

四、美国反倾销调查程序概述

反倾销调查可能涉及到的贸易法执行机构包括五个：商务部、国际贸易委员会、海关、国际贸易法院和联邦巡回上诉法院，其中商务部和国际贸易委员会为主要执行机构。反倾销的程序规则包括申请和立案，国际贸易委员会的初步损害裁决，商务部的初步补贴裁决，商务部的终局补贴裁定，国际贸易委员会的终局损害裁定，调查的中止或终止六个步骤。[②]

在发起调查阶段，按照相关的法规，调查主体可以是商务部，也可以是利害关系人。以下行为体可以代表受影响的工业发起申请：美国相似产品的制造商、生产商或批发商；经批准或承认的、作为

---

① 林珏：《战后美国对外贸易政策研究》，昆明：云南大学出版社，1995年8月第一版，第94页。

② 李昌奎：《美国反倾销实务》，北京：中国社会科学出版社，2006年1月第一版，第11—19页。詹姆斯·德林：《美国贸易保护商务指南》，毛悦、刘小雪译，北京：社会科学文献出版社，2007年8月第一版，第13—39页。

受影响工业代表的工人联盟或组织；生产多数相似产品的贸易或商业协会；公司、协会或独立贸易协会的联盟等。[①] 简言之，反倾销调查由企业或行业协会发起。

一般情况下，商务部将在申请书提交后20天之内，根据掌握的材料，通过审查申请书所提供证据的准确性和充分性，确定申请书是否对征收反倾销税的必要因素均有指控，以及是否包含支持申请的材料。此外，商务部还需要对申请人的资格和产业支持进行审查，以确定申请是否得由代表国内产业提起。如果商务部依法决定发起调查，将在《联邦公报》（Federal Register）上公告“发起反倾销调查”，并通知被调查国政府、出口商以及委员会。在收到申请书或商务部发起调查的通知后，委员会与商务部进行磋商，并尽快展开调查，启动调查的初步阶段。

第二节 1980年至今美对华反倾销状况

一、中美经贸关系的发展

1979年1月1日，中美两国正式建立外交关系。1979年5月，中美签署了《中华人民共和国政府和美利坚合众国政府关于解决资产要求的协议》，为两国间的贸易正常化铺平了道路。1979年7月7日，两国签署了《中华人民共和国和美利坚合众国贸易关系协定》，决定从1980年2月1日开始相互给予最惠国待遇。该协定为中美贸易的深入发展奠定了法律基础，并最终完成了中美贸易正常化的历

① 杨国华编译：《中美经贸关系中的法律问题及美国贸易法》，北京：经济科学出版社，1998年7月第一版，第84—85页。

史过程。[①]

此后，全球化进程的日益深化。中美两国经贸关系不断加深。尤其是2001年底中国加入世贸组织以来，两国双双在近年跃升为对方的第二大贸易伙伴。1979年，中美两国贸易额仅仅25亿美元；[②] 2008年这一数字已经达到了3337.4亿美元，[③] 是1979年的133.5倍。中美经贸关系已然发展成为世界上最重要的双边贸易关系之一。

二、美对华反倾销状况概述

自1980年美国对中国的薄荷醇发起首次反倾销调查开始，截至到2009年1月，美国已对中国产品发起反倾销案件136起，是世界上对华反倾销起诉最多的国家。尤其是在中国加入世贸组织后，由于反倾销与反补贴、保障措施一起同为世界贸易组织规则下的三大合法的贸易救济措施，实践中，也多为世界贸易组织成员所使用，反倾销更为经常的成为美国贸易保护者手中的利器。同时，美国对华发起反倾销案在金额及影响力方面也大幅度增加。以2004年6月美国对中国木制家具进行的反倾销调查为例。此案件涉案金额近10亿美元，成为“我国遭遇个案金额最高的反倾销案件”。该案涉及向美出售木制家具的企业多达200家，直接受到冲击的有百余家，上下游企业更达到几百家之多。裁定的最高倾销幅度为198.08%，这一比例的反倾销税，几乎使这些企业退出美国市场。[④]

---

① 刘阳：《对中美贸易摩擦的专题法律研究》，大连：东北财经大学出版社，2006年版，第6页。

② http://tag.tom.com/ex/7D00020A1525.html.

③ http://news.cnnb.com.cn/system/2009/02/07/005981799.shtml.

④ 王勇：《中美经贸关系》，第141页。

2007 年，美国首次就中国铜版纸发起反倾销和反补贴合并调查。虽然此后美国对铜版纸终裁为无损害，没有加征反倾销和反补贴税。但是这也预示着美国欲开启对非市场经济国家征收反补贴税的先河此后不久，美国又对中国一系列产品发起反倾销反补贴合并调查，并且在 2008 年先后对中国产薄壁矩形钢管、标准钢管、复合编织袋做出征收反补贴税的判决，使中美经贸摩擦中美国对贸易救济措施的使用又一次成为双方交战的焦点。

三、1980 年至今美对华反倾销案件统计

根据美国国际贸易管理署（ITA）的统计数据，自 1980 年 7 月 2 日天然薄荷脑案件开始，截至 2009 年 1 月 13 日，美国共发起对华反倾销诉讼 136 起。① 这些案件的详细信息，包括立案编号，倾销产品名称，发起调查、初裁、终裁、签发命令日期详见附录一。下图反映了分别将所有反倾销立案及其中获得肯定裁决的案件按年份进行累加之后的案件分布和变化。

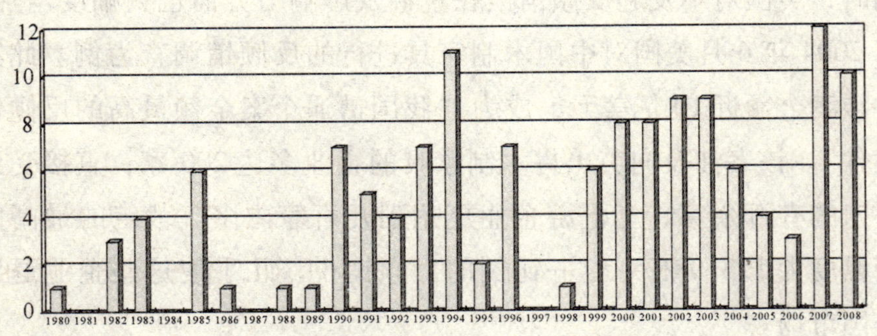

图 10－2　1980—2008 美对华反倾销立案数目统计图

① 由于统计口径不一，这一数据与中国商务部的统计数据有一定出入。此数据不包括反补贴诉讼。

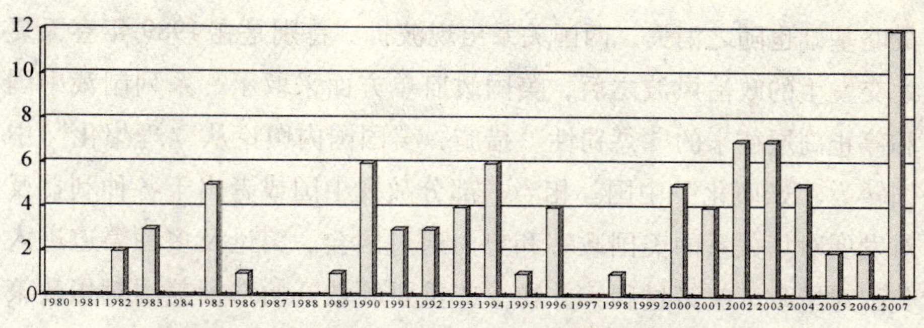

图 10－3　1980—2008 美对华反倾销肯定性裁决案件统计图

本节将从变化趋势和产业部门分布两个角度对近三十年间美对华发起的反倾销诉讼进行评述。

受国际格局与两国关系变化及中国加入国际组织的影响，两国贸易摩擦在这三十年间的具体时代背景各不相同。1980 至今的美对华反倾销诉讼可以大致以 1989 年春天夏之交发生的政治风波，“中国入世”为节点可以分为三个时段：1980—1989、1990—2001、2002 至今。纵观这三个阶段反倾销立案数量的变化，有起有伏，但总的趋势呈现出波浪式增长。第一阶段（1980—1989）平均每年发起 1.7 起反倾销立案，第二阶段（1990—2001）平均每年发起 5.3 起，第三阶段（2002 至今）这个数据上升为 7.6 起。

第一阶段（1980—1989）是经济性摩擦阶段。这一时期，世界仍旧处于冷战时期，美苏两国互相视对方为对大的竞争对手。因而美国不断提升同中国的双边关系，并将其作为政策杠杆制衡苏联。1979 年两国关系正常化后，中美两国在共同反对苏联的基础上建立了战略关系，两国关系进入了“蜜月期”。因而，这一阶段中两国的贸易摩擦主要体现为经济性摩擦，两国经贸关系的主题是“解冻”、“合作”与“发展”。在此背景下，美中贸易关系在这一阶段发展迅速，反倾销案件鲜有发生。而在中国方面，美国这一阶段的对华贸易政策也符合中国当时的政治需求。

第二阶段（1990—2001）是政治性摩擦阶段。1989 年，苏联解体、东欧剧变、冷战格局土崩瓦解。鉴于苏联不复存在，中美关系战略基础也随之消失，两国关系出现波折。特别是在1989年春天夏之交发生的政治风波之后，美国政府单方面采取了一系列制裁中国和停止高层往来的“惩罚性”措施，美国国内舆论从“理想化”中国转为“妖魔化”中国。相当一部分敌视中国或者出于各种利益反对发展对华关系的美国政客和势力通过国会、舆论及多种渠道进入美国对华政策决策过程，并在一些重要领域开始掌握美国对华政策的主导权或产生着重要的影响，政治因素在此时贸易政策的逻辑中占据了更为主导的地位，因而称之为政治性摩擦阶段。

第三阶段（2002至今）称之为制度性摩擦阶段。2001年12月11日，中国正式加入世界贸易组织，成为该组织的第143个成员。但中美贸易却一反加入世界贸易组织正面效应的常态，贸易摩擦愈演愈烈，此起彼伏，不仅反倾销案件数量迅速上升，而且扩展到以人民币汇率、市场开放、知识产权保护等宏观经济层面为核心的制度性摩擦方向发展，被视为制度性摩擦阶段。①

三十年来，美对华发起的所有反倾销案件的诉讼领域是相对集中的，基本上集中于轻工、化工、五矿、家电和土畜产等领域，具体分布如表10－1：

表10－1　美国对华反倾销涉案产品类别分布表

年份	机电	化工	五矿②	土畜产	轻工	纺织	其他	总数
1980—1989	1	7	0	1	6	2	0	17
比重%	5.88	41.18	0	5.88	35.29	11.76	0	100
1990—2001	1	18	8	8	28	0	1③	64
比重%	15.63	28.13	12.5	12.5	28.13	0	15.63	100
2002至今	1	13	6	1	31	1	0	53
比重%	1.89	24.53	11.32	1. 89	58.49	1.89	0	100

① 陈泰锋：《在摩擦中融合、在融合中发展——加入世界贸易组织后中美贸易摩擦演变评析》，《国际贸易》2008年第9期，第13页。

② 指钢铁、有色金属、非金属建材和矿产品等商品。

③ A－570－853散装阿司匹林案。

由图可见，美国经济中少数的行业发起了绝大多数的对华反倾销案件。这些行业具有共同特点，首先，它们在美国国内的产业构成中都属于“夕阳产业”，承受着来自具有比较优势的中国出口产品的巨大竞争压力；其次，这些产业的生产要素中，劳动要素较为密集，属于美国的敏感产业部门。这些产业背后的是强大的产业利益集团的力量

四、1997—2003年美对华反倾销立案数目与相应数据的统计检验

选取1997—2003年的数据作为样本，对中国产品在美国市场的占有率与美对华反倾销立案数目，中美贸易逆差与美对华反倾销立案数目，美国国内失业率与美对华反倾销立案数目这三组数据分别直观地用图形进行相关性检验。

（一）中国产品在美国市场的占有率与美对华反倾销立案

由于劳动力成本低廉，中国商品在海外拥有巨大价格优势，在美国市场的占有率在1997—2003年间不断上升。1997年，美国人消费的每百件商品中有约7件产自中国。短短两年之后的1999年，这一数字上升至约8件。而时至2003年，这一数字已达到超过11件，增长率超过50%。与此同时，美对华反倾销案件数目也在这段区间呈上升趋势，从1997年的0件上升至1999年的6件，直至2003年已达到9件。两者具有明显的同向走势。

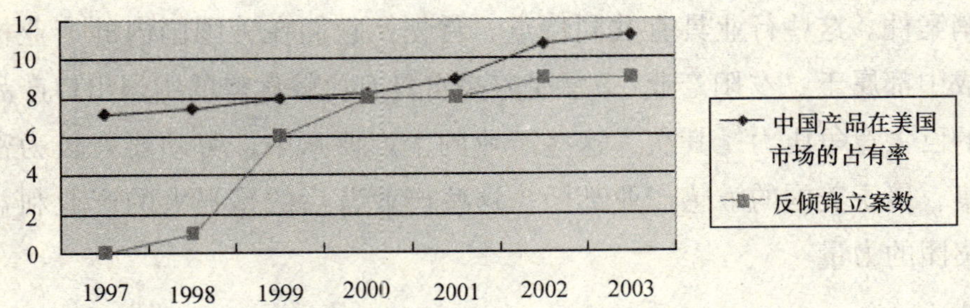

图10-4　中国产品在美国市场的占有率与美对华反倾销立案数目①

(二) 中美贸易逆差与美对华反倾销立案

中美两国经济结构的互补性很强，随着中国经济的高速发展和美国产业结构的加速调整，这种互补性越发明显。但由于美国在其具有比较优势的军用及民用高科技等领域采取对华出口管制措施，中美两国贸易逆差在自20世纪90年代起迅速扩大。美国独立智库“战略与国际问题研究中心”(Center for Strategic and International Studies，CSIS) 国际商业项目主任舍尔曼·卡兹(Sherman Katz) 指出，“在中美贸易中美国担心的就是逐渐增长的巨额贸易赤字。”② 而实证统计的结果也证实了1997—2003年间中国产品在美国市场的占有率与美对华反倾销立案数目之间的正相关关系。

---

① 1997—2003年中国产品在美国市场的占有率分别为7.19，7.47，7.98，8.22，8.96，10.76，11.19。

② 转引自赵洋：《关于中美经贸摩擦两个问题的探讨》，载《齐齐哈尔大学学报》(哲学社会科学版)，2005年第7期，第49页。

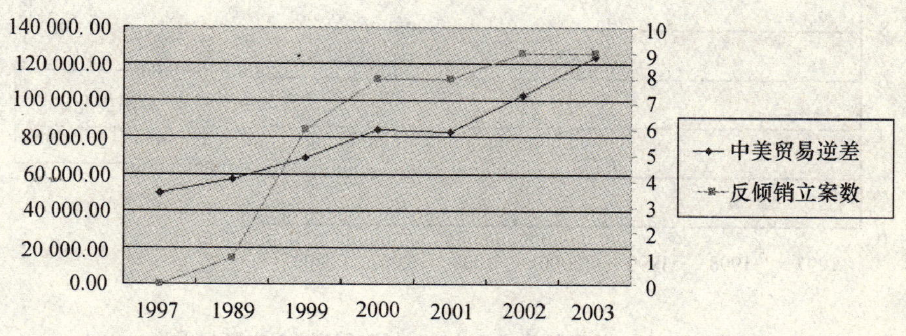

图 10－5　中美贸易逆差与美对华反倾销立案数目①

（三）美国的失业率与美对华反倾销立案

20 世纪 80 年代末 90 年代初，美国经济结构开始调整，结构性失业日益突出，就业形势急剧恶化。克林顿执政时期，美国推行“新经济”政策，在一定程度上扭转了美国就业市场的严峻局面。因而美国的失业率在 2000 年 12 月降到了 3.9%，达到了美国 30 年来的最低水平。但这一时期，美对华反倾销数目持续上升。事实上，“新经济”政策导致的失业率下降在一定程度上是此前美国经济低迷的触底反弹，得益于信息技术革命这一突发性的外生因素。在 2000—2003 年间，信息技术革命的影响渐渐减退，美国失业率和对华发起的反倾销数目在此期间呈现出正比关系。

① 数据来源：http：//www. census. gov/foreign－trade/balance/c5700. html#2009，1997－2003 中美贸易逆差分别为 49，695. 50，56，927. 40，68，677. 10，83，833. 00，83，096. 10，103，064. 90，124，068. 20。由于统计口径的差异，这组数据与中国官方的统计数据存在差异。要特别说明的是，这里所指的逆差是一个绝对值的概念。

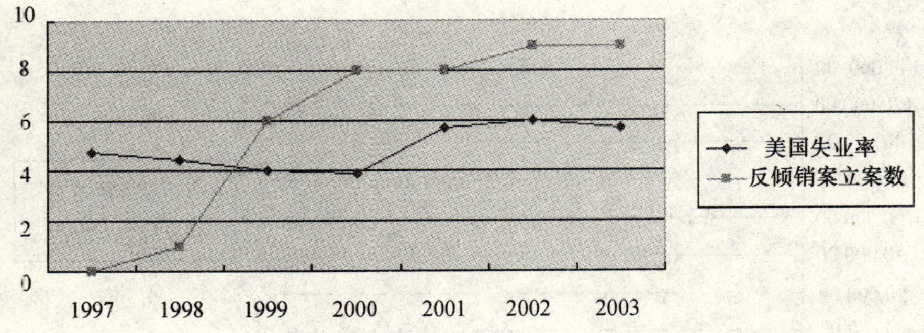

图 10－6　美国的失业率与美对华反倾销立案数目①

综上所述，首先，反倾销立案数目与中国产品在美国市场的占有率，中美贸易逆差成正比。中国产品在美国市场的占有率越高，中美贸易逆差越大，涉及行业的利益就受到较大损害，反倾销案件数目越大；中国产品在美国市场的占有率越低，中美贸易逆差越小，相应行业的利益有所保障，反倾销案件数目越小。

其次，反倾销立案数目与美国的失业率成正比。美国的失业率越高，相应产业的工人越受威胁，反倾销案件数目越大；美国的失业率越低，相应产业的工人就业相对有保障，反倾销案件数目就小。

上述情况说明美国的产业集团和劳工组织利益会在利益受损时倾向于通过反倾销诉讼的方式维护自身权益。斯托尔帕·萨缪尔森（Stolperand Samuelson）定理证明：贸易保护会增加被保护产业所密集使用的生产要素的收入。因此，夕阳产业的企业家集团和劳工组织有动力不断地寻求通过反倾销等贸易救济措施实施贸易保护，试图延缓产业衰退，尽力维持自己的收入和利润。

① 数据来源：http：//www. data360. org/dsg. aspx? Data_ Set_ Group_ Id = 248，美国劳工局统计局对失业率这一数据的统计以月为单位进行，为了与反倾销数目的统计数据具有可比性，此处选择了每年 12 月份的失业率简单作为本年失业率的代表性数据。1997—2003 年间美国失业率分别为 4.7，4.4，4，3.9，5.7，7，5.7。

第三节　利益集团与美对华反倾销

反倾销立法和程序规则要求反倾销调查由企业或行业协会发起。而反倾销的经济学学理分析则揭示出“双反”的贸易保护主义本质。而美国国内强大的利益集团在这一过程中发挥了重要作用，堪称美对华发起的反倾销立案真正的“幕后黑手”。

一、美国利益集团概述

利益集团是“为某种共同的利益的冲动所驱使而联合起来的一些公民”。① 利益集团的基础，首先在于每个人都执着地寻求自身经济利益的最大化，并且在他们之间存在着明显且一致利益；而且，这种共同利益必须通过结成集体行动加以确保。② 同时，利益集团与一般的社团组织有所区别，它们积极投身于政治活动，并刻意在某项政策上影响决策者的倾向。因此利益集团也被称之为“压力集团”。③

在美国的政治经济生活中存在着数万个性质各异、规模不等、类型不同的利益集团。它们活跃在美国的政治、经济、社会、文化等各个领域，并对美国社会的这些领域产生着不同程度的影响。有

① 诺曼·杰·奥恩斯坦，雪利·埃尔德：《利益集团、院外活动和政策制订》，北京：世界知识出版社，1981 年 4 月第一版，第 13 页。

② 张宇燕：《美国经济论丛》，杭州：浙江大学出版社，2008 年 1 月第 1 版，第 116 页。

③ 张丽娟：《美国商务外交策略》，北京：经济科学出版社，2005 年 7 月第 1 版，第 156 页。

学者认为政府是“相互冲突的利益集团之间的仲裁人”，把这些“利益集团”看作是“政治活动中的压力集团”，把政党领袖看作是“大众的奴仆”。他们甚至用“政党分肥制”的说法来形象地描述国家代表者与经济利益集团之间深层复杂的关系。

尽管如此评估利益集团的影响有些许言过其实，但是毫无疑问，几乎美国政治生活中的每项决定，包括有关立法委员会的法案、修正案、公法、总统的政策声明、或是有关政府机关的规定都影响着美国社会中的各种利益集团。这些集团正试图影响这些决定以便为自己牟取利益。[①]

贸易政策领域是利益集团竞相追逐的重要舞台。美国独特的贸易政策决策体制为利益集团提供了施展身手的巨大空间，反倾销措施则成为了这些利益集团寻求贸易保护的有力武器。

与反倾销直接相关的利益集团大致包括三类：工商利益集团，农业利益集团和劳工组织。工商利益集团建立在美国自由企业制度基础上，主要有五种类型：全国性的行业维护组织，产业性行业协会，专业社团组织，贸易协会及专业商务组织。农业在美国贸易政策中地位独特。美国实行大农场式的农业，农业利益集团包括由农场主利益攸关的各类农牧产品协会。劳工组织在美国的利益集团中具有突出的地位，其中最大最有影响力的劳工组织就是美国劳工联合会——产业组织委员会（American Federation of Labor - Congress of Industrial Organizations，简称 AFL - CIO），简称劳联产联。[②]

① 诺曼·杰·奥恩斯坦，雪利·埃尔德：《利益集团、院外活动和政策制订》，第28页。

② 张丽娟：《美国商务外交策略》，经济科学出版社，2005年版，第165—171页。

二、美国的政治体制、自由制度、价值观念与利益集团

利益集团通常通过政治活动影响国家的对外贸易政策制定过程，确保自身利益。但由于世界各国政治体制开放程度不同，利益集团对政策的影响力也有所差别。美国政治体制较为开放，利益集团可以对政策施加较大的影响力。

美国的宪政体制保障利益集团，鼓励利益集团在公共政策与社会生活中发挥作用。[①] 具体而言，利益集团进行游说活动受到宪法的支持和保障。美国宪法第一个修正案规定如下：国会不应当制定任何剥夺人民权利以及诉请政府为所受之冤屈进行赔偿的法律。这被看成是美国利益集团存在的合法性的法律渊源。[②] 其次，三权分立的政府体制缺乏一个统一的权力集中体制，为利益集团发挥影响力提供了空间。再次，周期性选举以及参选人对于政治资金的需求为利益集团参政提供了肥沃的土壤。这是利益集团影响政策的最直接的原因与途径。庞大的游说团体有目的地向议员提供政治资金。美国金钱政治的必然结果就是，利益集团为美国政策设定议题，利益集团之间的博弈竞争决定政策的结果。

美国独特的政治体制源于美国独特的价值观念基础。美国学者亨廷顿认为，“从历史上看，美国的特性有两个主要成分：文化与信念。文化主要包括价值观和早先移民的习俗。这些移民是北欧人，主要来自于英国，信奉基督教，绝大部分是新教徒。这种文化主要包括英语和有关教会与国家关系及个人在社会中的地位和传统。信

---

① 王勇：《中美经贸关系》，第15页。

② 梁碧波：《美国对华贸易政策决定的均衡机理》，北京：中国社会科学出版社，2006年7月第1版，第87页。

念包括美国领导人在立国文件中所阐明的一系列普遍的主张与原则：自由、平等、民主宪政、经济自由主义、有限的政府、私人企业。”上述价值体系塑造了美国人观念中强烈的个人主义倾向，即重视个人利益，重视人权，以独特的方式界定国家利益的。他们是从维护个人利益出发去界定国家利益，利益绝对服从于信念，并受到信念的影响。美国人生而变有结社的倾向。美国人坚信依照不同的利益诉求形成不同的利益集团来追求美国宪法和其他法律支持的利益是自己天生的权利。但由于个人的利益千差万别，造成了集团目标的迥异，最终造成了美国国家利益构成的多元化和美国贸易政策的复杂化。美国的贸易政策往往带有很强的折衷、平衡色彩。[①]

美国式的自由制度也是滋生利益集团的重要土壤。一方面，美国的自由企业制度使得企业的数量和规模有增无减，企业主对隶属于一个或几个利益相关的集团或者行业协会习以为常；另一方面，当个人可以自由地对各种社会的、政治的、经济的问题发表意见时，这些意见很容易快速形成群体意见。公共政策的公开化也对利益集团的形成产生了激励效应。[②]

具体到美对华贸易政策，美国国内的一些大企业、大公司和财团在对华贸易政策上主张实行积极、务实的对华贸易政策，而某些商业利益集团却主张推行一种严厉的对华贸易政策，如美国制造商协会、美国纺织品制造商协会。而且，美国主张实行积极、务实的对华贸易政策的企业组织，并不愿在对华问题上有过多的政治表态，以免被舆论界攻击为“为小利而牺牲人权原则”，损害自己在美国的形象；而主张推行严厉的对华贸易政策的某些组织，却可以高擎“公平贸易”的旗帜，以“促使中国尽快实现真正的市场化”为理

① 洪兵：《剖析“美国利益”》，北京：世界知识出版社，2000 年 1 月第 1 版，第 36—37 页。

② 张丽娟：《美国商务外交策略》，北京：经济科学出版社，2005 年 7 月第 1 版，第 160 页。

由，进行高调的游说活动。

美国人维护个人利益的观念和在承受个人利益损失的限度上，都不允许美国官方表明的国家利益与他们个人利益相距太远。这也表明，在美国，推行严厉的对华贸易政策及将之与政治问题相挂钩符合美国的政治传统与氛围。[①] 美国贸易政策制定者认为，美国的贸易政策至少应最低限度地保护由于市场力量和熊彼特所称的“创造性的毁灭过程”（指技术进步）而不可避免地产生的失败者，至少使他们相信美国制度是公平的。“要维持开放的国际贸易体系，就必须营造支持国际贸易体系的国内政治基础。[②] 最终造成的结果就是美国的舆论基调成为了如今的中国是全球化的最大受益者，而美国是全球化的最大受害者，要求贸易保护主义声音越来越高。

三、利益集团影响反倾销案件的途径

利益集团在民主社会各个方面都发挥着异常突出的政治作用。它们影响政治的途径多种多样：游说政治家；向公众提供相关问题或候选人的信息；参加公众游行；进行运动捐助；鼓励选民参与投票。[③] 反倾销作为利益集团试图影响政治过程，以增加其成员利益的一种具体方式，必然具有利益集团活动的普遍特点，但同时，作为一种行政保护手段，反倾销程序又有自身的独特之处。

反倾销程序涉及商务部、国际贸易委员会、海关、国际贸易法院和联邦巡回上诉法院五大执行机构及申请和立案，国际贸易委员

---

① 梁碧波：《美国对华贸易政策决定的均衡机理》，北京：中国社会科学出版社，2006年7月第1版，第98页。

② 王勇：《美国贸易政治逻辑的经典探索——〈美国贸易政治〉导读》，载［美］戴斯勒：《美国贸易政治》，于少蔚等译，北京：中国物价出版社，2006年第1版，第4页。

③ G.M. 格罗斯曼，E. 赫尔普曼著：《利益集团与贸易政策》，李增钢译，北京：中国人民大学出版社，2005年8月第1版，第1页。

会的初步损害裁决，商务部的初步补贴裁决，商务部的终局补贴裁定，国际贸易委员会的终局损害裁定，调查的中止或终止六个步骤，并对立案过程进行了详细阐述。从广义上讲，美国的一项反倾销立案调查中所涉及的利益集团主要有外国的出口企业、美国的进口商、美国的进口竞争行业组织和企业以及美国的商务部、国际贸易委员会、海关、国际贸易法院和联邦巡回上诉法院。

发起反倾销调查的通常是与出口国被起诉企业产品相关的利益集团（可以是公司企业也可以是行业协会），一般包括美国同类产品制造商、生产商或批发商，该行业内被注册工会认可的工人集团，同种行业的工业协会或商业协会。这些利益集团具有明确的政策目标和利益诉求，因而可以直接向商务部提出具体的诉讼请求，而其他政府部门及商业利益相关方则往往是在利益存在受侵害风险时被动采取应对措施。

由于反倾销保护是一种行政保护，因此上述美国反倾销调查中所涉及的利益集团主要通过直接向行政部门或当局高级官员施压来影响反倾销案件的裁决，施压的主要方式有竞选捐资（PAC）和游说活动（lobbying）。在反倾销调查中，美国商务部（DOC）和国际贸易委员会（ITC）在反倾销立案上具有决定权。因此，美国的利益集团必须要采取措施影响商务部和国际贸易委员会的高级官员以获得有利于自身利益的结果，而事实也证明商务部和国际贸易委员会的确很容易受到外部政治压力的影响[①]。表 10－2 反映了 1996—1999 年美国反倾销终裁结果与利益集团花费之间的关系。

① Jeffery M. Drope;" Wendy L. Hanson (2004), "Purchasing Protection? The Effect of Political Spending on U. S. Trade Policy", Political Research Quarterly, Vol. 57, No. 1, pp. 27－37.

表 10－2

终裁结果	支持保护	反对保护
平均 PAC 捐资		
肯定终裁	$ 780829	$ 40497
否定终裁	$ 477367	$ 19610
平均游说花费		
肯定终裁	$ 1056831	$ 218798
否定终裁	$ 515842	$ 107302
平均软线捐助		
肯定终裁	$ 143624	$ 28791
否定终裁	$ 79257	$ 6559
总计		
肯定终裁（59%）	$ 1981284	$ 288086
否定终裁（41%）	$ 1072566	$ 133471

从表 10－2 中可以看到，在一项反倾销立案调查中，反倾销的“获益方”和“受损方”往往互相竞争，追求对自己最为有利的结果，。并且支持保护方往往要付出更多代价——不管反倾销最终的结果如何，美国要求保护的利益集团的资金总花费远远高于反对保护利益集团的总开支。在三种主要的开支中，游说活动（lobbying）的花费所占比重最大（无论是支持保护的还是反对保护的），这也体现了反倾销保护是一种行政性保护的特征——因为直接对政府行政部门的高级官员游说效果最佳，所以利益集团也愿意在这一方面花费最多的金钱。[①]

除直接向商务部和国际贸易委员会游说施压外，由于美国行政部门的反倾销裁决必须在相关的反倾销法的框架下制定，因此美国

① 金之宏等：《浅析美国反倾销背后的利益集团——对我国出口企业的启示》，《沿海企业与科技》2007 年第 7 期，第 15—16 页。

的利益集团还能通过参与反倾销立法，从根本上影响商务部和国际贸易委员会的反倾销裁决。西方的新政治经济学理论认为，美国公共政策的决策过程往往是各个利益集团相互博弈的过程，而决策结果则是众多集团博弈的均衡①。由于美国的国会议员有竞选连任的压力，利益集团可以通过竞选捐资、游说来影响国会议员，迫使他们采纳一些能增进本集团利益的决策。反倾销法的制定和修订亦不例外。在制定和修订反倾销法时，国会议员需要倾听国际贸易委员会关于保护国内某些产业和企业的意见，此时利益集团可以通过国际贸易委员会对国会议员产生影响。与此同时，利益集团也会直接采取措施影响参议院与众议院。

在利益集团的影响下，美国反倾销法的灵活性和可操作性日渐提升。美国在《1916年岁入法》中对反倾销做了最初的原则规定，其后则分别在1921年、1974年、1979年、1984年以及1988年通过不断修订完善反倾销内容，直接的结果就是便利了美国国内申诉人利用反倾销工具保护自身的经济利益。

例如，《1974年贸易法》规定商务部进行反倾销调查。而商务部与国内企业或行业联系密切，在进行反倾销调查时时常偏向国内企业，这直接导致反倾销申诉直线上升。《1984年贸易和关税法》中规定了损害裁决的累积评估原则。由于该原则不加区别地将在同一时间里不同国家出口到美国的同种商品累计起来计算损害，使得构成实质性损害的可能性大大增加。

美对华反倾销诉讼案件不断增加与反倾销程序越来越容易操作，相关规定的变化使得企业或行业获得反倾销保护的可能性不断提高有很大关系。反倾销法的修订使得美国国内企业能够更得心应手地运用反倾销措施来保护自身的经济利益，这也正是支持反倾销保护

① Grossman, G. M. & Helpman, "Protection for Sale", The American Economic Review, Vol. 84, pp. 833 - 850.

的利益集团所希望看到的结果。美国的利益集团通过积极参与反倾销立法从而能够在制度框架上寻求有利于维护自身利益的结果。

四、案例：美对华油井管启动双反调查

钢铁业曾是美国崛起的支柱产业。但钢铁业已然成为美国最为典型的夕阳产业之一。近年来，美国有多家钢铁企业宣布破产，数万钢铁工人失业。同时，钢铁产业利益集团又是势力庞大，并且与其他许多利益集团有着千丝万缕的联系，具有不可忽视的游说能量。

受金融危机的影响，自2008年9月份以来，由于建筑和汽车生产的大幅下降，美国钢铁产量下降了50%，跌至20世纪80年代以来的最低水平。另外，日用品、机械和电器设备产量下降也影响到钢铁的订单量，使钢铁价格大幅下跌。在此背景下，美国钢铁业利益集团对美国国会和奥巴马政府进行了密集的院外活动，并向政府递交书面建议，要求政府采取多方面的措施，拯救美国钢铁行业。他们一方面游说新政府扩大基础建设投资，尤其是大众运输系统与桥梁等需要大量钢铁的工程，以此推进美国国内的钢铁需求。另一方面，向奥巴马总统施加压力，要求在基础设施建设计划中加大对美国钢铁产品的采购。[①] 作为“购买美国货”条款的始作俑者，印第安纳州联邦众议员维斯克洛斯基被视为美国钢铁利益集团在国会的代言人，其提案深得美国各钢铁公司的支持。他认为，只有购买美国国产钢铁，才能使经济刺激计划真正为美国创造更多的就业机会。[②]

钢铁产业利益集团利用政府贸易政策维持其生存的措施之一就是对外国钢铁行业发起反倾销诉讼，中国位列诉讼名单之中。2009

① http://www.takungpao.com.hk/news/09/04/19/EF-1068047.htm.

② http://www.xd56b.com/zgwlcyw/translatems/t_ zcyw_ zw.jsp? NewsID=62041.

年4月8日，美国五家油井管生产商以及钢铁工人工会（United Steel workers）向美国商务部和国际贸易委员会提交了针对来自中国的油井管的反倾销/反补贴调查申请。称中国钢铁制造商去年不公平地向美国倾销部分型号的钢管，同时享受了大量政府补贴，出口美国的倾销率在40%至90%之间，威胁美国约6000名工人的就业岗位。

这一申诉涉及2008年初至2009年第一季度期间、所有在美国海关有油井管出口记录的200多家中国钢企，诉讼金额可能高达27亿—30亿美元。这是美国自2006年以来对中国发起的第14起双反调查，是迄今为止金额最高的反倾销诉讼之一。由于油田用管是大钢厂生产的主要钢管产品，也是高附加值产品，如果调查成立将影响整个国内钢管业的发展。这次申请调查的产品范围既包括无缝钢管，也包括焊接钢管，不包括钻杆和含铬10.5%及其以上的。申请书中指控的补贴和倾销税率为40%—90%。[①]

国际贸易委员会于4月8日当天立即启动了调查——中国输美产品是否对美国造成损害行业或威胁损害行业，并向相关中国钢企发出问卷调查，进行损害调查。4月22日，国际贸易委员会初裁答卷上交截止。4月29日，美国商务部宣布，已于4月28日立案，对中国油井管产品启动反倾销、反补贴合并调查。同期，美国还对从中国进口的、价值17亿美元的轮胎进行了特殊保障措施调查。按照时间表，国际贸易委员会将于美国时间的5月22日（北京时间5月23日）进行口头投票，在5月26日作出书面初裁报告。而终裁结果，商务部将在2010年1月19日公布。若被裁定为倾销，中国企业遭遇的反倾销最高税率将达到99%。[②]

在这一案例中，我们不难发现，由钢铁产业利益集团一手策划

① http：//www. mysteel. com/gc/hwgg/2009/04/09/143239，1985051. html.

② http：//finance. jrj. com. cn/2009/05/0501374919667. shtml.

推动的“购买美国货”（Buy American）政策及相应的举措完全是出于集团私利的贸易保护主义行为。奥巴马的经济刺激计划、特别是大规模的基础设施建设创造了一个支付能力相对可靠的市场。世界其他国家的厂商跃跃欲试，不可避免的与志在必得的美国国内厂商矛盾激化，美国国内厂商势必会动用一切手段阻止中国等其他国家企业分肥。钢铁行业的竭力游说就是典型的例子，中国钢铁出口占美国钢铁市场的规模不小，根据《海关统计》，2008 年全年出口钢材 5923 万吨，价值 634.4 亿美元，其中仅 1—11 月对美国出口钢铁就有 25.2 亿美元，出口钢铁制品 96.2 亿美元，合计 121.5 亿美元，如果反倾销获得肯定裁定，美国钢铁产业利益集团无疑是最大的获利者。

结论

作为世界贸易组织框架内允许的贸易救济措施，反倾销名义上是针对不公平贸易行为的正当贸易政策。但通过对反倾销理论动因的深入分析，反倾销实际上已经成为了贸易保护主义者利用的工具。美国是世界上反倾销立法和制度最为完善的国家，其反倾销规则几经变迁，越来越灵活和易于操作。

自 20 世纪 70 年代末 80 年代初中美贸易关系正常化以来，两国经贸关系迅速发展为世界上最重要的双边贸易关系之一。伴随着两国贸易关系的日益密切，中美贸易摩擦也呈现出上升趋势，其中的一个重要表现就是美国频频发起对华反倾销诉讼，成为对中国发起反倾销诉讼最多的国家。纵观 1980 年至今的美对华反倾销诉讼，大致可以分为三个阶段：1980—1989 经济性摩擦阶段、1990—2001 政治性摩擦阶段、2002 年至今制度性摩擦阶段。在这三个阶段，美对华反倾销立案数目呈波动上升。

将所有反倾销案件按照行业分类，少数利益集团势力强大的行业占据了立案数目的绝大部分。正是这些美国进口竞争行业的行业协会、企业组织和劳工组织推动着一波接一波的对华反倾销浪潮。当中美贸易逆差扩大，中国商品在美国市场占有率上升，美国国内失业率扩大时，这些利益集团表现得尤为活跃。

美国独特的贸易政策决策体制为利益集团提供了施展身手的巨大空间，美国传统的价值观念维护了贸易保护主义。通过向行政部门游说施压或者影响国会立法，利益集团在一定程度上绑架了美国的贸易政策。在由华尔街次贷危机引发的全球金融危机的大背景下，美国贸易保护主义也将再度回潮，因而中美之间的关于双反问题的较量也将继续进行。

第十一章

中美关系中的知识产权问题

中国知识产权制度是伴随着改革开放的进程而逐步发展起来的。改革开放三十多年来，中国始终致力于发展知识产权保护制度。但就中美经贸关系而言，由于美国国内政治的影响、中美意识形态的差异等客观因素，中美知识产权纠纷始终未见消泯。本章梳理了1979 年到2009 年这30 年间中美知识产权纠纷，着重分析中美双方在主要谈判过程中的立场以及双方的协调过程，分析影响双方决策的因素，以期总结经验，指导未来中国相关部门处理对美知识产权问题。

第一节　知识产权相关概念界定

根据联合国世界知识产权组织（World Intellectual Property Organization）的定义，知识产权指的是“智力创造：发明、文学和艺术作品，以及商业中使用的标志、名称、图像以及外观设计”。知识产权分为两类：工业产权，包括发明（专利）、商标、工业品外观设计及原产地地理标志；另一类是版权，包括文学作品，诸如小说、诗歌、戏剧、电影、音乐作品，艺术作品诸如绘图、绘画、摄影、雕塑以及建筑设计。[①] 根据1967年《建立世界知识产权组织公约》，知识产权包括对下列知识财产的权利：文学、艺术和科学产品；表演艺术家的表演以及唱片和广播节目；人类一切活动领域的发明；科学发现；工业品外观设计；商标、服务标记以及商业名称和标志；在工业、科学、文学或艺术领域内由智力活动而产生的一切其他权利；总之，知识产权涉及人类一切智力创造的成果。美国对知识产权的定义大致相同，将知识产权分为专利，商标，版权和商业秘密四类。[②]

目前世界上保护知识产权的两大平台是世界知识产权组织（World Intellectual Property Organization）（简称WIPO）和世界贸易组织（WTO）。涉及知识产权保护的国际条约有《保护工业产权巴黎公约》、《保护文学艺术作品伯尔尼公约》、《关于商标注册的马德里公约》、《与贸易有关的知识产权协议》等。

一、世界知识产权组织以及主要国际公约

世界知识产权组织（WIPO），是联合国16个专门机构之一。1967年7月14日，“国际保护工业产权联盟”（以下简称“巴黎联盟”）和“国际保护文学艺术作品联盟”（以下简称“伯尔尼联盟”）的51个成员在瑞典首都斯德哥尔摩共同建立了世界知识产权组织。1970年4月26日，《建立世界知识产权组织公约》生效。1974年12月，该组织成为了联合国专门机构。该组织是各国在互相尊重主权和平等基础上为了追求共同的利益，增进互相了解与合作而成，旨在加强世界知识产权保护，并保护工业产权和文学艺术作品著作权。

① 资料参见世界知识产权组织官方网站：http：//www. wipo. int/about－ip/zh/。

② “Intellectual Property，What is It?” available at：www. stopfakes. gov.

世界知识产权组织的职能和任务包括：（1）敦促各国对知识产权进行有效保护，并促进各国在知识产权方面的立法；（2）行使巴黎联盟（包括与巴黎联盟有关的其他联盟）和伯尔尼联盟的行政职能；（3）鼓励各国缔结促进保护知识产权方面的国际协定；（4）对于在知识产权方面需要法律援助的国家给予帮助；（5）收集、宣传有关保护知识产权的信息，为世界各国推进知识产权保护提供讨论的平台。①

为保护智力劳动成果，促进发明创新，国际社会早在一个世纪之前已开始建立保护知识产权制度，先后通过了《保护工业产权巴黎公约》,《保护文学艺术作品伯尔尼公约》、《关于商标注册的马德里公约》、《工业品外观设计国际保存海牙协定》、《商标注册用品和服务国际分类尼斯协定》、《专利合作条约》、《关于集成电路的知识产权条约》等多边条约。其中《保护工业产权巴黎公约》、《保护文学艺术作品伯尔尼公约》以及《世界版权公约》是国际知识产权保护的基础性文件。

（一）《保护工业产权巴黎公约》

《保护工业产权巴黎公约》简称《巴黎公约》。该公约于1883年3月20日在法国签订，1884年7月正式生效，目前已经成为各种工业产权保护公约中成员国最广泛的一个单项公约。目前大多数国家批准的是1967年斯德哥尔摩会议通过的修订文本。它的宗旨是按协商一致的原则，对工业产权实行有效的国际保护，以便充分保护发明人和其他工业产权所有人的权益，促进世界经济合作与科学技术交流。

《巴黎公约》确定了知识产权保护领域的三项基本原则：

---

① 资料来源：WIPO官方网站 http://www.wipo.int/about-wipo/en/what_is_wipo.html.

(1) 国民待遇原则。一是在保护工业产权方面，各成员国必须在法律上给予其他成员国的国民以本国国民能够享受到的同样待遇；二是即使对于非公约成员国的国民，只要他在某一个成员国内有住所，或有实际从事工、商业活动的营业所，也应当享有同该成员国国民一样的待遇。

(2) 优先权原则。申请人有关发明、实用新型、工业品样式或商标注册第一次向一个缔约国正式提出申请后，可以在申请后的一定期限（发明专利和实用新型专利为12个月，工业品样式和商标规定为6个月）内，又向其他缔约国提出申请时，以第一次申请的日期为后来申请的日期。即后一次申请，与有同样内容其他申请人在上述期间内可能提出的申请享有优先的权利。[①]

(3) 独立性原则。根据《巴黎公约》第4条第2款规定，“本联盟国家的国民向本联盟各国申请的专利，在与其他国家，不论是否本联盟的成员国，就同意发明所取得的专利是相互独立的”。依照独立性的原则，申请人和所有权人可以在各国得到依各国法律最大程度的保护，而不受他在别国的行为以及别国工业产权法的影响。

（二）《保护文学艺术作品伯尔尼公约》

《保护文学艺术作品伯尔尼公约》简称《伯尔尼公约》，由比利时、法国、德国、英国、海地、利比亚等10个国家于1886年在瑞士伯尔尼签署。经历数次重大修改后，各国目前公认、版权保护水平最高的国际公约是1971年巴黎版本的《伯尔尼公约》。

《伯尔尼公约》保护的对象包括文学、科学和艺术领域内的一切成果，《公约》确立了版权保护中的几项基本准则。

(1) 国民待遇原则。这主要体现在公约第5条：该公约的成员

① 刘文华主编：《WTO与中国知识产权制度的冲突与规避》，北京：中国城市出版社，2001年版，第19页。

国应按照本国版权法保护其他成员国作者的权利，使之享有国民待遇。其中，《伯尔尼公约》成员国国民无论其作品是否出版，无论在哪里出版，均应受到公约的保护。这是公约的“作者”范围，也称“人身标准”。非《伯尔尼公约》成员国的国民，其作品首次在某个成员国出版的，或在某个成员国及其他非成员国同时出版的，就也应当受到公约的保护。这是公约的“作品”标准，也称“地理标准”。

（2）自动保护原则。按照以上“人身标准”享有国民待遇者，其作品一经创作完成，即自动享有版权；按“地理标准”享受国民待遇者，其作品一经在成员国首次出版（或影片一经发行、建筑物一经完成），就自动享有版权。

（3）独立性原则。享有国民待遇的作者在公约任何成员国所得到的版权，均应是符合该国的法律要求，而不应依赖作品来源国的法律规定。独立性原则一方面维护了各成员国版权法的独立性，有利于吸引更多国家加入《伯尔尼公约》，另一方面保证了作者在起源国以外要求版权保护时，不受他在起源国所受保护的影响，当起源国的保护水平较低时，这项原则对维护外国作者的合法权益显得尤为重要。①

（4）经济权利和精神权利。《伯尔尼公约》要求各成员国至少保护作者以下经济权利：翻译权、复制权、公开表演权、广播权、公开朗诵权、改编权、制片权、追续权。精神权利包括署名权和保护作品完整权。

（5）保护期限。《伯尔尼公约》要求，保护期为作者有生之年加死后50年；对于电影作品，成员国可规定保护期仅为经作者同意而公开放映之后50年，如果作品完成后50年内未公开放映，则保

① 王玉洁、王勉青、王海峰编著：《WTO法律规则与中国知识产权保护》，上海：上海财经大学出版社，2000年版，第84页。

护期为作品完成后50年；摄影作品及实用艺术作品作为艺术作品保护器至少维持到作品完成后25年。作者精神权利至少要与经济权利保护期相等。

（6）追溯力。《伯尔尼公约》第18条规定，对于新加入《公约》的国家，对于已在《公约》成员国取得保护而该国未给予保护的作品，应该予以追加保护。

1991年开始，《伯尔尼公约》将计算机程序、数据库、通过计算机制作的作品纳入了保护范围。

（三）《世界版权公约》

《世界版权公约》实在联合国教科文组织的主持下，于1952年9月在日内瓦国际会议上签订的一个保护版权的多边条约。该公约条文比较少，大多数属于原则性规定，内容在许多方面与《伯尔尼公约》相似。考虑到发展中国家要求国际版权保护水平较低、其版权立法水平与发达国家有差距，经联合国认可的发展中国家可以不参加《伯尔尼公约》而参加《世界版权公约》。

二、关贸总协定乌拉圭回合谈判

世界贸易组织的前身是关税与贸易总协定组织。在关贸总协定主持下的多边谈判（又称为“回合”）共有八轮。第八轮谈判于1986年9月在乌拉圭举行，因此该轮谈判又得名“乌拉圭回合”。该回合增加了三个新的议题：与贸易有关的知识产权、与贸易有关的投资措施和服务贸易问题。

美国首先提出知识产权议题、并要求将其纳入关贸总协定多边贸易规则。从历史上看，技术创新始终是美国保持领先优势的源泉，而创新技术的保护则有赖于知识产权保护制度。自20世纪70年代后期起，美国等发达国家的技术在海外被大量无偿使用，进而严重冲击了美国的经济地位。同时，美国和欧洲的一些发达国家认为，知识产权的国际保护存在以下问题：（1）国际保护体系不够完善，国际公约和协定少、效力低，并且由于缺乏有效的争端解决程序和制裁机制，知识产权得不到实质上的保护。（2）部分国家尚未制定知识产权法，法律保护范围有限，而且执法不力。

美国希望通过将知识产权与关贸总协定挂钩，实现以下的政策目标：首先，知识产权保护原本属于各国国内法的范围。通过将知识产权问题与贸易谈判挂钩可以在一定程度摆脱知识产权保护的国内法属性。通过国际谈判，各国可以建立统一的规则，从而达到全球范围内加强知识产权保护的目的；其次，世界知识产权组织管辖的国际知识产权保护公约中规定了争端解决方案，但也为缔约方保留了一定空间。而关贸总协定有一套比较严格有效的争端解决机制，而且包含贸易报复内容，因而执行力较强；最后，通过挂钩，美国可以利用大部分发展中国家出口产品高度依赖发达国家市场的有利条件，以贸易报复相威胁来迫使发展中国家在知识产权保护上做出让步。[①]

为此，美国和欧洲部分国家力主把知识产权问题纳入“乌拉圭回合”谈判，以制定一项保护知识产权的国际法案。经过与发展中国家激烈的讨价还价，1986 年 9 月，参与乌拉圭回合谈判的各方初步达成了一个重要妥协：

为减少国际贸易的扭曲和阻碍，同时考虑到需要促进知识产权充分而有效的保护，并保证其程序和措施本身不成为合法贸易的障碍，谈判应旨在澄清关贸总协定的有关条款，并视情况制订新的规则和纪律。[②]

---

① 凌金铸：《知识产权因素与中美关系》，2005 届苏州大学博士毕业论文，第 48 页。

② 郑成思：《世界贸易组织与贸易有关的知识产权》，北京：中国人民大学出版社，1996 年版，第 24 页。

这也同时意味着与贸易有关的知识产权终于作为三个新议题之一被纳入了乌拉圭回合。[①]

在发展中国家方面，随着技术的转移，发展中国家逐渐意识到保护知识产权的重要性。特别是在20世纪80年代后期到90年代初，美国利用“特殊301条款”要求韩国、巴西、阿根廷、泰国、印度和中国进行双边知识产权谈判，迫使韩国等五个国家（印度暂缓）同意提高双边知识产权保护标准，有些标准甚至高于乌拉圭回合讨论的标准。有鉴于此，这些国家感到双边谈判难以取得优势，而通过GATT的多边谈判构架，反而能够得到比较公平的待遇，因此发展中国家最后同意将知识产权纳入GATT的规范之内。[②]

1993年12月15日，乌拉圭回合谈判结束。1994年，在摩洛哥马拉喀什召开的部长级会议上，乌拉圭回合谈判的各项议题均获得通过。该协议经104个参加方政府代表签署，1995年1月1日正式生效。根据最后文件中（第一项）《关于建立世界贸易组织的协定》的规定，1995年1月1日，世界贸易组织正式成立，同时包括《与贸易（包括假冒商品贸易在内）有关的知识产权协定》等26个协议宣布生效。

三、《与贸易有关的知识产权协定》

《与贸易有关的知识产权协定》（以下简称《TRIPS协定》）是全球首个明确与国际贸易相联系的知识产权保护协议。在《巴黎公约》和《伯尔尼公约》等WIPO知识产权条约基础上，该协议首次将版权、专利、商标等多种知识产权保护融为一体。由于《TRIPS

---

① 郑成思：《知识产权在国际保护中的新问题》，载《中华商标》，1996年第1期。

② 邱永和：《301条款对贸易自由化的影响——从美国对大陆智慧财产权控诉案谈起》，载《美欧月刊（台北）》，1995年第5期。

协定》是乌拉圭回合的“一揽子”成果之一，任何 WTO 成员国迟早都必须履行《TRIPS 协定》规定的义务，这大大地扩展了国际知识产权保护制度的使用范围。《TRIPS 协定》主要内容如下：

（1）《TRIPS 协定》采纳了国际贸易中通行的“最惠国待遇”原则，并规定了知识产权保护的“国民待遇”原则。

（2）《TRIPS 协定》规定了较高的知识产权保护标准。在版权与相邻权领域，《TRIPS 协定》规定应根据《伯尔尼公约》将计算机软件与数据库作为文学作品加以保护，同时将保护范围扩展至出租权；在商标领域，《TRIPS 协定》规定了作为商标（包括服务商标）受到保护的标志机器权利，特别规定了驰名商标的保护；在原产地标志领域，《TRIPS 协定》规定了成员国负有禁止混淆原产地标志（尤其是酒类与酒精类商品）的义务；在外观设计领域，《TRIPS 协定》规定禁止他人在 10 年内制造、销售或进口含有受保护的所有人外观设计的产品；在专利领域，《TRIPS 协定》规定任何技术方面新颖的、具有创造性步骤和工业使用的产品与工序，都应享有 20 年的专利权，植物品种专利可作为专利给予保护，并详细地限定了强制性许可或政府利用专利的条件；在集成电路领域，《TRIPS 协定》以尚未生效的集成电路知识产权华盛顿条约为基础，规定集成电路的知识产权保护期限至少为 10 年；在商业秘密与专有技术领域，《TRIPS 协定》规定这类知识产权保护应包括药品与农业化学产品；最后，在与合同许可有关的反竞争法领域，《TRIPS 协定》规定 WTO 成员国必须采取必要措施，避免滥用合同学科中的知识权利并对竞争产生的消极作用。

（3）《TRIPS 协定》特别规定了保护知识产权的实施。这包括成员方有义务根据其国内法提供必要的程序，以保障上述知识产权得以有效保护；这种程序必须是能够对侵权行为采取有效的行动，并且是公正的，避免不必要的行为成本以及不合理的拖延；《TRIPS 协定》还规定了边境实施制度等。[①]

(4) 关于争端解决。世界贸易组织设有专门机构，专门解决包括知识产权争端在内的贸易争端，其程序如下[②]：

内容	期限	累计时间
争端方磋商	60 天	2 个月
要求成立专家组	25—60 天	3—4 个月
建立专家组	30 天	4—5 个月
专家组提交报告	6—9 个月	10—14 个月
通过专家组报告	60 天	12—16 个月
如果有一方上诉		
上诉机构公布报告	60—90 天	14—19 个月
争端解决机构通过上诉报告	30 天	15—20 个月
遵守裁决或协商双方满意的补偿办法	“合理期限”	
如果未遵守裁决或未达成满意的补偿办法		
另一方请求授权	20 天	
给予授权	30 天	
最终仲裁		

(5) 有利于发展中国家的优惠（保障）条款。《TRIPS 协定》第六部分“过渡协议”规定了此项保障条款（第 65—67 条）。首先，一般情况下，所有成员（主要指发达国家）应在《TRIPS 协定》生效 1 年后使用该协议；其次，任何发展中国家成员在《TRIPS 协定》生效 1 年后再延迟 4 年使用该协议，即有 5 年的过渡期；第三，经济转型国家成员也享受 5 年的过渡期；第四，有些发展中国家成员，其立法中的知识产权保护水平尚未与《TRIPS 协定》规定相一

① 刘文华主编：《WTO 与中国知识产权制度的冲突与规避》，第 54 页。

② 王玉洁、王勉青、王海峰编著：《WTO 法律规则与中国知识产权保护》，第 61 页。

致时，该成员的过渡期是在《TRIPS 协定》生效 1 年后的 5 年内，即有 6 年的过渡期；第五，最不发达国家成员的过渡期是《TRIPS 协定》生效 1 年后再延长 10 年，即过渡期是 11 年。《TRIPS 协定》还规定，过渡期内所有成员在法律、条例以及司法实践上的变更水平不能低于《TRIPS 协定》的水平。

《TRIPS 协定》还规定了发达国家对于发展中国家以及不发达国家的义务：（1）发达国家成员应鼓励其领域内企业及单位对最不发达国家实行技术转让，以使其能建立良好、有效的技术基础。（2）发达国家成员应根据要求和依据协商一致的条件，给发展中国家成员和最不发达国家成员提供技术和金融合作，促进发展中国家以及不发达国家的经济发展。

第二节　中美知识产权保护体系

一、美国知识产权保护

美国历来重视知识产权保护。早在 1789 年，美国宪法第一条第八款规定："国会……有权保障著作者和发明者在限定时间内对其著作和发明的专有权利，以促进科学和实用技艺的进步。"这一条款成为美国专利和版权立法的宪法基础。美国知识产权法律体系包括商标、版权、专利和商业秘密方面的专门法律。此外还有消费者保护以及有线电视和卫星广播保护等法律，为知识产权提供间接保护。从历史上看，知识产权是美国社会、文化和经济发展的重要部分，对美国整个经济和社会发展做出了巨大贡献。[①] 在美国，侵犯知识产权属于“重罪”（felony），要处巨额罚款和长期监禁，除了版权方面有一定数量和金额标准外，一般只要存在主观故意和侵权事实，就可以判处刑罚。[②]

（一）美国知识产权保护法律体系

美国知识产权的国际保护工作主要包括两个基本部分：

第一部分是政府与企业合作促使美国的贸易伙伴保护美国海外知识产权。具体而言，美国海外知识产权保护主要由美国贸易代表办公室负责，该机构以“特殊301条款”为武器，并得到美国商会的大力支持。这也构成了美国最主要和最有效的海外知识产权保护机制。[③] 除美国贸易代表办公室外，涉及知识产权保护的部门还包括：商务部国际贸易管理局（ITA），专利商标局（USPTO），版权局（U. S. Copyright Office），国务院，司法部，全国知识产权执法协调委员会，国会等。美国贸易代表办公室运用广泛的双边和多边贸易工具促进国际知识产权立法和有效的执法，主要工具包括与美国贸易伙伴的双边协定，年度“特殊301条款”评估，以及世贸组织的多边贸易协定。

美国海外知识产权保护的另一个有机组成部分是阻止侵犯知识产权的产品进入美国，具体由国土安全部下属的海关和边境保护局（CBP）及移民和海关执行局（ICE）以及美国国际贸易委员会（USITC）协同负责。国际贸易委员会是拥有准司法权的联邦独立机构，负责对可能侵犯美国知识产权的国外进口商品进行审查。它可

① 何兴强：《中国加入世贸组织以来的中美知识产权争端》，载《美国研究》，2008年第2期，第49页。

② 杨国华著：《中美知识产权问题概观》北京，知识产权出版社，2008年4月版，第24页。

③ 何兴强：《中国加入世贸组织以来的中美知识产权争端》。

以应国内企业的申请，根据美国关税法“337条款”的授权发起调查，调查核实后可以向海关发出排除令阻止知识产权侵权产品进口。[①]

近20年来，美国认为，盗版和假冒对美国经济造成了巨大损害。美国贸易代表办公室2003年的“特殊301报告”估计，知识产权犯罪对美国经济造成的损失每年在2000亿到2500亿美元之间；[②]美国商会估计：每年的知识产权侵犯使美国丢失75万份工作。[③]保护知识产权成为美国政府及商业界最为关注的问题之一，美国政府甚至还将假冒产品的贸易与有组织犯罪及恐怖袭击联系起来，以提高人们对知识产权保护的更高关注。

（二）特殊301条款

“301条款”是1974年《综合贸易与竞争法》第301节的概称。该条款规定，如果美国贸易代表办公室认定外国的立法、政策或者做法不合理、不符合甚至违反了贸易协定，进而限制了美国商业的发展、给美国商业造成了负担，则美国贸易代表办公室应采取行动，行使对外贸易协定中的规定权力，改变这些国家的立法、政策或做法。[④] 1984年，美国《贸易与关税法》第一次把“301条款”所指的不公平贸易做法扩展到知识产权保护领域。1988年《综合贸易竞争法》系统地将知识产权保护纳入“301条款”体系之中。

现在普遍所指的“301条款”，主要是指1988年《综合贸易与竞争法》第1301节—1310节。其中，第1303节为“确定拒绝为知识产权提供充分、有效保护的国家”，又称为“特殊301条款”。根

① 何兴强：《中国加入世贸组织以来的中美知识产权争端》。

② “USTR 2003 Special Report,” available at：www. ustr. gov.

③ “Why Protect Intellectual Property?” available at：www. stopfake. gov.

④ Committee on Ways and Means U. S. House of Representatives. Overview and Compliation of U. S. Trade Statutes，2003 Edition，p. 121.

据“特殊301条款”的规定，美国贸易代表应确定哪些国家拒绝对美国的知识产权给予“充分、有效的”保护；或者剥夺依赖知识产权保护的美国公民“公平地进入其市场的机会”，并将其列入重点国家名单。

确定“重点国家”的标准包括以下3个方面：

（1）该国的法律、政策与做法拒绝对美国的知识产权给予“充分、有效的”保护，拒绝对依赖于知识产权保护的美国商号或个人给予“公平的市场准入”；

（2）该国的上述法律、政策和做法对美国有关产品造成了最不利的现实或潜在的影响；

（3）该国尚未就上述问题与美国进行谈判，或者在双边、多边谈判中未取得重大进展。

在确定“重点国家”名单时，美国贸易代表还会关注其他国家包括限制产品自由流通的许可证程序规定，没收美国投资的做法以及以“保护文化主权”为借口对贸易设置障碍等行为。[①]

在实际操作中，美国贸易谈判代表还依据“特殊301”对没有充分保护美国知识产权的国家分别纳入其“观察名单”、“重点观察名单”，或者直接定为“重点国家”。

美国贸易代表办公室每年4月30日之前需要向美国总统、参议院的财政委员会以及众议院有关委员会呈送《国家贸易评估报告》。该报告需要说明阻碍美国货物与服务出口、以及阻碍美国直接投资的国家，并就美国贸易与投资做出比对分析。“特殊301条款”规定，美国贸易代表在该报告30天内，须确定哪些国家没有对美国的知识产权行使充分、有效的保护，以及哪些国家没有“公平与平衡地”允许依赖知识产权保护的美国企业、公民进入其市场。这些国

① 参考资料见 http：//www. cacs. gov. cn/cacs/lilun/lilunshow. aspx？ str1 =2&articleId =36196。

家将被列入“重点国家”名单。“特殊 301 条款”的调查期一般为 6 个月。

（三）美国在知识产权问题上的立场分析

知识产权行业是美国优势产业，是其外贸盈余的主要来源，直接关系着美国的经济利益。知识产权保护自始至终都与国际贸易有着密切的联系。国际贸易促使国际社会开始保护知识产权。美国对知识产权保护的重视程度不断提升。第二次世界大战之后，美国一直是世界上最大的贸易国，并在 20 世纪 60 年代前一直保持顺差。而 20 世纪 70 年代至今，除 1970 年、1973 年和 1975 年等少数年份外，美国贸易遭遇连年逆差，逆差数额呈几何倍数扩大。

美国在高科技领域优势明显。在 20 世纪 80 年代末 90 年代初，高科技产品出口占美国制成品出口的 50% 以上，而且在高科技产品贸易中，美国一直处于顺差的地位。但与此同时，美国在高科技领域面临的知识产权问题日益尖锐。美国的高科技企业产品不断被仿制和假冒，其中药品、半导体、计算机芯片、电影、软件、农用化学品等行业最为严重。在商标领域，在全球最具有价值的 100 个商标中，美国商标占 62 个。而在最有价值的 10 个商标中，美国更是独占 9 个，但这些极具价值的美国商标屡屡遭遇国外侵权。

20 世纪 80 年代以来，世界各国普遍开始转型经济结构，知识密集型企业异军突起，高科技产业成为各国政府重点发展的优先领域。20 世纪 80 年代后期，美国将知识产权纳入国际贸易法，在 20 世纪 90 年代初期进一步确定和强化了知识产权保护在国际贸易体制中的地位。美国力主在 1986 年关贸总协定乌拉圭回合谈判中加入知识产权保护，称之为“与贸易有关的知识产权”。在国内，里根总统于 1988 年签署了《综合贸易与竞争法》，该法案的“特殊 301 条款”把知识产权单独列为一项，对不保护美国知识产权或者阻碍美国知识产权企业进入其市场的国家进行调查并实施贸易制裁。知识产权保护因而成为美国对外贸易政策的重要组成部分。

美国在知识产权立场具有深刻的政治、经济、文化背景。具体到中美知识产权争端，美方采取的立场既有国内复杂政治的背景，也有经济利益考量，更有深层次影响中国的战略考虑。美国在知识产权问题上的立场有着深刻的国内政治、经济乃至文化背景。府会之争、党派政治、利益集团都会影响到中美知识产权争端。在国会，议员多为各地工商业代言人、各利益集团代表。美国贸易代表办公室需要定期向国会报告，与国会进行沟通协商。而在总统方面，由于政府需要在多方面争取包括产业巨头、国会以及广大国内中间阶层的支持，对华政策往往成为吸引眼球，增加曝光率的政治噱头。知识产权作为中美关系中的热门话题，屡屡成为美国国内政治炒作的焦点。

美国在知识产权问题上向中国发难也有深层次的经济利益考虑。以电影，电视剧等文化产品为例，由于中国施行相对严格的内容审查，导致美国文化产品进入中国数量有限，并且时间滞后，加之中国盗版猖獗，给美国的文化产业带来巨大损失。从政治和意识形态上讲，美国始终没有放弃通过文化渗透来影响中国的努力。文化主导权和话语权的争夺对于一国而言意义极为深远。20 世纪 90 年代中期，时任外经贸部副部长石广生曾就这一问题强硬表态："关于音像制品领域的国际合作问题。音像制品领域涉及意识形态，在我国是一个十分敏感的、原则性很强的问题。不允许外商在我国办合资企业参与音像制品的制作、发行等，在这一点上是没有谈判余地的。如果哪个国家以贸易报复相威胁，我们将宁肯接受报复。"①

① 石柱：《石广生评价中美知识产权谈判维护了中国的原则和利益》，载《国际商报》1996 年 6 月 19 日。

二、中国的知识产权保护体系

中国知识产权的保护体系主要包括专利保护、版权保护以及商标保护。中国目前有关知识产权保护的法律法规包括：《中华人民共和国专利法》，《中华人民共和国民法通则》（第五章民事权利，第三节知识产权），《中华人民共和国著作权法》，《计算机软件保护条例》，《中华人民共和国商标法》，《实施国际著作权条约的规定》，《中华人民共和国反不正当竞争法》，《知识产权海关保护条例》，《特殊标志管理办法》，《中华人民共和国刑法》（第7节，侵犯知识产权罪），《植物新品种保护条例》等。

目前，在国内层面上，中国参与知识产权保护的部门机构包括：国家发展改革委员会、教育部、外交部、商务部、知识产权局、版权局、海关总署、质检总局、国资委、工商总局、财政部、公安部、科技部、工业和信息化部、最高人民法院、最高人民检察院、国务院法制办，及其地方机构。

而在国际层面上，我国先后参加了多项国际知识产权保护公约。1980年6月3日，中国成为世界知识产权组织的成员国；1985年3月19日，中国成为《巴黎公约》成员国；1989年，中国作为首批签字国加入《关于集成电路知识产权保护条约》；1992年10月15日和10月30日起，中国分别成为伯尔尼公约和世界版权公约的成员国；1994年1月1日起，中国成为专利合作条约成员国，中国专利局成为专利合作条约的受理局、国际检索单位和国际初步审查单位；1994年，中国成为《关于工商标注册用品和服务国际分类尼斯协定》成员国；1995年，中国成为《国际承认用于专利程序的微生物保存布达佩斯条约》成员国；1996年，中国成为《建立工业品外观设计国际分类洛加诺协定》成员国；1997年，中国成为《国际专利分类斯特拉斯堡协定》成员国；2001年，中国成为国际贸易组织

WTO成员国，之前参与了《与贸易有关的知识产权协定》（《TRIPS协定》）的谈判过程。

中国认为，中美在保护知识产权问题上没有根本的分歧。中国保护知识产权，发展、完善知识产权制度并非出于应对外部世界的压力，而是自身的发展要求使然。

改革开放以来，中国逐渐意识到开发和利用知识资源对于转变经济发展方式，缓解资源环境约束，提升国家核心竞争力的重大意义。中国逐步融入知识经济和经济全球化，并将知识产权作为国家发展的战略性资源和国际竞争力的核心要素。在法律制度的建立和完善上，中国知识产权保护体系用30余年的时间完成了发达国家上百年的立法任务。在知识产权保护执法、鼓励创新方面，中国仍需要进一步推进立法进程以及加大执法力度。中美在保护知识产权的根本目标上并无分歧，但鉴于中美两国国情的巨大差异，两国的分歧也是客观存在的。中国愿意就知识产权保护问题，多方听取建议包括美方的建议，但是，中国反对美方借口中国企业侵犯美方的知识产权而趁机提出干涉中国立法、司法和内政的无理要求，在这一点上中国没有谈判的余地。[①]

第三节　中美知识产权争端第一阶段：1979年—1992年

在中美在知识产权争端的第一阶段，美国重点关注中国知识产

① 贾明如：《中美知识产权谈判访谈录》，载《中国妇运》1995年第5期，第40页。

权保护的立法进展以及法律的完备性。此阶段中美两国共同的目标是知识产权保护“有法可依”。

一、1979 年—1990 年中国知识产权发展状况

自 1979 年到 1990 年的 11 年间，中国在知识产权保护上，取得了以下进展：

1. 立法工作不断完善。这一阶段，中国全国人大前后制定通过了多项知识产权保护的法律，具体包括《中华人民共和国专利法》，《中华人民共和国商标法》、《中华人民共和国技术合同法》以及《中华人民共和国著作权法》。与此同时，《中华人民共和国民法通则》在基本法中首次正式确立了“知识产权”概念，以法律形式确认了对著作权、专利权、商标专用权等知识产权的保护。这一时期，中国政府还颁布了《关于书籍稿酬的暂行规定》，恢复了印数稿酬记付办法。

2. 机构建设不断取得进展。在国家层面，1980 年，中国中央政府成立国家专利局，各省、自治区、直辖市、经济特区、计划单列市和沿海开放城市也先后建立了专利管理机关，经济发达地区的一些地、县也相继建立了专利管理机关。1979 年恢复全国统一的商标注册工作。1988 年，中国确定中过国际贸易促进委员会和中国专利代理（香港）有限公司为商标代理组织，负责代理外国人或外国企业在中国办理商标注册事宜。1985 年成立了国家版权局成立。

3. 国际合作不断深化。这一时期，中国先后加入了《建立世界知识产权组织公约》、《保护工业产权巴黎公约》，成为世界知识产权组织成员国和《巴黎公约》缔约国。1988 年，商标局完成国际商品分类商标名称卡片和维也纳图形要素商标图形卡片（不包括双轨制的卡片），国内商品分类向国际商品分类的转换工作基本完成。

二、《中美科技合作协定》续签及《中美知识产权备忘录》

（一）中美知识产权首次接触

1979年1月，时任中国国务院副总理邓小平率领中国政府代表团访问美国，双方也就知识产权保护问题进行了初步接触。中美双方签订了《中美高能物理协定》，并规定相互保护版权。[①]

同年3月，中美双方贸易协定谈判展开。美方再次提出版权保护问题，要求中方按照世界版权公约的规定保护对方的版权。国家出版局遂于4月向国务院呈送报告，建议“建立版权机构，制定版权法”。[②] 4月21日，国家出版局向国务院呈报关于制定版权法、建立版权机构的报告。时任中共中央秘书长兼宣传部长胡耀邦同志批示：“同意报告，请你们尽快着手，组织班子，草拟版权法。”同年12月，全国出版工作会议讨论了包含版权条款在内的《中华人民共和国出版法（草案）》。

与此同时，中国专利法、商标法起草工作也在进行。1979年10月，国务院批准了《在我国建立专利制度的请示报告》，批示要求尽快制定专利法及相应规章制度，培养专利工作干部，登记国内的发明，迅速开展专利保护工作。

1980年2月1日，中美双方正式签署《中华人民共和国与美利坚合众国贸易关系协定》，协定第六条“缔约双方承认在其贸易关系中有效地保护专利、商标和版权的重要性……缔约双方同意采取适当措施，以保证根据各自的法律和规章并适当考虑国际做法，给予双方法人或自然人的版权保护，应与对双方基于自己的此类保护相

---

① 沈仁干、钟颖科著：《著作权法概论》，沈阳：辽宁教育出版社，1995年版，第19页。

② 沈仁干、钟颖科著：《著作权法概论》，第19页。

适应的条款”。[①]

（二）《中美科技合作协定》谈判

1987年4月10日，美国总统里根发布了12951号政令，规定美国和外国缔结或者续签政府间科技合作协定，必须就知识产权保护达成协议。根据这一政令，1988年6月，美国驻华大使馆通知中国国家科委，要求同中国就“政府间科技合作的知识产权问题”举行谈判，并同时向中国提交了《中美科技合作协定》知识产权附件的文本草案。

1988年11月11日至12日，中美两国就《中美科技合作协定》知识产权附件进行第一轮谈判。这是中美两国政府之间在知识产权问题上的首次交锋。[②]

1. 首轮谈判

谈判伊始，双方确定了协议框架、各自表明立场。双方同意对执行科技合作协定及其有关实施协议下提供和产生的知识产权给予充分、有效的保护。双方对科技合作协定的知识产权采用最为广阔的定义。双方同意实行告知原则，各方应将在执行本协定项目产生的发明和版权作品及时通知对方，以寻求对有关知识产权的适时保护。双方同意对商业秘密的法律界定和有效保护。双方同意在以交换科技信息资料为主要内容的合作中，包括交换科技文献资料、举办研讨会、参加学术会议等，在此基础上完成的科技成果，其知识产权归完成该项成果的一方。

中国和美国都是《保护工业产权巴黎公约》成员国。按照该公约确定的国民待遇原则，在保护知识产权方面，各成员国应在法律

① 《知识产权与改革开放30年》，北京：知识产权出版社，2008年版，第592页。

② 段瑞春：《合作与交锋——〈中美科技合作协定〉知识产权谈判回眸》，载《科技与法律》2003年第2期，第16页。

上给予其他成员国的国民以本国国民能够享受的同等待遇，即国民待遇，但不应要求成员国之间在知识产权保护方面相互对等。据此，中方强调，各国有权从自身经济技术发展水平出发决定保护标准，这是国家主权的体现。保护知识产权是中国改革开放的重要政策，中国将逐步扩大保护范围，提高保护水准。但是，如果别国把自己的保护标准强加于人，则直接违反了《巴黎公约》确定的基本准则。美方代表认为，《巴黎公约》的规定的是多边成员之间保护知识产权的权利与义务。而如今谈判是解决中美双边科技合作的知识产权规则。虽然《巴黎公约》的国民待遇原则不要求各国专利对等保护，但是关贸总协定的知识产权协议（即美国力推的知识产权议题，后来的《与贸易有关的知识产权协定》）将规定缔约成员保护知识产权的最低标准。中国正在申请“复关”，必须接受保护知识产权的基准要求。针对美方的观点，中方明确指出：“即使顺应‘复关’的要求调整知识产权保护政策，我国知识产权保护标准只能服从多边的共识，而不是今天美方以我为主的要价。”

谈判中，中美双方还就以下问题交换了意见：

（1）科技人员交流的知识产权分享问题。美方主张：在以研究人员交换和访问为主要内容的合作中，研究人员完成的科技成果，其知识产权按属地原则处理，接受研究人员的一方享有科技成果在世界范围的一切权利。中方不同意美方的主张。理由是，它违背了科技合作协定所确定的互利互惠原则，剥夺了派遣方的权益。中方建议：在以研究人员交换和访问为主要内容的合作中，研究人员完成的科技成果，派遣方在本国境内享有这些成果的一切权利，接受研究人员的一方享有这些成果在本国境内和所有第三国的一切权利。①

（2）合作研究的知识产权分享问题。美方认为：双方科技人员

① 段瑞春：《合作与交锋——〈中美科技合作协定〉知识产权谈判回眸》。

就特定课题进行共同研究，即合作研究所完成的科技成果，其知识产权的分配原则应该是，各方在各自国内享有该项成果的一切权利，科技成果完成地一方享有该项成果在所有第三国的一切权利。对此，中方指出：合作研究中的科技成果完成地只是一个地理范畴，不能成为处理知识产权权属和分配的决定性因素。我方建议以共同研究为主要内容的合作所产生的知识产权，各方在各自国内享有一切权利，该项科技成果在第三国的权利，应按双方所做出的创造性贡献的大小分享。美方表示不能接受中方观点，强调在合作研究中提供科研设施和条件“永远是最主要的贡献”。①

（3）知识产权保护的“对等条款”问题。“对等条款”的内容是：“如果执行本协定产生的一项科技成果，一方的法律提供保护，另一方的法律不提供保护，那么，不论本协议其他条款如何规定，法律提供保护的一方，享有该项科技成果在世界范围的一切权益。”这主要涉及到中国尚未实施保护的药品、化学物质产品以及计算机软件等。

中国1984年《专利法》第25条第5款规定，对于药品和通过化学方法获得的物质不授予专利。中国的专利法没有提供产品专利，而仅仅提供了方法专利。然而，生产同一个化学品常常是不只有一种方法。用专利方法生产的产品似乎并不受保护。利用专利方法的举证也比较困难，因为中国没有反向举证责任制度。在这样的情况下，美国有关公司称，由于中国的专利法没有为美国的药品和化学品公司提供适当、有效的保护，美国的杀虫剂在中国被仿制，不仅在国内使用，还被用于出口。美国的化学品生产商常常面临名誉的损害，因为中国的仿制者常常假称自己的仿制品与原产品是相同的。中国的生产商常常改变一些生产的方法来逃避，结果就会给最终用户造成一些无法预见的严重问题。美国工业界称，由于没有产品专

① 段瑞春：《合作与交锋——〈中美科技合作协定〉知识产权谈判回眸》。

利的保护，在1987年，美国的出口商遭受了1000万—2500万美元的销售损失。美国在1985年以后的联委会上以及1987年2月的市场准入磋商中都提到了这个问题。[①]

在对等保护的问题上，美国谈判代表主张用“一方提供法律保护，另一方不提供法律保护，提供法律保护一方则享有在世界范围内的一切权益”的方法，来处理药品、化学产品、计算机软件、半导体芯片和其他中国尚未完成知识产权立法的主体。

中方认为，这意味着在中国尚未进行知识产权立法的领域，由于美国法律给予专利保护，而中国法律尚不保护这些领域产品的发明专利，那么无论以信息交换、人员互访和合作研究等形式的科技合作，无论是美方完成的发明，还是中方完成的发明，或者双方共同完成的发明，在世界范围内的一切权益均属于美国一方。中方认为，这是美国用“以我为主”的原则，把知识产权的保护标准，锁定在美国向关贸总协定乌拉圭回合谈判提出的方案上。[②]

（4）提供计算机软件的前提条件问题。美方提出：“在本协定下，一方向另一方提供计算机软件，不论是应用软件，还是系统软件，也不论是源码形式还是目标码形式，其前提条件是，在接受方领土上所获得的版权保护应至少不低于在提供方领土上所获得的版权保护。”当时，我国尚未制定保护计算机软件的法律法规。若按美方这条主张，只要中国法律对计算机软件的保护水平低于美国，美方将不向中国提供和转让计算机软件。中方不接受这条规定。

归纳而言，谈判在双方分歧焦点在于对国民待遇原则和最低保护标准原则不同，理解各异。[③] 美国方面基于乌拉圭回合谈判提出的方案，以自身的保护要求对发展中国家施压，背离了非多边合作中帮助发展中国家发展知识产权保护的国际惯例。但客观而言，中国

---

① 杨国华著：《中美知识产权问题概观》，第72页。

② 段瑞春：《合作与交锋——〈中美科技合作协定〉知识产权谈判回眸》。

③ 同上。

对谈判的破裂也有责任，主要体现在中国在知识产权保护方面的立法仍显薄弱。但随着中国知识产权保护体系的逐步建立，以及保护水平的提高，这一问题也会逐步消泯。

2. 谈判破裂后的持续磋商

《中美科技合作协定》知识产权第二次谈判于1989年1月在美国首都华盛顿举行，但这次谈判仍旧无果而终。

1989年3月，美国贸易代表助理约瑟夫·梅西访华，他指责中国没有版权法，对计算机软件，药品、化学物质产品的专利权保护不力。他还援引美国国际知识产权联盟的调查报告，列举了中国新华书店内部发行“海盗版”书刊、高技术企业复制美国公司计算机软件、有些企业侵犯美国驰名商标和滥用商标标识，以及在审批农药投资项目中根据申请文件披露的结构式仿制其产品等，称中国的侵权情况令人吃惊。[①] 1989年5月9日至26日，中美双方在华盛顿举行《集成电路知识产权保护公约》缔结会议。在这次会议上，美方主要谈判代表福勒阐释了中美谈判中美国的立场和考虑，指出美方知识产权附件草案反映了美国在关贸总协定乌拉圭回合谈判中的立场，科技合作的双边协议要服从于美国多边磋商目标。因此，在乌拉圭回合知识产权磋商尚未定论的情况下，美国谈判代表团无法在中美科技谈判中退让。

针对美方的表态，中方代表坦率回应，指出美方有关知识产权立法的要价已经超出了中方所能接受的极限，美方不要对此抱有不切实际的幻想。同时，中方重申：中国将加强知识产权法制保护，但立法有一个过程，因而美方的指责不能成为阻碍科技合作协定的续签的借口，中方正在探讨通过适当的行政措施保护合作伙伴权益的可能办法。对中方发出的这个信息，美方主要谈判代表福勒表示

① 陆琛：《知识产权与中美保护知识产权谅解备忘录》，载《国际展望》1992年第5期，第18页。

出相当的兴趣，至少对中方的诚意有了进一步了解。[①]

经过几轮磋商，1989年5月25日，美方最终没有将中国列入重点国家的名单，但还是依据“特殊301条款”将中国纳入重点观察国家的名单。经过“六四”风波之后，中美知识产权问题逐渐融入了政治因素，并逐渐上升为两国经贸关系中的分歧焦点之一。[②] 进入20世纪90年代，由于知识产权谈判悬而未决，中美政府间科技合作连续三年处于过渡状态，导致若干重大项目无法启动，这也引起了美国国内不少科学家对政府的质疑和反对。

3. 形势好转，危机仍存

1990年初，新任美国负责中美科技合作的助理国务卿帮办约翰·布莱特（John Brett）赴韩取道北京，与中国部分官员进行非正式会谈。应布莱特要求，中方在会见后通过美国驻华大使馆向他提供了一份介绍中国知识产权保护进展状况和中方有关解决过渡阶段知识产权方案的书面说明。事后证明，这份材料对美方了解中国实情和调整立场起了积极作用。[③]

1990年4月底，中美第三次进行外交换函，临时延长协定至1991年4月30日。1990年秋天。借联合国开发计划署在北京举办《科学技术政府出版物》国际研讨会之机，中国谈判代表团向参会的美国白宫科技政策办公室高级顾问威廉·威尔斯表达了中方意见：美国贸易谈判代表办公室把科技合作的知识产权问题作为关贸总协定谈判的筹码，已使科技合作谈判陷入马拉松式“磋商”的泥潭，希望美国决策者三思此举的历史责任。威尔斯理解并基本接受中方的立场，回国后向美国高层提出了书面报告，建议中美科技合作知识产权问题应与关贸总协定谈判脱钩。这项建议对美国高层决策产

① 段瑞春：《合作与交锋——〈中美科技合作协定〉知识产权谈判回眸》。

② 凌金铸：《中美知识产权关系的缘起》，载《江淮论坛》2007年第2期，第87页。

③ 段瑞春：《合作与交锋——〈中美科技合作协定〉知识产权谈判回眸》。

生了重要影响。[①]

1991年3月2日至5日《中美科技合作协定》知识产权附件的第三轮谈判在北京举行，双方的僵持出现了转机。双方同意以研究人员的交换和访问为主要内容的合作中所产生知识产权，按东道主研究机构的政策办理。

双方同意以共同研究为主要内容的合作所产生的知识产权，各方在本国境内享有一切权利，在第三国的权利，按照双方贡献大小在实施协议中做出安排。这里，美方不再要求“科技成果完成地一方享有该项科技成果在所有第三国的一切权利”，但也不同意中方关于科技成果在第三国的权利按双方的创造性贡献大小分享的表述，将其改为“按照双方贡献大小在实施协议中做出安排”。此处所称的贡献，包括物质贡献和智力贡献。[②]

双方同意在本协定下计算机软件的转让条件是在接受方在领土内得到的版权保护应基本相当于提供方领土内的版权保护。此处将转让条件表述为接受方的版权保护“基本相当于”提供方的版权保护，而不是“至少不低于”提供方的版权保护，使我方有一定的灵活处理的余地。[③]

双方商定在中国尚未加入《伯尔尼公约》和《世界版权公约》前保护本协定下产生的版权作品的办法。根据这条规定，美方研究机构承诺了在中国尚未加入《伯尔尼公约》和《世界版权公约》前，协助中方在本协定下产生的作品获得版权的国际保护的义务。

双方分歧焦点仍然是“对等条款”。美方不接受中方的修正案，不同意在“对等条款”中写进“行政措施”的字样。因此，第三轮谈判仍未解决“对等条款”的分歧。

---

① 段瑞春《合作与交锋——〈中美科技合作协定〉知识产权谈判回眸》。

② 同上。

③ 同上。

4. 拨云见日，终成合议

《中美科技合作协定》的重要性促使中美双方都在各自寻求对方可以接受的解决方案。具体而言，中方对于“对等条款”再进行了分析论证，力求兼顾国内、国外大局，使谈判结果在尽量维护中国主权的前提下符合中国长远发展。中国代表团认为，“对等条款”只涉及医药、化学物质、计算机软件等我国尚未立法的有限领域，可能造成的损失也是局部的。而从实际情况来看，当时中美之间在这些领域并没有政府间合作项目，因此接受这些条款尚不存在短期内的损失。在相关的立法工作已经启动并逐步同国际接轨的大背景下，短期的困难和矛盾会随着立法工作的逐渐完善而趋于化解。我国要依靠科技进步促进经济发展，对外科技合作是十分重要的一环。鉴于美国在科技水平上仍处于领先地位，中美政府间科技合作是两国关系的重要组成部分，有利于我国科技水平的提高以及中国现代化进程的推进。国家科委副主任惠永正与代表团一起研究决定：着眼长远，争取主动，对美方“对等条款”再度适当修改后提出新建议，为《中美科技合作协定》的续签和科技合作的发展做出中方的积极努力。[1]

1991年4月12日，中国代表团再赴华盛顿，重申中国在知识产权立法尚不完善的过渡时期，采取行政措施保护美方的权益是诚恳务实以及负责任的行为。为顾全大局，中国代表团就“对等条款”再提修改方案，两点修改如下：

第一，本协定下合作研究产生的知识产权，在一方的法律对其提供保护，另一方的法律不提供保护的情况下，法律提供保护的一方至多只能享有在本国和所有第三国的权益。因为另一方的法律不提供保护，在其领土上不存在知识产权，所以“对等条款”称“法律提供保护的一方享有该知识产权在世界范围的一切权益”是不确

① 段瑞春：《合作与交锋——〈中美科技合作协定〉知识产权谈判回眸》。

切的。建议改为“……法律提供保护的一方享有该知识产权在本国和所有第三国的一切权益……”。

第二，为适应合作内容和形式多样性，在该条中加一句“：除双方就权属分配另有约定外”，以便在某些特殊情况下有灵活处置权益的余地。[①]

美国对中国的修改方案表示接受。《中美科技合作协定》知识产权谈判终于圆满结束。1991 年 5 月 20 日，两国政府代表在华盛顿正式续签了《中美科学技术合作协定》。中美第一次知识产权争端画上了句号。

（三）中美知识产权谈判以及《中美关于保护知识产权谅解备忘录》

一波未平，一波又起。1988 年 8 月，美国修改后的《1988 年综合贸易与竞争法》出台，并将于次年实施。这就意味着从 1989 年起，美国准备利用“特殊 301 条款”对主要贸易伙伴在知识产权问题上摊牌。

美国《1988 年综合贸易与竞争法》中的“特殊 301 条款”专门针对美国知识产权的保护问题。由于近年来美国贸易赤字和财政赤字的不断扩大，美国国内的贸易保护主义开始回潮。在此背景下，美国《1988 年综合贸易与竞争法》特别强调了对知识产权的保护。于是美国便以双边贸易不平衡和公平竞争为理由，根据其国内法优于国际法的规定，推行保护主义政策，制裁和报复其主要贸易伙伴。报复措施包括提高其向美国出口的某些商品的关税，从 5% 到 10% 不等，或禁止其某些商品进入美国。

在《科技协定》谈判的同时，中国政府派出了由外经贸部部长助理周小川为团长，国家科委段瑞春、外经贸部张月姣等组成的代

① 段瑞春：《合作与交锋——〈中美科技合作协定〉知识产权谈判回眸》。

表团，同美国政府举行双边贸易的知识产权谈判。经过艰苦的谈判，双方于1989年5月18日至19日在重大问题上取得了共识，草拟了一份有关知识产权保护的《备忘录》。《备忘录》规定：中美两国根据两国政府双边贸易协定精神，根据在公平、互惠和非歧视待遇的原则上进一步发展两国的经济贸易关系的愿望，以及根据改善知识产权保护的愿望，双方达成八点协议。中方承诺，在制定版权法时将计算机软件纳入版权法保护系统，同意由中国专利局于1989年底向国务院提交专利法修改草案，把对生产方法的保护延伸到用这种方法生产的产品，专利权保护期限从15年延长至20年。美方确认中国不属于美国贸易法“特殊301条款”的重点国家。[①] 这份《备忘录》尽管没有真正签署，但表达了双方友好的意愿，并为1992年中美正式签订的《备忘录》奠定了基础。[②]

由于美国认为中国在保护药品和化学物质产品专利以及在版权立法方面存在问题，1989、1990年，中国连续两次被列入“特殊301”、“重点观察名单”，但并没有成为重点国家。1991年4月26日美国贸易代表办公室宣布中国为在保护美国知识产权方面问题严重的“重点国家”，并于5月27日开始对中国的知识产权问题进行调查。6月11日—15日美国助理贸易代表约瑟夫·梅西率美国知识产权和市场准入代表团访问中国举行第一轮中美会谈。半年内双方共进行四轮谈判但均未能达成协议[③]

1991年11月26日，美国贸易代表办公室发表新闻公报宣布将按照“特殊301条款”对中国采取报复措施，并在美国联邦政府纪

① 段瑞春、谢冠武：《国务院知识产权协调指导机构———并回顾中美知识产权谈判》，见刘春田主编：《中国知识产权二十年》，北京：专利文献出版社，1998年版，第270—271页。

② 李德明：《“特殊301条款”与中美知识产权争端》，北京：社会科学文献出版社，2000年版，第175—176页。

③ 陆琛：《知识产权与中美保护知识产权谅解备忘录》。

事上公布一份中国可能向美国出口的商品包括啤酒、矿石、纺织品、药品、鞋类、珠宝、金属器具、电子仪器和钟表等总值约15亿美元的清单。[①] 12月16日，美国贸易代表办公室又单方面宣布1992年1月16日为中美知识产权保护贸易谈判的最后期限，同时决定举行听证会。在听取意见后将对上述报复清单进行调整。调整后的清单将涉及约为3至6亿美元的商品。[②]

贸易战即将打响之际，中美双方采取向关贸总协定的知识产权协议《TRIPS协定》草案靠拢的办法解决主要分歧。1992年1月17日，中国与美国签订了《中华人民共和国政府与美利坚合众国政府关于保护知识产权的谅解备忘录》。内容要点如下：

首先，中国将加入《伯尔尼公约》，中国政府将于1992年4月1日前向立法机关提交加入该公约的议案和尽量努力使该议案于1992年6月30日前获得通过。中国将加入《日内瓦公约》（保护唱片制作者防止其唱片被擅自复制的公约），并于1992年6月30日前向立法机关提交加入该公约的议案。中国立法机关通过议案后，中国政府将向世界知识产权组织提交两条约加入书（两条约为世界知识产权组织管辖条约），分别于1992年10月15日和1993年6月1日前生效。

其次，中国加入两约后，上述公约将是中国《民法通则》第142条所指的国际公约。根据该条规定，如果两约与中国国内法律、法规有不同之处，将适用国际公约，但中国在公约允许的情况下声明保留的条款除外。因此，中国承诺修改相关的国内法。

修改专利法。将专利的保护范围扩大到所有的化学发明，包括药品和化学物质，包括产品和方法；未经专利权人许可，他人不得制造、使用或销售专利产品；专利保护期延长为20年；当专利的申

① 陆琛：《知识产权与中美保护知识产权谅解备忘录》。

② 同上。

请使用者在使用前按合理的商业条款和条件请求权利人允许其使用，并在合理长的时间内未得到这种允许，可以强制许可。中国政府应向其立法机关提交提供备忘录第一款规定保护水平的议案，并尽最大努力使修改后的专利法与1993年1月前通过并实施。

修改著作权法。按照《伯尔尼公约》、《日内瓦公约》，对中国的著作权法及其实施条例做相应修改，就中国著作权法及其实施条例与两约和本备忘录的不同之处，中国政府将于1992年10月1日前颁布新条例使之与公约和备忘录一致。这些新条例除了适用于伯尔尼联盟成员国国民创作的作品外，还适用于合同关系、合资企业或外资企业、外国合资企业或合作企业委托情况下创作的作品。中国政府将向立法机关提交修订其著作权法的议案，并在合理时间内尽最大努力使这一议案通过和实施。著作权法修改还涉及到计算机程序保护问题：中国政府同意，不迟于伯尔尼公约在中国生效之日，承认并将计算机程序按照伯尔尼公约的文学作品保护，按照公约规定的保护对计算机程序的保护不要求履行登记手续，并提供50年的保护期。另外，中国加入伯尔尼公约后，所有在伯尔尼联盟成员国起源并未在起源国进入公有领域的作品，将在中国受到保护。

第三，对中国和美国建立双边版权关系之前发生的对美国的原始作品或作品复制本的商业规模的使用不予责任追究。对在建立双边版权关系之后发生的这种使用，法律和条例的条款将充分适用。法人或自然人在中国和美国建立双边版权关系之前为特定目的而拥有和使用一作品的特定复制本，该法人或自然人可以继续使用该作品的复制本而不承担责任，条件是该复制本不以任何不合理地损害该作品版权所有者合法利益的方式复制和使用。

第五，颁布有关防止不正当竞争的法律。

第六，中国政府同意采取行政措施保护具备条件的美国药品、农业化学物质产品的发明。

第七，两国政府将在各自境内及边境采取有效的办法和救济，以避免或制止对知识产权的侵犯，并遏制进一步的侵犯。在采取这些办法和救济时，两国政府应提供禁止滥用的保障，并应避免为合法贸易制造障碍。（1990 年，美国曾就中国的《著作权法》提出意见，要求提供在中国内部和边境的民事、刑事诉讼、补救和处罚规定。）

中美谅解备忘录的通过暂时平息了中美之间“特殊 301 条款”纠纷。美国终止根据美国贸易法“特殊 301 条款”发起的调查并取消把中国指定为重点国家。

三、中国履行协议承诺及知识产权进步

1992 年《中美关于知识产权的谅解备忘录》签订后，中国政府认真履行了《备忘录》中的义务，进一步推进知识产权的保护工作。

（一）完善了有关知识产权保护的法律体系。

修改《中华人民共和国专利法》和《中华人民共和国专利法实施细则》。此次专利法修改的主要内容有：扩大专利保护范围，延长专利保护期限；将授权前的异议程序改为授权后的撤销程序等。颁发《实施国际著作权的规定》。《规定》不仅使我国在保护外国著作权方面靠拢了《伯尔尼公约》，而且，由于该《规定》的许多条款直接来源于《中美知识产权备忘录》，故其部分规定还超过了《伯尔尼公约》的要求而更接近《TRIPS 协定》。[①] 例如：明文将计算机程序视为文字作品（来源于《备忘录》第 3 条第 6 款）；保护由不具有作品性质的材料构成的编辑作品（数据库）（《条约实施规定》第 8 条和《伯尔尼公约》第 2 条第 5 款）；将公开表演权授予了戏剧

① 许超：《关贸总协定与我国的著作权保护》，载《著作权》1994 年第 1 期，第 35 页。

作品、音乐作品和音乐戏剧作品以外的作品（《条约实施规定》第11条和《伯尔尼公约》第11条第1款）。

1993年最高人民法院发出《关于深入贯彻执行〈著作权法〉几个问题的通知》，明确人民法院受理计算机软件著作权纠纷，不以该软件是否登记为前提。此外，根据备忘录，修改或新颁发的法律还有:《药品行政保护条例》,《农业化学物质产品行政保护条例》等。

针对《备忘录》第3条第7款第2点关于作品复本的使用问题，国家版权局颁发《关于为特定目的使用国外作品特定复制本的通知》,“中国公民或者法人在国际著作权条约在中国生效之日前为特定目的而拥有和使用外国作品的特定复制本的，可以继续使用该作品的复制本而不承担责任”。“自1993年10月15日起，销售以上外国作品特定复制本的，应取得原著作权人的授权”。[①] 美方对此《通知》保护的范围和开始时间还提出过异议，但因其要求超出《伯尔尼公约》保护范围，被中国驳回。

第八届全国人大常委会第三次会议审议通过了《中华人民共和国反不正当竞争法》，并于1993年12月1日开始施行。

（二）积极加入知识产权保护的国际合作。

1992年7月1日，第七届全国人民代表大会常委会第二十六次会议通过了关于中国加入《保护文学和艺术作品伯尔尼公约》和《世界版权公约》的决定。同年10月15日,《伯尔尼公约》在中国生效，10月30日,《世界版权公约》在中国生效。11月7日，第七届全国人民代表大会常务委员会第二十八次会议决定我国加入《日内瓦公约》。12月17日，中国音乐著作权协会成立。

---

① 国家版权局文件：国权【1993】28号《关于为特定目的使用外国作品特定复制本的通知》。

在1979年—1992年的13年间，中国知识产权保护体系从无到有，颁布了《专利法》、《版权法》、《商标法》等主体法律，建立了知识产权保护机构，并初步融入了保护知识产权的国际体系，加入了世界知识产权组织、签署了《巴黎公约》、《伯尔尼公约》以及《日内瓦公约》。总而言之，中国政府在这一阶段的主要目标为建立保护知识产权的制度，是知识产权保护从无到有的“过渡期”。

这一时期，知识产权问题逐渐成为中美经贸关系的重要组成部分。从1979年《中美科技谈判》开始，美方便开始关注并推动中国知识产权立法。此后，美国在知识产权方面的主工作重心转向了在关贸总协定乌拉圭回合谈判中增加知识产权议题并形成“与贸易有关的知识产权协定”，目的在于从根本上确保美国的出口利益。美国根据自身利益，颁布了“特殊301条款”、将知识产权与科技协定和贸易挂钩，要求中国提升保护知识产权水平。这一时期，中美之间就知识产权问题的主要的谈判有：1988年—1991年《中美科技合作协定》谈判，1989年—1992年中美贸易知识产权谈判，取得了《中美科技合作协定》的续签，《中美关于保护知识产权的谅解备忘录》的签署等成果。在中美磋商的过程中，中方充分考虑当时国内发展现状以及长远发展方向，在谈判中据理力争，维护国家核心利益。但与此同时，中国也做出了一定的让步，在药品、化学产品予以行政措施保护，将计算机软件作为文学作品保护并修改《专利法》、《著作权法》。美国的压力客观上促使中国加速推动知识产权保护，逐步同国际公约靠拢和关贸总协定接轨。

第四节 中美知识产权争端第二阶段：1993年—2001年

改革开放十多年来，中国在知识产权保护上已经基本完成了立法和机构建设，并逐步将重点转移到完善立法以及严格执法。这段时期一方面中国在打击盗版、鼓励创新等方面加大了知识产权保护力度，另一方面在积极准备同关贸总协定，即后来的世界贸易组织接轨。美国依旧关注中国是否依法保护知识产权，强调严格执法制度的建立和执法机构的完善。同时，美国在这一阶段又开始针对中国的市场准入制度开始发难。

自1992年起，中国不断完善知识产权保护制度，颁布实施《对侵犯著作权行为行政处罚的实施办法》、《惩治侵犯著作权犯罪的决定》、《音像制品管理条例》。在执法方面，仅1993年一年中，中国政府就收缴盗版激光唱盘200多万张。据28个省市的不完全统计，1994年全国各地共收缴非法侵权盗版音像制品476.3万盒（张），其中激光唱盘181万张，激光视盘3.5万张。①

一、中美知识产权第二阶段争端及中美保护知识产权换文

（一）争端肇始

1992年中美争端的硝烟尚未散尽，双方在知识产权领域烽烟再

① 方进玉、张益俊：《惊心动魄的“双赢”战》，载《广东大经贸》1995年第4期，第7页

起。1993年6月，美国再次将中国列入重点观察国家，并要求中方接受每两个月一次的磋商。针对美方的发难，中方详细阐述了中国在知识产权保护方面所取得的进展和工作计划，并对美方的谴责进行反驳。美方仍旧指责中国国内“侵权”现象严重，特别是盗版和假冒已经到了失控的地步。中国政府必须接受美国提出的方案，建立打击侵权机构，采取严厉的措施，并开放市场。

1994年2月，美副贸易代表指责中国没有保护知识产权，特别是没有对美国的版权和专利权给予充分有效的保护。1994年4月30日，美国将中国列为“最严重侵犯美国专利权和版权的国家”，并威胁如果在60天内无法达成解决办法的协议，即将中国列入“重点国家”名单。6月，美国将中国列为“特殊301条款”的唯一重点国家，开始六个月调查。到1994年底，美方公布了数额达28亿美元的报复清单。中国也迅速公布了反报复清单。美国同时宣布继续谈判。1995年1月中旬的谈判未达成任何协议，美方在2月初宣布了征求意见后的最后报复清单，数额减至10.8亿美元，并宣布如果在2月26日双方不能达成协议，将自动生效。

在本次中美知识产权争端中，双方主要争议的焦点体现在以下方面：

（1）美方要求中方修改法律，包括知识产权法律和民事诉讼法250条，被中方驳回。美国要求民事诉讼法第250条修改为：外国人提出诉讼申请必须在6个月内审结，但美国在同一类案件审理时，只规定了取证时间不得超过4个月，并没有规定审结全案的时间，而且规定，如果取证4个月不够，可以再延长。美国不少知识产权案耗时3—5年，甚至10年才解决。美方要求中国在6个月内审结，在国际上是没有先例的。[①]

（2）美方要求修改法院经济案件的收费标准，被中国驳回。

① 方进玉、张益俊：《惊心动魄的“双赢”战》，载《广东大经贸》。

(3) 美方要求中国建立长期统一执法队伍，中方同意在一定时期内组织各有关部门参加的执法小组。

(4) 美方要求中国每季度向美方报告详细的执法情况，中方同意双方交换执法情报。美方要求中国主动检查各政府机关、国营企业和大学使用计算机软件的状况并限期更换非法软件，中方只同意双方号召政府机构使用合法软件。

(5) 美方要求在华设立独资的音像企业，进行生产、复制、制作节目、销售其产品，我方只同意在音像方面可以成立合资生产、复制企业，不得进行出版、发行、销售。美方擅自出版发行和销售，将不利于中国宣传和舆论的控制。

(6) 美方要求取消商标代理制度，中方同意扩大代理范围。

中方在本次交锋中也改变了过去坚持的立场，在市场准入纳入了知识产权方面的谈判。

(二) 谈判破裂及贸易报复

1994 年 12 月，中美知识产权第七轮谈判在北京举行，美方代表在知识产权谈判中威胁将对中国实行贸易制裁以及不支持中国复关。中美知识产权谈判第七轮磋商最终破裂。

在 1994 年最后一天，美国政府以中国侵犯其知识产权为由，单方面宣布中国若不能在 1995 年 2 月 5 日前满足美方提出的要求，将遭到美方贸易报复。美国贸易代表坎特公布的这份报复清单中，开列了中国出口美国的电子、鞋、玩具、箱包等产品，总价值约合 28 亿美元，其报复方式主要是向上述产品征收 100% 的高额惩罚性关税。[①]

就在美方作出上述表示两天后，中美谈判再次宣告破裂，双方未能达成协议。双方破裂的原因在于美方对中国的要求过于苛刻。

---

① 方进玉、张益俊：《惊心动魄的“双赢”战》。

具体而言，美方要求中国限期修改有关法律，关闭中国南方所有 29 家 CD 工厂，并按照美国要求组织执法检查，按季度向美国政府报告中方搜查次数、被查机构、查获商品和材料等。在市场准入问题上，美方对中国的要求更为苛刻。而同时期国际上相当一部分发达国家，例如法国，仍然在坚决抵制美国音像制品无限制地进入本国。至于在海关边境措施、保护计算机知识产权、版权认证制度以及行政部门的权限等方面，美方向中国提出的要求甚至比美国国内监管还要苛刻。① 中国指出美方对中国的要求部分是对中国主权的无理干涉，而有些则远远超出了知识产权范畴。②

谈判破裂后一周后，即 1995 年 2 月 4 日上午，美国贸易代表坎特宣布，由于中美间未能达成协议，美国宣布对中国实施总价值约 10.8 亿美元的制裁。同时，为了使已经装船启运、但尚未到达美国口岸的中国进口商品（已被列入报复清单）不受影响，制裁措施将于 2 月 26 日开始生效。推迟贸易制裁的这一措施是坎特巧妙的延迟手腕，这也为避免贸易大战提供了回旋的余地。

在美方宣布制裁后，中方也宣布了反报复清单：（1）对于原产于美国的烟、酒、化妆品、CD 盘、照相机胶卷、程控电话等征收特别关税（税率 100%）；（2）暂停进口产于美国的电影片、电视片及录像、激光视盘；（3）暂停与美国音像制品、商业软件联盟等的合作关系；（4）暂停受理美国音像制品制造公司在华设立分支机构；（5）暂停受理美国化学、药品在华提出的申请；（6）暂停与美国大公司正在进行的大型汽车合作项目；（7）暂停批准美国公司在华设立投资公司。③

尽管中美双方已成剑拔弩张之势，但双方也并没有放弃沟通。在美国宣布制裁的同一天，坎特致函吴仪，建议 2 月 13 日再次在华

---

① 方进玉、张益俊：《惊心动魄的“双赢”战》。

② 同上。

③ 同上。

盛顿恢复磋商，吴仪则于第二天复函，表示同意在北京恢复磋商。就在中美谈判的关键时刻，美国能源部长奥利里女士率领着一个总统使命代表团抵达北京，吴仪会见奥利里部长时说，“中美贸易关系出现分歧，不足为怪，但重要的是要通过平等协商来解决分歧。”她说，奥利里部长在此微妙时刻率总统使命代表团访华，意味深长，特别随行的有大批美国企业家，这无疑会给中美经贸关系注入新的活力。奥利里部长对吴仪讲话表示赞同。有外电对此评论说：在美国即将对中国实施贸易制裁的最后关头，有两位美国总统特使在北京紧张会谈，明眼人一下子就能看出来，美国人所用的仍然是最古老的办法：胡萝卜加大棒。[①]

（三）妥协与让步——双方换文

1995 年 2 月 26 日，中美双方采用双方换文的方式，并以《有效保护及实施知识产权的行动计划》作为附件达成协议。从换文的内容和《有效保护及实施知识产权的行动计划》可以看出，美国对于中国知识产权的关注已从立法保护转移到了严格执法保护，但在市场准入问题上，中国顶住了美国的压力。

换文主要内容为：

（1）中方确认我国的司法制度对知识产权权利人提供足够的保护；

（2）中方将在 1995 年 3 月 1 日开始的六个月内集中力量打击侵权活动，对所有的激光唱盘生产厂进行检查，对侵权者进行处理。中方将通过片源识别码和认证制度有效地防止侵权产品的制作。

（3）双方要求公共机构使用合法的软件，并为此提供必要的资金。

（4）允许美国企业开办合资的音像生产和复制企业，通过和中

① 方进玉、张益俊：《惊心动魄的“双赢”战》。

国出版社的合同销售其产品。允许设立计算机软件合资企业，生产并销售其产品。允许实行录音和电影制品的分成办法。允许美方的音像企业将其产品以独占方式提供给中方的企业使用。

（5）音像制品的进口无限额和许可证制度。中方可以对内容施行标准公开的非歧视性的检查制度。

（6）双方在两年内，每半年交换一次执法信息，每六个月进行一次磋商。

（7）美方将对中方进行援助。

（8）美方立即停止“特殊301”的调查，取消贸易报复。[①]

作为换函的附件是《有效保护及实施知识产权的行动计划》，该计划规定自1995年3月1日起将实行为期六个月的特别执法期，对于侵犯知识产权的各种行为加大打击的力度。由知识产权办公会议牵头，组织科委、文化、广电、新闻出版、工商、版权、专利、公安等有关部门参加的执法小组和临时执法小组，负责对各地的侵权活动进行查处。该执法期根据各地区执行情况延长、恢复或减少。

各执法小组拥有必要的法律授权，并使用其资源以着手执行对涉嫌侵犯知识产权的案件进行调查。执法小组的权力包括在有理由相信或怀疑侵犯知识产权行为发生时有权进入和检查任何场所；审查账簿和记录及收集侵权和损害的证据；封存涉嫌货物及材料和直接和主要用于作案的工具。一旦发现侵权，执法小组有权处以罚款，责令停止生产、复制和销售音像制品。执法小组将完成对涉嫌生产侵权激光唱盘、激光视盘和包括计算机软件在内的激光只读存储器生产线的调查。被确认从事生产侵犯知识产权产品的工厂应被处以收缴和没收其侵权产品，将依据权利人请求，根据《著作权法》赔偿其受到的损失。对其他音像和计算机软件单位进行清查，建立管

① 《中华人民共和国对外经济合作部部长吴仪与美利坚合众国贸易代表迈克尔·坎特的换函》，1995年3月11日。

理制度，如每个单位都要建立产品的收支清单，保存样品、账目。对侵权单位按情节轻重进行处罚，对累犯吊销营业执照，并在三年内不发给相同范围的营业执照。

生产和出版境外音像制品和CD—ROM的单位必须向版权管理部门报送授权合同，经国家版权局指定的境外权利人机构认证后进行合同登记，才能进行复制和出版发行。为认证工作需要，国家版权局将批准相应的权利人组织设立办事处。依法严格禁止对计算机软件著作权的侵权行为，对所有公共、私人和非营利机构应依法一视同仁。任何使用计算机软件的公共、私人、非营利机构应提供充足的资源购买合法的软件。

进一步加强对出版物发行的监督管理，对非法接受订单印刷盗版出版物的企业采取严厉行动，对从事印刷盗版出版物的，不留情地吊销营业执照。涉嫌商标侵权刑事案件必须移交检察机关。任何被允许代表中国个人和组织的商标代理组织现在也将被允许代表外国个人和实体。中国各地方行政部门必须对从事书籍、激光只读存储器除外的计算机软件生产或销售，或者从事商标印刷或出版的个人和企业建立知识产权保护和实施体系，已确定侵权行为是否已经发生。

知识产权出入境保护的新法规将于1995年10月1日前实施。海关对涉嫌构成知识产权侵权的货物应予扣留，自扣留货物之日起十个工作日内开始对涉嫌侵权的被扣留货物的合法性进行调查。被确定为侵权的进出口货物应由海关没收，被没收的违反中国著作权法的货物应予销毁。海关将于1995年12月31日前建立保护著作权和商标权的中央备案系统。

1995年中美换文侧重的是知识产权法律的执行，以及预防、打击侵犯知识产权。中美双方的较量已经从立法转移到了执法。对于本次交锋，时任外经贸部副部长石广生说：“保护知识产权是中国自身的需要，是中国改革开放的需要、经济建设的需要和科技进步的需要。当然，也是承诺国际义务的需要，但对国际义务的承诺仍是基于自身发展的需要。从知识产权立法方面看，我们用十几年时间走过了发达国家几十年甚至上百年走过的路，而且立法水平达到了国际水准。在执法方面我们采取了十分有力的措施，对侵权行为进行严厉打击。比如对生产盗版产品的 CD 厂，我们发现一个，调查一个；查实一个，关闭一个，毫不留情。”①

（四）争端余震

尽管中美双方达成了初步协议，但这并不意味着双方的争端就此消泯。1996 年 4 月 30 日，美国政府向国会提交的关于知识产权报告，再次将中国列入“重点国家”名单。美方认为中国政府没有认真执行协议，要通过贸易制裁威胁来监督中国执行。

1996 年 5 月 15 日，就在美方提出建议性的制裁措施的当天，中国当即准备反贸易报复措施。新华社对外公布的反报复清单包括两部分：一是对部分原产于美国的进口商品，除正常征收进口关税外，加收 100% 的特别关税，另一部分是其他限制措施。征收特别关税清单包括：农牧产品，植物油（脂），车辆及其附件，通信设备、各种照相机、游戏机、烟、酒、化妆品、胶卷。

其他限制措施包括：

（1）暂停进口产于美国的电影片、电视片及录像带、录音带、激光唱盘、激光视盘等音像制品。

（2）暂停受理和审批美国农药、药品制造商根据我国农业化学物质产品和药品行政保护所提出的申请。

（3）暂停受理和审批美商在华投资设立商业、旅游、内外贸企业并暂停受理美国商业、旅游、内外贸企业在华设立分支机构和代

① 石柱：《石广生评价中美知识产权谈判维护了中国的原则和利益》，载《国际商报》。

表处。

拟征收特别关税的自美进口产品价值虽然不足20亿美元，但其他限制措施对于美方要进入中国的文化市场是一个打击，每一项都正中美国要害。[①]

在中美之间再次剑拔弩张之际，，两国代表团的工作级别非正式磋商于1996年6月6日至7日举行。经过多轮谈判，于6月17日双方就知识产权谈判达成了第三个协议。该协议由双方的部长换函和《关于中国在1995年知识产权协议项下所采取的实施行动的报告》和《其他措施》两个附件构成。这次谈判主要议题是侵权工厂、加强执法、边境措施和市场准入。1996年的协议只涉及到行动性的问题而不是一系列的承诺。这也同时意味着中美知识产权的重大谈判和争端至此告一个段落。

二、本阶段谈判中美双方立场分析

显而易见，贸易报复并非中美两国的最终目标。美国深知贸易领域战端一起，必将导致两败俱伤的双输局面。从长远角度出发，美国更不希望因为贸易问题恶化同中国的关系。1995年1月26日，中美知识产权第八轮谈判破裂前夕，美国总统经济顾问委员会主席劳拉·泰森在华盛顿称：中国的经济改革取得了“引人入胜的、爆炸性的增长”。中国在1977年至1993年间发展迅速，中国在世界贸易中的比例，正在急剧上升，现在中国已经成为世界第11位出口大国，用世界历史的任何标准衡量，中国所取得的进步都是非常巨大的。泰森说，克林顿政府同世界上所有严肃观察家一样，认定中国在未来十年间，将是经济增长和繁荣的重要源泉。关于中美知识产

① 张益俊：《超越分歧，走向合作——中美知识产权谈判纪实》载《广东大经贸》。

权谈判，她说，双方仍在谈，“我们希望这个问题能够得到解决，以避免实行贸易报复”。

1995年2月初，美国政府在华盛顿举办了一次有30多个行业协会和大公司代表出席的听证会，结果是除了2家公司表示支持制裁外，其余均表示强烈反对或不满意。美国最大的电信公司——美国电话电报公司表示反对；美国“全国零售商联合会”代表称，对中国报复，势必影响美国零售商的利益并会伤害到美国消费者。[①]

综上所述，报复并非是美国的目的，而仅仅是美国达到目的的手段。美国更倾向的是双方能达成共识。

在中国方面，中国始终不赞成贸易制裁，认为平等协商是解决分歧唯一有效的办法。但在具体谈判中，中国不会接受任何外国的任何强加条件。例如，中国坚决执行知识产权保护的相关法规。针对盗版问题，如果执法部门认定违法事实则一定会给予严肃处理。但中国政府决不会按别人提供的清单去关闭。[②] 在谈判最后一刻，中方查出“深飞”等三家CD厂有违法行为，立即对这三家企业进行停业整顿。[③] 另外，美方代表为某一商标问题与中方争论不休，中方代表在第二天的谈判中，向美方代表反诘到：请问在这一问题上，美国的商标法是如何规定？美方谈判代表即开始查阅随身携带的美国法律汇编。中方代表告诉他，美国商标法相关条目对这一问题并无明确规定。美国代表翻至该条款处，发现中方代表所说确凿，于是不得不放弃这一要求。

本次中美谈判焦点之一是关于音像制品领域的国际合作问题。我国法律允许外国商人与国内单位合作拍电影、电视剧等，但不允许外商在我国办合资企业参与音像制品的制作、发行等。鉴于这一问题涉及到意识形态等敏感问题，中国政府的态度十分坚决，立场

---

① 方进玉、张益俊：《惊心动魄的“双赢”战》。

② 石柱：《石广生评价中美知识产权谈判维护了中国的原则和利益》。

③ 方进玉、张益俊：《惊心动魄的“双赢”战》。

十分清楚。时任外经贸部副部长石广生在谈判后的采访中针对这一问题指出："西方一些国家偏偏要这么针锋相对，中国决不让步。如果哪个国家以贸易报复相威胁，我们将宁肯接受报复。"①

三、遵守换文诺言，加强知识产权保护力度

在1995、1996年中美知识产权争端谈判期间及争端平息后，中国继续完善知识产权法律体系，加大力度实施知识产权"严格执法"。

在完善机构方面，根据中美双方协议规定，中方必须履行承诺，在一定时期内组织各有关部门参加的执法小组。国务院通过《关于进一步加强知识产权保护工作的决定》，建立国务院知识产权办公会议制度。具体而言，办公会议由外交、科技、外经贸、新闻出版、版权、广电、文化、电子、司法、公安、工商、专利、海关等部门参加。随后，各省、自治区、直辖市建立起省级知识产权办公会议制度，统一领导与协调本地区的知识产权保护工作。随后国务院办公厅发布了《关于建立国务院知识产权办公会议制度及有关部门职责分工问题的通知》，明确了办公会议和有关行政管理部门的职责分工。

在市场准入方面，中国做出了一定的让步。根据中美协商内容，国内音像复制单位开始登记接受境外委托复制加工音像制品合同。随后，国家版权局指定国际唱片业协会作为其会员复制品权利认证机构，批准国际唱片业协会建立代表处。

在遏止侵权方面，中国既重"截流"，也重"清源"。谈判期间，国务院办公厅下发了《关于加强知识产权、查处侵权盗版活动

① 石柱：《石广生评价中美知识产权谈判维护了中国的原则和利益》，载《国际商报》。

的紧急通知》，要求各地抓紧检查侵权违法活动。《通知》要求全国激光盘生产厂家在模具上蚀刻光盘来源识别码（SID码），模具一经蚀刻，该厂所生产的所有激光盘内侧，均会自动生成生产厂家的识别标志，极大的便利了市场检查。与此同时，中国政府逐步建立涉外印象制品合同登记制度，版权许可认证制度，营业执照的年度核检制度。在特别执法期间，新闻出版署、国家版权局联合发布《关于向光盘生产厂家派驻监督员的通知》，新闻出版署和国家版权局对光盘（包括母盘）生产厂每厂都派有2名监督员（每3个月一换，防止被厂家拉拢），保证企业依法生产，厂长直接负责知识产权保护。此外，《中华人民共和国知识产权海关保护条例》、《中华人民共和国海关关于知识产权保护的实施办法》开始实施。遵循中美换文，8月23日，国家版权局下发《关于不得使用非法复制的计算机软件的通知》，任何单位在其计算机系统中不得使用未经授权的计算机软件。

在打击盗版方面，文化部和广播电影电视部发布了关于在全国范围内禁止放映营业性激光视盘故事片的规定。1996年初，全国5000家激光视盘放映厅、点全部停业。广东、海南和江苏等省音像行政管理部门责令6家有侵权盗版和制黄贩黄行为的光盘厂停止光盘复制和母盘刻录业务。后来，这些企业的经营许可证和营业执照已被吊销。触犯刑法的人员已由司法机关处理。一年来，中国的版权部门依法查处了侵权企业15家，侵权案件466起，涉及图书、音像制造和光盘、计算机软件等。[①]

在案件审查方面，1995年12月，北京市高级人民法院对审理美国沃尔特·迪士尼公司诉北京出版社、新华书店总店北京发行所侵犯著作权纠纷案作出终审决定，认定北京出版社、新华书店总店北

① 张益俊：《超越分歧，走向合作——中美知识产权谈判纪实》，载《广东大经贸》1996年第7期，第14页。

京发行所出版、发行《迪士尼品德故事丛书》的行为构成著作权侵权。这是中美两国政府签订《中美知识产权谅解备忘录》后人民法院审理的首例著作权纠纷。全国20多个省市法院专门设立了知识产权特别审判庭，至1996年年中已受理案件1.8万余起，结案率达90%以上（这个数字曾令不少西方人惊叹）。1996年初微软公司起诉中国巨人集团侵犯软件权并胜诉，再度表明中国在处理此类案件时的公正严肃。①

中国有着独特的司法和行政双轨制，对打击盗版侵权采取了一连串措施。自中美签订保护知识产权协议后，中国加大了执法力度和广度。每天全国各地参与市场巡检的工商人员有60万、文化稽查员12万名。截至1996年中，中国已关闭10家严重违规违法CD厂，取缔镭射电影厅，收缴并销毁各类盗版光盘2000多件、录音录像带80多万盒、软件4万余套、图书万余册。各级工商部门仅1995年便查处侵权案10万件，专利管理机关受理专利纠纷3000多起，88%已结案。海关也十分注重边境知识产权保护，至1996年已主动查处相关案件1270多起，涉及金额1000多万元人民币，尤其在与外界接触较频繁的口岸如深圳等，海关建立了权利人登记备案制度，已有90多起外国权利人作了登记。主动保护与被动保护虽一字之差，对执法者来说，其操作难度却有天壤之别，法国、瑞士等欧洲国家从立法上就明确海关只实施被动保护；美国海关虽实行主动保护，但因对专利侵权的认定太复杂，不负贵对专利权的保护，且对与出口货物有关的知识产权也不予保护。因此，中国海关无论从保护范围还是从保护的主动性和实践上说都比发达国家毫不逊色。②

① 龚文：《中美知识产权谈判：跨越冰川的对话》，载《中国质量万里行》1996年第10期，第11页。

② 龚文：《中美知识产权谈判：跨越冰川的对话》。

四、向世界贸易组织及《TRIPS 协定》靠拢

纵观整个 20 世纪 90 年代，中美知识产权经历了三次大的争端。在这三次互动中，中国在立法、执法保护知识产权上都取得了重大进步。1996 年之后，中美之间的冲突日渐平息，中国在完善知识产权保护方面继续平稳推进，并逐渐向世界贸易组织保护知识产权的标准靠拢。1997 年至 2001 年中国加入世界贸易组织之前，在知识产权保护方面的进步可分为以下几个方面：

（一）国内法制建设方面

《著作权涉外代理机构管理暂行办法》、《关于对出版和复制境外电子出版物和计算机软件进行著作权授权合同登记和认证的通知》实施。在地方，“盗版重灾区”广东省通过了《广东省专利保护条例》。随后，四川、湖北、山东、辽宁、安徽、广西、浙江、山西、河南以及厦门等地相继颁布实施了专利保护条例。

为了加入 WTO，中国在这一时期法律修缮方面做出了诸多向《TRIPS 协定》靠拢的努力。

（1）全国人大常委会通过了修订的《刑法》，增设了惩罚知识产权犯罪的章、节、条款。侵犯知识产权罪被设在修订后的《刑法》第二编（分则）第三章（“破坏社会主义市场经济秩序罪”）的第七节，同时，改章第一节还设置了“生产、销售伪劣商品罪”。在“侵犯知识产权罪”这一节中，共设有 8 条（第 213—220 条）。在这一节中，不仅规定对情节严重、违法所得数额比较大的侵犯专利、商标、著作权的行为，可以追究行为人的刑事责任，而且对侵犯商业秘密的行为（造成权利人重大损失和具有特别严重后果的），也规定可以追究刑事责任（对行为人）。具体是予以最低刑在 3 年以下（有期徒刑）、最高刑可达 7 年有期徒刑的严厉处罚。若单位犯有

“侵犯知识产权罪”的，也要追究其刑事责任。[①] 这就使得打击这类犯罪的刑法规范更加集中和完整，也便于法院操作。

（2）为加入世贸组织，根据《TRIPS 协定》，中国政府先后对保护知识产权有关的三个重要法律《专利法》、《著作权法》、《商标法》的相关部分进行了修改。000 年，九届全国人民代表大会常务委员会第十七次会议通过了《关于修改〈中华人民共和国专利法〉的决定》。《专利法》第 2 次修订案于 2001 年 7 月 1 日期实行。经过这次修改，中国专利法加强了专利保护力度，完善了专利审批和维权程序，与《TRIPS 协定》的标准更加一致。[②] 2001 年 10 月 27 日，九届全国人大常委会第二十四次会议通过了《全国人民代表大会常务委员会关于修改〈中华人民共和国著作权法〉的决定》。同日，九届全国人民代表大会常务委员会第二十四次会议通过了《关于修改〈中华人民共和国商标法〉的决定》，对商标法进行了修改。

（二）机构设置方面

根据《国务院关于机构设置的通知》（国发【1998】5 号）的规定，中国专利局更名为国家知识产权局，并进入国务院直属机构序列。在随后进行的地方机构改革中，地方专利管理机关已更名为知识产权局，增加了新的职能。9 月，中国版权保护中心正式成立。

（三）严格执法方面

这一阶段，中国政府继续加大了保护知识产权的执法力度。1996 年，国家版权局根据《著作权法》及其实施条例和《计算机软件保护条例》中的有关规定，对一家公司在未取得合法授权的情况

---

① 王玉洁、王勉青、王海峰编著：《WTO 法律规则与中国知识产权保护》，第 124 页。

② 《知识产权与改革开放 30 年》编委会：《知识产权与改革开放 30 年》，北京：知识产权出版社 2008 年版，第 607 页。

下复制使用他人的计算机软件，侵犯他人著作权行为给予行政处罚：1. 未经合法授权，不得在使用上述软件；2. 罚款人民币 49 万元。国家版权局还就此案举行了听证会，这也是《中华人民共和国行政处罚法》实施后国家版权局进行行政处罚的首例听证会。1999 年 1 月，北京市版权局对北财商贸中心因销售盗版制品给予行政处罚。该中心拒绝缴纳罚款，北京市版权局申请人民法院强制执行。这是《著作权法》实施以来，全国首例由人民法院强制执行的著作权行政处罚案。1999 年 9 月，最高人民法院对全国标的最大的著作权纠纷案件——上诉人雅芳（中国）有限公司与被上诉人太平洋优利达有限公司、北京京延电子有限公司计算机软件著作权侵权纠纷案做出二审裁定。2000 年，全国扫黄办、公安部、海关总署、国家版权局和广东省扫黄办联合举办“打击盗版—2000 中国大行动”，一次销毁盗版光盘 500 万张。

（四）国际合作方面

这一时期，中国政府继续加大力度开展知识产权保护的国际合作。中国于 1996 年加入《工业品外观设计国际分类洛迦诺协议》，其后，又于 1999 年加入了《国际植物新品种保护公约》。2001 年 12 月 11 日，中国加入世界贸易组织，这也同时意味着享受和履行《与贸易有关的知识产权协定》规定的权利和义务。

小结

本阶段中美知识产权纷争的焦点从立法问题转向了执法问题，双方的纠纷主要发生在打击盗版、市场准入领域。尽管中美双方多次你来我往，几次走到了贸易战边缘。但双方始终保持了克制的态度，积极寻求和解与合作的途径，避免了贸易战导致的两败俱伤的后果。这一阶段双方以换文方式达成共识。换文的基本内容都以

“严格执法”为核心。中国的知识产权执法力度也得到了极大提高。

第五节　中美知识产权争端第三阶段：2001年至今

2001年至今，中国的知识产权保护水平逐步向世界贸易组织及《TRIPS协定》标准靠拢。中美知识产权基本上完全纳入了中美经贸关系。美国依旧质疑中国“严格执法”的能力，并且督促中国取消文化产品的内容审查，为更多的美国文化产品进入中国文化市场提供便利。这一阶段，中美之间在知识产权争端不仅仅局限于在双边框架，还在WTO多边框架下讨论中国知识产权问题。

一、21世纪以来中国知识产权保护状况

进入21世纪，特别是中国加入世界贸易组织以来，中国知识产权保护呈现出以下特点：

首先，知识产权数量和质量明显提高。2001年—2005年，中国实用新型专利、外观设计专利和商标的年申请量连续多年位居世界第一；2005年，中国发明专利国内外年申请总量位居世界第四，植物新品种保护年申请总量位居世界第四。2001年—2005年专利申请总量为1，594，762件，相比1995年—2000年643，853件的2.5倍，年均增长22.8%；专利审批结案数量大幅增长，审批积压问题有所缓解。商标注册申请量显著增长；我国先后认定400多件驰名商标。截至2005年底，我国共受理集成电路布图设计登记申请950件，登记公告并颁发证书833件。我国累计受理2984件农业植物新品种保护申请、378件林业植物新品种保护；我国农业植物新品种

保护申请数量从 2000 年的 112 件上升到 2005 年的 938 件，以年均 53% 的速度递增。我国地理标志产品保护工作获得重大进展，截至 2005 年底，累计对 539 种地理标志产品进行了保护。

其次，知识产权宏观管理力度加强。2004 年，中国政府成立了国家保护知识产权工作组，建立了跨部门的知识产权执法协作机制，加强了各部门工作的衔接和协调。2005 年，国家知识产权战略制定工作领导小组宣布成立，同时启动了国家知识产权战略制定工作。

最后，知识产权保护成效显著。2001 年—2005 年，国务院有关部门根据各自职能分工，建立了跨部门、跨地区执法机制，联合查处侵权假冒行为；健全了知识产权海关保护的中央备案制度；全面清理整顿音像制品批发、零售、出租、放映等市场环节，打击盗版音像制品；加大了网络及信息传播领域的监管力度；加强了行政执法机关和司法机关保护知识产权的工作联系，严厉打击各类侵犯知识产权犯罪活动，加大对行政机关行政决定的司法审查力度。2004 年 8 月到 2005 年底知识产权保护专项行动中，截至 2005 年 9 月，工商部门共查处侵权案件 5 万多件，罚款 3.76 亿元；版权新闻出版部门查缴的各类违法音像制品 5 千多万件，取缔非法经营单位 1.9 万家；专利部门受理专利侵权纠纷案件 2818 件，受理其他专利纠纷案件 331 件，查处冒充专利 3176 件，查处假冒他人专利 304 件，向公安部门移交案件 23 件。截至 2004 年底，农业行政部门共受理植物品种权侵权案件 299 件，查处假冒授权品种案件 564 件。

与此同时，中国知识产权制度的缺陷依旧存在。具体而言，中国知识产权政策不够到位，政策与法律法规配套度不足；知识产权管理部门分散，管理水平和效率有待进一步提高；企业掌握与运用知识产权制度的水平不高，缺乏应对知识产权纠纷的专门人才；拥有核心技术和关键技术领域的自主知识产权数量偏少、质量偏低；各级领导对加强知识产权工作的重要性认识不够，社会公众知识产权意识不强。[①]

二、2001年—2006年中美知识产权交流

2001年以来，中美知识产权纠纷暂告平息，双方以定期交流的方式交换知识产权保护状况，以中美经贸联委会（JCCT）和亚太经合组织（APEC）为主要沟通渠道。与此同时，中美各个相关的部门也在进行各自磋商，达成了一些合作协议。

中美商贸联委会成立于1983年，是两国间最高层次的双边经贸磋商机制。其中“中美知识产权工作组司局级会议”，是挂靠在中美商贸联委会下的定期交流机制。该机制以会议的方式进行定期磋商。除此之外，中美双方还有其它级别和形式的知识产权谈判。此前，知识产权问题一直由法律工作组负责谈判。鉴于知识产权问题的重要性，2004年，知识产权问题从法律工作组中从中分离，成为了一个独立的工作组，并于同年在在美国华盛顿召开了第一次中美商贸联委会知识产权工作会议。

2006年，中美两国签订了《中华人民共和国国家版权局与美国电影协会、商业软件联盟、美国出版商协会英国出版商协会关于建立网络版权保护协作机制的备忘录》，规定严厉打击通过网络传播盗版电影、软件、文字作品及录音录像制品的行为，加强和促进网络版权保护的国际合作。同年，第十七届中美商贸联委会召开，吴仪副总理在会上代表中方承诺了设立知识产权法庭，开展打击侵权专项行动，要求政府使用正版软件，要求电脑出厂预装正版软件，关闭盗版生产线等14项保护知识产权措施。[②]。

---

① 以上数据和信息参见中国政府网站，http://www.gov.cn/zwhd/2006-02/08/content_182426_2.htm。

② 辜王景：《一场没有硝烟的战争——中美知识产权谈判幕后故事》，载《发明与创新》2006年第12期，第21页。

2007 年 5 月，中美第二次战略经济对话期间，中美两国海关在华盛顿签署了《关于加强知识产权边境执法协作的备忘录》

三、WTO 框架下的中美知识产权争端

2004 年，中美双方在知识产权领域争端再起。在中国加入世界贸易组织之后，美国商业界不断质疑中国在世贸组织框架下保护知识产权的效果。美方已经先入为主地对中方的知识产权保护工作产生了不信任感，“无论中方通报做了多少工作，美方似乎总是认为中方在做秀。[①]”

2004 年 4 月，中美双方举行第 15 届中美商贸联委会。会后，美国贸易代表办公室根据中方承诺的实施情况撰写了“非常规评估报告”（Out - of - Cycle Review），并将其作为美国贸易谈判代表办公室 2005 年的《特殊 301 报告》的中国部分。这份报告的出台标志着美国开始就知识产权保护问题向中国发起新一轮的挑战。

此报告称，2004 年查获的进入美国市场的中国假冒商品价值达 1.34 亿美元，比 1993 年上升了 47%，占到美国海关当年查获的知识产权侵权商品数量的 67%[②]。国际知识产权联盟这几年的年度报告认为中国各行业的所谓“盗版率”仍然保持在 90% 左右。中国美国商会 2004 年《美国企业在中国》的年度报告中也认为，三年来，中国在履行世贸组织承诺方面取得了很大进步，但知识产权保护问题成为唯一的例外。[③] 中国美国商会对其成员的一项调查显示，90% 的公司认为中国政府对知识产权的保护是无效的，超过 70% 的成员

① 辜王景：《一场没有硝烟的战争——中美知识产权谈判幕后故事》。

② “Out - of - Cycle Review Results on China,” available at：www. ustr. gov.

③ 资料来自来自中国美国商会网站，http：//www. amcham - china. org. cn，《中国美国商会 2004 年白皮书》第一部分“主要趋势”。

认为它们受到知识产权侵犯的危害。[①] 入世三年以来，知识产权保护问题成为美方对中国履行入世承诺中最不满意的一个方面。美国认为中国知识产权执法存在的问题包括：透明度不够、执法不严、刑法保护的力度不够、行政处罚的额度太低，市场准入问题，以及新出现的网络盗版问题。

2007 年 4 月，美国贸易代表苏珊·施瓦布 4 月 9 日在华盛顿宣布，美国政府向世界贸易组织提出了针对中国的两项贸易诉讼，指责中国相关法律不符合《与贸易有关的知识产权协定》，中国打击盗版不力和限制美国电影、音乐和图书产品进入中国市场。但与此同时，美方表示，这“不应被视为针对中国的敌意行为”，并且否认了两国可能爆发贸易战的可能性。同时，美国欢迎通过双方谈判来解决争端，因为通过 WTO 争端机制解决问题，走完所有程序至少需要 18 个月。

根据世贸组织争端解决机制有关规定和程序，诉讼提出后，双方将进入为期 60 天的磋商期。在此期间双方将努力通过谈判解决问题。如果磋商未能达成一致，世贸组织再成立专家组进行裁决。美方提起诉讼后，中美双方在日内瓦进行了磋商，双方没有达成协议。2007 年 8 月，美国要求设立专家组。2008 年 1 月和 3 月，美国、中国分别提交了第一次书面陈述。2008 年 4 月，第一次听证会和第三方会议召开。2008 年 5 月，中美双方分别提交了第二次书面陈述。2008 年 6 月，第二次听证会召开。2008 年 10 月，专家组向中美双方提交了中期报告。2008 年 11 月，专家组向中美双方提交了最终报告。

2009 年 1 月，专家组报告向 WTO 成员公布，对三项争议分别做出了裁决。专家组的裁决结果如下：

---

① Chris Buckley, “*U. S. Groups Press China Over Piracy*,” New York Times, Sept. 17th, 2004. p. W. 1.

首先，关于刑事处罚的门槛：中国相关法规规定，销售盗版光盘等盗版产品达到一定数量将受到刑事处罚，美国认为这一数量门槛的设置让盗版产品销售商很容易逃脱刑事处罚。美国没能证明中国有关刑事门槛的规定不符合 WTO《TRIPS 协定》。

其次，关于海关措施：中国海关曾将罚没的进口冒牌产品在摘除非法标志后进行捐赠或者卖给权利人，美方认为此类产品不应该再进入市场。专家组认为，海关对进口冒牌货仅摘除非法标志的处置方式——允许海关对没收的产品予以销毁、捐赠慈善事业、卖回知识产权人，或在清除侵权商标的特征后进行拍卖——不符合《TRIPS 协定》。美国在诉讼中认为《TRIPS 协定》要求中国法律应更进一步授权海关销毁假冒产品。但美国没能证明将该产品进行捐赠等处置不符合《TRIPS 协定》。

最后，专家组认为中国对未能通过审查的作品及通过审查的作品中被删除的部分不提供著作权保护，不符合《TRIPS 协定》和《伯尔尼公约》。但美国未能证明从未提交审查的作品、在等待审查结果的作品、通过审查作品之未修改版本等不符合《与贸易有关的知识产权协定》。

专家组强调，其裁决不影响中国的内容审查权。[①] 最终，在美国人提出的 11 点指控中，专家组支持了美方两点以及另外一点的 3/5，而中方拿到了 8 又 2/5 的诉点。

2009 年 1 月，中美知识产权 WTO 争端案专家组报告向 WTO 成员公布，美国没有在规定的今年 2 月 18 日前提出上诉。日内瓦当地时间 3 月 20 日，世界贸易组织争端解决机构会议审议通过了中美知识产权 WTO 争端案专家组报告。这份专家组报告，就成为中美知识产权争端案的最终结果。

在本次争端中，美方贸易代表办公室在知识产权诉诸 WTO 问题

① 资料来源：http：//ip. people. com. cn/GB/136672/136683/145088/index. html.

上需要对国会及美国国内行会负责，因此若败诉则将在国内面临巨大压力。由于美国赢得了2又3/5的诉点，即专家组报告部分支持了美国指控中国著作权法第4条第1款和海关对没收侵权货物的拍卖措施违反《TRIPS协定》有关规定。美国执行贸易代表皮特·阿济格（Peter Allgeiger）认为专家组的裁决肯定了知识产权保护和执行的重要性，因此是美国的"一大胜利"。虽然在谈到专家组对中国刑事门槛的裁定时皮特·阿济格表示失望，但他称"美国还是受到了鼓舞，因为专家组建立了一个以市场为依据的分析模式，这将有助于WTO成员避免和专家组解决未来与假冒和盗版行为刑事执行问题有关的争端。"阿济格还表示，"我们将积极参与中国的相关修订行为，确保美国的知识产权所有人从此次裁决中获益。"①

中国方面目标在于防止美国上诉而延续争端。在确定美国不会上诉之后，中国才宣称WTO支持中方大部分观点，并在国内进行了相应宣传。

专家组的裁定考虑到了两国各自的需求。既支持了美国部分观点，又在中国最关心的问题——内容审查和刑事门槛上支持了中方，最终达成了中美各取所需，矛盾缓和的局面。

结论

中国知识产权发展的三个阶段与中美知识产权合作与纷争的三个阶段时间基本一致，并且具有相同的特点。

改革开放至1992年是第一阶段，中国知识产权保护的重点和中美交锋的重点都在立法问题上。1979年，中美就知识产权问题进行了第一次接触，推动了中国知识产权制度的建立和发展。此后，中

---

① 张蔚蔚：《WTO公布中美知识产权案专家组裁决》，载《世界贸易组织动态与研究》2009年第3期，第41页。

国知识产权制度迅速地发展。时至1992年，中国已经建立了知识产权保护的基本法律以及机构，并且行政措施成为补充知识产权法律保护的重要手段。通过中美之间就知识产权问题的三次争端，中方认识到了自身在知识产权保护领域同国际水平的巨大差距，促使中国加快中国保护知识产权保护的制度建设。

在加速立法的同时，中国政府同时将狠抓严格执法。而美国也不止一次的就中国的执法问题向中国挑战，不仅要求中国修改法律，还要求中国建立长期执法队伍、定期向美国报告执法情况，甚至要求直接进入中国的生产发行体系。对于美方的发难，中方采取了有理有节的立场，接受了美方的合理建议，拒绝了美方的过分要求。同时，市场准入问题被成为了中美双方争端的又一重要焦点。

纵观中国知识产权发展三十年的历程，以及中美知识产权纷争三十年历程来看，保护知识产权是中国一项国家战略。中美在知识产权保护问题上不存在根本分歧。但由于国情的巨大差异，中美双方的分歧是客观存在的。对于中国来说，保护知识产权是中国的基本政策，是维持社会主义市场经济繁荣发展的重要条件。对于美国来说，在经济上要维护其贸易利益以及强大的创新经济，在政治上占据中美关系中的优势地位，在意识形态上还要施行渗透和演变的战略。从客观上来说，美国外来的压力对中国知识产权发展进程产生了重要影响，推动了中国同世界先进水平接轨。中国知识产权的保护制度正是在国内外力量的共同作用下建立和不断完善的。随着中国知识产权发展的日益成熟，美国对于中国知识产权发展的影响日趋式微，中国将继续完善社会主义市场经济下的知识产权保护机制，在完善自身的同时影响世界。

第十二章

中美关系中的人民币汇率问题

人民币汇率问题是进入21世纪以来中美经贸领域最引人关注的问题，持续时间长、涉及面广，而且在可预见的将来都将继续存在。在该问题上，美国国会的作用尤其明显，从该问题的产生、发展的整个过程都扮演了至关重要的角色。

第一节 人民币汇率问题的发展过程

一、人民币汇率政策以及问题的早期关注

中国现行汇率政策为2005年7月21日由央行公布的，即人民币汇率不再盯住单一美元，而是按照我国对外经济发展的实际情况，选择若干种主要货币，赋予相应的权重，组成一个货币篮子，根据国内外经济金融形势，以市场供求为基础，参考一篮子货币计算人民币多边汇率指数的变化，对人民币汇率进行管理和调节，维护人民币汇率在合理均衡水平上的基本稳定。而在此之前，从1994年开始，中国一直采用盯住美元的固定汇率制，人民币汇率保持在1美元对8.27—8.28元人民币这一非常窄的范围内波动。中国的出口的

增长大大刺激了中国经济的发展，但随着美对华贸易逆差的不断扩大，中国的固定汇率制度也逐步成为美国关注的焦点。

通过汇率问题影响同别国的经贸关系并不是在美对华关系中首次出现的。20世纪70年代以后，日本和德国都曾面临和21世纪初中国同样的局面——经济快速增长，对美贸易顺差持续扩大，在一些领域的竞争力开始超越美国。同样，它们都受到了美国要求货币升值的压力。麦金农认为，美国打压人民币升值与30年前打压日元升值极其相似，如果人民币汇率自由浮动，那么中国通过贸易顺差和外国直接投资的流入积累起来的美元资产，会导致人民币汇价不断加剧地无限期走高。[①] 美国已经从压日元升值中得到了好处，因此在人民币汇率问题上，美国早就开始酝酿向中国发难。

美国国会对人民币汇率的关注很早就曾零星出现。早在1993年，就有议员对人民币汇率提出异议。在最惠国待遇问题上，有议员曾表示，如果中国不停止对人民币汇率的“操纵”，国会就应当阻止政府继续给予中国最惠国待遇。当然，最惠国待遇问题的争论焦点是人权问题，并不是汇率问题，因此当时这种声音并不成为主流。进入21世纪以来，中国对美国的贸易顺差迅速增加。2002年10月摩根斯坦利首席经济学家罗奇在《中国因素》一文中提出“中国向世界输出通货紧缩”的观点，认为亚洲生产商在当今生产全球化的环境下，已经能够影响世界商品的价格水平，中国以出口为导向的经济发展战略，以低价输出商品，对世界通货紧缩的影响越来越大，是造成全球通货紧缩的一个重要原因。此后，美国国会逐渐响起了这样一种声音，就是美国对中国的巨额贸易逆差根本原因是人民币定值过低，中国操纵货币汇率使得大量廉价的中国商品出口到美国，是美国制造业面临严重的失业问题，中国对于汇率的操纵已经构成

① Ronald McKinnon, “Exchange Rate or Wage Changes in International Adjustment? Japan and China versus the United States,” *China & World Economy*. 2005.

了对其出口商品的补贴，人民币汇率问题正式走上中美经贸关系大舞台。在各方的关注下，美国国会逐渐开始成为人民币汇率问题的主导力量。

二、人民币汇率问题发展第一阶段：传统行业集团的推动

美国国会开始关注人民币汇率问题最早是由于传统行业集团的推动。其中，首先发难的便是由美国制造业协会领衔的健全美元联盟（Coalition for a sound Dollar）。该联盟由80多个美国贸易协会组成，覆盖了美国95%以上的出口份额，代表着美国最大的制造业和农业贸易团体的利益，成员包括美国制造业协会、钢铁制造商协会、美国纺织制造者协会、美国航空业协会等。美国制造业协会是“健全美元联盟”的龙头，它是美国最大的工商业团体，由1.4万个成员组成，包括1万家中小企业和350家协会，代表着林业、汽车、航天及纺织等美国产业。该协会的宗旨是支持美国财政部“放弃强势美元，改用健全美元”。2003年6月19日，该组织在两周一次的成员例会上宣称，计划在未来例会上讨论是否针对中国政府“操纵汇率”的行为提起“301”条款。6月26日，该组织主席成员美国制造商协会副总裁Frank Vargo表示，该组织十分关注“中美之间超过1200亿美元的逆差”，“我对人民币币值被低估十分遗憾，‘301’条款是我们可能寻求的方式之一”。该组织向美国国会和总统布什施加压力，要求美国政府向中国施压要求人民币大幅升值。

针对该团体的压力，美国政府一开始表现出了谨慎的态度，时任美国财长的斯诺就公开表示，“美国的国策是，不会对其他国家的汇率政策指手画脚，但会继续通过外交努力来解决人民币汇率相关

问题"[1]，这种观点基本可以代表美国政府的态度。但是美国国会却对这些利益集团的要求做出了激烈的反应。7 月 18 日，以来自纽约州的民主党参议员查尔斯·舒默和南卡罗来纳州共和党参议员林德西·格雷厄姆为代表 4 名参议员致信财长斯诺，要求对中国操纵人民币汇率展开调查，这一举动"拉开了国会参与中美人民币汇率争端的序幕"。[2] 2003 年 9 月 2 日，美国财长斯诺访华，但在汇率问题上中美之间并没有进行实质性的沟通。2003 年 9 月 9 日，舒默和格拉汉姆领衔 7 位参议员向国会提交了所谓的"舒默议案"，也就是外界所称的"汇率报复案"，该议案认为，人民币币值被低估了 15%—40%，如果中国不在 6 个月内调整人民币汇率，美国将对所有进口的中国商品加征 27.5% 的惩罚性关税。改提案提出后，引起了极大的反应，由于提案中的惩罚性措施"杀伤力"太大，一旦通过必将对中美经贸关系产生重大打击，因此引起了美国国内各方的反对，尤其是美国制造商协会也致函美国国会表示强烈反对舒默议案中对中国商品加征 27.5% 关税的措施，以避免引起中美贸易的报复与反报复，该协会希望通过与中国的协商以及通过"301"条款调查来解决人民币币汇率问题。各方的反对使得该议案未能交付表决，但是其已经造成了很大的影响，舒默也一举成为国会在人民币汇率领域的领军人物。

2004 年 1 月 29 日，由美国制造业、农业、劳工团体等约 40 个团体组成"公平货币联盟"（The Fair Currency Alliance）在华盛顿宣布，已聘请一家律师所对中国"货币操纵"政策提起 301 条款，并将向美国贸易代表办公室正式提出诉状。该机构认为，中国操纵货币的手段已达到一个极严重的程度，将其币值低估了 40%，导致中国对美的出口产品价格低廉。该机构的行政主管帕特里夏·米尔斯

---

① 《扩大人民币波动区间尚无时间表》，载《华尔街日报》2003 年 7 月 31 日。

② 孙哲、李巍：《国会政治与美国对华经贸决策》，第 318 页。

称，中国低估人民币币值已经制造了“人为的贸易优势，从而影响了美国的制造业和就业形势”，因此，“中国必须改变货币政策，同美国的制造商和工人在平等的条件下竞争”。[①]

2005年2月，由劳联—产联发起的50多个美国企业、劳工和农业团体组成的“中国货币联盟”向美中经济和安全评估委员会提交声明，对布什政府模糊不清的对华政策强烈质疑，认为单纯的口头敦促无法取得促使人民币升值的效果。中国的立场看来很坚定，美国如果再不体现出强硬姿态，长久以来的努力就将付诸东流。[②]

可以看出，以上三个所谓“货币联盟”实质上都是代表传统的贸易和劳工团体的利益集团，而国会中在此问题上活跃的议员也大都来自这些行业比较集中的州，因此选区利益是他们关注并推动人民币汇率问题最直接的原因。在这些组织的推动下，美中经济与安全评估委员会在2003年和2005年2次向国会提出建议报告，均敦促国会采取行动迫使人民币大幅升值。同时在2005年，舒默和格拉汉姆在参议院重提人民币汇率法案，而参议院出人意料地投票通过了对相关修正案进行讨论；众议院也由众议员亨特和瑞恩共同提出了《2005中国货币法案》，同时，两院紧接着又有十几个关于人民币汇率的议案出台，数量超过了2003年以来的相关法案总和。（美国国会涉及人民币汇率问题的法案数量，2003年为12个，2004年为7个，2005年1月至7月21日前已有22个。）[③] 这给予美国政府很大的压力，布什总统必须在“得罪中国或得罪国会中做出选择”。[④] 鉴于这些团体在美国选民中的重要地位，也为了缓解国会对

① 《首次援引301条款，美国利益集团施压人民币出新招》，http：//news.163.com/2004w02/12457/2004w02_ 1076303662132.html。

② 《美“中国货币联盟”欲借道迫人民币升值》，载《东方早报》2005年2月5日。

③ 有关数据根据国会网站整理。http//：thomas. loc. gov/。

④ 《布什的选择：在汇率问题上得罪中国或是得罪国会》，载《纽约时报》2005年5月17日。

其的压力，布什政府不得不加大了对华施压的力度。可以说这一阶段的人民币汇率问题是由传统行业集团引发和推动，国会相关议员主导的。因为在中美贸易中，它们自认为是最大的受害者，因此最希望通过压人民币升值来减少美对华贸易逆差，从而挽救美国本土的这些行业。而其他利益集团在此阶段则处于比较平静的阶段。

三、人民币汇率问题第二阶段：金融业集团全面参与主导阶段

2005 年 7 月 21 日，中国人民银行正式宣布进行汇率改革，从而拉开了人民币逐步升值的序幕。与此同时，美国内部“各力量集团的斗争并没有因此而停止”[①]，人民币汇率问题进入一个新的阶段，在这一阶段中，最突出的特点就是金融业集团的加入。在这一阶段，传统行业集团仍在发挥作用，但是其地位和作用逐步下降，并最终将人民币汇率问题的主导地位让给了金融业集团。

在 2003 年开始的人民币汇率问题中，金融业集团一直持谨慎态度，发声并不多。但对于金融业集团来说，人民币突然大幅升值并不符合其利益，反而是人民币长期处于逐步升值过程中能够确保金融资本长期获利。时任美联储主席的格林斯潘尽管曾在多个场合呼吁中国扩大人民币的灵活性，但其反对人民币汇率发生突然大幅变动的态度是明确的，其多次表示人民币汇率大幅波动不仅将影响中国经济稳定，也将损害美国经济，甚至明确提出，“即使中国允许人民币升值，美国制造业等传统行业也无法重新获得工作机会”。[②] 华尔街日报也曾数次刊登文章，在综合考察了中美贸易关系之后对人

---

① 孙哲、李巍：《国会政治与美国对华经贸决策》，第 330 页。

② “The Economy: Fed Chief Rebuffs Complaints on Yuan,” *The Wall Street Journal*, December 12, 2003.

民币大幅升值的效果进行质疑。但鉴于2005年7月之前中国政府在汇率问题上一直持强硬立场，尽管在传统行业集团推动下国会发起了一浪高过一浪的压力，金融业集团则处于观察阶段，并未积极参与其中。2005年7月21日中国汇改之后，人民币打开了渐进式升值的大门，金融业集团也开始了行动，并逐步掌握了人民币汇率问题的主动权，而此后美国国会和政府在人民币汇率问题上的态度也开始发生微妙的变化。

在国会中，长期以来为传统产业集团代言的舒默等强硬派议员在中国宣布人民币汇率改革表示了欢迎，但是仍表示“将密切关注人民币升值幅度”，同时其进一步表示，这只是其所关注的广泛的涉及中国问题中的一个，促进中国公平参与游戏是一个长期的过程，接下来他将“致力于促进中国进一步向美国开放其资本市场”。①2006年3月，舒默和格拉汉姆一同首次访问中国，实地了解中国的相关情况，并对中国有了具体认识。通过访问他们对“人民币升值5%，中国将有几百万人失业”的事实表示震惊，也认识到推动中美关系向前发展的重要性。回国之后，他们主动表示再次推迟对《舒默—格拉汉姆法案》的表决。与此同时，一项新的、符合金融集团利益需求的法案经过酝酿出台，它就是《格拉利斯—鲍卡斯法案》，该法案由时任参议院财政委员会主席格拉利斯和在财政、金融领域的重量级议员鲍卡斯（现任参议员财政委员会主席）联合提出，相比较《舒默—格拉汉姆法案》，这一法案温和得多，希望能够避免中美之间出现贸易战。此前，美国财政部在一年两次提交给国会的汇率和贸易报告中一直避免将中国列为汇率操纵国，因此该法案不再使用“汇率操纵国”概念，而是改用“汇率失真”。法案要求美国财政部认定包括中国在内的任何国家货币是否存在损害了美国经济

① “China’s Currency Change: Move Strengthens White House Hand; Congress Vows Pressure,” *The Wall Street Journal*, July 22, 2005.

利益的“根本性失真”问题，一旦财政部认定人民币“汇率失真”，中国将有180天时间争取解决双方分歧，否则将面临一系列制裁措施——大多数制裁措施都将集中在金融领域。该法案的提出使得人民币汇率问题能够在国会赢得更大的市场，由于鲍卡斯和格拉利斯都不是著名的反华议员，鲍卡斯更是在中国最惠国待遇问题上站在中国的一边，因此他们的态度更加值得关注；同时，此二位议员在参议院财政委员会中的重要地位也使得他们与金融业集团存在着千丝万缕的联系，可以说，此法案也反映了金融业集团的意愿。2006年7月，参议员财政委员会以压倒多数通过了该法案，同时，在9月，舒默和格拉汉姆也表示，放弃继续推动《舒默－格拉汉姆法案》，转而支持《格拉利斯－鲍卡斯法案》。

国会的这一态度变化很快在政府层面得到了呼应。2006年6月，前高盛集团首席执行官亨利·保尔森出任美国财政部长，这被普遍认为是金融业集团势力掌握了政府的财政大权。而被认为是“中国通”的保尔森上台之后的一项重要任务就是推动人民币汇率问题取得进展。在得知《格拉利斯－鲍卡斯法案》在财政委员会得到通过后，保尔森领导的财政部立即发表声明，对参议院财政委员会的努力表示尊重，同时明确表示不认为法案中的有关方法能够帮助美国敦促中国完成基本的汇率改革和经济改革。尽管如此，该法案在财政委员会的通过事实上给保尔森向中方施加更大压力。

从2006年12月开始中美之间先后展开了5轮战略经济对话，在这些涉及中美经济领域重要问题的高层对话中，按照外界预测，人民币汇率问题原本应当是一个非常重要议题，然而结果却和预想的不同。第一轮战略经济对话中，人民币汇率还是讨论议题之一，然而从第二轮开始，在金融领域美方几乎都没有提及人民币汇率问题，关注的焦点集中在中美金融合作和中国向美国开放金融服务领域方面。不过在此过程中国会也在积极开展活动。2007年5月9日，众议院贸易小组委员会主席莱文召集了由三个小组委员会联合举行的题为“货币操纵及其对美国企业和工人的影响”的听证会，为涉及人民币汇率问题所举行的规模最大的听证会，莱文会后表示，计划提出一份有关人民币汇率的新提案，涉及中美贸易的多个方面。① 在同一时期，国会中出现了十多个关于中国贸易问题的议案，其中人民币汇率问题是大多数议案的核心，许多在经贸领域的重量级议员都表示将全力推动相关议案的通过，莱文表示：“我们必须通过立法，对于那些汇率失真的国家，布什政府的表现过于软弱。”② 但值得注意的一个重要事实是，所有这些立法动向最终都未能真正通过成为法律，莱文的议案在委员会就遭到否决，甚至没有提交全员讨论，国会对于人民币汇率的关注“雷声大，雨点小”。但国会的这些举动确实为当时频繁进行的中美战略与经济对话制造了压力，美国代表团重点推动中国在向美国开放金融和资本市场方面做出更大的让步，而直接受益者就是美国当前的龙头产业——金融业。在这一阶段，尽管传统产业集团仍然在人民币汇率上坚持强硬的立场，但是由于金融业集团的加入和逐步抢占主导地位，传统行业集团的意见和主张已经退居次席，国会中的主流意见也开始向温和立场转变，人民币汇率问题渐渐演变为金融业集团用来压中国放开资本市场的工具。

四、人民币汇率问题的第三阶段：降温阶段

相比较2003年—2007年一直保持高热度而言，从2008年开始，人民币汇率问题进入了一个相对平静的阶段。传统行业集团仍在向国会施加压力，但都未能如愿。2008年1月，中国货币联盟公开要

---

① Hearing on Currency Manipulation and Its Effect on U. S. Business and Workers, http://waysandmeans. house. gov/Hearings/Default. aspx? PageToDisplay = 3&RecordsPerPage = 25&CID = 26&SID = 0.

② “Congress Eyes China Trade Action,” *The Wall Street Journal*, May 20, 2007.

求国会马上进行立法，关注仍然存在并继续恶化的人民币币值被低估的问题，[①] 并没有得到国会的有力支持。2008 年，国会中直接关于人民币问题的提案只有参议员邦宁在 2008 年 4 月 3 日向参议院银行、住房和城市事务委员会提交的要求将中国认定为汇率操纵国的 S2813 号“2008 中国汇率操纵议案”。此类法案并不是第一次出现在国会中，国会每年都会有议员提案要求美国财政部将中国认定为汇率操纵国，但每一次都未能如愿。因此 2008 年的这一提案更像是例行公事，当然也没有得到财政部的认可。造成人民币汇率问题降温的原因是多方面的。

最主要的原因是 2008 年金融危机全面爆发，美国经济形势不断恶化，单靠自身难以摆脱危机的泥潭。而此时中国经济形势尽管受到一定的影响，但仍保持了较好的增长形势，更为重要的是中国拥有 1.5 万亿美元的外汇储备，中国的经济实力成为美国必须借重的力量。对于美国国会来说，金融危机使得越来越多的国会议员认识到，中国是美国最大最可靠的合作伙伴，此时在汇率问题上对中国发难甚至进行制裁，很可能会激怒中国，如果中国因此而减少购买美国国债，将大大增加美国资产的风险，甚至会造成美元出现危机。[②] 而在人民币汇率问题上占据主导地位的金融业集团正被金融危机搞得焦头烂额，中国可以说是他们最大的希望，此时任由国会提出议案激怒中国对于他们来说也是不能接受的。

另一重要原因是，中国的人权、西藏等政治领域的议题成为美国国会 2008 年关注的焦点。2008 年中国因举办奥运会成为世界焦点，而国会中的反华势力重点利用西藏、达尔富尔、中国人权、食

① “China Currency Coalition Urges Congress to Act Promptly to Address Competitive Currency Depreciation by Other Countries, as Dangerous Trade and Monetary Imbalances Worsen,” *The Wall Street Journal*, January 30, 2008.

② Morris Goldstein and Nicholas R. Lardy, The Future of China’s Exchange Rate Policy, Institute of International Economics, 2008, P86.

品安全等问题向中国发难，试图干扰奥运会的正常举行。弗兰克·沃尔夫等对华不友好的议员提出了大批反华议案，并要求布什总统不出席奥运会开幕式。这些领域的事物牵扯了美国国会很大的注意力，因此在人民币汇率问题上，关注度较往年大大下降。

还有一个原因是，2008 年是美国大选年，议员面临换届选举，一般来说在选举年，尤其是在下半年，议员的注意力更多会放在选举上，没有太多精力组织提出、推动议案，这也是人民币汇率问题有所降温的原因之一。

但是，以上原因都只是暂时性的。尽管金融危机中的美国需要借助中国的经济实力，但美国经济衰退的时间越长，出于选区利益考虑，国会议员们就越有可能对那些他们认为是实行了汇率操纵政策的国家采取行动，因此一旦中国从现行的汇率政策上退步的话，国会中针对人民币汇率问题的议案必将卷土重来。① 同时奥运会结束后，国会反华议员们失去了一个集中攻击中国的好机会，中国人权等领域的有关问题也将逐渐降温。随着美国大选的结束，新总统上台，国会议员也各安其职后，投入新的立法的精力也将增加。2008 年下半年以来，为应对金融危机，人民币汇率稳定在 6. 80—6. 87 范围内小幅波动，这引起了国会新一轮的关注。综合考虑，人民币汇率问题作为中美经贸领域的一个重要问题，必将重新成为美国政府和国会关注的热点问题。

五、人民币汇率问题的第四个阶段：重新升温阶段

奥巴马在 2008 年总统大选中成功当选美国总统，并在 2009 年

① *The Future of China's Exchange Rate Policy*, Morris Goldstein and Nicholas R. Lardy, Institute of International Economics, 2008, P. 87.

就职。竞选期间，他就公开指责中国操纵人民币汇率，并表示上台后要对人民币汇率采取强硬政策。2009 年 1 月，奥巴马政府提名的财政部长候选人盖特纳在其上任前的提交给国会的一份书面答复中明确表示，奥巴马认为中国“操纵”了人民币汇率，奥巴马将“积极”使用所有外交途径，寻求改变中国的汇率政策。近几年来，美国财政部均不顾国会压力，拒绝将中国认定为“汇率操纵国”，盖特纳的这一言论令所有人大吃一惊，也令国会兴奋无比。但此后白宫发言人吉布斯立刻出面澄清：美国政府尚未就人民币汇率问题做出最后裁决。1 月 30 日，奥巴马亲自打电话给中国国家主席胡锦涛，希望进一步平息盖特纳言辞引起的风波。随后在 4 月 15 日呈交国会的国际经济和汇率政策报告中，美国财政部明确表示，包括中国在内的美国主要贸易伙伴都未发现操纵货币汇率。2009 年初的人民币汇率纷争可算告一段落。

但是在国会，针对人民币汇率问题的议案相继出现。2009 年 5 月 13 日，众议员瑞安（Ryan）和墨菲（Murphy）向众议院拨款委员会提交了“为公平贸易改革货币法”（Currency Reform for Fair Trade Act，H. R. 2378），该法案 2007 年瑞安就曾经提出过，主要内容为授权行政部门判定是否美国贸易伙伴在 18 个月的时期内有意使本国货币估值过低，一旦确认便根据美国反补贴和反倾销法律进行采取必要措施，这些措施同样适用于非市场经济国家。尽管表面上看法案的对象是所有与美国有贸易关系的国家，但是法案内容中明确提及中国。当时共有 40 位众议员作为议案的共同发起人。与此同时，在参议院，参议员斯塔比诺（Stabenow）和邦宁（Bunning）与瑞安遥相呼应，在同一天向参议院财政委员会提交了“2009 为公平贸易改革货币法”（Currency Reform for Fair Trade Act 2009，S1027），该法案内容同众议院法案内容相同，著名反华议员谢罗德·布朗等 5 名参议员作为共同发起人。这两项法案提出后，立刻得到了公平货币联盟的支持，同时该组织敦促国会应当尽快通过这一法案，以阻止中国等国家通过低估本国货币不断抢走美国工人的就业岗位。2009 年 6 月 11 日，舒默和格拉汉姆又联合向参议院银行、住房和城市事务委员会提交了“汇率监管改革法案 2009”（Currency Exchange Rate Oversight Reform Act，S. 1254），该法案 2007 年曾由格拉斯利、鲍卡斯、舒默、格拉汉姆共同提出，并在参议院财政委员会以 20—1 的结果通过，值得关注的是，现任美国正副总统奥巴马和拜登当时都是法案的共同提案人。

2009 年下半年开始，美国经济开始走上复苏的道路，与此同时，美国国内贸易保护主义抬头，中美经贸领域的矛盾也不断浮现，从 2009 年年底开始，美方接连针对中国产轮胎、金属丝网、铜版纸、油井管等出台严苛的贸易保护措施，针对人民币升值的压力再次增大。2009 年底奥巴马访华时，出于总体战略考虑，汇率问题未被提及台面，然而 2010 年伊始，其就对人民币汇率问题表现出了强硬的态度。2 月 3 日，奥巴马向美国国会参议院民主党政策委员会的议员发表演讲，尽管人民币汇率并未出现在演讲正文中，但其在回应民主党参议员斯佩克特（Arlen Specter）提问时表示，中国和亚洲将会继续是美国出口的庞大市场，但必须处理汇率问题，以确保美国产品不会面对“庞大的竞争不利因素”。奥巴马称，将会对中国采取较强硬措施，确保对方遵守贸易法则。2 月 25 日，美国参议院 15 位议员联合上书美国商务部，认为中国政府操纵人民币汇率使其处于低位，以此在对外贸易中获利。中国补贴出口货物的做法威胁到美国的生产商和工人，并要求奥巴马政府对人民币汇率施压，并称“如果不这样做，将损害美国制造业”。就在 15 位议员联合上书的当日，美联储主席伯南克也呼应了这种说法，并要求中国在人民币汇率问题上提高灵活性，称这将有助于避免出现经济过热现象。2010 年 2 月 25 日，美中经济与安全评估委员会召开关于美国对中国的债务问题的听证会，会上人民币汇率问题成为讨论的热点问题之一，其中，彼得森国际经济研究所研究院西蒙·约翰逊在作证时指出，美国如果想不再继续增加对中国的债务，最好的办法是使中国放弃对人民币的干预，这将使人民币升值20%—40%。同时，金融大鳄索罗斯、诺贝尔经济学奖得主保罗·克鲁格曼纷纷开炮，谴责人民币汇率过低，怂恿人民币尽快升值。可见，在2010年甚至更长远的时期内，只要中美贸易逆差仍然存在，只要中国继续不断增持美元资产，人民币汇率问题都将成为中美经贸领域的一个热点问题长期存在下去。

六、人民币汇率问题的影响

自2005年7月汇改以来，人民币经历了一个逐步升值的过程，累计升值已超过20%。（具体走势见表一），根据2003年舒默法案中的估算，人民币被平均低估27.5%（15%—40%的平均值），那么，既然人民币已经升值20%（见表12-1），应当对中美贸易逆差和美国就业形势有了一定的改善作用。但是实际情况并非如此（见表12-2），无论是中方统计还是美方统计，除2009年受金融危机影响之外，中美之间的贸易额和美对华贸易逆差都呈现不断上升的势头，并没有随着人民币不断升值而得到改善。同时，美国失业率长时间保持在高位，并没有迹象表明人民币升值使制造业等美国传统行业获得了更多的就业机会。与此同时，中美金融领域的合作却得到了很大的加强，在外资银行、证券公司进入中国市场、拓展业务等方面都取得了重大的进展。但2008年下半年以后，由于受金融危机的影响，中方对进一步开放金融市场方面顾虑增加，脚步有所放缓；而美国金融界忙于自救，对中国在该领域的压力也有所减轻。由此可见，人民币汇率问题对中美贸易领域的实际影响很小，但从侧面推动了中美金融领域合作。

表 12-1　2002—2009 年美元对人民币年平均汇率

年份	汇率	年份	汇率
2002	8.2770	2003	8.2770
2004	8.2768	2005	8.1949
2006	7.9735	2007	7.6071
2008	6.9480	2009	6.8311

数据来源：中国人民银行网站 http：//www.pbc.gov.cn。

表 12-2　2002 年—2009 年中美贸易额（单位：亿美元）

年份	中方统计				美方统计			
	贸易总额	出口	进口	差额	贸易总额	出口	进口	差额
2002	972	670	272	398	1473	221	1252	-1031
2003	1263	925	338	587	1807	283	1524	-1241
2004	1696	1249	447	802	2314	344	1967	-1623
2005	2117	1629	488	1141	2854	412	2435	-2023
2006	2627	2035	592	1443	3136	537	2878	-2341
2007	3021	2327	694	1633	3843	629	3214	-2585
2008	3337	2523	814	1709	4075	697	3378	-2681
2009	2982	2208	774	1434	3660	696	2964	-2268

数据来源：中国海关总署网站 http：//www.customs.gov.cn。

美国统计署网站 http：//www.census.gov。

人民币汇率问题的另一大影响便是其推动了中国政府对美国国会的重视程度和开展工作的能力。由于政治体制的差别，中国对美国国会的认识和了解有一个逐步发展的过程。目前，在国会的推动下，中美经贸关系已经成为“仅次于台湾问题的中美关系的第二大挑战”①，随着中美交往与接触的不断深化，中国政府必将同美国国会发生更多的联系，因此对国会的认识和打交道的经验也在不断丰

① 孙哲、李巍：《国会政治与美国对华经贸决策》，上海人民出版社，2008 年版，第 4 页。

富。而人民币汇率问题使中国进一步认识到了国会的重要性，并通过一系列积极有效的工作，在一些关键阶段有效降低了人民币汇率问题升级的可能性，积累了对国会开展工作的经验。2003 年当人民币汇率问题在国会掀起第一次高潮的时候，温家宝总理访美，两次造访美国国会，会见多名重量级议员，有效缓解了美国国会在该问题上的压力。2006 年 3 月，中国主动邀请人民币汇率问题的核心议员舒默和格拉汉姆访华，使他们亲身了解中国的实际情况，对人民币升值给中国带来的失业等问题有了深入了解，缓解了他们对人民币升值的强硬态度。2007 年 5 月，国务院副总理吴仪赴美参加第二轮中美战略经济对话是更是安排了四次与美国国会的会晤，就人民币汇率等国会关心的中美经贸领域的重要问题进行沟通，通过其高超的外交技巧和出众的个人魅力使得此次对美国国会的外交工作取得了良好的效果。从这些外交行动能够看出，中国政府充分利用各种机会主动出击对国会开展工作，尽管并不能从根本上解决人民币汇率问题，但是体现了中国政府随着对美国政治制度和国会运作机制的了解进一步加深，也推动中国对国会开展工作的能力。

第二节　国会在人民币汇率问题上的作用及影响国会决策的因素

一、国会在人民币汇率问题上的作用

与以往国会在中美经贸领域热点问题上的表现不同，此次国会在人民币汇率问题上尽管做了大量的工作，提出了众多的立法议案，但是没有一项议案真正得到国会两院的通过，甚至连一院通过的都没有，大多数议案都在委员会层面就被搁置或否决。但国会已经通

过其活动对政府形成了巨大的持续性压力，使得政府必须做出回应；同时美国政府也将国会的压力作为同中国打交道的砝码，以推动其对华政策目标的实现。总体来说，美国国会在人民币汇率问题上的作用主要体现在以下几个方面：

（一）通过各种有效方式给政府施加压力

在人民币汇率问题上，美国国会综合运用了各种活动方式，充分体现了对行政部门的影响力。

一是提出立法提案。立法是国会最为直接和有效的方式，一旦国会有关于人民币汇率问题的立法提案得到通过成为法律，总统和行政部门将处于非常被动的局面。从 2003 年以来，国会议员提出的涉及人民币汇率问题的提案已经超过 60 个，尽管所有法案最终都未能通过，但是这些法案中所表达的“民意”对行政部门造成了极大的压力。在一些法案即将表决的关键时刻，美国政府为阻止法案表决和通过，不得不动用大量的行政资源四处“灭火”，例如在舒默法案几次表决之前，美国政府都通过财政部长直接做有关议员的工作，说服议员将法案搁置或是推迟表决；同时，在外交层面，尽管美国政府深知人民币大幅升值对中美经贸关系的恶劣影响，但是出于国会立法的压力，行政部门也在外交层面“做出姿态”，从总统到各级相关官员都曾反复强调人民币汇率政策必须做出调整，人民币必须升值。这些也给中国政府造成了极大的压力，推动中国政府进行汇改。

二是召开听证会、出台相关研究报告。除直接立法之外，召开听证会、出台相关研究报告也是国会施加影响的重要方式。在人民币汇率问题上，美国国会前后举行了几十场听证会。通过听证会，美国国会一方面能够听取来自“民间”的声音，同时也是向公众和政府传递信息。在听证会上，国会能够根据自己的政策倾向挑选作证人员，因此在这些听证会上，大多传递了对中国不利的声音。如多次参加重要听证会的国际经济研究所便是长期在人民币汇率上持较为强硬态度的研究机构，同时出席的一些产业界、商业界的代表也都是在中美不平衡贸易的“受害者”，因此他们所传递的信息也都是对华较为负面、消极的。同时，尽管财政部每次都拒绝将中国定义为“汇率操纵国”，但美国国会“美中经济安全评估委员会”每年的年度报告都对人民币汇率问题表达强硬立场。如2004年报告指出美国对华贸易逆差的一个关键因素是“中国的人民币相对美元的低值。这种情况给中国制造商一个针对美国制造商品的竞争优势。……人民币的价值至少偏低了百分之十五到百分之四十。中国政府坚持不懈地在外汇交换市场上进行干涉来保持人民币与美元的汇率停留在8.28比1的水平上”。[①] 2005年报告指出，“中国低于市场价值的货币已经造成了美国制造业的损失。对于美国来讲，这是一项涉及国家安全的忧虑”。“国会应该考虑立即向所有中国的进口货物征收关税，此项关税的量度应保持在足以使中国采取即时的行动来增强人民币的币值的水平上”。[②] 这些专业性的报告和建议“使得美国国会有能力提出全面的、独立的关于中美经济关系的政策立场，提高了美国国会议员在处理人民币问题上的专业程度，加大了国会在对华经贸决策上的发言权”。[③]

三是直接向行政官员表达意见。相对于立法行为、举办听证会、出台研究报告等在国会内部进行的行动，议员通过会谈、写信等方式向行政官员表达意见尽管更加没有约束力，但是形式却更加直接。考察参议员舒默的行动我们可以看出，其多次就人民币汇率问题直接向行政部门施压：2003年7月17日，舒默和另外三位参议员多

---

① http：//www.uscc.gov/annual_report/04_annual_report.php.

② http：//www.uscc.gov/annual_report/2005/uscc_05_report_executive_summary_in_chinese.pdf.

③ 孙哲、李巍：《国会政治与美国对华经贸决策》，上海人民出版社，2008年版，第340页。

尔、贝伊、和格拉汉姆联名给美国财政部长斯诺写信，要求调查中国汇率问题；2004 年 1 月 22 日，舒默领导的跨党派议员小组要求副总统切尼在达沃斯世界经济论坛上迫使中国采取浮动汇率，并推动其成为论坛最优先讨论的议题；2004 年 3 月 3 日，舒默和格拉汉姆，德宾联名给布什总统写信，要求政府对中国操纵汇率一事采取行动。与此同时，其他议员也频繁就此问题致信行政部门，大多是直接向总统施压。这些行动有力地配合了国会内部的有关行动，一同给行政部门制造了大压力。

四是运用舆论宣传，扩大问题的影响力。国会议员是美国民意的代表，同时他们也能够通过舆论宣传引导、控制民意。人民币汇率问题是从 2003 年才开始凸显的，但是在国会议员、特别是一些重量级议员的引导下，通过提出类似于“向从中国进口的商品加征 27.5% 的惩罚性关税”这种“爆炸性”提案、召开听证会、在主要媒体上撰写文章、通过各种渠道进行宣传、引导研究机构开展专门研究等方式，使自己的观点迅速占领舆论主流，拥有了广泛“群众基础”，成为“政治正确”，从而推动该问题迅速升温，成为中美经贸领域的焦点问题。同时，问题影响力的不断扩大也为议员在国会中进一步采取行动奠定了“民意基础”。

（二）国会的压力成为行政部门在对华经贸外交中的砝码

国会在人民币汇率上的举动一方面给行政部门制造了压力，推动行政部门通过外交层面压人民币升值，另一方面，政部门也利用国会对人民币汇率问题的关注和压力，以此为砝码在对华经贸外交中换取中国在其他领域的让步与合作。尽管国会掌握着美对外贸易政策的制定权，但是在具体实践中，国会将其权力大部分让渡给行政部门，因此实际上在对外经贸政策的制定和执行方面，行政部门具有很大的自主权。在人民币汇率问题上，行政部门比国会更加清楚地了解人民币大幅升值将给中美经贸关系带来巨大的负面影响，中美贸易逆差并不简单是由汇率问题造成，但为了应对国会的压力，更是为了缓解国内制造业、纺织业等传统行业集团的压力，行政部门必须对中国政府施加一定的压力。但通过行政部门积极做国会工作说服相关议员推迟议案表决、始终拒绝将中国确定为汇率操纵国、在中美战略经济对话中重点讨论中美金融领域合作问题等迹象来看，行政部门的真正目的并不是通过压人民币升值来挽救美国制造业，而是想以此为砝码，为美国金融集团进一步打开中国大门，争取更大的利益。因此从2006年开始，在国会不断提出涉及人民币汇率法案的大背景下，行政部门与中国政府就开放金融资本市场达成了一系列合作协议。而在2008年以后，中国因金融危机爆发而放慢与美国金融领域合作的脚步之后，美国行政部门在2009年开始又继续开始在人民币汇率问题上加大对中国的压力，而与此相互呼应的是，美国国会在该问题上的立法动向也开始增多，压力逐渐增大。在可预见的将来，美国政府将继续利用人民币汇率问题达到打开中国金融市场的目的。

二、影响国会在人民币汇率问题上决策的因素

（一）时代背景

美国国会在人民币汇率问题上的决策和活动同中美关系发展大的时代背景是分不开的，这一背景就是中美目前紧密联系、相互依赖的经贸关系。中美建交以来，经贸关系是两国关系中发展最为迅速的领域，依赖性越来越强，不仅中国受益，美国同样受益；中国为美国市场提供了大量的廉价商品，中国也是美国出口增长最快的国家之一。同时中国大量持有美国国债，为美国维持现有经济增长模式提供了有力支持。因此，凡是真正了解中美关系的人都能够承认，中美经贸关系中的贸易不平衡问题是由多种原因综合作用造成的结果，并不是中国单方面原因造成的，更不是由“中国操纵人民

币汇率”所造成的。正如斯坦福大学著名金融学教授罗纳德·麦金农所说，“人民币升值对于中国对美国的贸易顺差影响很小、甚至没有影响，因为促成中美双边贸易不平衡的是美国强劲的消费需求，而这种需求是美国消费者高支出低储蓄习惯所致”。[①]

美国国会议员所代表的复杂的地方利益使得国会长期以来就是美国保守主义的大本营，相比贸易自由化而言，保护主义无疑能够在国会中得到更多的支持。随着中国经济实力的不断提升，对美国的经济地位形成了冲击和挑战，使得美国国会开始关注中美经贸关系，并采取相应动作。但是随着中美两国接触的不断发展，越来越多的议员对中国的了解不断加深，对破坏中美经贸关系给美国自身带来的严重损害也有了清醒地认识。在当年的最惠国贸易问题上，不少国会议员就已站在促进中美经贸关系发展的立场上，坚定地支持无条件给予中国最惠国待遇。而在人民币汇率问题上，几乎所有提案都停留在了委员会和小组委员会层面上，这表明尽管人民币汇率问题被国会热炒，但仅限于议员层面，国会的领导层对此问题的认识和行政部门趋于一致，他们清楚一旦相关议案通过对中美经贸关系和美国利益的严重后果。因此，他们更多是倾向于利用人民币汇率问题的热炒对总统和中国方面施加压力，而在积极主动地推动议案通过方面却并没有采取实质有力的措施。就像鲍卡斯等原本长期持贸易自由化观点的国会领导人提出议案更多是为了在该问题上进行“表态”，占据“政治正确”的位置，其真实态度则具有很大灵活性。

因此，从时代背景来看，随着中美经贸关系继续向更深和更广的领域发展，中美经贸关系的依赖程度也将越来越高，而对中国具有客观认识、从中美经贸关系中获益的国会议员也将越来越多，这

① 罗纳德·麦金农：《不要给人民币重新定值》，载于《亚洲华尔街日报》，2003年6月27日—29日，转引自《参考资料》，2003年7月7日。

些因素都制约着议员们在人民币汇率问题上的态度，也使得人民币汇率问题在国会中只是一个炒作议题、难以取得实质性进展的现状不会改变。中美之间相互依赖的大背景已成为影响国会在人民币汇率问题上决策的重要因素。

（二）美对华战略需求

美国国会在人民币汇率问题上的态度同近年来美对华总体战略需求是分不开的。考察人民币汇率问题的发展过程可以清楚地看到，人民币汇率问题在 2007 年达到高潮，而在 2008 年有一个明显降温的过程，直到 2009 年下半年之后才开始逐渐升温，而到 2010 年初又开始进入压力密集阶段。而这一发展轨迹同近年来美对华战略需求的总体发展轨迹是相吻合的。

近年来，美国深陷“一场危机，两场战争”，软硬实力受到重挫，而中国在金融危机中仍然保持经济稳定增长，并成功举办奥运会，国际声望大幅提升，因此美国对中国的战略需求明显提升。在经济方面，美国需要借助中国的经济实力渡过危机、推动国内经济复苏，其中中国继续增持美国国债以及进一步扩大对华出口、打开中国金融市场，这都是美国的重要目标；在外交领域，美国也希望中国能够在能源、气候等问题上给予配合，推动美国外交目标的实现。为达成这些战略目的，继续炒作人民币汇率问题就成为了“不和谐音符”，不符合中美关系发展的大局。美国的这种政策取得了积极的效果。在金融危机大环境下，外国投资者纷纷减持美国国债，但中国政府在最为关键的 2009 年初持续增持美国国债，给予美国经济复苏以极大地帮助；同时，2008 年美对华出口增长速度远大于进口增长幅度。在 2009 年底中美贸易总额和中国对美出口均有较大幅度下降的情况下，美对华出口保持了基本稳定，中美贸易逆差近年来首次下降。在这种大环境下，国会也不得不放低了炒作人民币汇率问题的声调，国会中关于人民币汇率问题的议案数量也有大幅下降。

但从2009年年底开始，人民币汇率问题又大幅升温，这同样也与美对华总体战略有关。从2009年下半年开始，美国经济开始走向复苏，国内经济形势有所好转，对华借重降低。进入2010年后，中美贸易不平衡又出现了加剧的趋势。同时在政治领域，奥巴马访华之后，中国在一系列美国所希望的问题上并没有配合美国的步调，美国将中国纳入自己主导的国际体系的希望受到沉重打击，因此奥巴马政府开始在经贸、人权、西藏、台湾等一系列领域对华趋于强硬。在此情况下，国会在人民币汇率问题上的行动也开始增多，压力开始增大。

综上可以看出，国会和行政部门在对华总体战略考虑上基本保持一致，一方面是由于2009年开始民主党同时掌握了政府和国会；另一方面也是由于金融危机成为美国各界共同关注的中心，在此大背景下政府出台的相关政策一般也都能够得到国会的配合。因此，近年来美对华战略需求也成为影响国会在人民币汇率问题决策的重要因素。

（三）利益集团影响

在美国政治中，利益集团处于一个十分重要位置。他们通过国会议员从而影响美国有关政策的制定已经成为美国政治中一个典型的现象，尽管美国国会也希望减小外部压力对国会的影响，从20世纪30年代开始，美国国会就开始“改变它处理贸易问题的方式……国会成员首先考虑保护他们自己，以免受到来自生产商利益集团的直接和单方面的压力……他们将这种压力引向其他部门”[①]，但不可否认的是，利益集团的影响一直存在，并发挥着重要的作用。在人民币汇率问题上，这一特点表现尤为明显。

① 戴斯勒，《美国贸易政治》，第14页。

人民币汇率问题最初就是由利益集团引发的，利益集团的身影活跃于该问题发展的各个阶段，呈现出各利益集团利益相互交错、互相牵制的局面。在该问题上中最为活跃的就是制造业集团，因为中国对美不断增长的出口对它们形成了极大的挑战。健全美元联盟、中国货币联盟、公平货币联盟等由美国各种制造业联合会所组成的团体，以及以劳联—产联为首的劳工人权团体都是人民币汇率问题的积极推动者。尽管制造业在美国属于“夕阳产业”，但其在美国政治中的影响力远远超过其在美国经济中所占比重，在国会选举和总统选举中都是非常重要的团体。而代表其利益的议员也成为在国会推动人民币汇率问题的主力军。参议员格拉汉姆来自制造业比较集中的南卡罗莱纳州，他就曾经表示，“在我的家乡州，我一直目睹来自中国的非法进口商品对我们国内的纺织业造成了灾难性的冲击。我希望政府在我们的工作岗位进一步流向这个失去控制的中国之前，在近期内采取果断行动”①。正是在制造业集团的大力推动之下，有关议员从2003年开始相继提出人民币汇率提案，推动了人民币汇率问题的升温，给政府施加了很大的压力。

与此同时，支持发展中美贸易的利益团体也同样发挥了作用，它们的活动对于相关法案的搁置也起到了作用。美国商会就曾多次向美国国会议员致信表示，有关人民币汇率的法案有可能对美国产生反效果，并影响美国对中国出口的增长。同时一些著名政治人物和学者也纷纷发话反对国会在人民币汇率问题上的做法。曾任美国国务卿和财政部长的詹姆斯·贝克指出，人民币汇率调整对美国有利，但“作为中国的主要贸易伙伴国，美国不应就此向中国发出威胁”②。美国斯坦福大学国际经济学教授麦金农也是人民币汇率保持

---

① *Senators Announce Bipartisan Effort To Force China To Stop Currency Manipulation*, http: //schumer. senate. gov/SchumerWebsite/pressroom/press_ releases/PR01993. html.

② “美国访华参议员对中美贸易前景更乐观”，《华尔街日报中文版》，2006年3月27日。

稳定的积极支持者，并多次出席国会听证会、撰写文章表达自己的观点。但总体来说这部分群体的声音和影响都较小，许多大的公司和企业并没有像支持中国最惠国待遇一样联合起来一同游说国会，主要原因是他们判断该问题在国会最终将不了了之，因此没必要被认为"是站在中国一边和美国政府对着干……最保险的策略就是保持沉默，因为最后可能什么也不会发生。"①

在人民币汇率问题上，金融业集团并没有像制造业等利益集团一样走在前台，而是选择了更为有效的方式推动该问题朝着有利于它们需要的方向发展。相对于其他利益团体，金融业集团不仅在国会有自己的代言人（参议院舒默所在的纽约州不仅是制造业大州，同时更是金融业的大本营），同时还能够通过占据美联储、财政部等核心经济部门的领导位置直接影响行政部门的决策，成为实际上美国对外贸易政策最有影响力的利益团体。人民币汇率钉住美元不变以及汇率突然发生大幅变化都不是金融业集团所希望看到的，它们的目的是人民币缓慢升值，从而使得美国金融资本能够从中获取最大利润。因此，金融业集团逐渐占据了人民币汇率问题的主导权，一方面在国会推动较为温和的立法议案向中国施压，另一方面利用国会的压力在政府层面推动中国开放金融市场。其实际影响力已经大大超过了外表上气势汹汹的制造业集团。2005 年—2008 年期间，伴随着人民币的逐步升值以及中国同美国在开放金融市场方面取得的进展，大量美资从中获益，金融业集团也达到了其幕后主导者和受益者的目的。

综上所述，目前美国国会在人民币汇率问题上的决策是美国制造业集团、金融业集团、劳工人权集团等多方利益团体相互博弈的结果，其中制造业、劳工人权团体始终站在前台，并在问题的产生

① *China*：*Opportunity or threat*？The Financial Times，November 12，2003，http：//schumer. senate. gov/SchumerWebsite/pressroom/press_ releases/PR01993. html.

和发展阶段发挥了重要作用，而金融业团体根据其利益需求逐渐占据主导地位。而人民币汇率逐步改革和中国资本市场逐渐开放的现实更好地满足了美国金融业也的利益要求。此后各利益天体的博弈还将继续下去。

（四）议员政客行为的影响

所谓政客，是指以追求和掌握政治权力为目标，从事政治活动并谋取私利的人。[①] 因此，政客在从事政治活动过程中，既有本身的“事业追求”，又有谋取私利的一面。对于美国国会议员来说，任期内最大的目标就是追求竞选连任，使自己的政治生涯能够延续和发展。因此其行为必然会具有很强的功利性，利用各种机会扩大自己的影响、讨好选民、议员间相互妥协都成为家常便饭。在人民币汇率问题上，这种特点也得到了充分的体现。

在美国国会，保护主义和强硬的立场最容易得到选民的支持，取得好的效果。而在汇率问题上，“美国国会既不客观也不专业，他们也不想做出公正的判断，他们所做的这一切的真正目的在于所有关于汇率的立法议案都会成为他们推行保护主义的有力工具”。[②] 而《舒默法案》中对中国商品征收27.5%报复性关税这项具有震撼性的措施无疑具有这种效果，也为舒默带来了巨大的政治受益。纽约州参议员查尔斯·舒默1998年进入参议院，尽管常年担任众议员，但在参议院中仍然算是新人，2003年他提出的《舒默法案》使其在中美经贸领域名声大噪，并一举坐稳了位置。2004年舒默顺利连任参议员，并且成为了参议院财政委员会成员和民主党参议院竞选委员会主席，2006年更是坐上了参议院民主党的第三把交椅。可以说，人民币汇率问题使得舒默这位参议院新人一直能够保持很高的

---

① 黄甫生等主编：《政治学》，湖南人民出版社，2003年版，第77页。

② Morris Goldstein and Nicholas R. Lardy, *The Future of China's Exchange Rate Policy*, Institute of International Economics, 2008, P. 79.

曝光率，知名度迅速上升，为其今后政治道路的发展提供了重要的支持。从整体来看，议员们在人民币汇率问题上是形式大与实质，口号多、行动少，这也正好体现了国会议员政客行为的一大特点，即国会议员任职游戏的基本规则是抛头露面，增加知名度，哗众取宠[①]，就连舒默本人也曾经表示，自己只希望以提高关税作为手段，敦促中国提高人民币币值，但他本人并不真正想让这个议案成为法律。[②]

除了议员个人的政客行为之外，党派政治也是重要的影响因素。2006 年，随着国会中期选举的临近，民主党将夺回国会多数党地位作为主要目标。相对于共和党牢牢占据“国家安全”的制高点，民主党需要一个具有同样号召力的议题来争取选民。而经济安全无疑是共和党的短板，也成为民主党最有利的工具，日益不平衡的中美贸易也就首当其冲地成为目标。而共和党由于伊拉克形势焦头烂额，国内经济形势由不断恶化，也需要在经济领域有所作为，并转移“国内矛盾”。在此大背景下，无论是《舒默—格拉汉姆》法案的老调重弹还是《鲍卡斯—格拉斯利法案》的新鲜出炉都成为争夺选票的重要砝码。《华盛顿邮报》在 2006 年 3 月 6 日就刊登专栏文章称，尽管有可能引发严重后果，但将于秋天参加国会中期选举的美国政治家们正在打“中国贸易牌”。

因此，无论是个人政客行为还是党派政治，都成为影响国会在人民币汇率问题上决策的重要因素。

三、结论

一直以来，对外贸易政策是美国对外政策的重要组成部分，并

---

① 李道揆：《美国政府和美国政治》，第 344 页。

② 《舒默议案：蹩脚的政治秀》，《文汇报》，2006 年 9 月 30 日。

且随着经济全球化的不断发展，其在美国外交中的地位不断提升。根据美国宪法，美国国会拥有对美国对外贸易的管辖权，因此国会对外经贸政策领域的权力大于其他领域，扮演着决策者和监督者的双重角色。在历史上，为保护美国贸易决策免受外部影响，国会曾将贸易领域的权力授予行政部门。但伴随着国会的复兴，其对外贸易政策的关注度也在不断上升，并通过各种方式影响对外贸易政策的制定与执行。随着中美建交以及双方关系的不断发展，美对华贸易政策也成为国会关注的焦点。国会在中美经贸领域的一系列问题中都发挥了重要、负面的作用，成为中美之间贸易问题政治化的主要推手，也成为中美经贸领域不可忽视的重要因素，在美对华贸易政策的制定方面发挥了重要影响。

2003 年以来，人民币汇率问题成为美国国会关注的重点。表面原因是中美贸易不平衡的日益加剧，但是从更深层次上来说，反映了美国国会在应对中国经济崛起和对美国经济霸主地位挑战时的态度。尽管从客观、公正的角度分析，人民币汇率并不是造成中美贸易不平衡的根本原因，但汇率问题却是国会能够用来影响美对华贸易政策最为直接和便利的工具，这种方式在历史上也取得过成效。正如经济学家弗兰克尔认为：“当前美国对中国人民币的做法是 15 年前要求韩元升值和自由化，以及再往前的对日本日元政策的翻版。”[①] 推动国会炒作、干预人民币汇率问题的原因有很多，其中中美关系发展的时代背景、美对华战略需求、利益集团、国会议员政客行为都是非常重要的因素，正是这些因素综合作用使得国会成为人民币汇率问题的主要推动者，在该问题的产生和发展各个过程中都发挥了主导作用。尽管到目前为止，美国国会在人民币汇率问题上尚未达成统一意见，也没有通过任何有法律效力的法案，但是其

① Jeffrey Frankel，“On the Renminbi：The Choice between Adjustment under a Fixed Exchange Rate and Adjustment Under a Flexible Rate”，Faculty Research Working Papers. Series，PWP04－037，2004.

在该问题上的炒作、宣传和施压等作用不可忽视，充分发挥了决策者和监督者两方面的作用。

随着中美经贸关系的不断发展，美对华贸易政策在整个美对华政策中的重要性将不断上升，经贸领域的摩擦和冲突也将越来越频繁，而国会的作用也将更加凸显。人民币汇率问题作为中美经贸领域的一个重要问题将长期存在，无论将来人民币升值幅度如何，只要中美贸易不平衡仍然存在，中国的经济实力继续强大并威胁美国的地位，只要美国国内存在对中美经贸关系不满的声音，国会就必将会继续炒作、推动人民币汇率问题，使之成为对华施压的一项长期工具。

第十三章

中美关系中的 WTO 问题

2001 年 12 月 11 日，中国正式成为世界贸易组织第 143 个成员国。“入世”为中国对外经济贸易的发展提供了新的契机，同时也为中美经贸关系提供了法律的框架和磋商平台。“入世”之后如何运用 WTO 的贸易争端解决机制（DSM）来应对中美贸易争端成为中国需要及时学习的领域。此外，“入世”十年以来，在中美关系中依然遗留了一些与 WTO 协定相关的贸易争端与摩擦问题。其中，《入世议定书》第 15 条涉及的中国的市场经济地位问题和第 16 条特定产品过渡性保障机制规定尤其引人瞩目，被称作咬住中国的“两颗毒牙”。2009 年奥巴马政府提出对华轮胎特保案，被称为奥巴马时代的“中美贸易第一案”，引发中美在 WTO 框架下的法律争端。本章将围绕这些与 WTO 相关的课题展开讨论。

第一节　WTO 的贸易争端解决机制与中美关系

中美贸易争端的处理和解决是中美贸易关系的重要部分。自 2001 年 11 月中国加入世界贸易组织以来，中美双方开始在 WTO 的贸易争端解决机制（Dispute SettlementMechanism，以下简称 DSM）框架下处理双边贸易争端。作为 WTO 机制中最重要的组成部分，DSM 对于中美解决贸易争端的解决至关重要。本章通过研究 DSM 框架下的基本程序，分析 DSM 解决中美贸易争端的具体案例，进而评估这一机制对中美经贸关系的影响。

一、DSM 的基本程序、重要性质与任务

（一）DSM 的基本运作程序

WTO 的贸易争端解决机制最初缘起于 1994 年乌拉圭回合通过的《关于争端解决规则与程序的谅解》。时至今日 DSM 已经成为 WTO 多边贸易体制中至关重要的组成部分。根据 WTO 的贸易争端解决机制，各成员国承诺在发生贸易争端时通过争端解决机制寻求救济，并遵守相关规则，最终裁决。整个争端解决主要包括四个阶段：磋商阶段、专家组阶段、上诉阶段、妥协与执行阶段，同时，争端解决机制还包括斡旋、调解和调停仲裁等，每一阶段都有相应的法定程序规定、实施步骤说明以及运作时间限制[①]

① WTO 的争端解决机制的具体程序如下：（1）磋商：根据《争端解决规则和程序谅解》规定，争端当事方应当首先采取磋商的方式解决贸易纠纷。磋商要通知争端解决机构。磋商是秘密进行的，是给予争端各方能够自行解决问题的一个机会。（2）成立专家小组：如果有关成员在 10 天内对磋商置之不理或在 60 天后未获解决，受损害的一方可要求争端解决机构成立专家小组。专家小组一般由 3 人组成，依当事人的请求，对争端案件进行审查，听取双方陈述，调查分析事实，提出调查结果，帮助争端解决机构做出建议或裁决。专家组成立后一般应在 6 个月内向争端各方提交终期报告，在紧急情况下，终期报告的时间将缩短为 3 个月。争端解决机构在接到专家组报告后 20—60 天内研究通过，除非当事方决定上诉，或经协商一致反对通过这一报告。（3）上诉机构审议：专家小组的终期报告公布后，争端各方均有上诉的机会。上诉由争端解决机构设立的常设上诉机构受理。上诉机构可以维持、修正、撤消专家小组的裁决结论，并向争端解决机构提交审议报告。争端解决机构应在上诉机构的报告向世贸组织成员散发后的 30 天内通过该报告，一经采纳，则争端各方必须无条件接受。

（二）DSM的主要特点

DSM的程序设计的主要特点在于多元化的争端解决方式。[①]一方面，DSM设置了磋商、斡旋、调解、调停等非司法性、政治性手段供各国沟通解决贸易纠纷；另一方面，WTO吸取了GATT争端解决机制的教训，在一些程序的设置上引入了司法手段。例如，DSM设置了专家组程序和上诉机构，确立了反向协商一致原则并授权相关机构强制执行与报复。

DSM综合了外交策略以及法律手段，既重视权力又不忽视规则，并通过有关程序的设置尽量强化争端解决的司法色彩。正是因为这样一种相对平衡的制度设计和安排，DSM成为了一种独特的、组织化的制度，提高了争端解决的效率和有效性。[②]但是，由于DSM的授权方是WTO的各个成员国，其拥有的判决与执行案件的资源也受到成员国态度、利益等方面因素的影响，因而无法完全实现自身的独立性。与此同时，DSM制度设计中的司法性与非司法性要素之间往

（4）执行和监督：争端解决机构监督裁决和建议的执行情况。如果违背义务的一方未能履行建议并拒绝提供补偿时，受侵害的一方可以要求争端解决机构授权采取报复措施，中止协议项下的减让或其它义务。（5）此外，DSB还设置了灵活的斡旋、调停与调解的程序，这一程序不是必经的程序，只要争端的双方同意，可以在双方磋商、专家小组、上诉阶段随时进行。此外，DSU中还规定了仲裁的环节，其作为争端解决的一项变通手法，用于解决成员明示确定的某些争端。以上内容参照《关于争端解决规则与程序的谅解》，英文版资料来源：http：//www. wto. org/，中文版资料来源：杨国华：《WTO争端解决程序详解》，北京：中国方正出版社，2004年版。

① 虽然对WTO的DSM的性质有不同的论述，但是本文还是综合各种观点，将其作为一种司法性与非司法性相结合、权力导向型和规则导向型相结合的一种特殊的准司法体制或半司法体制。参见左海聪：《论GATT/WTO争端解决机制的性质》，《法学家》2004年第5期，第156—160页。

② 纪文华、姜丽勇：《WTO争端解决规则与中国的实践》，北京：北京大学出版社，2005年版，第15页。

往存在矛盾，导致 DSM 解决争端的效能下降。

二、DSM 框架下的中美两国贸易博弈

（一）自由贸易状态下中美合作性博弈与 DSM 的保证作用

根据自由贸易理论，如果中美两国任意一方违反 WTO 的有关规定，设定关税壁垒或者非关税壁垒，都会损害两个国家收益和福利。因此，单纯从自由贸易的角度来看，中美两国的贸易政策制定是即是一种合作性博弈、也是一种保障性博弈。只要两个国家都是理性的行为体，双方的最佳主导战略就是同时遵守 WTO 的有关规定，采取自由贸易政策（如表 13－1 所示）。[①]

表 13－1　中美在自由贸易理论前提下的贸易政策博弈图示

美国 中国	符合 WTO 规定、放弃保护 （B1）	违反 WTO 规定、实行保护 （B2）
符合 WTO 规定、放弃保护 （A1）	（4，4）	（1，3）
违反 WTO 规定、实行保护 （A2）	（3，1）	（2，2）

在这种情况下，DSM 的效能有限。具体而言 DSM 只能通过各种威胁授权报复，增加背叛成本，防止两国因为出现非理性决策而放弃自己的最优主导战略而采取贸易保护措施，进而保证各方都能够保证理性决策。采取遵守 WTO 规定的优先战略，实现并达到“双边

① 有关中美在自由贸易理论前提下的贸易政策博弈图示的相关内容，参考朱文莉：《国际政治经济学》，北京：北京大学出版社，2004 年版，第 239—240 页。

贸易自由化”的相关任务。[①]

（二）国内因素影响最优主导战略与DSM与中美重回博弈均衡

中美贸易的现实极为复杂。中美两国在制定贸易政策的过程中都会不同程度地受到国内因素的影响，这种强大的国内因素影响并扭曲了双方对贸易产生福利的认知，导致双方的决策都会在不成程度上偏离理性的轨道。

中国目前正处于出口导向型的发展时期，出口对于整个国家经济形势的良好运行、国民就业的增长、社会稳定乃至政府和执政党的合法性都起着至关重要的作用。[②] 中国政府基于国内经济发展与稳定形势的考虑，必然要在一定时期内出台某些产业扶植政策，这些政策有可能触犯WTO的有关规定。美国是世界上首屈一指的发达经济体。贸易问题尽管不会在总体上损害美国的经济发展前景和国家的综合实力，但是却可以危害某些利益集团利益，进而引起这些利益集团强力反弹向政府施压，影响政府贸易政策制定，甚至在一定程度上改变美国自由贸易的立场。[③]

在这种情况下，中美两国中任意一方如果采取可能引发争议的贸易措施，都会导致对方的福利损失，进而改变其对自由贸易的认知。在双方对贸易所带来福利的认知发生扭曲的情况下，在静态博

---

① Chad P. Bown, "Trade Disputes and the Implementation of Protection under the GATT: An Empirical Assessment", *Journal of International Economics*, Vol. 62, No. 2, 2004, pp. 263 - 294.

② 尤其是在金融危机的形势下，政府可以通过大规模投资带动经济增长，但是内需的培养却是一个长期的过程，投资扩大生产所产生的产品需要海外市场来容纳。经济危机中，政府的一系列救市措施导致经济发展对出口的依赖丝毫没有减弱。

③ 关于中美两国国内收益的考虑，参见倪世雄、李淑俊：《从公众——国会——政府的互动关系看美国贸易保护主义》，《美国研究》2007年第4期，第82—85页。

弈的过程中，双方的最优主导战略也发生了变化。（如表 13－2 所示）①

表 13－2　中美在强大国内因素影响下的贸易政策博弈图示

美国 / 中国	符合 WTO 规定、放弃保护（B1）	违反 WTO 规定、实行保护（B2）
符合 WTO 规定、放弃保护（A1）	（3，3）	（0，4）
违反 WTO 规定、实行保护（A2）	（4，0）	（2，2）

由图 13－1 可知，中美双方的贸易博弈从原来自由贸易模式下的合作性博弈转向了带有“囚徒困境”色彩的非合作博弈。这将导致两个结果：

第一，对于中美双方来说，双方的国内政治会在一定程度上扭曲对贸易福利的认知，导致中美双方将更容易违反 WTO 有关规定，扶植国内的某些产业，限制国外有市场竞争力的相关产品的进口，进而造成中美双方贸易冲突的频繁化和常态化。在这种情况下，DSM 的作用就更加明显。

第二，DSM 解决争端的任务主要是，在程序的运行过程中，确保双方都能够遵守 WTO 的有关规定，争取达到 A1、B1 处的平衡。而这种平衡需要双方执行贸易谈判的政府代表能够找到国内、国际两个层面都满意的点，获取最大的“赢集”（win—set）②。换言之 DSM 要使得争端的中美双方达成妥协，在满足国际义务同时，愿意

---

① 关于中美在强大国内因素影响下的贸易政策博弈图示，本文的思路主要参考张维迎：《博弈论与信息经济学》，上海：上海人民出版社，1996 年，第 1 版，第 15—17 页。

② Robert D. Putnam, “Diplomacy and Domestic Politics: The Logic of Two－level Games”, *International Organization*, Vol. 42, Summer 1988, pp. 427－460.

平等分担国内压力，以确保实现贸易上的双赢。这将使得争端解决的过程显得更加复杂与艰难，而 DSM 完成这一任务的程度与质量就决定了其解决中美争端的实际效果。

（三）贸易争端中的动态非合作博弈过程——DSM 将提供“第三条道路”

以上有关中美贸易政策的非合作博弈是建立在一种静态的假设基础之上，是静态的非合作博弈。这种博弈关系主要考察在中美双方互相不知道对方的政策时，同时采取自己的最优主导战略的情况。如果想要进一步探讨 DSM 机制在中美贸易争端解决中的作用，则要引入动态非合作博弈的模型，分析中美之间贸易政策的应激与互动过程。

对于中美双方的贸易争端来说，当其中的一方采取一项有争议的、可能违反 WTO 有关规定的政策后，另一方可以选择进行贸易报复[①]、也可以选择默许其政策而独自承担损失。在这两种主导战略下，做出政策反应的一方都无法获得最大收益。在这种情况下，诉诸于 DSM 则给了双方寻求达成妥协，重回 A1、B1 处均衡的可能，也增加了做出政策反应的一方获得最大福利和收益的机率。（如图 13 - 1 所示）[②]

① 诚然，也许中美当中的一方可以采取以牙还牙的报复反应，而由此威胁对方放弃有关政策，但是这样做的成本比较高，且风险也比较大；对于中美两个大国来说，与诉诸于 DSM 相比，因扬言报复而使得最初采取争议政策的国家放弃其政策的可能性更加不确定。有关以牙还牙的政策，参见张燕生：《中美贸易顺差结构分析与对策》，北京：中国财政经济出版社，2006 年版，第 184—189 页。

② 有关中美贸易争端解决的动态非合作博弈过程，参考张维迎：《博弈论与信息经济学》，上海：上海人民出版社，1996 年版，第 1 版，第 22—27 页。

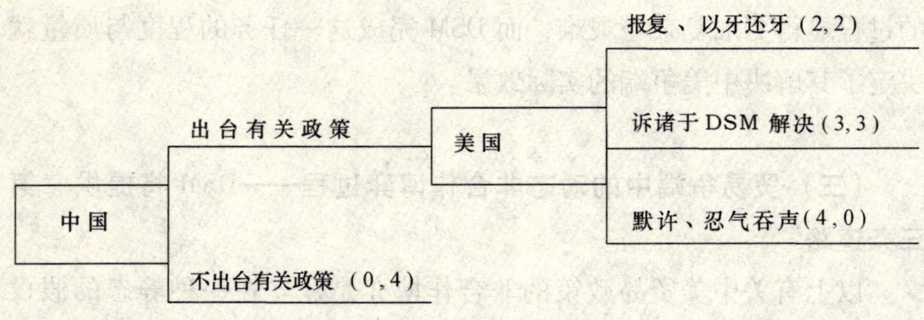

图 13－1　中美贸易争端的动态非合作博弈过程

由此可见，DSM 解决机制实际上是在一国应对另一国可能违反 WTO 有关协定的、给自己带来损失的政策过程中，采取以牙还牙的报复和忍气吞声的默许之外的“第三条道路”。而双方将通过这条道路达成妥协，形成均衡的利益分配，最终实现双方共赢的局面。

在中美贸易争端的动态博弈过程中，诉诸于 DSM 作为一个政策应对选项，其任务和作用应该是确保双方尽可能地化解矛盾，通过各种方式，达成一致或妥协，只有在双方无法达成妥协的前提下，DSB 才可以授权进行报复。换言之，DSM 可以在两国争端解决过程中提供一个游戏规则，确保在“程序正义”的情况下找到责任主体，使得双边贸易争端能够在负有主要责任的一方主动让步的情况下得以解决。如果被诉方并未违反 WTO 的相关规定，则 DSM 则要让起诉方政府努力去修正对于本国福利和收益的认知，消除错误判断和报复行为，最终实现“保证 WTO 的有效运转及保持各成员权利和义务的适当平衡，实现问题的满意解决”① 的效果。

① 参见《关于争端解决规则与程序的谅解》第 3 条第 3 款、第 4 款有关内容。

三、DSM作用下中美贸易争端解决情况回顾

（一）中美诉诸于DSB的贸易争端案件简述

自2001年中国加入WTO以来，两国在知识产权、反倾销、国内产业政策等领域不断发生冲突①，并多次诉诸DSM来解决争端。具体来说，解决双边贸易争端的情况如下：

表13-3　中美两国诉诸于DSM的贸易争端解决情况简表②

起止时间	案件名称	发起诉讼者③	案件起因及起诉方要求	争端得到解决的阶段	专家组是否超时④	争端得以解决的方式与效果
2002.3.26—2003.11.10	美国“201”钢铁保障措施案（United States - Definitive Safeguard Measures on Imports of Certain Steel Products）	中国（非最先发起诉讼者）	美国依照本国有关法案，为保护本国钢铁产业，增加对部分进口的钢材的关税，中国等国认为美国此举违反WTO有关规定。	上诉阶段	否	专家组及上诉机构认为美国违反有关规定，要求美国停止相关保护政策。美国在上诉机构报告通过的前6天（2003.11.4）宣布停止有争议的保护措施。

① 鉴于本文主要讨论的是WTO的争端解决机制下中美双边贸易争端的问题，而中国美国彼此起诉、应诉的案件能够集中反映DSM下中美贸易争端中的问题，而中国或美国作为彼此第三方参与到有关贸易争端中的情况不在本文进行细节的分析。

② 该表格根据WTO网站有关争端解决的资料整理，资料来源：http://www.wto.org/english/tratop_e/dispu_e/dispu_by_country_e.htm和http://db.wtocenter.org.tw/ds-detail.asp?caseno=387。统计截止至2009年5月1日。统计资料不包含“中国台北（台、澎、金、马独立关税区）”这一经济体的有关情况。

③ 包括是否有其他国家在此案中发起诉讼或要求参加磋商，以及是否为最先发起诉讼者。

④ 主要指专家组从成立到报告的发布是否超过9个月的时间限制，并以此为依据考察中美两国相关案件的复杂程度与DSB的解决效率问题。

续表

起止时间	案件名称	发起诉讼者	案件起因及起诉方要求	争端得到解决的阶段	专家组是否超时	争端得以解决的方式与效果
2004. 3. 18—2004. 6. 14	中国集成电路增值税案（China — Value - Added Tax on Integrated Circuits）	美国（最先发起诉讼者）	美国认为中国对本国集成电路产品所进行的增值税减免使得美国进口到中国的产品被变相征收高于中国本国产品的税，受到歧视。	磋商阶段	否	中美在磋商时限到达之前达成妥协，中国同意修改或撤销引起争议的增值税减免政策。
2006. 3. 20—2009. 1. 12	中美汽车零部件进口案（China — Measures Affecting Imports of Automobile Parts）	美国（最先发起诉讼者）	美国认为中国实行的整车进口关税税率与汽车零件进口税率的不统一对美国汽车工业出口造成歧视。	上诉阶段	是	DSB 通过专家组和上诉机构的报告，要求中国改变有关措施，使之遵照 WTO 的有关规定。中国尚未正式答复，但可能放弃原有税收政策。
2007. 2. 2—2007. 9. 19	中国税收优惠措施案（China — Certain Measures Granting Refunds, Reductions or Exemptions from Taxes and Other Payments）	美国（最先发起诉讼者）	美国认为中国给优先购买本国产品和符合出口规定的企业予以免税等优惠措施的行为违反了 WTO 的有关规定。	专家组阶段	否	在正式开始专家组阶段后，专家组尚未做出判决结果之前，中美宣布通过谅解备忘录达成妥协。

续表

起止时间	案件名称	发起诉讼者	案件起因及起诉方要求	争端得到解决的阶段	专家组是否超时	争端得以解决的方式与效果
2007. 4. 10—至今（2009. 3. 20 专家组报告获得通过）	中美知识产权保护争端案（China — Measures Affecting the Protection and Enforcement of Intellectual Property Rights）	美国（最先发起诉讼者）	美国认为中国对知识产权保护不力，给美国造成损失，中国的行为不符合 TRIPS 协议的有关规定。	尚未解决（已经通过专家组报告）	是	专家组报告"驳回美国绝大部分主张，肯定中国的知识产权保护措施"①。美国保留上诉的权利。
2007. 4. 10—至今	中国限制美国音像图书产品案（China — Measures Affecting Trading Rights and Distribution Services for Certain Publications and Audiovisual Entertainment）	美国（最先发起诉讼者）	美国认为中国的有关政策有意限制美国对中国音像出版制品的进口。	尚未解决（目前处于专家组阶段）	是	
2007. 9. 14—至今	美国对中国铜版纸反倾销、反补贴措施案（United States — Preliminary Anti - Dumping and Countervailing Duty Determinations on Coated Free Sheet Paper from China）	中国（最先发起诉讼者）	美国商务部对中国出口到美国的铜版纸纸征收反倾销、反补贴税，中国认为美国此举违反了 WTO 的有关规定，对中国造成歧视。	尚未解决（尚未建立专家组）	否	

① "商务部新闻发言人姚坚就世贸组织争端解决机构通过中美知识产权 WTO 争端案专家组报告发表谈话"，http：//www. mofcom. gov. cn/aarticle/ae/ai/200903/20090306116901. html，2009 年 3 月 20 日。

续表

起止时间	案件名称	发起诉讼者	案件起因及起诉方要求	争端得到解决的阶段	专家组是否超时	争端得以解决的方式与效果
2008.3.3—2008.12.4	中美金融信息服务案（China — Measures Affecting Financial Information Services and Foreign Financial Information Suppliers）	美国（最先发起，且唯一的诉讼者）	美国认为中国政府要求境外金融信息提供者需要通过新华通讯社发布信息等措施损害美国在华金融信息服务提供者的利益。	磋商阶段	否	在尚未提出建立专家组之前，中美宣布通过谅解备忘录达成妥协。
2008.9.19	美国对中国反倾销、反补贴措施案（United States — Definitive Anti – Dumping and Countervailing Duties on Certain Products from China）	中国（最先发起，且唯一的诉讼者）	美国对中国进口到美国的特定商品采取反倾销、反补贴措施，中国认为此举违反WTO有关规定。	尚未解决（目前处于专家组阶段）	否	
2008.12.19	中国补贴措施与贷款担保措施案（China — Grants，Loans and Other Incentives）	美国（最先发起诉讼者）	美国认为中国对出口企业提供贷款等方面的优惠刺激政策违反了WTO的相关规定，对美国相关行业的企业造成损失。	尚未解决（目前处于磋商阶段）	否	

续表

起止时间	案件名称	发起诉讼者	案件起因及起诉方要求	争端得到解决的阶段	专家组是否超时	争端得以解决的方式与效果
2009.4.17	美国"727"条款案（United States — Certain Measures Affecting Imports of Poultry from China）	中国（最先发起，且唯一的诉讼者）	美09年拨款法案中的"727条款"限制了中国对美国的禽肉出口，中国认为此举对中国禽肉业造成损害，不符合WTO的有关规定。	尚未解决（中国刚向DSB提请磋商）	否	

（二）中美在DSM框架下解决贸易争端的主要特点

通过上述表格的分析，可以对中美在DSM框架下的贸易争端解决情况进行如下概括：

1. 从案件数量的时间分布来看，中美双方在2002年、2004年、2006年分别发生1起争端，2007年4起、2008年3起、2009年（截至5月份）1起（见图13－2）。

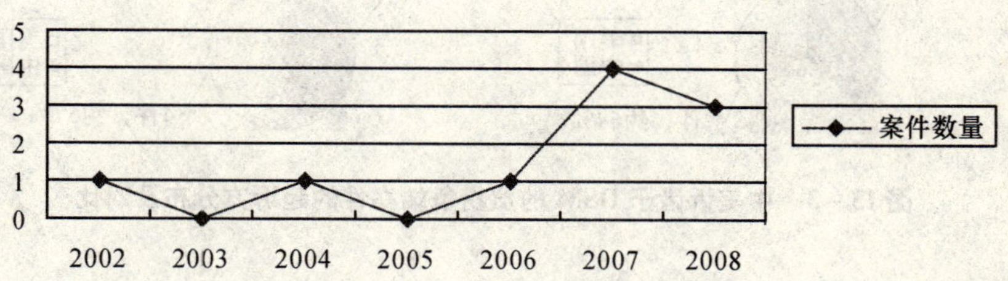

图13－2　中美诉诸于DSM的贸易争端数量年度分布趋势①

① 由于统计截至到09年上半年，因此09年不以一个整年单位计入图表趋势分析。

由此可见，近年来中美双边诉诸于DSM解决的贸易争端总体上呈不断增加的趋势，尤其是2007年和2008年，中美两国贸易争端案件的数量迅速上升，这说明双方在贸易领域的摩擦在不断增加，也从另一个角度说明双方越来越倾向于通过DSM来解决有关争端。

从中美两国的案件起诉情况来看，美国起诉中国的案件较多，占整个11起案件中的7起，中国起诉美国的案件则相对较少，只占4起（具体占比见图13－3）。这表明，随着中国经济实力的提高，中美贸易关系不断深入，美国更加重视中国的对外贸易决策和与贸易相关的国内产业政策，更倾向于对中国具有争议的贸易政策和国内产业政策提出异议，并通过DSM来解决问题，这也从一个侧面说明，相对于中国，美国利用DSM解决争端的能力与技巧更强。然而中国从2007年开始，发起对美国诉讼的案件数量不断增加，说明中国对DSM的了解和参与都不断深入，开始日益重视通过DSM解决中美贸易争端，也从一个侧面说明中国利用DSM解决中美贸易争端的自信和能力开始提高。

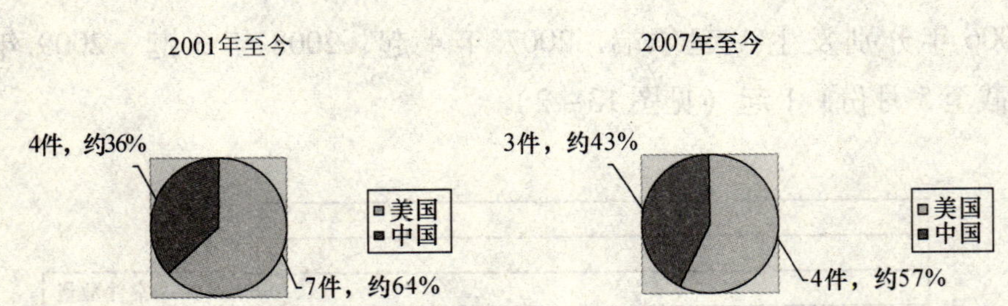

图13－3　中美诉诸于DSM的贸易争端案件的起诉方分布及对比

此外，在美国起诉中国的案件中，美国都首先提出磋商要求；但在中国起诉美国的案件中，中国要么是跟随其他国家的后面提出磋商要求，比如美国“201”钢铁保障措施案，要么是单独对美国发起诉讼。[1] 这从一个侧面说明，中国在中美诉诸于 WTO 争端解决的贸易摩擦中，还相对被动和孤立；而美国在处理 DSM 框架下的中美贸易争端时，往往能够形成争端解决过程中以美国为中心的“DS 联盟”，联合其他国家对中国施压。[2] 由此可见，美国在与中国在 DSM 框架内进行争端的解决过程中，其谈判、诉讼能力都相对较强，在案件解决的博弈中利用 DSM 的技巧也比中国要多。而这种起诉、应诉能力技巧的不平衡在 DSM 有关程序中可能被夸大或减小，并将影响着中美两国 A1，B1 处最优平衡的实现。

2. 从已经有解决意见的案件中可以看出（具体情况参见图 13－4)，除了尚未获得解决的 6 起案件以外，其他的 5 起案件中，有 2 起通过磋商获得了解决。而且在磋商阶段获得解决的案件，一般的解决效果都比较好，案件也没有久拖不决，双方所费的时间，所耗费的精力也较少。尤其是“中美金融信息服务案”，虽然该案件开始的时间比较晚，但因为该案件在磋商阶段得以解决，与其它处于同一时间段的案件相比，则显得格外迅速有效。有 1 起案件（“中美税收优惠措施案”）虽然进入专家组阶段，但在专家组尚未做出裁决之前，双方就通过调停、斡旋达成了谅解，也没有造成拖延。还有 2 起案件在上诉阶段得到了解决，其中 1 起（美国“201”钢铁保障措施案）是在上诉机构报告通过的前几天，美国单方面撤销了有争议的政策后得到了解决，在另一起案件中（“中美汽车零部件进口案”)，虽然 DSB 通过了上诉机构报告，但是根据目前的资料显示，被诉方中国尚未对这一问题做出某种措施上的回应，根据 WTO 的有关规定，中国必须被迫做出调整，且这一案件在专家组环节上造成

① 通过对有关资料的考察，在中国对美国提起诉讼的 4 件案子中，有一件中国是在其他国家提出磋商后紧跟着提起，还有 3 件案子中，虽然中国首先提出磋商，但是，并无国家随后向美国就该问题提起诉讼或要求加入磋商。

② 田丰：《WTO 争端解决机制研究进展》，李向阳：《世界经济前沿问题》，北京：社会科学文献出版社，2007 年版，第 144 页。

了时间上的拖延。此外，在尚未解决的6起争端中，有2起由于在专家组阶段被长时间拖延而尚未获得解决。由此可见，在磋商阶段达成妥协是对中美双方来讲是最为有利的解决方式，当案件进入专家组阶段以后，除非双方通过斡旋等方式主动达成谅解，否则案件会遭到拖延，解决效果将不甚理想。①

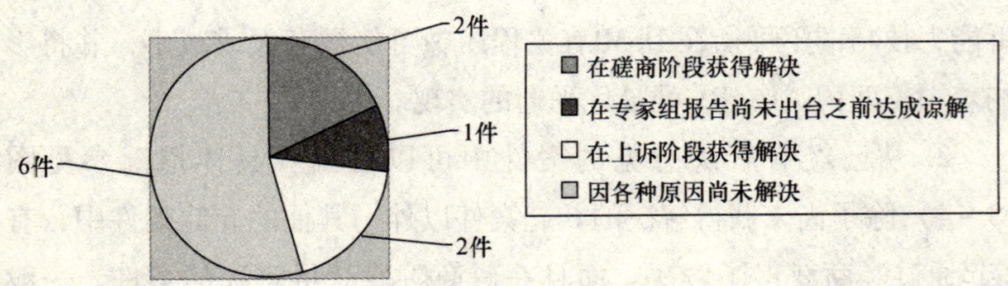

图13－4　中美诉诸于DSM贸易争端案件的解决方式

同时，在已经获得解决案件中，中美双方均通过协商达成一致或者彼此妥协的方式使得问题尽量化解，双方最终均未进行授权报复。这说明中美双方都能够比较尊重DSM的有关规定，希望善意地发挥DSM的作用，达到A1，B1处的双赢与收益的均衡（3，3），避免贸易争端朝着恶化的方向发展，以维护双边的贸易关系的持续性。

四、DSM的有关程序设计对中美贸易争端解决产生的影响

通过分析DSM的有关程序和DSM的任务，并将其与中美在DSM框架下的贸易争端解决情况进行对比，我们可以发现DSM的有

① 不可否认的是，案件的拖延可能有助于争端的一方调整国内政策，进而促进争端结果易于被双方接受。下文会对这一问题进行论述和探讨。

关程序设置可能对 DSM 能否解决贸易争端产生重要的影响。

（一）灵活的磋商阶段及双边贸易争端解决中“秘密外交”

根据 DSU 的规定，当一成员国发现另一成员国有违反 WTO 相关规定并对本国贸易造成损失的时候，该成员国可以向 DSB 提出诉讼。但是诉讼提出后，DSB 不会马上进入调查、控辩等司法环节，而是要求争端双方首先在 DSM 框架下，进行双边磋商[①]。同时，DSU 还希望成员能够尽力在磋商阶段能够“达成相互同意的解决办法”[②]，达成“彼此满意的争端解决结果”[③]。这一规定的设置可以使得中美双方先进行谈判，找到双方可以接受的妥协的点。从上文中美诉诸于 DSM 解决的案件中可以看出，在磋商阶段获得解决的贸易争端所需的时间较短，且效果都比较令人满意。

更重要的是，DSM 框架下的双边磋商是保密的。根据 DSU 的规定，“除当事方和加入磋商者外，其他任何成员不能参加”[④]。这使得 DSM 框架之内的双边磋商有别于 DSM 框架之外的外交谈判，前者更类似于“秘密外交”。这种“秘密外交”给了争端双方极大的自由度和安全感，使他们可以免除外界干扰，避免单纯的双边沟通所引发的争端方（尤其是美国）的国内行动团体与利益集团的“过度关切”，避免谈判双方的政府代表受到较多限制。磋商的这一特

---

① 此外，DSU 还规定，双方在正式开始诉诸 DSB 之前，可以根据某一具体条约先进行某种磋商。这种磋商与磋商环节在法律规定上不同，但是所起到的效果比较类似。

② ［美］戴维·帕尔米特、［希腊］佩特罗斯·马弗鲁第斯：《WTO 中的争端解决：实践与程序》，罗培新译，北京：北京大学出版社，2005 年版，第 2 版，第 79 页。

③ DSU 在磋商的条款中规定：“在依照一适用协定的规定进行磋商的过程中，在根据本谅解采取进一步行动之前，各成员应努力尝试对该事项做出令人满意的调整。”参见《关于争端解决规则与程序的谅解》有关磋商的条款。

④ 杨国华：《WTO 争端解决程序详解》，北京：中国方正出版社，2004 年版，第 30—31 页。

点，对中美贸易争端的解决起到重要促进作用；这是因为美国作为一个“高度民主化”的国家，政府在决策中受到利益集团的影响比较大，公开谈判使得政府所受压力较大，妥协的空间较小，解决手段及相关政策的灵活性会相应降低。同时，美国政府在贸易谈判中，更容易受到来自国内的“要求透明化的压力”[①]，对于美国政府来说，秘密磋商可以避免利益集团的施压与影响，避免公开双边谈判内容和协商结果所导致的国内政治指责，这使得美国政府受到的牵制减小，也有助于中美两国在DSM机制内充分地讨价还价，灵活地选择补偿方式，进而达成谅解或妥协。

此外，DSM的磋商具有一定的时限性。一旦争端的一方提交了磋商请求，则意味着双方开始接受在DSM框架下解决问题，这样争端双方就必须接受DSU对磋商时间的限制，如果60天期限内磋商无果，案件就要进入专家组阶段，双方就不得不面临法律上谁对谁错的判定。这使得争端的中美双方都有一个解决问题的紧迫感，并不会因为在某一问题上不断“扯皮”而导致争端被无限期拖延。

但是，从另一个角度来看，由于中美两个大国之间的贸易争端所涉及的利益十分复杂、千头万绪，即便双方有进行磋商的可能性、必要性以及诚意，但是磋商的时间限制很可能使得磋商“无果而终”，或直接使磋商阶段成为了启动专家小组程序的“中间站”或“中转站”[②]，使得双方不得不“对簿公堂”。

（二）DSM的司法性程序设置和规则导向的刚性

按照DSU的有关规定，DSM是在WTO的多边贸易体系中提供

① Marc L. Busch, “Democracy, Consultation, and the Paneling of Dispute Under GATT.” *Journal of Conflict Resolution*, Vol. 44, No. 4, 2000, pp. 425 -446.

② Wethington, O. “Commentary on the Consultation Mechanism under the WTO Dispute Settlement Understanding During Its First Five Years.” *Law and Policy in International Business*, Vol. 31, No. 3, 2000, pp. 583—590.

安全性和可预见性的一个中心因素[①]，为此作为区别与GATT的争端解决机制的最终要的一个方面，DSM在设置磋商等外交式的、权力导向型解决程序的同时，强化了司法式的、规则导向型的解决程序，以保证判决的公正并能够得以实施，也提高了解决争端的效率[②]。这种规则导向主要体现在专家组以及以后的阶段：首先，从专家组到上诉阶段，再到最终的裁决的公布，都有一个刚性的时间限制，比如DSU规定“在任何情况下，从专家组的设立到向成员提交报告的时间都不得超过9个月”[③]。其次，由于决议的通过采取“反向协商一致”的原则，这意味着，除非成员一致反对，争端解决专家组以及上诉机构的报告将自动生效；既然所有的决策是可以自然而然通过，那么争端当事国故意妨碍DSB通过裁决的情况将不会出现。此外，不论DSB处理结果以及过程如何，争端方都须尊重最终形成的判决结果，并有义务执行专家小组报告或上诉机构报告中的有关决议[④]，否则将遭到另一方的授权报复。这种带有司法性质的规则导向的刚性规定将给中美贸易争端解决带来以下影响：

一方面，DSM司法性程序的设置，使得DSB发生了“从论坛和调节委员会变成法院或仲裁庭的革命”，使得整个争端解决程序成为“更加及时、自动和具有约束力的法律过程”[⑤]，在这种情况下，即便因违反WTO有关规定而受到控诉的中美双方可能在具体的某一案

---

① 参见《关于争端解决规则与程序的谅解》第3条。

② （美）安妮·克鲁格：《作为国际组织的WTO》，黄理平译，上海：上海人民出版社，2002年版，第247页。

③ 即使专家组认为案情复杂，也必须在争得DSB同意的基础之上才有可能进行时间的顺延。参见纪文华、姜丽勇：《WTO争端解决规则与中国的实践》，北京：北京大学出版社，第24页。

④ （美）安妮·克鲁格：《作为国际组织的WTO》，黄理平译，上海：上海人民出版社，2002年版，第230页。

⑤ （英）伯纳德·霍克曼、迈克尔·考斯泰基：《世界贸易体制的政治经济学——从关贸总协定到世界贸易组织》，刘平等译，北京：法律出版社，1999年版，第28—30页。

件中因为控辩能力较强，可以“打赢官司”，在单次博弈中免受制裁，但是该国将给国际社会留下了一个违反国际法、破坏相关规则的不良印象。在未来的重复博弈过程中，其国际贸易、商业活动信誉也可能因此受到损失，该国也不得不承担因违背国际义务而带来的精神成本消耗，比如国际软实力、国际信任、履约形象的损失[①]，这将导致该国在未来的贸易政策博弈和争端解决中面临更多的不利因素。出现精神成本的损耗的可能性在一定程度上可以修正中美两国因国内因素而扭曲的收益和福利预期，使得双方在制定有保护倾向的政策时能够更加慎重，进而减少争端发生的机率。此外，正是基于 DSM 程序的刚性，使得美国政府相信，把中国纳入到 WTO 这一国际制度中，用 DSM 来约束中国，将有利于争端的解决。而 DSM 的规则导向性的程序设置，也使得中国愿意接受在这一机制框架下解决争端，在一定程度上减少对美国利用自己强大应诉能力而导致案件得到“不公正待遇”的担忧。

另一方面，虽然 DSM 的司法性程序的设置使得中美两国的对外贸易的利益之争在法律的框架内进行；但是双方在讨价还价的同时，必须精心设计逻辑框架和法律理由，这将导致中美双方对程序的控制能力减弱。在具体的争端解决实践中，一旦双方磋商未果，案件进入专家组阶段以后，就将从外交途径变成了司法解决途径，而这一途径是一个自动的、不可逆的过程，任何一个国家都不再可能阻碍专家组、上诉机构对某些争端做出裁决[②]。这对于中美两国来说，一旦外交磋商的失败进入专家组程序，规则导向型程序的刚性就有可能使得利益关系错综复杂的案件通过耗尽诉讼程序的方式得以解决，或在解决期限内悬而未决。这样的话，两国都将受到更大的制

① Dan Kovenock and Marie Thursby, “GATT, Dispute Settlement, Cooperation”, *Economics and Politics*, Vol. 4, No. 2, July 1992, pp153 - 160.

② （美）安妮·克鲁格：《作为国际组织的 WTO》，黄理平译，上海：上海人民出版社，2002 年版，第 224 页。

约而失去政策弹性与妥协的余地，这反而不利于贸易争端的妥善解决。[①] 从前文分析的“中国税收优惠措施案”中可以看出，在专家组报告出台之前获得谅解的优越性反衬了司法性程序的这一弊端。尤其是对于中美两个力量相当又在对外贸易中互补性很强的大国来说，最终的贸易争端的妥善解决与双方谅解是回到A1、B1的博弈均衡，这种均衡给两国带来的收益（3，3）显然是大于为“讨一个公道”并采取报复后双方所获得的收益（2，2）。

（三）程序持续时间的相对漫长与相对低效

按照DSM的有关程序规定，如果不考虑某些条款规定的特殊情况，通常一个案件的诉讼过程需要少则一年、多则两年的时间方可完成（参照表13-4）。如果遇到一些特殊情况，如争端的双方另有安排，则解决的时间有可能变得更长，甚至遭到拖延。而这种案件处理过程中的超时，已经成为专家组乃至上诉机构普遍存在的一种现象。

① 虽然DSU规定，在进入专家组以后的司法程序进行的任何阶段，争端双方都可以选择一个中立的第三方协调彼此的冲突，DSU对斡旋、调停和调节要求没有规定任何先决条件，争端任何一方可以在任何时候提出斡旋、调解和调停的要求，而且经争端双方同意，斡旋、调解和调停随时可以开始，随时可以终止。且一旦双方通过专家组以外的阶段斡旋达成一致或妥协，则意味着程序中止，争端得到了解决。但是，值得注意的是，这种调停虽然是在程序之外进行的，却受到程序时间的限制，加上可能受到专家组报告的影响，其实际效果在多大程度上扭转了专家组、上诉等法律阶段的不可逆性，是值得怀疑的。尤其当中国遇到美国这样一个熟悉DSM规则，应诉能力强的大国对自己发起诉讼时，在案件情况比较复杂，利益比较错综复杂的情况下，美国是否愿意重新斡旋是值得怀疑的。通过上文的分析可以看出，中美贸易摩擦通过斡旋获得了解决，而停止专家组的运作的情况十分罕见，中美双方经过斡旋解决的案例少之又少似乎可以证明斡旋在中美双边贸易争端中的象征意义大于实际意义。

表 13－4　DSB 争端解决大致时间表①

程序与阶段	大约时间
提起诉讼与双方磋商	60 日—90 日
建立专家组	45 日
专家组开始调查并得出最终报告	6 个月（不能超过 9 个月）
DSB 通过报告（如无上诉）	60 日
合计（除去上诉所用时间）	1 年
上诉机构审议并得出最终报告	60 日（不能超过 90 日）
DSB 通过上诉机构报告	30 日
总计（所有程序加总）	1 年零 3 个月

通过争端解决所延续的时间可以看出，DSB 在解决两国双边贸易争端过程中所持续的时间较长，其效率也并不高。尤其对于中美两国来说，由于双方诉诸于 DSM 解决的案件的案情、所涉及的利益关系都比较错综复杂，因此当案件进入专家组阶段之后，这种超时现象就变得比较普遍。DSM 程序的低效性，可以理解成美国政府为应对国内利益集团压力，将某些争端诉诸于 DSM 解决的一个原因。而中国也可以利用 DSM 框架内的这个相当长的解决时间来逐渐地调整国内产业结构，即使败诉，中国也不会承受过大的损失。比如，在“中美汽车零部件进口案”中，这种解决程序时间上的拖延有助于中国调整国内汽车制造产业的结构，也使得中国不会因接受判决结果而承受更大的国内产业损失和国内决策压力，这也将使得争端解决结果更加易于被败诉方接受。

然而，争端解决的长时间与低效性使得案件所拖延的时间过长，耗费了双方的诉讼成本，这一方面可以使得违反有关协定的成员，不必为争端解决期间有争议的贸易措施，对争端的另一方

① 该表格根据《关于争端解决规则与程序的谅解》有关条款整理，由于《谅解》对此的规定比较灵活，所以表中每一阶段所显示的时间数字为一般所需时间，而时间总计也是估算数字，此外各国在任何阶段自行调解、斡旋解决争端的时间不计算在内。

造成的损害"埋单"[1]，使之能够在这一漫长的期间"逍遥法外"，进而使得争端的另一方因"拖不起"而被迫达成妥协，而这种妥协往往不会是 A1，B1 最佳状态的平衡。尤其是对于中国来说，由于中国的诉讼能力相对于美国较弱，因此案件的拖延有可能会造成悬而未决或搁置，或因所耗费时间过长而导致相应的诉讼成本方面的损失，这种损失将严重影响 DSM 实现中美间贸易收益平衡的任务。

五、DSM 与中美贸易争端解决

根据上文的分析可以看出，DSM 这种规则导向型与权力导向型混合的体制使得 DSM 程序本身，在中美贸易争端解决的过程中起到不同的作用，也给争端的解决带来各种不同的可能与走向。除此之外，DSM 的半司法性质也使得 DSM 本身在解决中美贸易争端中显得能力不足，这种能力不足使得中美双方有可能在信息不完全对称的情况下进行博弈，而这可能使得原有的完全信息前提下的博弈模型遭到扭曲，进而影响双方对于福利收益预期的判断，影响争端解决的效果。具体来说，DSM 的能力不足及其所导致的双方信息不完全主要体现在以下三个方面：

（一）DSM 无法掌握非关税壁垒的有关信息导致中美双方不合作的概率提高

DSM 严格的规定和具有司法性的效力虽然可以遏制中美两国单方面抬高关税的行为，但是却无法有效地限制两国制定各种有争议

① 田丰：《WTO 争端解决机制的研究进展》，李向阳：《世界经济前沿问题》，北京：社会科学文献出版社，2007 年版，第 125 页。

的贸易扶植政策或制止两国设置非关税壁垒的行为[1]，更无法通过威慑减少此类争端的发生。这是因为，一国的关税是透明的，易于检测，一旦中美两国中的一国发现另一国提高关税，采取保护措施，便可以由于掌握确凿证据而胜诉，进而靠 DSM 机制进行相应的惩罚。这将增加违反 WTO 规定一方的背叛成本，降低了其违反规定所可能获得的收益预期[2]，使得被诉方因为明显“理亏”而不得不放弃保护性关税。但是，非关税壁垒却难以准确检测。DSM 对非关税壁垒的信息掌握不完全造成了两方面的问题：一是各国政府采取非关税性的贸易保护措施受到的威胁降低，因为即便另一争端方向 DSM 控告，等待它的将是冗长的取证、调查、控辩和判决过程，由于 DSB 对这一问题的调查与判定能力十分有限，又很难给出一个证据确凿的判断，这使得政府容易采取保护措施，而不怕“立即败诉”；二是当一国（比如美国）发现本国的出口量下降、贸易逆差出现之后，在其无法判断对方关税是否增加的情况下，就不能区分这种现象是对方采取了非关税的保护措施的结果，还是其他原因造成的。这样它可能在信息不完全的情况下，直接采取相应的单边报复措施。这两方面的影响都将不利于争端的预防与解决，并导致双方容易在信息不完全的情况下选择自己的最优主导战略，降低合作的可能。

---

① 而从 WTO 贸易争端所涉及的协议总数来看，补贴问题、反倾销问题、技术壁垒、检验检疫问题和保障措施问题等涉及非关税壁垒的问题是中美两国也使其他国家间发生贸易争端最多的方面。参见纪文华、姜丽勇：《WTO 争端解决规则与中国的实践》，北京：北京大学出版社，第 43 页。

② Thomas L. Hungerford, “GATT: A Cooperative Equilibrium in a Noncooperative Trading Regime?”, Journal of International Economics, Vol. 31, No. 2, 1991, pp. 357 - 360.

（二）中美双方对于DSM的不同理解将降低实现博弈均衡的可能

导致争端的中美双方可能在信息不充分条件下博弈的一个重要因素，就是中美两国对于DSM的不同理解以及由此引发的中国对于美国向DSB提出磋商要求的行为意图的不理解。[①] 具体来说，当美国在对华贸易中受到损失的利益集团对中国的某一政策提出异议，对美国政府施加压力，要求政府采取报复措施的时候，DSM可以成为国内利益集团“愤怒的缓冲器”，也可以称为政府压力的缓冲器。美国政府通过把问题抛到DSB去解决，向这些因中美贸易而受损的国内利益集团传递了一个积极解决问题的姿态，这将减轻利益集团对政府的压力。同时DSM相对低效，也为中美两国政府在WTO机制内的斡旋提供了时间和空间。因此在美国方面看来，这种WTO法庭上的诉讼不会给中国带来过多的“负担”，或者至少是一种“胡萝卜加大棒”的行为。美国希望通过这样做，将中国纳入一个美国希望看到的贸易争端解决轨道上来。

但是，中国与美国双边贸易结构不同，中国主要出口劳动密集型产品，因此中国将对外出口看的至关重要。而美国如果动辄将中国告上DSB，对中国来说其很难理解美国人的这种“善意”。此外，中国进入WTO不久，处于不断了解DSM的过程中，面对着高成本的应诉，中国有可能倾向于通过原来的双边的、政府部门间的（中美商务部、外交部或者高层领导）直接对话谈判来解决问题。因此中国会将美国直接诉诸于DSM这一举动理解为对中国的非难和施加

---

① 此处主要考察的是美国起诉中国的情况，因为这一情况在中美贸易争端中所占的比重较大。而且在这种情况下，中美两国对美国诉诸于DSM行动的误解对两国贸易争端解决的影响最大。

压力[①]。从另一个角度来看，这使得 DSM 从一个促成妥协和博弈均衡的机制成为了争端双方在某一问题上“讨价还价战略的重要组成部分”[②]，将 DSM 作为“讨价还价的筹码”往往不利于双方妥协的达成和争端的妥善解决。

由此可见，中美双方对诉诸于 DSM 解决争端这一行为的理解，构成了两国彼此了解，获得完全信息的一个重要方面，中美两国都对美国将中美贸易冲突诉诸于 WTO 解决这一举动的理解怀有认知上的偏差，很可能导致双方无法充分利用磋商这一环节进而导致整个问题的解决容易朝着不可逆与失控的方向发展。

不可否认的是，DSM 的能力不足是造成这一危害的一个重要原因：DSM 为了促进争端解决的高效率，在各个环节对时间进行了限制，但这反而使得中美双方只能围绕着某一次案件进行“就事论事”的解决，并不能利用这样一个难得的“秘密外交”的场合充分加深彼此理解，加上有可能出现多方共同要求加入磋商的规定，更使得 DSM 无法给争端双方提供一个豪无干扰的机会，使得双方充分利用磋商这一环节，实现“收集正确的、相关的信息”[③] 的根本宗旨，进而实现完全信息状态下的合作博弈。从中美争端解决的 11 起案件就可以看出，在 5 起案件的处理过程中，专家组都提出鉴于案件的复杂程度，认为在 6 个月内不可能解决问题需要加以延长，而这 5 起案件中又有 2 起在 9 个月内都无法得以解决。如果早知道案件会拖延的话，为什么 DSM 不增加磋商的时间呢？

---

① 不可否认的是，中国目前已经有人入选上诉机构，这可以从一个侧面证明中国的应诉能力在逐步提高。但是，从目前来看，中美双方应诉能力的差异仍然使得双方对 WTO 的理解不同，而这种理解上的偏差显然可以导致信息的不完全。

② 田丰：《WTO 争端解决机制研究进展》，李向阳：《世界经济前沿问题》，北京：社会科学文献出版社，2007 年版，第 117 页。

③ ［美］戴维·帕尔米特、（希腊）佩特罗斯·马弗鲁第斯：《WTO 中的争端解决：实践与程序》，北京：北京大学出版社，2005 年版，第 2 版，第 79—80 页。

（三）DSM 的调查取证能力不足与中美双方对彼此政策意图可能产生的“误判”

DSU 虽然规定：“在一成员认为其根据适用协定直接或间接获得的利益正在因另一成员采取的措施而减损的情况下，迅速解决此类情况对 WTO 的有效运转及保持各成员权利和义务的适当平衡是必要的。”① 但是，由于中美双方国家的行政制度差异很大，一个政策的实际执行的效果在两个国家会因具体情况的差异而千差万别，而目前双方往往直接根据彼此的对外政策口径或“宣誓”，或直接根据所谓的“政策目的”和“立法目的”违背 WTO 有关规定而向 DSB 提起诉讼，而很难充分了解对方采取的这一政策究竟对本国有关出口产业产生怎样的影响，或明确这一政策是否是本国“直接或间接获得的利益减损”的真正原因。比如在“中国集成电路增值税案”中，中国制定这一政策主要是想表达政府对某一产业的扶植态度，促进更多地市场要素流入这一领域，并不是要扶植“国货”，与美国的产品“一争高下”；而且由于中国行政执行通道上的问题，中国有关退税执行的实际效果也相对有限，享受到这一政策优惠，并在与美国同类企业竞争中切实提高竞争力的中国企业也十分有限②。换言之，在动态博弈过程中，争端的另一方对福利损益的认知以及由此做出的政策回应，可能因为信息的不完全而导致偏差。在该案中，中国某一有争议的政策究竟给美国带来多少损失，这些损失究竟是否值得美国“大动干戈”，还有待进一步思考。因此，争端诉诸于 DSM 以后，中美双方由于对彼此国内的行政体制、行政执行通道的了解程度有限，容易出现信息非完全、非充分情况下“误判”的可能，这种“误判”会导致双方降低 A1、B1 处实现平衡的预期，更倾向于找出个中“是非曲直”而直接进行授权报复，进而不利于争

① 参见《关于争端解决规则与程序的谅解》，第 3 条第 3 款。

② 纪文华、姜丽勇：《WTO 争端解决规则与中国的实践》，北京：北京大学出版社，第 274 页。

端的妥善解决。

这种出现“误判”与“错觉”的原因是，在解决争端的过程中，DSB 作为一个法律仲裁机构进行独立调查、收集证据的能力明显不足：专家组只是基于中美两个争端当事国已经提交的证据做出判断，上诉机构也只能判定专家组的评判是否合乎有关法律条文规定。因此，当案件一旦到达专家组程序，专家组在调查过程中，在要求争端各方提供证据之后，只能明确相关政策内容，却无法中立、准确地调查该政策实际上是否有保护效果，进而消弭或减少专家组程序之前双方可能形成的“误判”。此外 DSM 作为一个司法程序，有着严格的时间限制，其“反向协商一致”的表决原则导致不妥的判决更容易被通过。这些因素都进一步导致中美双方在争端解决过程中更容易出现“误判”的可能。

虽然 DSU 有关条款中明确规定：“各成员国在投诉前应对这些程序下的行动是否有效做出判断”，“一项争端发生，所有成员国应善意参与这些程序，以谋求争端解决”①，但是由于 DSM 的司法性程序在该发挥作用的地方没有发挥作用，在不该发挥作用的地方反而容易变得刚性，这种能力不足所导致的信息不完全，显然背离了 DSU 所提出的“善意解决争端”原则，不利于争端的中美双方在框架内减少“误判”和增加“善意解决”的可能②。

① 参见《关于争端解决规则与程序的谅解》，第 3 条第 7 款。

② 需要指出的是，DSM 的这些弊端虽然显得有点吹毛求疵，这是因为，DSM 的能力限制与 WTO 机制本身存在的问题有关，WTO 作为一个国际机制，受到国家权力的影响，其能力有限；但是，不可否认的是，无论是什么原因造成的，DSM 的这一问题确实将使得有关 DSM 任务的判断假设遭到破坏，进而使得两国贸易争端的妥善解决偏离原有的轨迹。

结论

DSM作为一个多边的国际机制，在解决中美贸易争端的过程中，其最重要的任务就是，中美贸易争端出现后促进妥协的实现，保证双方对外贸易领域利益、收益与福利的均衡。而DSM中磋商、斡旋等非规则导向型程序的设置，将对这一目标和任务的实现主要起促进作用。但是司法性程序的设定以及DSM程序低效性对中美贸易争端解决来说更可能是一把“双刃剑”。此外，DSM机制固有的能力限制，将导致中美之间有可能在信息不充分的情况下进行博弈，而这会影响双方在争端产生、提起诉讼、磋商判决等各个阶段对收益与福利的认知，进一步阻碍最优平衡的达成和争端的有效解决。

DSM给了中美两国解决贸易争端的“希望”与“期望”，但却可能在具体的解决问题的过程中间让两国“失望”和“绝望”。然而这种可能带来“失望”和“绝望”的方面，正是中美两国在DSM框架下妥善处理贸易争端过程中重点关注的结点和共同面临的挑战，而妥善注意并真诚处理相关问题，或许将成为中美贸易争端解决过程中，化“失望”为“希望”、转“绝望”为“期望”的关键所在。

第二节　中国“入世”后的“两颗毒牙”问题

2001年12月11日，中国正式加入世界贸易组织，成为WTO的第143个成员国。在此之前，即2001年11月10日，由WTO部长级会议审议通过的《中华人民共和国加入议定书》(Protocol on the Accession of the People's Republic of China，简称《入世议定书》) 和

《中华人民共和国加入工作组报告书》（Report of the Working Party on the Accession of China，简称《入世工作组报告》）两份法律文件，是中国进行与WTO相关事务的重要法律依据，是对中国加入WTO后所要履行的义务和遵守的承诺的系统说明，同时，这两份法律文件也是《WTO协定》（即《马拉喀什建立世界贸易组织协定》，Agreement Establishing the World Trade Organization）的组成部分，均对作为成员国的中国具有法律约束力。

然而，虽然最终中国加入WTO是以法律文件的形式得以确定，但是整个争取入世的过程与其说是履行法律程序，不如说是与其他国家艰苦谈判的过程，是拥有不同综合实力的国家相互妥协的产物，是各国以各自利益为中心讨价还价的结果，因此中国想要得到WTO的接纳必定也为此做出了一定的让步，而这些让步都会在最终的法律文件中得以体现。于是便有了在《入世议定书》中被称作咬住中国的“两颗毒牙”的第15条和第16条规定。本文旨在对《入世议定书》第15条涉及的中国的市场经济地位问题和第16条规定的特定产品过渡性保障机制做出说明，并讨论这两项特殊内容会如何牵制中国的贸易发展和其他国家利益，最后本文将简要分析可能导致这两项问题条款遗留下来的部分原因。

一、中国的市场经济地位问题

（一）市场经济地位问题的产生

与“市场经济地位”相对的概念是“非市场经济地位”，或“非市场经济体”（Non－market Economy，简称NME）。拥有“市场经济地位”的国家实行市场经济制度，即依靠市场机制的运作来实现资源配置，相反的“非市场经济体”则在价格、工资、利率、汇率、国际贸易等重要的经济指标上依靠国家计划和政府调控来决定。这种分类起源于东西方对峙的冷战时期，当时西方国家认为社会主义国家实行计划经济，对国内原材料、劳动力价格进行控制，以行政命令方式制定进出口额度，因此其出口商品的成本价格并不以市场供求关系为依据，与西方市场依靠价值规律形成的价格不具备可比性，因此西方国家在给予贸易待遇时，对社会主义国家往往区别对待。

实践中“市场经济地位”这一概念最重要的意义反映在国家间发生反倾销诉讼之时。倾销是指是指一国或地区的生产、出口商将其产品以低于正常价值的价格销售到另一国或地区的行为，因此在判断某一生产商或出口商是否构成倾销行为时，需要的价格数据包括出口价格和产品的正常价值（通常是该产品的国内市场价格或成本）。前者的数据比较容易获得，通常是一个确定的数值，查询生产商或出口商的定价即可获取。然而，后者的获取则存在问题：如果该生产、出口商所在国是西方国家所承认的拥有市场经济地位的国家，则其国内价格或成本也同样会得到认可，因为这是通过自由的市场机制调节形成的，符合基本的供求规律；但是，如果该国不被认为具备市场经济地位，则进口国在判断其国内价格和成本时可以不采用这种被行政指令、政府计划干扰和操控的价格。

为了解决与这些“非市场经济体”发生反倾销案件时衡量标准选择的问题，便形成了“替代国原则”，即在对非市场经济体发起反倾销调查时，可以选取与被诉国家或地区经济发展水平大致相当、具有市场经济地位的第三国，将该第三国作为被诉国的“替代国”，利用第三国的成本数据作为价格计算基础得出所谓的“正常价值”，形成审查被诉国是否做出倾销行为的衡量标准，进而计算倾销幅度。一旦被确定为倾销，则该被诉国家或地区的生产商或出口商将承担高于一般进口税的反倾销税，对该国出口贸易造成不利影响。替代国原则的应用有其国际法上的依据：《关税与贸易总协定》第6条第1款以及其注释就规定了“国家控制贸易国家”问题。WTO《关于实施1994年关税与贸易总协定第6条的协定》（又称《1994年反倾销守则》）附件九对第6条第1款的解释和补充规定，虽然没有明确以“替代国”方式决定可比价格，但也阐明了用替代方式决定可比价格的客观性和合理性。一般认为这一解释实际上是世贸组织对替代国做法的一种默认。[①]

中国的市场经济地位问题在加入WTO之前就已经存在。例如，1980年中美薄荷醇反倾销案是美国对华发起的第一起反倾销案，经由该案美国将我国确定为“国家控制经济”国家[②]；1991年南非对华平纹机织物反倾销案中，南非调查当局认定中国为“非市场经济国家”，选择美国作为计算中国产品正常价值的替代国[③]；1997年土耳其对华聚乙烯醇反倾销案中，土耳其反倾销调查机构认为中国企业属于“非市场经济”性质，因此将发达国家日本作为替代国来确定正常价值。[④]

与中国当前遇到的“市场经济地位”问题紧密相关的是《入世议定书》第15条的规定。世界贸易组织是由市场经济国家自愿加入的国际经济组织。一般来说，加入世界贸易组织就意味着被其他成员默认为“市场经济国家”。[⑤] 但是，根据《入世议定书》第15条的内容，WTO并没有直接承认中国的市场经济地位。第15条规定可以概括为：在确定价格可比性时，WTO进口成员使用接受调查产业的中国价格或成本，或者使用不依据与中国国内价格或成本进行

① 陈彬：《印度反倾销法中的‘非市场经济国家’问题研究》，载《世界贸易组织动态与研究》2008年第11期，第22—29页。

② 转引自王磊、李佳成：《中国市场经济地位问题研究——基于应对美国反倾销调查视角的分析》，载《生产力研究》2010年第3期，第12—13页。

③ 商务部进出口公平贸易局著：《国外对中国产品反倾销、反补贴、保障措施案例集（亚非卷第二册）》，北京，中国商务出版社，2006年4月第1版，第180页。

④ 商务部进出口公平贸易局著：《国外对中国产品反倾销、反补贴、保障措施案例集（亚非卷第二册）》，第10页。

⑤ 曲丹：《中国市场经济地位问题研究——从中美经济外交博弈角度分析》，外交学院2004级硕士研究生学位论文，2007年6月。

严格比较的方法，而采取何种方法取决于受调查的生产者能否明确证明，生产该同类产品的产业在制造、生产和销售该产品方面具备市场经济条件；如果能够证明，则该WTO进口成员在确定价格可比性时，应使用受调查产业的中国价格或成本；反之则采用后一种方法。[①] 一旦中国根据该WTO进口成员的国内法证实其是一个市场经济体，或者如果中国根据该WTO进口成员的国内法证实一特定产业或部门具备市场经济条件，则有关的非市场经济条款不再适用。[②] 也就是说，虽然中国加入了WTO，但是并非当然成为市场经济国家，是否具备市场经济地位还要具体地依据进口成员的国内法分别确定，其结果取决于与各国的单独谈判过程。一旦某一国家或地区拒绝承认中国的市场经济地位，中国将在反倾销诉讼中接受前文所述的替代国原则。

（二）替代国原则的问题

虽然这项选用替代国的方法有国际法依据，但是现行WTO制度本身就是各成员国讨价还价的产物，其中不乏缺陷和问题。

第一，采用替代国原则的经济学假设认为，如果两国的经济发展水平相近，那么其生产同类产品的成本也相近。然而事实上，各国的资源禀赋各不相同，比如劳动力充足的国家其工人的工资水平通常比劳动力贫乏的国家要低，因此即使是多项经济指标相近的国家，其生产要素价格并不必然相近。造成各国家间成本差异的原因固然可能是不同的基本经济制度，但是不同的企业组织方式、生产规模、市场规模、生产要素价格等因素也会对成本产生重要影响。因此，如果无视一国的资源禀赋和比较优势，简单地套用其他国家的数据，在成本上直接划等号，对于出口国很难说是合理公正的

① 参见《入世议定书》原文。

② 同上。

做法。

第二，WTO相关规定仅仅停留在原则层面上，将“非市场经济国家”问题实际裁量的权力交给了各成员政府，这难免造成规则的被滥用。[①] 虽然《1947年关税与贸易协定》、《1994年关税与贸易协定》和WTO《反倾销协定》提出了“非市场经济”的概念和“替代国”的做法，但仅仅提供了笼统的原则性的许可，在实际适用上并没有给出具体的判断标准。因此，在处理反倾销案件时各进口国完全根据本国国内法实行核查，可以单方面制定判断是否具有市场经济地位的标准，处理结果当然也由进口国通过履行其国内法律程序来单方面作出。这使得进口一方获得了极大的自主性，而使出口一方十分被动，且承担了极大的不确定性。出口国家或地区，能否获得市场经济地位的承认，则取决于与进口国家或地区单独谈判的过程，而这个过程就不仅仅是法律程序在运作，更多是政治、外交层面的抗衡。

第三，替代国是在反倾销调查开始后由调查当局确定的，出口国在出口定价时根本无法预测到替代国是哪一国，也就无法对替代国同类产品的有关价格、成本资料等因素进行合理的价格分析，无法预测交易价格被认定为倾销的可能性及倾销幅度的大小。[②] 同样，由于协议对参照标准的规定比较模糊，进口国在选取替代国时有很高的自由度，使得在一件反倾销诉讼中能够符合替代国条件的国家不止一个，而进口国为了本国利益往往会有动机选择导致更高倾销幅度的替代国。这样使得出口一方平添了许多不可预知的风险，是否会构成倾销、倾销幅度大小，出口国在出口商品前均无法预测。例如，在前面提到的1991年南非对华平纹机织物反倾销案，南非调查当局选择美国作为计算中国产品正常价值的替代国，但是中美的

---

① 王胜伟：《WTO反倾销中的‘非市场经济国家’制度分析》，《商业时代》，2010年第25期，第57—58页。

② 王胜伟：《WTO反倾销中的‘非市场经济国家’制度分析》，第57—58页。

经济发展水平明显不相当、工人平均工资水平差距悬殊，依据如此计算的正常价值显然会抬高中国的倾销幅度。[①] 而且，该案还涉及韩国、印度、泰国等国家，南非税贸署在选择第三国时，却没有首先选择这些比起美国来说与中国发展水平更接近的涉案国家。

（三）市场经济地位缺失的后果

自 1979 年 8 月欧共体对我国的出口产品首次反倾销以来，到 2002 年 10 月份，已有 33 个国家和地区对我国出口产品发起反倾销调查 502 起，保障措施 42 起，总数达 544 起，反倾销调查案涉及到我五矿化工、轻纺、土畜、机电等 4000 多种商品。[②] 加入 WTO 后，中国出口产品遭遇国外的反倾销诉讼也是有增无减。从 1995 年到 2003 年 12 月 30 日，针对我国的反倾销立案数量在全球总数中所占的比重为 15% 左右，高居榜首。其中，近 70% 的立案被采取反倾销措施，远远高于全球平均水平。[③] 图 13 - 5 和图 13 - 6 显示，中国遭受的反倾销立案调查在绝对数量和占世界总量的百分比上都呈现上升趋势。图 13 - 6 中，2008 年数据较 2007 年有小幅回落，2009 年则较 2007 年有大幅回落，其原因在于时值金融危机带来全球经济衰退，世界各国普遍加强了贸易保护措施，2009 年全球范围内反倾销案件的总数相比 2007 年、2008 年分别增加了 166% 和 110%；而且中国在 2008 年、2009 年两年中受到的反倾销调查绝对数量增加，百分比的下降仅仅是由于作为基数的案件总数急剧增加。因此，图 13 - 6中的“回落”并不能说明中国在反倾销问题上所面临的国

---

① 商务部进出口公平贸易局著：《国外对中国产品反倾销、反补贴、保障措施案例集（亚非卷第二册）》，北京，中国商务出版社，2006 年 4 月第 1 版，第 180 页。

② 贸易摩擦应对指南，中华人民共和国进出口公平贸易局：http://gpj.mofcom.gov.cn/aarticle/bu/bv/200310/20031000133300.html，2003 年 10 月 8 日。

③ 程刚：《中国“入市”能帮“反倾销”多大忙》，人民网：http://www.people.com.cn/GB/jingji/1045/2532424.html，2004 年 5 月 31 日。

际环境有所好转。

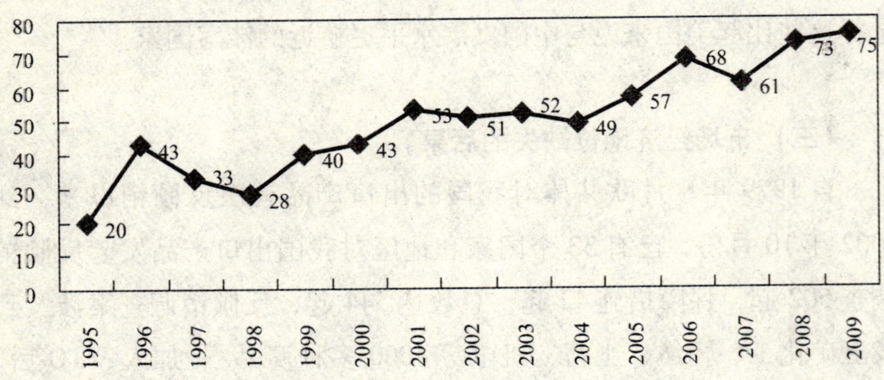

图 13－5　1995 年—2009 年中国遭遇反倾销立案调查数量①

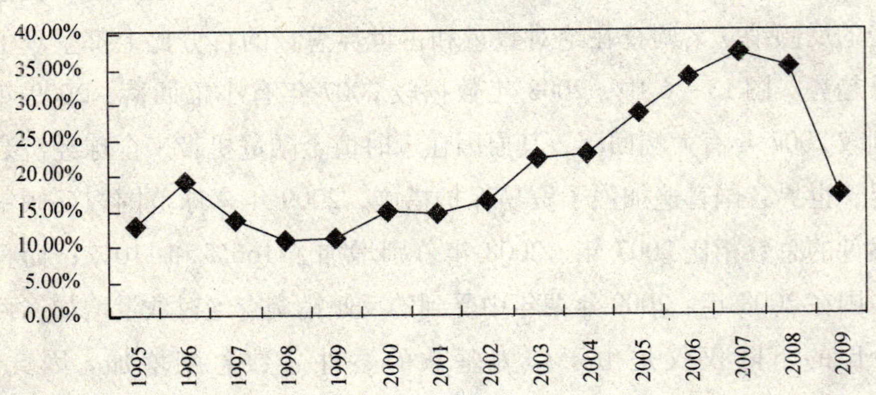

图 13－6　1995 年—2009 年中国遭受反倾销立案调查数量占世界总数百分比②

---

① 数据来自世界贸易组织网站：http：//www. wto. org/。

② 同上。

《入世议定书》第15条规定表明了中国市场经济地位的缺失，对于出口贸易额巨大的中国而言，最直接的影响是使中国企业在反倾销诉讼中处于十分不利的地位，屡屡败诉。在过去针对中国反倾销案件中，“替代国”往往是国内生产成本和价格大大高于中国的国家，因而在反倾销案中，使得本来不构成倾销的中国产品被裁定为倾销，或者原本倾销幅度轻微结果却被裁定为高度倾销，然后被强制执行反倾销措施，使得被诉企业承担了不正当的高额反倾销税、减少了其产品在该国的市场份额，许多生产商、出口商成为国家间贸易壁垒的牺牲品。例如，1988年欧盟诉中国彩电倾销案中，欧盟选择人力成本20倍于中国的新加坡作为替代国，由此裁定中国彩电企事业倾销，导致中国彩电被欧洲市场拒之门外长达15年。[①] 在2003—2004年中美彩电反倾销案中，美国选择的替代国是印度，而印度的平均原材料价格是中国的6倍，这直接导致中国彩电的生产成本被高估，2004年中国对美彩电贸易额不足2003年同期的三分之一，使本来就因价格战利润微薄的彩电业更加艰难。[②]

另外，观察针对中国的反倾销调查数据变化可以看到，中国在加入WTO后，遭到的反倾销诉讼反而有增无减，似乎正与我们的对“入世”的直觉相反。这是因为在进口国家间形成了一种“示范效应”：市场经济地位的缺失使得中国企业往往在反倾销案件中败诉，对于发起诉讼的进口国通常是有利可图的，从而进一步刺激了其他国家对我国产品提起更多的反倾销诉讼、更加积极地以反倾销作为限制我国产品出口的贸易保护工具，从而恶化了中国企业出口面临的国际贸易环境。

---

① 程刚：《中国“入市”能帮“反倾销”多大忙》，人民网：http：//www.people.com.cn/GB/jingji/1045/2532424.html，2004年5月31日。

② 同上。

（四）美国与欧盟拒绝承认中国的市场经济地位

中国在争取获得市场经济地位的努力中已取得重大进展，到2010年5月份，全球已经有近150个国家承认并给予中国市场经济地位；但是到目前为止，包括美国、欧盟在内的约全球四分之三的“高收入国家”不承认中国的市场经济地位。[①] 这是因为WTO并没有提供统一的判断市场经济地位的指标，各成员都依据其国内法确定的衡量标准进行判断。

美国《1988年综合贸易与竞争法》对“非市场经济国家”做出定义，即凡不以成本或价格的市场原则运转、产品的国内销售价格不反映商品的公平价值的任何国家均属“非市场经济”国家。该法所规定的市场经济国家的六条判断标准包括：1. 货币的可兑换性；2. 对劳工与雇主之间可自由议定工资率的允许程度；3. 对外国开办合资企业或进行其他投资的允许程度；4. 生产资料的政府控制或政府所有程度；5. 对资源配置以及企业价格、产量决策的政府控制程度；6. 美国商务部认为还应该予以考虑的其他因素。[②] 中国的市场经济地位若要获得美国承认，必须符合上述六条标准。事实是，1999年中美就中国加入WTO达成的双边协议规定，美国在未来的与中国的反倾销案件中，可以维持其目前的反倾销方法（将中国作为非市场经济国家对待），其有效期为中国加入WTO后15年。[③] 这表明美国不承认中国的市场经济地位，而且在会在反倾销核查中对中国适用替代国原则，在内容上与《1947年关税与贸易协定》、《1994年关税与贸易协定》、WTO《反倾销协定》以及《入世议定

---

① 巩胜利：《中国的市场经济地位将很快被承认?》，中国选举与治理网：http://www.chinaelections.org/NewsInfo.asp?NewsID=178015，2010年5月27日。

② 王磊、李佳成：《中国市场经济地位问题研究——基于应对美国反倾销调查视角的分析》，第12—13页。

③ See *U.S. – China Bilateral WTO Agreement*.

书》第15条的原则基本一致，但更具体的操作程序则由美国现行的反倾销法规定。

1998年，欧盟宣布将中国从“非市场经济国家”名单中取消，但仍将中国视为“市场转型经济国家”，即在总体上不承认中国是“市场经济国家”同时，对于符合条件的部分企业在反倾销调查中给予市场经济地位。欧盟2009年颁布的《反倾销条例》明确列出了申请“市场经济地位”企业所需要满足的条件：1. 市场供求决定价格、成本、投入等；2. 企业有符合国际财会标准的基础会计账簿；3. 企业生产成本与金融状况，不受前非市场经济体制的歪曲；4. 确保破产法及物权法法适用于企业；5. 汇率转换依据市场汇率确定。[①] 如果中国企业能够提供充分的资料，证明其符合欧盟法律所要求的条件，则欧盟委员会将给予其“市场经济地位”，即按照企业自己的国内销售价格或者成本信息来计算正常价值，与企业的实际出口价格进行对比以计算倾销幅度，这样的结果通常对中国更加有利；如果不能，将以“单独待遇”和“中国统一税率”两种比较不利的办法处理。[②] 自1995年1月1日至2010年12月31日，欧盟针对中国一共发起了99起反倾销调查，中国一共有94家公司分别在32起反倾销调查当中获得了“市场经济地位”。[③]

中国一直在为争取市场经济地位而不懈努力。以与美国为例，近几年来中国在争取“市场经济地位”问题上与美国展开了一系列经济外交活动。2004年2月20日，美国商务部长唐纳德·埃文斯访

① 桑百川：《中国争取完全市场经济地位始末》，载《经济导刊》2005年第1—2期，第16—18页。

② 姚爱峰，刘成：《再谈中国企业在欧盟反倾销调查中的“非市场经济地位”》，中国贸易救济信息网：http://www.cacs.gov.cn/cacs/lilun/lilunshow.aspx? str1 = 2&articleId = 82456，2011年3月10日。

③ 姚爱峰、刘成：《再谈中国企业在欧盟反倾销调查中的“非市场经济地位”》。

华，标志着中美在中国市场经济地位问题的角力完全展开。[①] 2004年6月3日美国东部时间早9点左右（北京时间6月3日晚21点左右），在位于华盛顿市中心的宪法大道上美国商务部大礼堂举行了就是否给予中国市场经济国家地位的第一轮公众听证会，这次听证会是由美中商业和贸易联合委员会结构性问题工作组主办，标志着中美双方为解决这个困扰中美经贸关系多年的问题迈出了第一步。[②] 2010年5月25日，第二轮中美战略与经济对话在北京结束，美国总统奥巴马的特别代表、国务卿希拉里·克林顿、财政部长盖特纳同中国国家主席胡锦涛的特别代表、国务院副总理王岐山和国务委员戴秉国出席了总结对话成果的联合记者会。作为此次经济对话的重要成果之一，双方承诺致力于构建更加开放的全球贸易和投资体系，反对贸易和投资保护主义。美方承诺将在贸易救济调查中，认真考虑并给予提出“市场导向行业”申请的中国企业公正、合理的待遇，并通过中美商贸联委会，以一种合作的方式迅速承认中国市场经济地位。[③]

虽然中美关于中国的市场经济地位问题不断交锋，而且随着时间的推移显示出向好的前景，但事实上至今中国仍未取得实质性结果，美国依然拒绝承认中国的完全市场经济地位。在中美交锋的过程中，美国根据其六条判断市场经济国家的标准提出了一系列否定中国市场经济地位的理由。2006年美国商务部对从中国进口的文具纸反倾销案作出终裁，同时美方重申维持中国属于非市场经济国家的判断。应中国申诉方的要求，美国商务部公布了关于中国非市场

---

① 《市场经济地位冷思考：“作为”比“地位”更紧要》，中国网：http：//www.china.com.cn/chinese/EC－c/599704.htm，2004年7月1日。

② 贾泽驰：《是否应该给予中国市场经济地位，中美首次正面交锋》，新华网：http：//news.xinhuanet.com/world/2004－06/04/content_ 1507441.htm，2004年6月4日。

③ 张蔚然：《中美对话成果丰硕 美将迅速承认中国市场经济地位》，中国新闻网：http：//www.chinanews.com/gn/news/2010/05－25/2303903.shtml，2010年5月25日。

经济地位的终裁备忘录，从美国市场经济国家的六个判定标准，对中国经济进行了全面分析。在备忘录中，美国商务部肯定了“中国经济在过去25年以来发生了重要的积极变化，中国政府作出重大改革引入市场力量”，包括政府对价格控制的放松、私营企业在许多领域的发展、外国直接投资的大量涌入等等。[①] 但另一方面，美国商务部又表示“中国政府依然对经济保持着强有力的控制”，包括：政府对经济的干预依然十分强大，使得产品价值和价格成本等不完全相关；人民币汇率依然没有完全市场化；对于工资依然存在制度性和行政性控制，劳动力自由迁移依然受到局限；政府在生产和资源分配中依然起重要作用，要求在关键行业保证国有控制；私营企业的行为受到政府的巨大影响，银行业依然以国有为主；私人不能拥有土地，私有财产权没有受到充分保护等等。[②]

长期以来，美国质疑中国市场经济地位的理由其焦点可以总结为两方面内容：一是中国的政府职能问题，对应六条标准的内容，美国认为中国政府仍在很大程度上操纵市场运行、妨碍私人经济活动；二是人民币汇率问题，美国认为人民币汇率并不是依靠市场机制形成的，一直督促人民币升值以缓解美国的贸易平衡压力。总之，尽管美国认可中国进行了有意义的市场化改革，但依然认为中国的市场力量还不充分，其生产要素的市场化程度不足以达到美国所设定的标准。

美国是否承认中国的市场经济地位还有着特殊的意义：作为世界上头号强国，美国在该问题上的态度对包括欧盟国家在内的全球其他高收入国家，必然会有非常大的示范、带动作用，能够加进其他国家认可中国市场经济地位的步伐。因为，如果不跟进美国的态

---

① 《美国商务部对中国进口的文具纸反倾销案作出终裁 重申中国之非市场经济地位》，中国轻工业网：http：//old. clii. com. cn/wj/news/show. asp? InfoName = % B9% FA% BC% CA% D0% C2% CE% C5&ShowID = 116838，2006年9月4日。

② 《美国商务部对中国进口的文具纸反倾销案作出终裁 重申中国之非市场经济地位》，中国轻工业网。

度调整贸易政策，那么其他国家将在对华贸易上更加难以与美国竞争，并在对中关系上承担更多的政治压力。

（五）贸易问题的政治化

尽管各国制定判断市场经济地位的标准都是单方面的国内法律行为，但这的确是国际上通用的做法，而且并不违反 WTO 的规定。因此只要在适用时公平合理，那么即使是依据进口国单方面制定的标准，出口国一方也无可指摘。然而美国与欧盟在对市场经济地位作出判断时，却出于各种非贸易原因而对中国有歧视性的对待，并没有公平地对中国适用其既定标准，致使中国在反倾销诉讼中承担着这种不公平带来的损失。

比较典型的是美国和欧盟在该问题上对中国和俄罗斯给与了不同的裁判结果。美国传统基金会、加拿大弗雷泽研究所、瑞士洛桑学院这三个国际权威机构对中俄两国的经济自由化程度进行了比较，表 13 -5 是美国传统基金会 2003 年报告中对 2000 年中俄经济自由度的评价结论①：

表 13 -5 2000 年中俄经济自由度指数比较②

经济自由度指数国际比较表——传统基金会（2000 年）

国家	排名	得分	贸易政策	政府财政负担	政府对经济的干预	货币政策	资本流动及外国投资	银行和金融	工资及价格	产权	规制	黑市
中国	127	3. 55	5. 0	3. 0	4. 0	1. 0	4. 0	4. 0	3. 0	4. 0	4. 0	3. 5
俄罗斯	135	3. 70	4. 0	3. 5	2. 5	5. 0	3. 0	4. 0	3. 0	4. 0	4. 0	4. 0

资料来源：美国传统基金会。

① 美国传统基金会的经济自由度是用指数的形式来反映的，指数值的范围为 1—5，指数值越小，表示经济自由度越高。

② 转引自《中国市场经济发展报告 2003》（简本），人民网：http：//www. people. com. cn/GB/jinji/36/20030414/971145. html。

从表中可以看到，在经济自由度指数方面，中国比俄罗斯领先8个位次。具体项目上中国经济自由度与俄罗斯相比，有强项也有弱项，但在总体评分表面上中国整体领先于俄罗斯。同样，加拿大弗雷泽研究所的评价结果截至到2000年，中国经济自由度领先俄罗斯15个位次；瑞士洛桑学院认为一个国家的经济自由化程度可以从它的竞争力上得到一定程度的反映，其排名结果是中国的竞争力指数排名在2001年优于俄罗斯12位，并且四个因素的指标全部领先。[①]与此同时，经济自由化和市场化之间是高度相关的，在一定意义上可以通用，自由化指数在相当程度上是可以用来进行市场经济测度的。[②] 因此从上面比较中可以得出结论，中国的市场化程度高于俄罗斯。然而，美国和欧盟于2002年给予俄罗斯市场经济国家地位，却至今拒绝承认中国的市场经济地位，这不能让人不质疑其中的公平性。

这其中的原因是复杂的，因为是否给与一个国家市场经济地位已经超出纯粹的国际贸易领域，而是还有更综合性的政治考虑，涉及的利益不是可以用几项单纯的经济指标来衡量的。例如，欧盟承认俄市场经济地位，至少基于三项考虑：争取与俄罗斯就打击恐怖主义进行合作，保证俄对欧盟的能源供应，俄罗斯的出口能力对欧盟没有太大威胁——可以说欧盟当时的决定很大程度上是一个政治决定。美国一直握住“市场经济地位”这张牌不放，经济上可以保护国内相关产业；在国内政治上政治家个人还可以借此回应美国民众舆论对“中国制造”的恐惧，以期在选举中赢得更多选民的支持；在处理中美关系时可以作为政治筹码，用以争取其他领域的利益。但可以看到的是，根据协定中国在2016年将自动获得市场经济地

① 转引自《中国市场经济发展报告2003》（简本），人民网。

② 参见《中国市场经济发展报告2003》（简本），人民网。

位，“市场经济地位”作为谈判筹码的价值会越来越低。另外，WTO成员中，印度是对中国运用贸易救济措施最多的国家之一，采用最多的贸易救济措施仍然是反倾销。[①] 据我国商务部和印度商工部数据统计，印度对华反倾销立案数占其反倾销案件总数的47.3%，我国是印度反倾销调查的最大受害国。[②] 除了将否认中国的市场经济地位作为贸易竞争的工具，印度国内部分高层决策者和普通百姓也主张政府在政治、经济、军事和外交上采取措施，以从国家层面上抗衡国力不断增强的中国。[③] 印度作为中国的邻国，对于中国的发展缺乏安全感，因此在贸易上给中国制造障碍从根本上也是出于对国家安全的考虑。

二、特定产品过渡性保障机制

（一）简述WTO保障措施的一般规定与“特定产品过渡性保障机制”

与《入世议定书》第15条并称“两颗毒牙”的问题条款是第16条规定的“特定产品过渡性保障机制”。该条款是专门针对中国的一项特殊规定，本质上是一种“特殊保障措施”，但其产生并不是无源之水，而是由WTO对“保障措施”的一般规定衍化而来。“保障条款”实际上是一种例外条款，大多数载有自由贸易内容的国际协定一般都含有这种条款，以便使缔约国在特殊情况下免除承诺的义务或违反条约规定的行为规则，所以它有时也被称为“免责条

① 陈彬：《印度反倾销法中的“非市场经济国家”问题研究》，《世界贸易组织动态与研究》2008年第11期，第22—29页。

② 中华人民共和国商务部《2007年国别贸易投资环境报告》，中华人民共和国商务部进出口公平贸易局：http://gpj.mofcom.gov.cn/aarticle/d/cw/200704/20070404566319.html，2007年4月13日。

③ 陈彬：《印度反倾销法中的‘非市场经济国家’问题研究》，第22—29页。

款”。从立法的完整性上看，这样的条款是必要的，因为它增加了条约的灵活性，可以从长期上增加国际协定的稳定性。最早的免责条款出现在1943年美国与墨西哥签定的双边贸易协定中，后来由美国推动，正式将保障条款移植到《1947年关税与贸易协定》第19条中。[①]

《1947年关税与贸易协定》第19条分别就实施紧急进口措施的条件、通知和协商，以及对等义务减让等问题做出规定，其主要内容是：当一缔约国由于承担关贸总协定的义务或因意外情况的发生，使某一产品输入到这一缔结国领土的数量大为增加，从而严重损害或严重威胁国内同类产品或与它直接竞争产品的生产者时，该缔约国可以全部或部分地暂时中止履行义务，或撤回或修改所作的关税减让；在紧急情况下，允许先采取保障措施，随后磋商；如果磋商不能取得一致，在缔约国全体不表示异议的前提下，允许进口国单方面采取保障措施；也允许出口国采取报复措施，中止履行大体对等的关税减让或其他义务。[②] 虽然该条规定了一定的实施要件，但从保障条款的内容来看还存在着许多问题，比如对“严重损害”这样的概念仅给出模糊的表述，给保障条款的实施带来困难。尤其是该条款在具体适用时可以产生很多不同的理解，众多分歧中争论的焦点是适用保障措施的“非选择性”和“非歧视性”问题，第19条对保障条款的适用是否应具有非选择性、非歧视性未作明文规定。

1994年4月的马拉喀什部长会议，即乌拉圭回合，最终通过了建立世界贸易组织的一揽子协议，其中包括《保障措施协定》（Agreement on Safeguard）。该协议部分吸收了原19条的内容，同时又作出了许多变动，包括澄清概念、确定了新的实施原则并弥补了程序上规定的不足，特别是在“损害”标准、适用期限以及对发展中

---

① 常文娟：《GATT与WTO保障性条款的演变分析》，《当代经济》2001年第8期，第52页。

② 常文娟：《GATT与WTO保障性条款的演变分析》，第52页。

国家的优惠措施等问题上做了新的规定或实质性的修改，相对于1947年的规定取得了很大进展。《保障措施协定》还规定，保障措施应该对某一进口产品采取，而不考虑其来源，从而最终明确禁止了适用保障措施时针对特定国家的行为，否定了《关税与贸易总协定》第19条适用上的选择性和歧视性做法。

中国加入WTO签订的《入世议定书》中第16条和《入世工作组报告》第245—250段规定了针对中国的“特定产品过渡性保障机制”，简称“特保条款”。它实质是一种“特殊保障措施”，是受特殊程序规则约束的保障机制。在现有的WTO框架下，特殊保障措施以两种形式存在：第一种是《农业协定》第5条和《纺织品与服装协定》第6条规定的特殊保障措施；第二种是在某些世贸成员入世议定书中所加入的特殊保障措施。[①]《入世议定书》第16条的规定就属于第二种特殊保障措施。由于《入世议定书》第16条所规定的特殊保障措施有一定期限（中国入世后12年），是一种过渡性的安排，所以又被称为过渡性保障措施。[②]

“特保条款”的主要内容有：在我国加入WTO后12年内，如果中国出口的产品在进口至任何WTO成员的领土时，其增长的数量或所依据的条件对生产同类产品或直接竞争产品的国内生产者造成或威胁造成“市场扰乱”时，则该WTO成员可请求与中国进行磋商寻求双方满意的解决办法，包括受影响的成员是否应根据《保障措施协定》采取措施。如双方同意有必要采取行动，则中国应采取行动以防止或补救此种市场扰乱。如双方未能在收到磋商请求后60天内达成协议，则受影响的WTO成员有权在必要的限度内，对此类产品撤销减让或限制进口。在迟延会造成难以补救的损害的紧急情况下，受影响的WTO成员还可根据初步认定采取不超过200天的临时保障

① 莫世健著：《贸易保障措施研究》，北京大学出版社，2005年版，第134页。

② 吴荣荣：《中国入世议定书之特定产品过渡性保障机制研究》，外交学院2003级硕士研究生学位论文，2006年5月。

措施。[①] 简而言之，如果进口 WTO 成员认定中国出口的产品在其领土内造成或可能造成“市场扰乱”，就可以采取措施限制从中国的进口，在采取临时保障措施时甚至可以不经中国同意单方面采取行动。《入世议定书》第 16 条第 4 款还对“市场扰乱”作出了规定。

为了更好地理解 WTO 保障措施的一般规定、与中国出口产品相关的保障措施这两者之间的关系及其适用法则，根据特别法优先于一般法适用的原则，可参考图 13－7 总结：

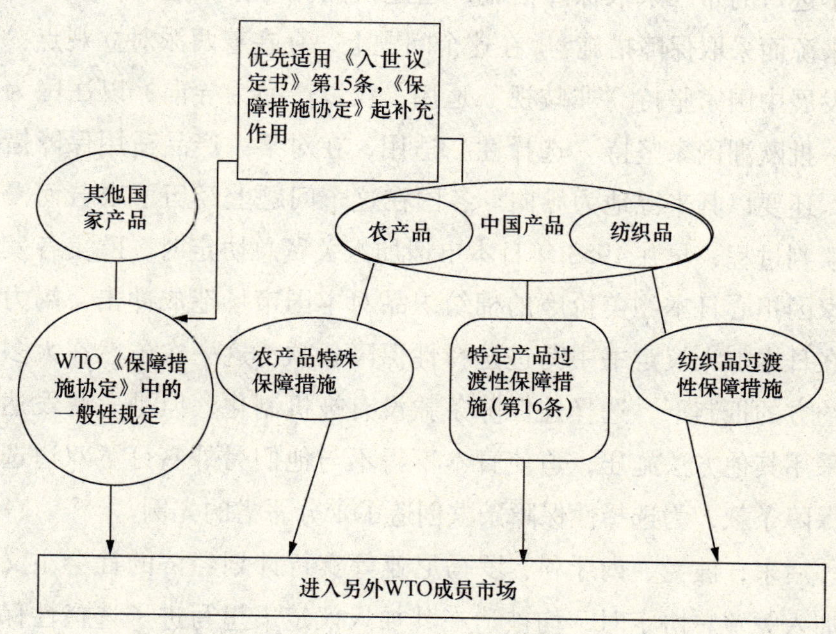

图 13－7[②]　与我国出口产品相关的保障措施及其适用[③]

① 参见《入世议定书》原文。

② 吴荣荣：《中国入世议定书之特定产品过渡性保障机制研究》，外交学院 2003 级硕士研究生学位论文，2006 年 5 月。

③ 注：其中“农产品特殊保障措施”和“纺织品过渡性保障措施”应理解为 WTO《农业协定》第 5 条和《纺织品与服装协定》第 6 条的规定，《入世工作组报告》第 242 段所规定的关于 WTO《纺织品与服装协定》所涵盖的、原产于中国的纺织品和服装产品的过渡性保障措施，已于 2008 年 12 月 31 日期满。

（二）特保条款的合法性问题

对于《关税与贸易总协定》第19条保障措施的最大争论或分歧在于是否允许“选择性”适用，即是否允许专门对出口额最大的某一个或几个国家（即所谓“肇事国”）采取保障行动，而不对出口量较少的国家采取保障行动。例如，有七、八个国家对甲国出口布匹，而其中日本出口数量最大占了一半，那么是否允许甲国专对从日本进口的布匹采取保障措施，还是仅能针对布匹这一产品、不区分来源而采取保障措施?[①] 在这个问题上，存在着两派对立观点：广大发展中国家坚持“非歧视”适用，仅以产品为导向；以法国为主的一批欧洲国家坚持“选择性”适用，在对某一产品适用保障措施时，还要以其来源地为导向。各国在这个问题上经历了艰苦而漫长的谈判过程，早在1953年日本申请加入关贸总协定时，欧美各发达国家因担心日本物美价廉的棉纺织品对本国市场造成冲击，竭力主张在日本加入议定书中写进选择性保障条款。这一次虽然在大多数缔约方的抵制下，选择性保障条款没有被机制化，但是一些发达国家采用其他方法施压，迫使日本不得不与他们另外签订了双边选择性保障条款，为选择性保障条款创造了十分恶劣的先例。

后来，波兰、匈牙利、罗马尼亚等实行计划经济的社会主义国家加入关贸总协定时，均被迫在其加入议定书里写进了选择性保障条款，名称上改为“特殊保障条款”（Special Safeguard Clause），以允许只对来自这些国家的产品采取保障措施。其他缔约国对此提出的理由是，“共产党”国家实行的是“非市场经济”，政府控制的出口部门有能力集中所有的出口，占领外国某一产品的市场，可能会

① 赵维田：《有失公平的保障条款——解读《中国加入世贸组织议定书》第16条》，《国际贸易》2002年第4期，第35—39页。

造成“市场扰乱”，因此必须有特殊的保障机制加以预防。[①]

此后，对选择性的争论并未停止。1973 年至 1979 年的东京回合上，围绕选择性的争论成为一大热点。以欧共体和北欧各国为一方，与反对选择性、坚持不歧视原则的美国、加拿大及广大发展中国家为另一方的争论僵持了 6 年，仍未达成协议。[②] 直到乌拉圭回合，经过艰苦谈判，欧共体的态度有所松动，但提出最终协议应当承认在特定情形下可以使用选择性保障措施。美国在乌拉圭回合中也选择了更灵活的立场，双方各有让步，最终形成了前述提到的《保障措施协定》，虽然为欧共体一方留有余地，比如设定了本质上也是一种有实施条件的变相歧视措施的“国别配额制”；但是的确明文否定了《关税与贸易总协定》第 19 条在适用上选择性和歧视性的做法，这是与 WTO 基本原则——最惠国待遇原则相一致的。

然而，在中国加入 WTO 的议定书中却以第 16 条规定了专门针对中国使用的选择性保障措施——特保条款。WTO 对中国的这种区别对待，可以美言之为保障措施在“特定情形”下的“例外”，但究其本质，仍然是专门针对中国的歧视性条款，是一种选择性保障措施，它直接违反了 WTO《保障措施协定》的规定，因而不具有合法性。条文中关于“市场扰乱”标准、报复措施、对发展中国家的优惠等内容均针对中国单独设定，而且在事实上恶化了中国所面对的国际贸易环境。

（三）特保条款的不确定性与歧视性

特保条款不仅其存在上首先就不具备合法性，退一步观其内容也同样有各种不合理之处。首先，特保条款中对“市场扰乱”定义

① 肖又贤著：《WTO 保障措施制度理论与争端解决实践研究》，北京，法律出版社，2004 年版，第 304 页。

② 赵维田：《有失公平的保障条款——解读《中国加入世贸组织议定书》第 16 条》，第 35—39 页。

的模糊性、宽松性容易导致特保措施的滥用。在特保条款中，市场扰乱的认定是判断是否可以实施特保措施的关键。关于市场扰乱，《入世议定书》第16条第4款作出了规定："市场扰乱应在下列情况下存在：一项产品的进口快速增长，无论是绝对增长还是相对增长，从而构成对生产同类产品或直接竞争产品的国内产业造成实质损害或实质损害威胁的一个重要原因。在认定是否存在市场扰乱时，受影响的WTO成员应考虑客观因素，包括进口量、进口产品对同类产品或直接竞争产品价格的影响以及此类进口产品对生产同类产品或直接竞争产品的国内产业的影响。"[①] 条文中一些涉及界定市场扰乱的关键概念，如"进口快速增长"、"国内产业"、"实质损害"、"重要原因"等，由于缺乏明确的具体量化指标，隐藏着许多解释的空间，从而导致其有很大的被滥用的可能。例如，对于"进口快速增长"进行判断时，究竟是以"来自各国的产品进口总量快速增长"为范围，还是以"仅仅来自中国的产品进口快速增长"为范围，也存在不同看法[②]；实践上，各国往往都有其各自的判断标准，同一国家在不同案件中也可能采用不同的标准。特保措施发起国在判定上掌握了较大的弹性空间，因而有条件通过在法律范围内调整判断标准，强行对中国实行特保措施。

第二，特保条款对"市场扰乱"的判定标准明显较一般保障措施更加宽松。例如，就损害的判断，《保障措施协定》以"严重损害"（serious injury）或"严重损害威胁"为实施一般保障措施的前提条件；而《入世议定书》第16条第4款规定以"实质损害"（material injury）或"实质损害威胁"为要件。后者的概念在表述上与《反倾销协定》中所使用的"实质损害"、"实质损害威胁"相同，加上通常认为《反倾销协定》中"实质损害"的概念所要求的

① 参见《入世议定书》原文。

② 李毅：《"市场扰乱"与对华特保措施的滥用》，载《国际经贸探索》2010年5月，第62—67页。

损害程度比《保障措施协定》中“严重损害”的概念所要求的损害程度更低；那么，如果认为《入世议定书》第16条中的“实质损害”与《反倾销协定》中的“实质损害”在概念的内涵上也相同，则特保措施所要求的损害程度也应当比一般保障措施所要求的损害程度更低。[①] 也就是说，与一般保障措施的损害判定标准相比，特保条款规定的条件更加宽松、容易达到，相应地大大降低了对中国采取特保措施的难度。

除此之外，与WTO一般保障措施相比，特保条款在实施期限、对特保措施的报复能力、给予发展中国家的特殊待遇等方面都呈现出歧视中国的特点。

结论

虽然从全球范围来看，市场经济地位问题和特殊保障措施不是仅对中国一国存在的，但这绝对不是国际贸易关系的常态，与中国加入WTO的初衷也并不一致，而且也有悖WTO推进国际自由贸易的基本原则。两者作为《入世议定书》中咬住中国的“两颗毒牙”被遗留下来，究其原因有一定的特殊性。

首先这是以美国为首的一些国家为中国入世设置的障碍。这些国家一方面看到中国加入WTO可以为全球贸易和经济注入新的动力，另一方面又对增长势头强劲的中国出口能力感到恐惧、对国内相关产业感到担忧。因此，他们以同意中国加入WTO为筹码换取中国在部分利益上的让步，通过这种利益交换埋下了议定书中的“两颗毒牙”，在将中国纳入世界贸易体系的同时也设计一种方法使得在他们认为必要的时候能够牵制中国，而不致坐以待毙。

中国之所以会最终接受这样的不公条件，是综合考虑和利弊权

① 李毅：《“市场扰乱”与对华特保措施的滥用》，第62—67页。

衡的结果。加入 WTO 给中国经济带来的发展机会是全方面的，在增加中国对外出口、扩大就业等整体性利益提升和一些特殊情况下会给中国造成不合理损失之间，中国选择了关注更长期的整体利益。而且，中国的市场经济地位问题和特定产品过渡性保障机制并不是无限期的，随着时间推移两者作为政治筹码的价值不断走低，因而也不是不可以承受的让步。另一个重要的原因也是出于对中国国内发展的考虑。可以说，美国对中国国内经济制度的批评不是毫无道理的：我国现在仍处在经济转型期，市场经济制度的建设还在完善当中，可想而知加入 WTO 前的中国经济制度并没有很好地适应市场经济的要求。加入 WTO 可以为中国的经济改革和市场经济建设引入新的外部动力，为长期以来改革进展缓慢的银行体系、利率市场、劳动力市场等各经济系统提供深化改革的激励，为达到这一效果中国作出了让步并推进入世的进程。

WTO 虽然是一个国际经济组织，但毕竟以主权国家为主要成员，就像中国考量更高的国家层次利益一样，只要有国家利益的存在，任何国家的经济决策都不可能轻易排除政治因素的影响，西方国家的选举政治则更是为政治力量提供了影响经济决策的平台。因此中国在应对这两个问题时应超越处理法律、经济问题的框架，除了运用专业的应诉手段外，还要充分利用政治途径寻找解决的突破口，包括重视与关键决策机构的磋商、交涉，必要时还可以通过政府层面的外交努力向对方施以压力。

第三节　中美轮胎特保案的成因及影响

美国对华轮胎特保案从 2009 年 4 月 20 日美国钢铁工人协会提交特保申请开始，2009 年 4 月 20 日，美国钢铁工人协会依据美国

1974年贸易法第421条款，向美国国际贸易委员会（ITC）提交申请，要求美国政府对中国出口至美国的客车、轻型卡车、迷你面包车和运动型汽车的2100万个轮胎实施进口配额限制。4月29日，ITC在联邦纪事上公告启动特别保障措施调查，这是时隔三年多之后，美国又一次对中国产品发起特保调查，而且涉案金额巨大。6月18日，ITC根据调查对中国乘用车及轻卡车轮胎特保案作出肯定性损害裁决，认为中国轮胎产品进口的大量增加，造成或威胁美国国内产业市场。6月29日，ITC对中国轮胎采取特保措施，在现行进口关税（3.4%至4.0%）的基础上，提出对乘用车、轻型卡车用中国制轮胎加征三年特别关税，从第一年到第三年征收的关税分别为55%、45%、35%。8月7日，美国贸易代表办公室就对中国出口至美国的乘用车轮胎产品采取特别保障措施举行听证会。9月2日，美国贸易代表办公室在咨询美国财政部、劳工部、商务部意见后，向美国总统奥巴马提出特别保障措施建议。

9月11日，美国总统奥巴马代表美国政府宣布，自9月26日生效开始，对所有从中国进口的小轿车和轻型卡车轮胎征收三年的附加关税，从价税率从第一年到第三年分别为35%、30%、25%。9月13日，中国政府指出美方对中国输美轮胎采取特保措施是违背世贸规则的做法，作为反制措施，中国对美国部分进口汽车产品和肉鸡产品启动反倾销和反补贴立案审查程序。9月14日，中国正式就美国对中国轮胎的特别保障措施启动了世界贸易组织争端解决程序。提出磋商要求是世贸组织争端解决程序的第一步。磋商期一般为60天，如果通过磋商仍无法解决争端，则中方有权采取第二步行动，即要求世贸组织成立专家组就美方措施展开调查并进行裁决。2010年12月13日，世界贸易组织（WTO）以中方未提出足够证明三年特保措施过度的证据为由，美国对从中国进口的轮胎采取的过渡性特保措施并未违反该组织规则，美国胜诉。

中美轮胎特保案被称为奥巴马时代的“中美贸易第一案”，此案是奥巴马时代美国首起对话特保案，也是针对中国的最大特保案，它可能导致其他国家和地区抵制中国产品，实行贸易保护的政策，也是奥巴马对华贸易政策的风向标。研究中美轮胎特保案对于了解中美贸易纠纷，尤其是美国对华反倾销的成因和影响有重要意义。

一、小布什任期内特保案回顾

2002 年 8 月 19 日，美国 Motion Systems 公司向美国国际贸易委员会申诉，认为从中国进口的轴架传动器数量的增加，构成了对美国国内同类产品或直接竞争产品的威胁，产生了市场扰乱，要求采取保障措施。美国国际贸易委员会决定受理，此案成为美国根据中国加入 WTO 议定书中“特保”条款对华产品“特保”第一案。2002 年 11 月 27 日，美国国际贸易委员会接到 CHC 工业公司、M&B 钢丝制品公司、联合钢丝衣架公司的申请，第二次对中国钢丝衣架实施特保调查。2003 年 6 月 6 日，美国 ITC 收到美国 the Coalition for the Preservation of American Brake Drum and Rotor Aftermarket Manufactures 的代表的投诉申请，第三次对中国输美刹车鼓、刹车盘产品（Brake Drums and Rotors）实施特别保障措施调查，结果 ITC 认为中国进口产品并未对美国市场造成扰乱，因而否决并终止了该案。2003 年 9 月 5 日，美国第四次应美国 McWane Birmingham，AL 公司申请对中国输美产品球墨铸铁自来水配件实施特别保障措施调查。2004 年 1 月 6 日，美国的 The American Innerspring Manufactures 代表多家成员公司，第五次对中国输美弹簧产品实施特别保障措施的调查申请。2005 年 8 月 2 日，美国 Allied Tube Conduit 等多家公司和钢铁工人联合会第六次对中国输美非金属焊缝钢管产品投诉申请特保措施调查①。这六次特保案的涉案产品、立案时间和结果如表一所示。前六次“特保”案的调查，都是发生在小布什任职期间内，而且小布什最终都否决了特保措施的实施，奥巴马在2009年美国的总统竞选中曾批评布什政府在中国对美出口产品上屡次否决采取特保措施，并称特保调查应该被使用，于是发生了2009年的中美轮胎“特保”案。

表13－6 近年特保案一览

涉案产品	立案时间	ITC 裁决	美国总裁决定
传动器	2002.08.19	肯定	未采取限制措施
衣架	2002.11.27	肯定	未采取限制措施
刹车鼓、刹车盘	2003.06.06	否决并终止	
球墨铸铁自来水配件	2003.09.05	肯定	未采取限制措施
内装弹簧组件	2004.01.06	否决并终止	
环状焊接非合金钢管	2005.08.10	肯定	未采取限制措施
轮胎	2009.04.20	肯定	未采取限制措施

二、轮胎特保案的成因

本节将采用肯尼斯·沃尔兹的层次划分，分为国际体系、国家内部因素和决策者个人三个层面来分析轮胎特保案的成因。其中国际体系包括金融危机对世界经济的重创，国际格局中超级大国和崛起中的大国难以避免的竞争关系，中美长期的不对称经贸关系更是加剧了后者并且加强了双方的不信任感；国家内部因素研究在美国当前政治经济制度下，利益集团的特殊利益和消费者大众的利益如何影响政府的决策过程；决策者个人层次探讨的是奥巴马的个人经历和对自身利益的考虑如何导致他最终实行了特保措施。

① 高永富：《浅析美国总统布什对对华特别保障措施案的否决》，载《国际商务研究》2006年第4期，第23—28页。

（一）国际体系

1. 金融危机

金融危机一般都和贸易保护主义联系紧密，金融危机导致经济衰退，失业率增加，贸易保护主义抬头，外国进口产品往往成为“替罪羊”，作为政客挽救国内低迷经济，遏制失业率下降，是稳定民心的措施之一。早在1929年全球金融危机，美国为求自保，大幅提高超过2万种外国商品的进口关税，引起了其他国家同样的贸易保护主义报复，导致全球贸易额大幅缩减，从1929年的360亿美元缩小到1932年的120亿美元，作为当时最大的出口国美国也难以独善其身，出口总额从1929年的52亿美元左右缩减到1932年的12亿美元，道琼斯指数从1930年的250点，跌至1932年时的41点，这次危机最终演变成了全球经济10年的大萧条。

金融危机是轮胎特保案发生的背景，也是事件的开端。来自美国国际贸易委员会的一项调查显示，由于受到金融危机的影响，大量消费者为节省开支而放弃或推迟更换汽车轮胎。金融危机后，美国整车销量急速下降，轮胎用量出现了前所未有的锐减。据统计，2008年美国整车销售仅为1300万辆，2009年1—7月份，销售量下降到580万辆。而在2007年，美国整车销量为1700万辆。美国通用、克莱斯勒、福特三大汽车生产商经历着破产、被收购的同时，它的产业链也发生着翻天覆地的变化。据统计，自金融危机以来，拒绝更换轮胎的消费者增加了31%，而更换二手胎的消费者增加了43%。[1] 目前美国轮胎企业主要生产为品牌汽车配套使用的高档轮胎，而中国销往美国市场的轮胎基本都是替换用轮胎，在美国消费市场中占17%的份额，主要占据中低端市场，金融危机发生后，部分消费者转为消费中国的廉价轮胎，给美国本来低迷的轮胎业雪上

① 来自于千龙网：http://finance.qianlong.com/30055/2009/09/17/2801@5178044.htm.

加霜，轮胎工人失业率上升，根据美国工人联合会（USW）的特保申请书，中国轮胎进口货值从2004年至2008年增长了295%，期间美国本土生产的轮胎市场份额下降25%，USW称约有5100名美国轮胎制造业工人因此失业，ITC对此进行调查，最终以4：2的投票结果认定，中国进口的低价轮胎泛滥，使美国国内同类产品的生产商承受高达17亿美元的损失，扰乱了美国市场。政府一方面扩大内需以拉动轮胎产业的增长，降低失业率；另一方面为了转移公众的注意力，将矛头转向了敏感的外国进口商品，对我国输美轮胎实行了特殊保障措施。

2. 中国崛起和中美不对称贸易

任何霸权国家都不可避免地会走向衰落和瓦解，但是却没有国家愿意主动放弃自己的霸权，而是对有可能挑战它的强国进行镇压和抵制，以维持自己的霸权地位。在国际政治经济霸权的周期变化中，往往会带来频繁的经济摩擦。无论是19世纪40年代英国霸权的上升时期还是20世纪40年代美国霸权的崛起，抑或19世纪80年代至20世纪20年代英国在国际政治经济中霸权地位的衰退，再或20世纪70年代日本、德国经济的崛起，国际经济领域的摩擦都有极为显著的变化。①

当前的国际格局是一超多强，美国是唯一的超级大国和霸权国，多个强国并存，其中中国综合国力的不断增强、国际地位的不断上升和国际影响力的逐渐扩大，中国的迅速发展引起了国际社会的广泛关注和震动。历史经验证明，任何一个强国的兴起决不会是寂静无声的，它必然影响并改变原有的国际经济秩序和国际利益分配格局。吉尔平（Gilpin）从国际体系的结构主义出发，提出当世界体系的边缘地区经济充分发展，足以脱离对核心区的依附并使投资条件

① 赵晓：《再论中国崛起之“国际经济摩擦时代”》，载《国际经济评论》2005年第3—4期，第6页。

有利于边缘地区时，核心国家就会采取保护主义的经济策略，而这种策略有利于本国经济发展。与此同时，随着核心区经济的衰退以及边缘地区经济的起飞，老的核心区与新的核心区就会在市场、原材料以及投资方面不断发生冲突，而冲突的具体表现形式就是各种经济摩擦，这种经济摩擦会一直持续到新的核心国完全崛起之后。[①]

此外，拉尔夫·戈莫里与威廉·鲍莫尔（Ralph E. Gomory and William J. Baumol）的分析表明：目前，世界经济已经发生了翻天覆地的变化，大卫·李嘉图时代科技发展缓慢，工商业不发达的农业社会已让位于一个技术变化日新月异，以及从规模经济中获益的大型企业占主导地位的社会。现在不存在一个单纯基于国家自然优势来实现全球利益最大化的最佳经济结果，实际情况通常是对一国来说最佳的结果往往对其贸易伙伴国不利。他们的结论是：一个工业化国家将从其非常落后的贸易伙伴发展新产业，从而使生产率获得普遍提高中受益。但是，该贸易伙伴的进步一旦超过了某一发展状态，就会引起贸易双方利益的冲突。也就是说，在现代世界经济中，一国生产能力的提高通常会损害他国的整体福利，这意味着国际贸易可能导致各贸易国之间的重大利益冲突，而非全面提升各贸易国的福利。显然，在贸易双方利益冲突的过程中，贸易摩擦是其主要表现。

目前，我国已进入国际贸易摩擦多发期，中国的“和平崛起”成为当前国际社会的一个热门话题，引起国际社会的广泛关注。同时，“中国威胁论”及所谓“中国扩张论”、“中国崩溃论”、“中国发展掺水论”等形形色色的“中国威胁论”的变种，在美国、欧洲、日本乃至亚太地区也甚嚣尘上，不绝于耳，尤以美国为甚。中美之间不对称的经贸关系——中国长期对美国的贸易顺差（如图

① Gilpin Robert, *U. S. Power and the Multinational Cooperation: the Political Economy of Foreign Direct Investment*, New York: Basic Books, Inc. 1975.

13－8所示）更是印证了大部分美国人心中的“中国威胁论”。虽然说长期的贸易顺差并不一定是件好事，例如会增加人民币升值压力和导致通货膨胀，而长期的贸易逆差也并不一定是坏事，它可能意味着经济繁荣和旺盛的社会总需求。但是在大部分美国人看来，中国对美的贸易顺差来源于中国的廉价劳动力基础上的低价格战略，这样会挤兑美国的本国公司，造成工人失业。

中国对美贸易顺差已经不仅是个经济问题，还是政治问题，因此反倾销成为了中美贸易摩擦的焦点，从1995年1月1日到2005年6月30日，美国针对中国出口产品的反倾销调查59起，占其总发起数的16%。[①] 美国反倾销立案指控的中国产品涉及范围非常广泛，有近百种产品，在已经结案的产品种类中有80%左右被美国加征反倾销税。“入世”以后，美国积极利用“非市场经济条款”、“特保条款”及保障措施来限制中国的出口。“非市场经济条款”、“特保条款”已成为美国贸易保护的重要手段，中美之间的贸易摩擦也将持续增加。

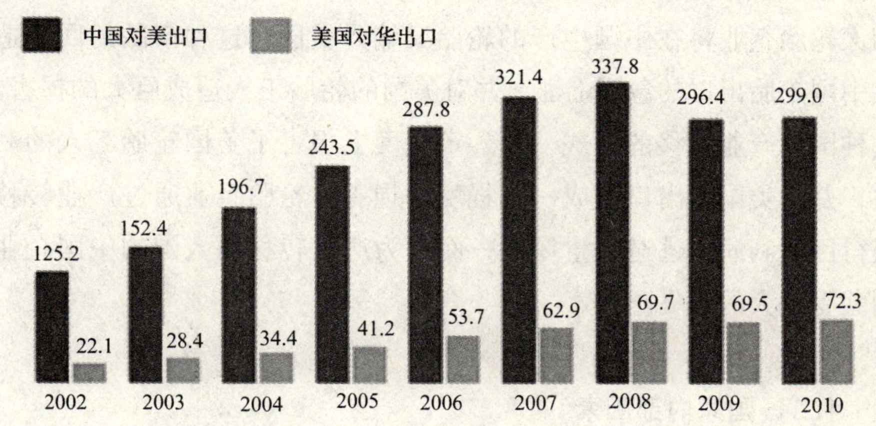

图13－8　2002—2010年美国对华贸易逆差

① 汪小雯：《如何应对反倾销：中国情况与世界经验》，载《当代财经》2006年第8期，第104页。

3. 国际产业转移

国际轮胎产业转移，主要指发达国家或地区的轮胎跨国企业将在本国没有优势的产业转移到相对落后并且具有廉价而庞大的劳动力、资源、消费力以及政策优势的国家，利用自己在技术、资本和管理上的优势，进行生产的过程。国际产业转移建立在国际劳动分工的基础上，中国在轮胎生产原材料上有优势，并且劳动力价格低廉，而美国相比中国拥有技术、资金和管理上的优势，美国轮胎企业在中国开设工厂，能更好地利用中国的资源优势和廉价的劳动力市场。这其中有四大轮胎企业成为了在中国设厂的主力军，包括米其林、固铂、普利司通和固特异，以这四大轮胎企业为首的外商独资企业然后将生产出来的轮胎在中国发售或者重新出口到美国和其他国家。从 2004 年到 2008 年美国轮胎工厂的关闭，包括普林斯通及固特异各关闭一家工厂，大陆马牌关闭两家工厂，导致轮胎工人失业，这些都不能忽视国际产业转移的影响。美国的四大轮胎企业在中国开设工厂后，造成其在美国的工厂关闭，导致美国的工人失业，中国的轮胎出口额显著上升。不难看出，这主要是由于美国的四大轮胎企业将在中国生产的轮胎又输入美国，这种产品的回销造成中国轮胎出口的急剧上涨，并对美国的轮胎工人造成巨大的损害。这种国际产业转移的模式，在一定程度上损害了美国轮胎工人的利益，并对美国的出口造成一定程度的损害，轮胎企业通过产业转移获得巨大利润、逃避大量风险，而作为产业转移输入国的中国企业则蒙受巨大的损失。

（二）国家内部因素

1. 利益集团

早期关于贸易关系的研究，认为政府可以免于政治压力的影响，从而其行动完全为了公共福利而具有慈善性，也就是说贸易谈判的结果是两个政府博弈的结果，而每个政府都完全代表了国家的公共福利而不受政治团体的影响。Johnson（1954）在其经典论文“最优关税与报复”中，通过运用一个两国关税的非合作均衡博弈模型，向人们展示了政府间的政策如何相互决定。[1] Myaer（1981）和Riezman（1982）采用了和Johnson类似的方法讨论贸易协定，并将其视为两国政府讨价还价博弈模型的均衡结果。[2] 尽管这些论点强调了对外政策制定过程中政府间的互动特征，但他们将政府视为公共福利的慈善侍者而没有任何私利，忽略了现实世界中政府的真正目标。事实上，政府很少追求那些使社会福利最大化的政策，而是寻求那些使政治资源最大化的政策，这些政府通常反映的是有影响力的利益集团自身的利益。究竟是选择报复还是选择贸易自由化不是由政府的外生目标决定的，而是由两国利益集团的相对影响力决定的[3]。政府间的国际冲突和最终结果是国内政治形势的真实反映，利益集团与政治家的相互作用并非是影响政策的唯一决定因素，不同利益集团间、利益集团与全体选民间、利益集团支持的不同政党间的博弈都能导致均衡的产生。

在轮胎特保案中形成了意见对立的两派利益集团，一派是以“美国钢铁工人协会”为代表，要求对中国输美轮胎提高关税，协会中工人的就业岗位是其核心利益，实施保护主要是防止更多的美国轮胎厂关闭和该产业仍然庞大的就业机会的丧失。在竞选时就以此条件支持奥巴马。此协会的上一级机构乃是美国最大的劳工组织——“劳动工人与产业工人联合会”，是美国利益集团影响力排行中第二大的组织。

---

① John A. C. Conybeare, *Trade Wars: The Theory and Practice of International Commercial Rivalry*, Columbia University Press, 1987.

② Mayer, Wolfgang, “Theoretical Consideration on Negotiated Tariff Adjustments,” *Oxford Econ*, March 1981, pp. 135、153.

③ David M. Gould, Graeme L. Woodbrdge, “The Political Economy of Retaliation, Liberalization and Trade Wars,” *European Journal of Political Economy*, vol. 14 (1998), pp. 115 - 137.

另一派利益集团包括美国轮胎产业协会，美国轮胎自由贸易联盟、美国汽车贸易政策理事会、美国零售业领导者协会等业界组织也明确反对对中国轮胎采取特保措施的议案。工会利益集团是当前最积极的贸易保护主义推动者。经济危机恶化了美国本已举步维艰的劳动密集型产业发展状况，大量汽车、钢铁等行业的蓝领工人成为突出的受害者，他们不仅难以通过对外贸易获得直接的经济利益，而且还面临巨大的失业压力。因此，随着危机中美国劳工失业率的不断攀升，工会利益集团旨在限制国外竞争、保护劳工就业的院外活动也越来越活跃。另外，由于工会利益集团所服务的劳工阶层是民主党一贯争取的对象，同时也是奥巴马大选时的重要支持者，奥巴马执政后，工会利益集团对政府的影响力明显加强。

2. 选民利益

除了具有特殊利益的利益集团之外，广大选民的利益也能对政府的决策产生作用，在贸易摩擦中选民利益主要包括相关企业生产商、经销商以及消费者的利益。美国立法中对普通选民的公共利益规定很有限，仅在《美国法典》的第2252节中规定：“在进行保障措施调查的时候必须举行听证会。……所有相关利益主体可以参加到听证程序中来，比如代表消费者利益的相关协会主体会有机会参加听证会并提出证据，并在听证会上对出席会议的人员进行交叉询问，对调整计划进行评论。”①

一般来说，针对一种产品的反倾销行为，除了影响到该行业自身发展效应之外，还会影响到与其相关的上下游产业部门，进而产生国民经济的放大效应，其结果往往不可预知。对进口国来讲，总体上国内进口竞争产业生产商受益，下游厂商和消费者利益受损。如果生产者利益的增进超过下游厂商和消费者福利的损失，整个国家则会获得净福利改善，反之亦然。

---

① 武莹：《浅谈反倾销法中的公共利益条款》，吉林大学2006年硕士学位论文。

轮胎行业是个高可变成本的行业，一旦美国对中国的乘用轮胎发起反倾销，由于美国对轮胎的需求弹性较小，因而势必造成美国国内同种轮胎价格短期内大幅上涨，消费者购买同等质量的中国制造轮胎需要支付更多，因此福利受损。美国乘用轮胎经销商不属于利益集团，虽然他们可以通过轮胎产业协会等利益集团来间接施加影响，但是此处可以将他们当做利益相关的普通选民看待。特别关税将导致经销商面临多方面的压力。以 2008 年的数据分析（见 13－7），如果中国进口轮胎提高 35% 的特别关税，则平均价格增加到 41.80 美元，与美国从其他国家进口的乘用车轮胎的平均价格达到同一水平，由此可以基本判断中国并不会完全失去美国乘用车轮胎市场，但是中国轮胎产业的成本优势将会丧失，同时很多美国轮胎经销商将面临着轮胎价格高达 35% 的增幅。

表 13－7　美国进口乘用车轮胎主要产地数据①

国家	2006 进口量	2006 年均价	2007 进口量	增长率	2007 年均价	2008 进口量	增长率	2008 年均价
中国	21126816	$ 25.77	33788959	59.90%	$ 28.21	39563334	17.10%	$ 30.96
日本	16227251	$ 50.05	14836313	－8.60%	$ 51.02	14302519	－3.60%	$ 54.94
韩国	12721451	$ 40.24	12396702	－2.50%	$ 43.10	12288433	－0.90%	$ 46.33
加拿大	17982795	$ 37.05	13338895	－25.80%	$ 48.93	11986960	－10.10%	$ 52.54
印尼	4293279	$ 29.13	5934945	38.20%	$ 26.28	5952.400	0.30%	$ 29.55
巴西	3264234	$ 31.07	5662120	73.50%	$ 37.10	5569133	－1.60%	$ 44.04
墨西哥	3120166	$ 33.90	3392881	8.70%	$ 44.72	4202221	23.90%	$ 51.72
泰国			2021514			3320655	64.30%	$ 39.82
中国台北	3306917	$ 42.11	3763183	－1.10%	$ 32.53	3240645	－13.90%	$ 33.04
德国	3124286	$ 30.83	4009671	28.30%	$ 56.79	3021151	－24.70%	$ 72.11
哥斯达黎加	2321298			9.80%	$ 31.49			

① "Certain Passenger Vehicle and Light TruckTires From China," *Investigation* No. TA－421－7.

续表

国家	2006 进口量	2006 年均价	2007 进口量	增长率	2007 年均价	2008 进口量	增长率	2008 年均价
法国		$ 33.35						
其他	16142292	$ 37.42	17202568	3.30%	$ 37.63	15409560	-10.40%	$ 50.13
总计	104130815		116349751			118857091		
平均值		$ 36.66		11.70%	$ 39.30		2.20%	$ 42.75

2008 年中国对美出口轮胎超过了 4600 万只，达到了美国轮胎总销量的将近 17%。由于美国对所有中国进口轮胎征收临时关税，中国对美出口轮胎数量将大幅减少，这一市场的供应短缺将导致零售商纷纷从其他国家寻找替代资源，造成人力、时间、财力等多方面的耗费。我们看到在对轮胎实施高额关税保护后，美国“入门级”轮胎价格增长了 20%—30%，同时因为当前轮胎供应量不高，进口商很难寻找到替代资源，美国轮胎市场已出现了供应短缺。因此，轮胎特保措施也不符合美国经销商的利益。

3. 一种两阶段非合作博弈

Grossman 和 Helpman（1995）发展出了一个正式的框架，将国内政治引入国际贸易关系的分析中，假定政府既关注一般选民的利益，又重视来自特殊利益集团的政治捐助，他们通过合作和非合作的关税博弈模型分析，分析了两个层面的博弈，即国内利益集团与政府官员间的战略互动以及国际领域政府间的战略互动。他们通过非合作与合作的关税博弈模型分析，表明了国内政治如何决定政府的国际目标。[①] 在层次分析法的国家内部因素这个意象（image）里，政府权衡一般选民的利益和利益集团的特殊利益并决定是否实施贸易保护政策，也就是两阶段非合作博弈的第一个阶段。在第二个阶

① “Gene M. Grossman, Elhanan Helpman, Trade Wars and Trade Talks,” *Journal of Political Economy*, vol. 103 (1995), no. 4, pp. 675 - 707.

段的国际谈判中，进行模型中第二个政府间的讨价还价阶段，合作与非合作的关税博弈的区别出现在这个阶段，前者在贸易政策制定时考虑另一个国家的消费者和政治家的利益，后者则不会。

如前文所述，利益集团中具有很高影响力的工会组织要求实施贸易保护政策，而根据消费者和下游企业的利益，不应该实施贸易保护政策，而利益集团的特殊利益最终占了上风。主要是由于支持设置关税壁垒的公会，在之前奥巴马的总统选举中发挥了重要作用，并且在金融危机后影响力越来越大。美国劳联—产联是美国最大的工会组织，在竞选时派出了25万名志愿者在24个州发动1300万人选举投票，号称是该组织历史上最大、最一致的一次行动。以AFL—CIO名义进行的一项调查显示，在白人男性工会成员中，奥巴马的支持率领先对手18个百分点，而在非工会的白人男性中，他的支持率落后对手16个百分点。其次从2009年9月开始，数万民众游行示威反对医改，让新政府感到了莫大的压力，奥巴马总统执政后支持率呈下滑态势，而医改计划和2010年秋季的中期选举都需要来自工会的支持。此时签署“特保案”，可能会巩固工会方面对他的支持。奥巴在签署7890亿美元经济刺激计划时承诺：我们将让美国人做美国需要做的工作。工会的诉求、医保改革优先的国内政治、总统竞选时的承诺、制造业工作外包等等，这一切导致了特保措施的出台。

对比布什任期内的六次特保建议均被否决，布什总统否决的最根本的原因都是一样的，即他认为提供进口救济不符合美国的国家经济利益，提供进口救济对美国经济造成的负面影响将大大超过这种措施可能带来的好处。首先，实行进口救济会使从中国进口的产品数量减少，但对美国国内产品市场来说不会有多大的变化，因为那个从中国减少的进口的产品数量会从其他第三国进口到美国。其次，实行进口救济会使美国一些生产商获益，但会增加广大消费者的负担，消费者的花费往往比生产者的获益要多。这说明不同于奥巴马政府把利益集团的特殊利益摆在前头，布什政府制定贸易政策的过程中，在层次分析法的国内因素中一般选民的利益更加重要，这一转变除了来源于利益集团的影响力变化和利益集团与政府战略互动关系的转变以外，主要是由于国际环境的变化，首先就是“9·11”事件让美国政府把反恐作为主要任务。之前美国政府认为中国构成了对美国的“现实威胁”和“潜在威胁”，而之后，在对华战略上美国国会的基本态度没有多大变化，而美国政府的基本态度有了较明显的变化，即认为中国目前对美还没有构成现实的威胁，但潜在的威胁是存在的。在世界一些重大的问题上，如反恐、朝核、联合国安理会改革以及台独等问题上，中美之间取得了一些甚至较为一致的共识。布什总统正是在这一大背景下，在其职权范围内，先后连续6次否决了美国要求对中国产品实施进口救济措施的建议。

（三）决策者个人

传统的三层次分析法的个人层面研究的是个人的性格、经历、信仰和社会背景等对一件事情的影响。战后民主党自由派主张扩大政府职能，兴建福利国家以扶持弱势群体，而且在公民权利、社会文化生活及道德领域乃至国际事务领域持自由主义观念。共和党则更注重个人的自由权利，并承认不平等的合理性。以此出发，它反对国家干预社会经济领域，主张限制福利国家，在公民权利、社会文化、生活、道德领域乃至国际事务领域均持保守态度。在轮胎特保案中，奥巴马本人的性格、经历、信仰和社会背景等对其决策并没有决定性的影响，但是作为民主党人，奥巴马继承了支持政府干预经济和同工会联系紧密的传统，这间接导致了轮胎特保案的出台。

三、轮胎特保案的影响

美国对中国输美乘用轮胎的特别保障措施对两国贸易关系，两国产业和社会福利产生了不可忽视的影响，主要包括贸易限制效应、贸易转移效应、价格效应、投资转移效应和其他社会福利效应。

（一）贸易限制效应

美国对中国乘用轮胎征收了特保关税，自 2009 年 9 月 26 日生效开始，对所有从中国进口的小轿车和轻型卡车轮胎征收三年的附加关税，从价税率从第一年到第三年分别为 35%、30% 和 25%。根据经济学成本和收益分析，中国乘用轮胎生产商或出口商在出口成本上升的情况下，中国对美国乘用轮胎出口额将会减少。同时，目前正处于全球性的经济危机之中，其他国家和地区的市场需求也较疲软，我国轮胎出口转战其他市场的难度较大。另外，由于我国输美轮胎数量较大，短时间内其他市场也难以消化。根据中国海关总署公布的统计数据显示，2009 年 1 ~ 11 月我国累计出口轮胎 2.7 亿条，总金额约 69 亿美元，比上年同期（下同）分别下降 7.4% 和 8.5%。其中，9 月份我国轮胎出口量达到 2979 万条，为该年内月份出口最高值，但是随后的 10、11 月的两个月出口量降幅较大，分别回落至 297 万条和 2570 万条，出口量明显缩小。[①] 由此见，美国对中国轮胎的特保限制措施对我国轮胎业造成的不利影响是存在的。虽然在特保案取证调查的几个月内，中国对美轮胎输出量呈波浪状小幅上升，但是从 9 月美国宣布实施制裁以来，轮胎出口量出现了明显下滑，以至于在 11 月份的广交会上，中国轮胎企业对北美市场交易几乎陷入停滞状态。据估计，中国轮胎出口行业在整个 2009 年

① 来源于中国海关总署网站：http：//www.customs.gov.cn/。

蒙受的损失达到11亿美元，而且还会影响到轮胎上下游产业，例如会导致轮胎产业的上游产业链的橡胶、炭黑、焦油以至焦化等产业出现不同程度的产品积压和销售困难。

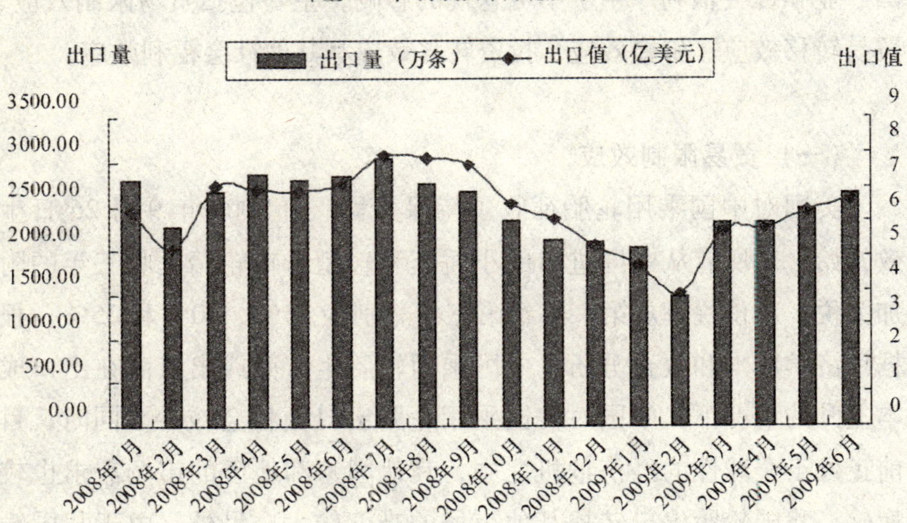

图13－9　2008年至2009年6月我国单月轮胎出口量值图①

（二）贸易转移效应

贸易转移效应包括两个层面：一是国家间贸易转移效应，这种效应目前最为常见，指进口国反倾销导致减少的进口量并没有被本国厂商消化，而被其他国家的同类产品替代，或者出口国的出口量没有减少，而是增加了向其他国家的出口。二是产品间贸易转移效应，指遭受反倾销的产品贸易量减少，与其相近或可替代产品的贸易量有相应的增加。在轮胎特保案中，除美国外的其他国家正是以“贸易转移效应”为由，同样对中国实行反倾销，认为中国在美国的轮胎出口减少后，会在其他国家的出口量增加，带来连锁效应。在

①　中国海关总署网站：http：//www. customs. gov. cn/。

美国政府还未最终声明对中国轮胎实施贸易制裁时，巴西政府已经宣布：自2009年9月9日起针对从中国进口的部分型号的汽车用轮胎征收每千克0.75美元的附加税，期限为5年。随后，阿根廷政府表示将参考巴西的做法，对生产于中国的汽车轮胎发起反倾销调查[①]。2010年2月19日，印度也决定对原产于中国的子午线轮胎征收为期5年的从量反倾销税，反倾销税率为24.97—88.27美元/条不等[②]。

（三）价格效应

中国输美乘用轮胎的惩罚性关税提高了被反倾销产品的美国国内价格，消费者剩余减少，所谓消费者剩余，是指消费者消费一定数量的某种商品，愿意支付的最高价格与这些商品的实际市场价格之间的差额。在实施特保措施之前，从中国进口的低端轮胎的零售价格大约在每个50—60美元，而美国顶级轮胎售价在200—400元，高出4倍以上，这一巨额差价对一般消费者来说是难以承受的。如表13－8所示，美国消费者认为中国的轮胎对比美国的轮胎具有价格上的绝对优势，质量也达到行业标准，性价比高，十分愿意购买，自中国进口的轮胎在美国消费市场中占17%的份额，主要集中在中低端市场。由于受到金融危机的影响，大量消费者为节省开支而放弃或推迟更换汽车轮胎，中国乘用轮胎在美国价格上涨后，将进一步影响消费者的更换决定，拒绝更换轮胎的消费者和更换二手胎的消费者都大为增加，无疑这将对消费者利益和公共安全产生重大危害。

---

① 吴琼：《阿根廷、巴西相继发难，中国轮胎出口南美再遇阻》，载《上海证券报》，2009年9月17日。

② 《印度发起对我乘用车轮胎特保调查》，中国化工网：http：//news. chemnet. com/item/2009－05－25/1129975. html。

表 13－8　美国消费者对比美国轮胎与中国轮胎①

影响因素	美国产品相对于中国产品		
	更优（Superior）	同等（common）	更劣（Inferior）
可获得性	7	6	1
交货方式	6	8	0
交货时间	11	3	0
折扣	0	12	2
信用扩展	0	4	10
低价	0	4	10
低的运输成本	3	11	0
最低需求量	7	7	0
包装	2	12	0
产品一致性	4	10	0
产品系列	8	5	1
质量高于行业标准	2	12	0
质量符合行业标准	0	13	1
供给可靠性	7	7	0
技术支持	9	5	0

（四）投资转移效应

美国的《伯尔德修正案》要求美国海关把征收的反倾销税分配给提起反倾销诉讼的美国企业而不是上缴国库，这促使美国企业频频提起反倾销诉讼，请求贸易救济；但同时也促使美国企业的国外竞争对手转变策略，将对美贸易出口改为对美直接投资或转移第三国投资出口。外国直接投资可以避免美国反倾销等贸易保护壁垒获取利润，例如 1993 年美国柯达公司对日本的富士胶卷公司提出了反倾销指控，作为应对措施 1996 年富士公司在美国本土设立了相纸生产企业，不到一年时间，富士在美国相纸份额就超过了反倾销前富

① "Certain Passenger Vehicle and Light TruckTires From China," *Investigation* No. TA－421－7.

士占据的市场份额。

我国在面对美国反倾销时，也可以借鉴日本的经验，采取有实力的企业“走出去”战略，鼓励和支持部分生产高质量的中国乘用轮胎企业到美国本土直接投资设厂，或者到墨西哥、越南和泰国等第三国投资，对美出口乘用轮胎，改善美国对华反倾销的不利的贸易环境。目前已有一些我国轮胎厂商在不利的贸易环境下转向第三国投资，这有利于缓冲轮胎特保案对我国造成的不利影响。

此外，由于外国直接投资的存在，中美两国的经济利益被捆绑在一起，轮胎特保案表面上看是降低了中国轮胎企业的出口量，但是事实上很多中国轮胎企业都是有引进外资，出口所得利润一部分归美国投资商所有。再者，虽然在商品贸易领域美国对中国形成了大量的贸易逆差，但一方面中国向美国消费者提供了廉价的商品，同时中国将顺差累计的外汇储备重新又投资于美国国债市场，拉低了美国债市利率，为美国居民和企业创造了更低的融资成本。这些都决定了美国和中国经济利益既矛盾又统一的一面。

（五）其他社会福利效应

从行业角度来看，针对一种产品的反倾销行为，除了影响到该行业自身发展效应之外，还会影响到与其相关的上下游产业部门，进而产生国民经济的放大效应，其结果往往不可预知。对进口国来讲，总体上国内进口竞争产业生产商受益，下游厂商和消费者利益受损。如果生产者利益的增进超过下游厂商和消费者福利的损失，整个国家则会获得净福利改善。前文中提到特别保障措施，损失了美国轮胎经销商的利益以及美国消费者利益，同时也给我国轮胎产业及其上下游产业带来不利影响。此外，特别保障措施并不是在长期促进美国就业的有效措施，反而会带来失业。据美国轮胎自由贸易联盟估算，特保案实施将导致轮胎分销和零售领域近2.5万人失业，严重损害美轮胎分销和零售从业者的利益。

（六）中美经贸关系

贸易摩擦会对双边经贸关系产生影响，甚至会产生不利的政治影响。美国启动轮胎特保案调查之后，中国商务部就在 2009 年 9 月 11 日表示，对原产于美国的部分进口汽车产品和肉鸡产品启动反倾销和反补贴立案审查程序，以求制衡美国的决策，但是最终奥巴马还是通过了特保决定。特保案的实施会加剧中美贸易摩擦，加重贸易保护主义，影响中美经贸关系的正常发展，给中美合作造成损害。

第十四章

中美关系中的出口管制问题

出口管制是美国维护国家安全，推行对外政策，实现经济目标的重要政策工具之一。美国采取出口关注的主要手段是阻止其“真正的或潜在的敌人”得到稀缺资源，不让它（他们）获得能够极大提高军事潜力的美国和西方的物资和技术。[①] 美国出口管制政策由来已久。冷战时期，美国与盟国共同成立了巴黎统筹委员会，严格管制对苏联等东方国家的产品和技术的出口。自 2001 年“9·11”事件后，为了防止恐怖分子和恐怖主义的支持者获得大规模杀伤性武器以及敏感技术和设备，美国政府调整了出口管制政策以适应“9·11”后的全球安全形势。

在中美关系发展的历程中，出口管制始终是一个被列入双边高层日程表的重要议题，并且对双边的政治、经济、贸易的发展构成直接或间接的影响。本章在概述美国出口管制政策的演变、基本状况，美国对华出口管制及其问题的基础上，分析出口管制政策对中美关系的影响及其对策。

---

① 刘子奎：《冷战后美国出口管制政策的改革和调整》，《美国研究》2008 年第 2 期，第 107 页。

第一节　美国的出口管制政策

美国的出口管制政策诞生在战火纷飞的第二次世界大战期间。这一政策从诞生之日开始就与美国的国家安全、外交政策密切相关。在冷战时期，出口管制是美国对苏联社会主义集团开展遏制政策的重要组成部分。冷战结束之后，随着国际形势的改变和经济全球化的浪潮，美国相应地放松了技术出口的管制，但美国并没有放弃把出口管制作为其推行对外政策目标的工具的企图。

一、美国出口管制政策的演变

美国出口管制的源起可以追溯到第二次世界大战时期。1940 年 7 月，在德国占领法国之后，美国国会授权总统出于国防利益的需要，禁止或削减军事设备、产品、工具、原材料或技术服务的出口。此后，国会又授权总统将管制的范围扩大到“任何项目、技术数据、资料、必需品”。[①] 这些法令成为美国出口管制制度的雏形。

第二次世界大战结束后，美国立即面临着与苏联社会主义集团对抗的冷战局面，战争时期形成的出口管制政策因此延续下来，并且不断得到强化。1949 年美国国会通过了第一部《出口管制法案》(the Export Control Act of 1949)，使战时临时性的出口管制措施固定化和永久化。该法案规定美国出口管制的主要目的是两个方面：一、控制具有军事用途的商品向苏联和社会主义国家输出；二、防止短

① William J. Long, *U. S. Export Control Policy* (New York: Columbia University Press, 1984), p. 15.

缺商品外流。[①]

1949 年的《出口管制法》实行了 20 年，到 1970 年 1 月被 1969 年制订的《出口管理法》（the Export Administration Act of 1969）所取代。新的法律在名称上用“管理”（Administration）取代了“管制”（Control），表明随着国际形势的缓和以及在工商界的要求下，美国开始放宽对出口的限制。但是在冷战环境下，美国的出口管制并没有真正放松，反而还有所强化。例如 1974 年通过的两项修正案赋予国防部审查和否决两用技术产品出口的权力。[②]

在 20 世纪 70 年代经济危机和贸易逆差的冲击下，美国工商界纷纷游说国会，攻击政府的管制政策。1979 年 10 月，美国国会经过激烈的争论通过了第三部出口管制立法（the Export Administration Act of 1979，以下简称 1979 年法）。[③] 在商界的巨大压力下，这部法律提出了压缩管制产品范围、改进审查手段、提高许可证审批效率等要求，以方便和鼓励美国商品，尤其是具有竞争力的技术产品的出口。里根政府上台，美国推行对苏联的“新冷战”政策，在出口管制问题上不仅没有出现松动，反而采取了更加强硬的措施。与此同时，美国的贸易赤字现象日益严重，这就引起了美国企业的严重不满。

在这种情况下，美国国会在 1988 年通过了的《综合贸易竞争法》（Omnibus Trade and Competitiveness Act of 1988），重点对 1979 年的《出口管理法》提出了修正，要求放宽对装有微电脑的科学和医疗仪器的出口；压缩单边管制的规模；缩小对转口产品的出口限

---

① Export Control Act of 1949; *United States Code* (Washington: Government Office of Printing, 1989), Title 50, sec. 2021 -2032. 以下简称 U. S. C. 。

② Ibid.

③ Export Administration Act of 1979, as amended; U. S. C. , Title 50 app. sec. 2401 - 2420.

制等等。[①] 为了有效贯彻这部法律，提高出口管制政策的透明度，美国商务部制订了相应的《出口管理条例》（Export Administration Regulations），详细列出有关出口管制的各项政策规定，提供办理出口许可证的综合指南。

1989年后，苏联东欧集团解体冷战终结，国际形势发生了根本性的变化。就在此时，1979年的《出口管理法》10年有效期满，于1990年9月30日到期。由于朝野各界在出口管制问题上出现的严重意见分歧，加上国会与行政部门之间的斗争，新的出口管制法迟迟不能出台。为了应急，布什总统发布行政命令规定在《国际紧急经济权力法》（the International Emergency Economic Powers Act）的授权范围内继续实行1979年法的有关条款。[②] 克林顿总统也使用同样的方式两次延长了该法的生效期。1994年8月20日，1979年法经过三次延期后正式寿终正寝。美国国会在制定新的《出口管理法》问题上展开了旷日持久的辩论。2002年参议院通过了一个草案，目前众议院还在审议。在这段时间里，美国只能援引《国际紧急经济权力法》的授权来执行其出口管制工作。

除国内立法之外，美国出口管制政策的组成部分还包括一系列国际多边出口管制条约和机制。其中，在冷战时期地位最为显赫的就是“多边出口控制统筹委员会”（Coordinating Committee on Multilateral Export Control，COCOM），即著名的“巴黎统筹委员会”（简称“巴统”）。这个组织成立于1949年，是冷战时期西方对苏联社会主义集团推行技术封锁政策的核心机构。“巴统”的出口管制项目主要有三份清单：国际原子能清单、国际军火清单和工业清单，涉及民用项目和“两用”技术产品的项目主要包括在工业清单内。“巴统”推行的管制程序十分严格，任何成员国的出口许可都需得到其

---

① Omnibus and Competitiveness Act of 1988，U. S. C. sec. 5021.

② Public Law 95－223，91 Stat. 1628，U. S. C. Title 50 sec. 1701－1706.

他成员通过投票方式的审批。

随着冷战的终结，“巴统”也逐步退出历史舞台。1990 年 5 月美国首先向“巴统”提出建议，要求大规模削减管制项目的数量和管制国家的范围，目的是为了兑现西方在“和平演变战略”中许下的承诺，向巨变后的东欧各国提供经济和技术援助。1993 年 10 月，美国再次向“巴统”提出建议，要求逐步解散这个组织，组建新的多边技术管制机制。① 这个建议得到了其他成员国的响应。1994 年 3 月 31 日，“多边出口控制统筹委员会”正式宣告停止一切活动，这个冷战时期与北约齐名的经济组织随着冷战一起成为了历史。

1996 年 9 月，为了填补“巴统”解散后的多边出口管制空白，美国又推动西方国家制定了《关于常规武器与两用产品和技术出口控制的瓦森纳协定》（Wassennar Arrangement，简称“瓦森纳协定”）的文件，以此作为新的多边出口控制机制的基础。参加该机制的国家有 33 个，除了原“巴统”成员国外增加了一些前苏东国家。“瓦森纳协定”的“基本”项目清单与 1993 年的“巴统”清单没有什么区别，但同“巴统”相比瓦森纳协定”是一个十分松散的组织。它没有正式列举被管制的国家，只在口头上将伊朗、伊拉克、朝鲜和利比亚四国列入管制对象。设在奥地利维也纳的秘书处也不具备审议职能，也就是说不要求成员国的出口许可证送交秘书处通过其它成员国的审议。

“瓦森纳协定”的成员国可以参照共同的管制原则和清单自行决定实施出口管制的措施和方式，自行批准本国的出口许可，这就是所谓的“自行处理”（national discretion）原则。该协定比较有约束力的是所谓的“不破坏协议”（no undercut agreement），意思是如果一个成员国向协定秘书处提交关于某个项目禁止出口的报告，那么

① Trade Promotion Coordinating Committee, “Toward a National Export Strategy: Report to the Congress,” September 1993.

其它成员国在批准同类项目出口时应当首先向该国征求意见。[1] 因此在总体上，“瓦森纳协定”与其被认为是一个多边出口管制协定，不如说是一个关于出口管制的国际意向书，并不具备实际控制力。

二、美国出口管制政策概况

现行美国出口管制政策主要由两大部分组成。第一部分主要管理民用项目，重点是所谓的“两用品”项目（“dual - use” items），即既可以用于民用目，也可以用于军用目的的技术和产品的出口。管制该项目的主要法律依据是《出口管理法》以及根据本法制定的《出口管制条例》商务部主要负责这类项目的管制，尤其是商务部下属的产业安全局（Bureau of Industry & Security）负责具体的政策实施、政策协调和出口许可证审批等工作。[2] 第二部分主要管理军用项目（munitions items），即武器、军火和防务技术、产品和服务的输出。《武器出口控制法》（Arms Export Control Act）是管理该项目出口管制的主要法律。这类项目的审批主要由国务院负责，具体由国务院国防贸易控制办公室负责。

根据1979年《出口管理法》通则的规定，在“管理出口、提高出口管理效率、以及最大限度减少干预参与商业活动能力”的宗旨前提下，美国出口管制的产品和技术范围主要包括以下三个主要方面：

1. 限制那些会大大增强任一国家或国家集团的军事潜力，从而损害美国国家利益的产品和技术出口；

2. 限制那些为有效促进美国对外政策或履行公开宣布的国际义务而必须限制的产品技术出口；

---

① 参见相关网页：www. bis. doc. gov/Wassenaar/Initial Elements. htm.

② 该机构原名出口管制局。“9·11”事件之后，为了服务于美国本土安全的目标，于2002年4月改名为产业安全局。

3. 限制那些为避免国内经济出现原料过分匮乏、减少国外需求引起的严重通货膨胀影响而必须限制的产品出口。[①]

上述三个方面的管制范围也反映出了美国出口管制的主要目标，简单而言即维护国家安全、促进对外政策和控制商品短缺。所谓控制短缺商品指的是，为了避免国内经济由于过度国际需求而出现通货膨胀、原料匮乏等现象而采取管制措施，管制的主要有铜、兽皮、核桃木、原油、西洋红杉等初级原材料产品。自二次世界大战以来，这种管制只偶尔或短暂实施过，因此在美国的出口管制政策中并不占主要地位。相对而言，国家安全和外交政策的需要在美国的出口管制中占据了重点位置。

在维护国家安全方面，主要管制的是战略物资和技术资料的出口，防止这些资源流向所谓的“令人担心”的国家。在决定受管制国家名单时需要考虑的因素有：第一，该国所奉行政策对美国国家安全的影响；第二，该国是否是社会主义国家；第三，该国与美国现存及潜在的关系状况；第四，该国与美国的盟国及敌国现存和潜在的关系状况；第五，该国的核能力和遵守核控制的情况；第六，该国再出口控制的能力；第七，总统认为需要考虑的其它因素。[②] 1979 年法的“限制出口国家名单”中列有 32 个国家，其中包括中国。根据规定，所有因国家安全原因管制的美国产品和技术，无论是从美国直接出口，还是从第三国转口，都将受到严格限制，并且严格禁止这些国家将进口的美国民用技术转为军事用途。[③]

在促进对外政策方面，出口管制主要服务于加强和推进美国的对外政策，履行美国承诺的国际义务，重点包括打击国际犯罪和恐

① Export Administration Act of 1979, as amended; U. S. C. Title 50 app. sec. 2402 (2).

② Export Administration Act of 1979, as amended; U. S. C. Title 50 app. Sec. 2404 (b).

③ Export Administration Regulations, part 772, and definition of “control country”.

怖活动、控制核生化导弹技术的扩散、促进人权保护以及保持地区稳定等内容。由于对外政策管制的目标和衡量标准不象国家安全管制那样明确，比较容易引起国内意见分歧和矛盾冲突，所以在决定实施管制的时候通常需要考虑如下几个方面的因素：第一，可行性，管制能否达到预期目的；第二，一致性，管制是否与既定外交政策相协调；第三，能力，管制能否有效执行；第四，经济影响，管制对美国的出口、国际竞争力、国际信誉以及对国内企业、就业可能产生的影响；第五，外国政府可能的反应。[①] 美国政府在决定这个方面管制政策时受国内、国外因素的影响比较大，尤其是根据 1988 年相关修正案的规定，总统必须向国会报告管制的性质、内容、执行情况和结果。

根据国家安全、对外政策和短缺控制的需要，美国的出口管制制定有不同的国别政策。《出口管制条例》将除加拿大之外的所有国家分为七个组，从严向宽依次是：Z 组，出于外交政策原因实行全面禁运的国家；S 组，出于国家安全、反恐、不扩散和地区稳定的需要，除药品、医疗用品、食品和农产品外全面管制的国家；Y 组，允许非战略物资出口，但出于国家安全需要，禁止任何涉及军事用途、有助于提高军事能力、有损于美国安全的商品和技术出口；W 组，基本原则同上，但管制范围更宽松；Q 组，基本规定同上，限制更少一些；T 组，总原则和政策同下述的 V 组，但对刑侦设备、军用设备进行许可证管理；V 组，基本不存在管制的国家，但该组内各国的待遇存在差别。[②]

同国家间一般贸易的关系比较密切的是两用品的出口管制，其基本工作程序如下：商务部产业安全局在收到出口商提交的出口许可证申请后，根据所申请的内容酌情转送国务院、国防部、能源部、

① Export Administration Act of 1979, as amended; U. S. C. Title 50 app. sec. 2405 (b).

② Export Administration Regulations, part 772, and definition of "control country".

军备控制与裁军署、中央情报局等相关部门审批。如果各部门之间出现意见分歧，则提交给由各部门人员参加的出口咨询委员会。这个委员会分三级组成，第一级是行动委员会，第二级是咨询委员会，第三级是管理审查委员会。通常情况下该委员会都以多数表决的方式决定问题，如果意见分歧不能圆满解决就逐级上报；如果出口咨询委员会内无法解决分歧，那就只好送进总统办公室。根据1995年12月5日的总统行政命令，所有出口申请都必须在90天内完成审批程序。

第二节　“9·11”后美国出口管制政策的调整

冷战时期，美国出口管制政策服从于美国的遏制战略，是美国遏制苏联的手段之一。冷战结束之后，美国出口管制一度丧失了目标。但伴随着恐怖主义对美国威胁的加剧，特别是“9·11”事件彻底震撼了美国。美国认识到恐怖主义使用先进技术和武器可能对美国国家安全构成致命威胁。所以，美国总统的乔治·布什在2002年6月在西点军校发表演讲，他指出：“对自由而言，最大危险是极端主义与技术的结合，随着核生化武器及弹道导弹技术的扩散，甚至弱小国家和小型团体都能获得对大国进行打击的巨大力量。我们的敌人已经表现出这一意图，并被发现寻求获得这些恐怖武器。”因此，为了在新的国际安全形势下更好地发挥出口管制的作用以维护美国国家利益，美国政府再次对出口管制政策进行了一系列调整。

一、改革出口管制机构

在出口管制体系的组成机构方面，工业安全局是调整重点。工业安全局的前身是出口管制局，“9·11”事件之后为了更好地服务于美国本土安全的目标，出口管制局更名为工业安全局（BIS），成为美国出口管制体系中负责“两用品”项目的主要机构。

作为商务部的下属机构，工业安全局的定位特殊——经济部门中的国家安全机构，该机构为合法贸易提供便利的同时，在维护国家安全方面也起着突出作用。[①] 总的来说工业安全局的职能包括：(1) 用一种有效果并且有效率的方式管理敏感产品和技术的出口和再出口；(2) 执行出口管制、反抵制和实施公众安全法律；(3) 在出口管制和战略贸易问题上，配合和协助其他国家；(4) 帮助美国工业遵守国际武器管制协定；(5) 监测美国国防工业基础的生存能力。[②] 为了实现上述职能，工业安全局必须遵循以下指导方针：第一，该局的首要使命是维护美国安全，这不仅包括保障美国国防安全，而且包括确保美国经济的健康和美国工业的竞争力；第二，应努力与私人机构展开合作；第三，该局的一切活动必须适应变化的全球形势与挑战；第四，其政策必须保证明确性、连贯性和忠诚性；第五，决策必须以事实为基础，充分分析与政府法律法规相一致。[③]

工业安全局的工作主要分为出口管理（Export Administration）

---

① Remarks of Acting Under Secretary Daniel O. Hill on Bureau of Industry and Security's Fourth Annual Export Control Forum. Newport Beach. California. March 16. 2009. http：//www. bis. doc. gov/news/2009/export_ control_ forum_ speech. htm. 2009 -5 -28.

② “Bureau of Industry and Security”. http：//www. bis. doc. gov/pdfpublications/va_ bis. pdf. 2009 -5 -28. p. 1.

③ “Guiding Principles of the Bureau of Industry and Security”. http：//www. bis. doc. gov/about/bisguidingprinciples. htm. 2009 -5 -28.

和出口执行（Export Enforcement）两大部分。

1. 出口管理处（EA）①

许可证体系是出口管理处进行出口和再出口管理的核心内容。出口管理处由以下五个办公室组成：

（1）防扩散和条约执行办公室（NPTC），负责管理可用于大规模杀伤性武器的那部分“两用”产品和技术的出口和再出口，以及属于核、导弹技术、化学制品、生物制品的出口管制项目的咨询意见。

（2）国家安全和技术转让管制办公室（NSTTC）根据所管理的产品和技术领域，划分为三个科，它们是敏感设备和航空科、信息技术管制科、认定出口和电子仪器科。国家安全和技术转让管制办公室负责多边和双边的涉及国家安全的出口和再出口管制，并在技术和政策问题上代表商务部进行国际谈判。

（3）技术评估办公室（OTE）的职责包括分析判断“两用品”出口管制体系的效力、在其他部门的工作基础上分析关键技术、评估美国工业基础支持国防的能力、管理工业安全局技术支持委员会、评估进口对国家安全所造成的影响、确定短期的供给等。

（4）战略工业和经济安全办公室（SIES）的任务是通过执行项目计划来确保美国国防工业能够达到国家安全目前的和未来的要求。其中防务项目科（DPD）的工作重点在于鉴别外国市场、评估国际防务合作项目的经济影响，推动美国公司参与国际防务交易。而战略分析科的任务则在于分析美国防务贸易的不平衡对美国工业的影响和倡导减少经济效率低下，以及审查外国对美国直接投资的影响。此外，战略工业和经济安全办公室还通过管理防务优先和配额体系来支持经核准的国家防务、能源和应急准备

① “Bureau of Industry and Security”. http：//www. bis. doc. gov/pdfpublications/va_bis. pdf. 2009 -5 -28. pp. 2 -9.

项目。

(5) 出口商服务办公室（OExS），简单地说是商务部直接面向出口商的服务窗口，为美国出口商提供咨询服务，处理出口许可证的申请、修正出口管制产品的分类。其中，在职培训和教育服务科（OESD）负责回应出口共同体对《出口管理条例》、出口管制政策和许可证程序的问询，协助准备出口文件，提供悬而未决的产品分类和出口许可证申请的情况；并且加强对执行官员的业务培训来帮助出口商理解和遵守《出口管理条例》。此外，每年出口商还能从在职培训和教育服务科举办的“更新会议”上得到最新的政策和相关调整信息。

除了以上五个办公室外，出口管理处在助理秘书办公室内还设立了行动委员会（Operating Committee on Export Office，OC）。由于国务院、商务部、国防部、能源部和司法部等部门都在出口管制中承担职责，各个部门之间不可避免地会出现争论。为了解决争论，协调各部门之间的行动，行动委员会应运而生。行动委员会是一个跨部门的争端解决机构，主席作为一个独立、中立的仲裁人，负责审查各部门之间不能达成一致的许可证申请，在收到各部门建议后根据他对《出口管理条例》的理解做出决定。如果任何机构对行动委员会的决定不满，可以上诉到更高的争端解决机构，如国务院负责出口管制事物的助理国务卿任主席的出口政策咨询委员会（ACEP），在没有上诉的情况下，行动委员会的决定是最终决定。

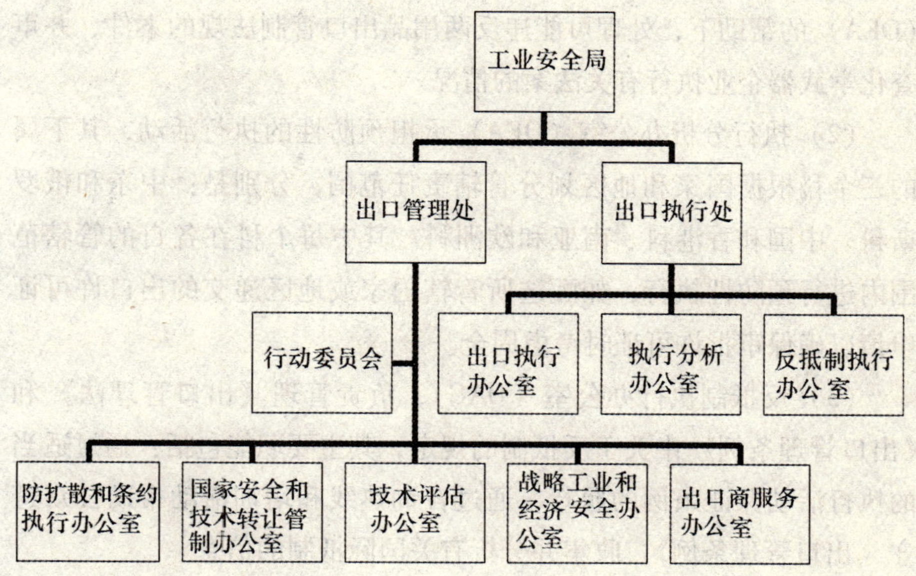

图 14-1　美国商务部工业安全局

2. 出口执行处（EE）①

出口执行处（EE）通过禁止非法出口、介入禁止贸易抵制、调查违法行为，对违反《出口管理条例》的行为提起刑事和行政诉讼等一系列措施来保障国家安全、对外政策和经济利益。为了有效地执行出口管制，与美国出口共同体以及外国政府官员的密切合作是必不可少的。出口执行处由以下三个办公室组成：

（1）出口执行办公室（OEE），作为美国"两用品"项目的最主要的执行机构，其目标是阻止对美国威胁最大的国家或团体得到最敏感的商品，重点关注对美国国家安全构成极大最大威胁的活动，如大规模杀伤性武器的扩散、恐怖主义和支持恐怖主义的国家以及"两用"产品和技术未经批准的军事最终使用；在执行分析办公室

① "Bureau of Industry and Security". http://www. bis. doc. gov/pdfpublications/va_bis. pdf. 2009-5-28. pp. 10-12.

（OEA）的帮助下，处理可能违反两用品出口管制法规的案件，并审查化学武器企业执行有关法案的情况。

（2）执行分析办公室（OEA）承担预防性的执行活动，其下属的三个科根据国家和地区划分管辖责任范围，分别是：中东和俄罗斯科、中国和香港科、南亚和欧洲科。其中每个科在各自的管辖范围内进行预防性执行，如甄选所管辖国家或地区递交的出口许可证申请以确保审批许可证时考虑周全。

（3）反抵制执行办公室（OAC），负责管理《出口管理法》和《出口管理条例》中关于反抵制的规定，其主要职能包括：通过适当的执行活动保证条例的履行，通过咨询热线和培训活动帮助公众遵守《出口管理条例》，收集并分析有关国际抵制的信息。

二、改革许可证政策

许可证体系是美国出口管制的关键，是实行出口管理的重要手段。出口许可证的审批效率及出口产品和技术的信息准确度都会影响到美国的对外政策和国家安全。为此，一方面美国政府简化许可证审批程序，推行电子许可证系统，加强商务部、国防部和国务院等负责出口管制的主要部门在处理许可证申请上的协作；另一方面，审查出口管制清单，对管制项目进行调整和更新。这些措施有助于各机构工作人员加强对敏感物资的控制。

美国政府于克林顿政府时期开始简化许可证审批程序，缩减特别许可证的控制项目，扩大一般许可证的使用范围。一般许可证适于七类货物和技术出口，从商品类别、价值、出口国别看属于管理最宽松的，它的发放不需要出口商向商务部申请，不需逐一审批，只要在报关单上填写该商品的一般许可证编号即可出口。2001 年后，布什政府加大了简化许可证审批程序的步伐，其中最主要的是建立并推行电子许可证系统，在该系统与商务部、国防部、能源部、和中央情报局等出口管制有关部门之间实现信息交换。2004 年 2 月，电子许可证系统，即 D－trade 系统正式启用。通过这个系统，许可证官员在其办公桌上就能看到申请案件中的物资背景、注册信息、监督清单信息和该物资是否属于国家详细目录上的控制物资等。[①]

与出口管制项目相对应，美国出口管制清单也分为军用管制清单和民用管制清单两大类。由于美国是核供给集团（NSG）、核不扩散条约（NPT）出口委员会即 Zangger 委员会、导弹技术控制机制（MTCR）、澳大利亚集团（AG）及瓦森纳安排（WA）等多边国际组织的成员，所以其出口管制清单一部分即核管理委员会管制清单（NRCC）来自于这些多边组织的条约。除此之外，美国还制定了一份单方面的出口管制清单，由国务院管理的军用品清单（USML）和由商务部管理的商业管制清单（CCL）。这样，美国的出口管制清单就由多边国际组织条约中的管制清单和美国单方面的管制清单构成。

美国出口管制清单并不是固定不变的。由于恐怖主义威胁、技术进步、市场可获得性、国际义务等多方面的原因，美国政府会对出口管制清单做出相应调整和更新，使出口管制清单既能有效控制敏感设备和技术的出口来维护美国的国家安全，又能促进美国经济的发展与繁荣。出口管制清单的调整主要涉及军用品清单和商业管制清单。是否将某一产品或技术列入出口管制清单，或者将其在军用品清单和商业管制清单之间进行转移，这些调整直接影响美国出口管制的严格程度。一般而言，军用品清单上产品和技术的出口审批要比商业管制清单严格得多，需要更长的审批时间。

从 20 世纪 90 年代起，美国政府开始对军用品清单和商业管制清单进行审查，主要是明确管制产品和技术的属性，将具有军用性质的产品和技术纳入军用品清单，将军用品清单上的属于民用性质的产品和技术调整到商品控制清单中。而“9・11”事件后，美国出

① 刘子奎：《冷战后美国出口管制政策的改革和调整》，第 108 页。

口管制清单的总体调整趋势是放松对技术含量低、军事意义不大的产品和技术出口管制，加强技术含量高、军事意义重大的产品和技术的出口管制。包括将用于商业的物资从军用品清单中转移到商业控制清单中，例如，2002 年把包括推进器、爆炸物、与核和化学有关的商品和技术从军用品清单中转移到商业管制清单中。

三、加强对最终使用的检查

“最终使用检查”是除了许可证体系之外，美国另一项重要的出口管制控制措施。为了防止美国先进的产品和技术经中间商转移到恐怖分子和潜在对手的手中，美国政府不仅管制从美国本土直接出口的产品和技术，也管制从外国再出口原产于美国的产品和技术以及含有美国产品和技术的外国产品。[①] 2001 年后，美国政府采取了一系列措施，加强对出口管制产品和技术的最终用途和最终用户的情况的监督、检查，并加大了处罚力度。

第一，对于最终用途最容易被转移的“两用品”，商务部工业安全局在国内外都加强了检查、执行力度。工业安全局下属的出口执行办公室在全国设有八个地区办公室，地区办公室有权逮捕有关违法人员、询问证人、搜查并没收即将非法出口的物资。工业安全局还加强了出口产品和技术在国外最终用途的检查。2004 年在国外检查 647 次，2006 年在 72 个国家进行 942 次检查，增加了 45%。[②]

第二，军用品是出口管制中比较敏感的部分，为了加强对军用品出口管制，在发放许可证前进行检查和运输后确认检查以及防务出口最终使用检查，国务院制定并实施了“蓝灯计划”（Blue Lantern Program)，具体由防务贸易管制理事会（DDTC）实施。为了有

① 李恒阳：《美国不扩散出口管制政策分析》，外交学院 2003 级博士研究生学位论文，第 90—91 页。

② 刘子奎：《冷战后美国出口管制政策的改革和调整》，第 116 页。

效地执行这个计划，出口执行办公室以及海关等部门加大了许可证前检查和运输后检查的力度。一般来说，通过许可证前检查，美国政府主要是审查这个交易的合法性以及最终用户的可靠性；而通过运输后检查，美国政府各部门能在一定程度上监督和检验最终用户和最终用途是否与许可证的要求相一致。

第三，执行机构加大执法力度，对违反出口管制法律法规行为严惩不贷。2007 财政年度出口执行办公室查处 16 起刑事案件，刑事罚款数额达到 2500 万美元。同期，工业安全局开出的行政罚单也超过 500 万美元。[①] 而 2008 年工业安全局查处的个人和企业违反出口管制的刑事案件 40 起[②]，比上年增加 24 起。2008 年 3 月，美国商务部工业安全局决定执行“暂时拒绝订购”（TDO），取消 Balli 集团以及该集团相关公司和个人、Blue 航空、Manha 航空的出口特权 180 天，原因是有证据表明上述企业违反《出口管理条例》将三架美国原装飞机再出口到伊朗，而且还准备将另外三架美国原装飞机在出口至伊朗。[③]

通过以上一系列措施，美国最大限度地保障最终用途和最终用户符合许可证的要求，从而最大限度地维护美国国家利益。

四、加强国际协调与合作

美苏对峙的冷战时期，美国所面临的安全威胁是单一的、可测、

① “Major Cases List”. http: //www. bis. doc. gov/complianceandenforcement/majorcaselist/mcl032009. pdf. 2009 – 5 – 28. p. 1.

② Remarks of Acting Under Secretary Daniel O. Hill on Bureau of Industry and Security's Fourth Annual Export Control Forum. Newport Beach. California. March 16, 2009. http: //www. bis. doc. gov/news/2009/export_ control_ forum_ speech. htm. 2009 – 5 – 28.

③ “Temporary Denial Order Issued for Export of U. S. Aircraft to Iran”. http: //www. bis. doc. gov/news/2008/bis_ tdo03212008. html. 2005 – 05 – 28.

可控的。然而，“9·11”事件以后，世界处于传统安全威胁与非传统安全威胁并存的状态，安全环境变得更加复杂，难以预测，以美国一己之力对付对本土安全构成严重威胁的恐怖主义和敌对国家未免势单力薄，力不从心。因此，加强与盟国、友好国家的合作及国际组织是美国维护其国家利益的需求。

首先，巩固和加强与加拿大、日本、澳大利亚等传统盟国以及东欧等新盟国的合作。克林顿时期开始实行国防贸易安全倡议，把长期以来美国对加拿大实行的《国际武器交易条例》（ITAR）许可证豁免制度扩大到其它盟国。布什政府时期，加大了国防贸易安全倡议的实施力度。2002 年 10 月，代理国务卿阿米蒂奇宣布要全面审查美国武器贸易政策，其目标是确保防务贸易、防务贸易技术安全和有关政策，目的在于保持美国对其潜在敌人的技术和战争优势，特别是有利于盟友和盟国努力增加他们的力量及彼此协同工作的能力；增加盟国产业界的参与或更大可能地接近美国技术的能力，提高盟国的军事效力；与站在美国一边进行有效战斗的盟国和盟友一起，采取更多的能增加双方利益的政策和措施；增加防务合作的范围。[①] 一个月后，布什总统批准了上述政策，从而为加强与盟国的合作铺平了道路。然而，扩大豁免制度的适用范围并不意味着降低出口管制的标准。美国仍然坚持要求有关国家的出口管制符合美国的出口管制的标准，这是成为美国许可证豁免对象的前提条件。

其次，放松对友好的非盟国的出口管制，加大对反恐前线国家的支持。“9·11”事件是美国与中亚、南亚等国家之间关系的转折点。由于巴基斯坦、印度以及中亚等国家处于反恐战争的前线，美国重新审查了这部分国家的出口管制清单，放松了对它们出口武器及进行军事援助的限制。美国十分重视与印度的合作。“9·11”事件后，美国与印度加强了双边高技术贸易的合作，双方定期举行有

① 转引自刘子奎：《冷战后美国出口管制政策的改革和调整》，第 111 页。

关部门参加的高技术合作会议。

第三，加强与有关国际组织的合作。美国十分重视防止大规模杀伤性武器扩散的国际多边合作，积极参与防扩散国际机制和安排，目前已经是核供给集团（NSG）、核不扩散条约（NPT）出口委员会即Zangger委员会、导弹技术控制机制（MTCR）、澳大利亚集团（AG）及瓦森纳安排（WA）等国际出口管制组织的成员。美国国务院政治军事事务局通过其下属的三个办公室在国际多边出口管制机制中发挥作用。这三个办公室是：化学生物及导弹不扩散办公室，出口管制和常规武器不扩散办公室，核能事务办公室。[①] 除了国务院，商务部、国防部、能源部等部门也会经常派代表参加这些国际组织的会议，宣传美国的立场，解释本部门的政策。美国不但为这些国际组织提供资金和情报的便利，努力协调多边控制清单，而且就许可证政策和执行情况与其他国家交换意见，建议其他国家扩大许可证审批程序的透明度。

第四，进一步强化对敌对国家的出口管制。朝鲜、伊朗、利比亚等国家被美国列入“邪恶轴心国家”名单，为保持美国的先进武器和敏感技术不被“邪恶轴心国家”所掌握，美国大幅减少对这些国家的出口总量并且控制出口结构。例如，美国对朝鲜出口产品种类以谷物、动物、蔬菜和日用品为主。2002年美国对朝鲜出口为2500万美元，谷物占了60%，动物/蔬菜占了20%；2003年对朝鲜的出口下降到800万美元，主要是日用品、谷物和捐赠品；2004年上升到2380万美元，但出口产品种类也都与前几年类似。[②]

第五，在美国可控制的范围内，例如允许美国进行最终用途检查的情况下，适当放松对潜在对手的出口管制。“9·11”事件后，尽管中美两国政府尽量粉饰太平，但是不可否认美国一直将中国看

① 转引自李恒阳：《美国在出口管制上的国际合作》，《国际关系学院学报》2008年第4期，第27—28页。

② 2006 *Report on Foreign Policy - Based Export Controls*. p. 35.

作其潜在对手，中国已经成为美国出口管制关注的焦点。美国政府不但严格控制对华出口敏感的高新技术产品，而且规定向中国出口的产品和技术不得用于军事用途，加强对中国的最终用途监督检查。但是近年来，中美两国政府经过磋商达成共识，美国于 2007 年 6 月开始对中国实施“最终用户验证项目”（Validated End - User, VEU），该项目允许出口商和再出口商在一开始没有获得出口许可证的情况下对特定最终用户出口管制产品，这既有利于中美贸易的发展也便于美国监督和控制对华出口产品和技术的最终用途。① 2009 年 1 月，工业安全局宣布对中国全面实施“最终用户验证项目”（VEU），② 并于 4 月宣布对修订、补充被批准的最终用户和合法出口项目名单③。

通过对现行美国出口管制政策以及“9·11”事件后美国出口管制政策调整重点的分析，得出以下主要结论：（1）美国出口管制服务于美国国家利益，并根据国内外形势的变化做出相应调整；（2）美国出口管制体系复杂，主要由国务院主管的军用品项目和商务部主管的“两用品”项目构成，许可证体系和出口管制清单是美国出口管制的关键；（3）“9·11”事件之后，美国政府通过工业安全局加强对军民两用产品和技术的监管，通过推行电子许可证系统来提高许可证审批效率，通过调整、更新出口管制清单来优化出口管制；（4）最终使用检查一直是美国政府出口管制的重要手段，2001 年之后，由于恐怖分子和恐怖主义支持者的威胁，美国政府加强了出口和再出口产品和技术最终使用情况的检查，加大了执法力度；（5）随着全球化的发展，国际合作日趋重要，美国因此加强了

① *Bureau of Industry and Security Fiscal Year* 2007 *Annual Report*. p. 19.

② “BIS Announces Full Implementation of the Validated End - User Program for China”. http: //www. bis. doc. gov/news/2009/bis_ press01132009. htm. 2009 - 05 - 28.

③ “BIS Announces Modifications. Additions. to Validated End - User Program”. http: //www. bis. doc. gov/news/2009/bis_ press04292009. htm. 2009 - 05 - 28.

与盟国、友好非盟国及国际组织的合作，并对其潜在对手中国启用了新的出口管制机制“最终用户验证项目”，同时对敌对国家一如既往地加强出口管制。

第三节　跨国公司与美国对华出口管制

中美建交以来，出口管制问题一直是双边关系中十分重要的议题之一。美国对华出口管制的状况在根本上取决于两国关系的总体状况。在80年代中美战略同盟时期，美国出于反苏的需要逐渐放宽了对中国的技术出口限制。90年代之后，在寻找新的中美关系定位的过程中，出口管制成为美国企图干涉中国内政、制约中国发展的工具。在跨国公司眼中，中国是高技术出口的一个大市场，但中美高技术贸易受到美国出口管制的重重障碍。美国跨国公司尽力利用他们的游说资源为中美的高技术贸易创造宽松的环境，但这一努力受到了出口管制问题“政治化”的局限。

一、美国对华出口管制及其问题

1949年中华人民共和国成立之初，中国被划入美国出口管制的Y组，两国还保持有一定的贸易往来。但不久以后，在朝鲜战争爆发后，中国出兵抗美援朝。1950年12月2日，美国商务部宣布中国为“敌对国家”，列入全面禁运的Z组，禁止美国的一切出口，禁止美国船只停靠中国港口，限制中国对美国的出口。1952年，在巴统专门成立了“中国委员会”，形成所谓“中国差别待遇”，使巴统对中国的禁运项目两倍于对苏联的管制。在此后20年里，中美贸易差不多完全断绝。1969年尼克松出任美国总统之后开始着手缓和中美关系，作为美国向中国发出的和解信号的一部分，美国也开始逐步解除对中国的贸易禁运。1971 年 4 月，中国被重新列入 Y 组，名义上享受苏联和东欧大部分国家的同等待遇，实际执行过程中享受偏向性的优惠。

1979 年 1 月 1 日，中美正式建立外交关系。在中美关系走上正轨的过程中，技术出口管制问题一直是双边关系中十分重要的议题之一。同年 1 月 30 日，邓小平在访问美国时与卡特总统签署了中美科技合作协定，这是中美建交以来最早签署的双边政府协定之一，由此开辟了中美科技交流和贸易往来的新时期。1980 年 4 月 25 日，卡特总统宣布将中国从 Y 组划出，列入专门为中国设立的 P 组。在这个管制类中，中国作为“非敌国”原则上可以获得美国的军民两用技术和产品。但是对中国的技术出口还必须通过逐案审查的方式，并且附有严格的限制条件，因此还是不能满足中国方面需要和美国企业的要求。

里根政府上台后首先采取了“双倍政策”（Double Threshhold Policy）的解决方法，即允许向中国出口的技术和产品的技术水平可为向苏联出口的两倍，同时简化出口审批的程序。随着中美关系逐渐走向稳定成熟和顺利发展，美国于 1983 年 6 月 21 日宣布，从当年 11 月 23 日开始把中国提升为“友好的非盟国”待遇，列入同西方国家、中立国和印度、埃及等发展中国家并列的 V 组，“强调向中国出售技术与产品应该象美国向其它友好国家出售一样自然”。[①]

美国在对华管制上的逐步宽松，一方面反映了美国自身战略和经济利益的需要，另一方面也是中国政府高度重视和积极的外交努力的结果。1983 年 8 月 28 日，邓小平同志在会见美国民主党参议员杰克逊时指出，中美关系中存在两个问题：一是台湾问题；一是技

① Department of Commerce, “Export Administration Annual Report Fiscal Year 1983,” March 1984.

术转让。在技术转让问题上，美方有些松动，我们表示欢迎。但松动到什么程度，也还要看。[①] 在这个问题上邓小平同志还表现出他特有的灵活现实的外交风格，在建交之初的1979年，他在同美国国家安全委员会科技部主任休伯曼会谈时对中国被置于同苏联同等的Y组表示不满，同时提出了一个简单易行的解决方法，即在26个英文字母中另选一个给中国的出口级别。这就是后来给中国单独开列的P组的由来。[②]

1983年11月，中美签署关于美国向中国转让技术的有关文件，美国政府正式发表“对华出口指导原则”并修改了《出口管理条例》中有关中国的条款。但是V组作为一个混合大组，其内部各个国家并不享受同等的待遇，因此中国享受的技术转让仍然有很多的限制。正如美国商务部公告中同时指出的：“这一变化将允许对影响美国国家安全的某些产品和技术实行限制，而且对中国的出口仍然要接受安全审查。”[③] 具体而言，美国将对华出口的技术和产品分为三类：

1. 绿区（Green Zone）：对美国国家安全影响比较小的技术和产品，商务部有直接审批权，一般不需要跨部门审查。这一大类约占总数的75%。

2. 黄区（Yellow Zone）：属高级技术范畴，但低于红区水平的技术和产品，需要经过国防部及其它部门参与逐项审查。

3. 红区（Red Zone）：最先进的技术，能直接用于尖端军事系统，对美国国家安全构成显著威胁的技术和产品。这类项目甚至连

---

① 官力：《峰谷间的震荡：1979年以来的中美关系》，北京：中国青年出版社，1996年版，第133页。

② Robert S. Ross, *Negotiating Cooperation: The United States and China*, 1969 - 1989 (Stanford University Press, 1995), p. 149.

③ Department of Commerce, "Background Paper on U. S. Export Licensing Policy for the P. R. C," December 1983.

美国最亲密的盟国也不能分享，所以拒绝向中国出口。[1]

1985 年 9 月，巴统达成一项简化对华出口审批的协议，接受美国提出的绿区标准，并且将数量从 7 项扩大扩大到 27 项，条件是中国政府承担出具“最终用户证明”和提供担保的义务。中国于同年 11 月接受这个条件，责成对外经济贸易与合作部技术进出口司具体承办。为了方便出口商的对华出口申请，美国商务部出口管理局于 1986 年 12 月成立了专门的“中国科”，至此美国新的对华出口管制体系基本成型。在 1989 年 6 月之前，美国和巴统还先后五次调整和放宽了绿区的范围和标准。在出口管制政策不断放松的情况下，1988 年中美高技术贸易达到顶峰，根据美方统计当年申请对华出口的报告共 6900 份，总额 36 亿美元，其中 91% 获得批准，出口额达 30 亿美元；只有 1.25% 被否决，其余的或者无需出口许可，或者是资料不全等技术原因未获批准。[2]

1989 年以后，中美关系进入一个新的阶段，在“六四”、苏联解体等事件的冲击下，美国对华出口管制成为中美之间发生冲突和摩擦的问题领域。

首先，1989 年之后，美国把对华技术管制作为其制裁中国的主要手段。在事件发生后的第二天，美国政府首先宣布暂停两国已经达成的几项军事技术转让合同。接着又先后出台了一系列对华制裁措施，其中包括禁止治安类技术和产品的出口、中止长征火箭发射休斯卫星的合同、禁止出售核设备和核燃料等等。根据美方资料，美国政府当年至少中断了 300 项对华出口的许可。[3] 在国会的巨大压力下，美国政府还宣布停止进一步放松对华出口的管制。

---

① Export Administration Regulations，sec. 738. 2.

② Department of Commerce，“Export Administration Annual Report Fiscal Year 1988，” March 1989.

③ Department of Commerce，“Export Administration Annual Report Fiscal Year 1989，” March 1990.

其次，美国利用出口管制政策作为在不扩散等问题上向中国施加压力的工具。中美在不扩散问题上发生的影响较大的争端主要有：发生在1987年的所谓中国向伊朗出售“蚕式导弹”事件；发生在1991年和1993年的中国向巴基斯坦出售M-11型地对地导弹事件；以及1993年的“银河号”事件。在这些事件中，美国单方面宣布采取中止高性能计算机、卫星对华输出等技术管制制裁。[①] 此外，1999年美国政府还指责中国政府在“法轮功”问题上侵犯人权和宗教自由，对出口到中国的刑侦产品实行管制。

最后，出口管制问题也成为美国国内政治斗争的工具。1998年12月，以加利福尼亚州参议员克里斯托弗·考克斯为首的委员会向国会提交了一份长达700页的报告，指责中国在过去20年里通过偷窃的手段获得了美国军事技术中某些最机密的技术，包括核武器设计技术。报告要求政府进一步加强对中国的出口管制。正当这份“考克斯报告”在美国国内引起轩然大波之际，美国媒体又抛出了“李文和事件”，一时间中国的“核间谍”问题成为美国舆论关注的焦点。这些捕风捉影的指责严重破坏了中国在美国公众中的形象，并为中美出口管制问题设置了政治障碍。据有关统计1999年上半年，美国对华技术出口合同额只有7.2亿美元，比上年同期下降了15.6%。

二、跨国公司与美国对华出口管制

在美国跨国公司眼中，中国是高技术出口的一个大市场。中国在进行经济建设和现代化的过程中迫切需要引进西方的高新技术以提高新型工业化水平，促进经济增长。美国在高技术产业具备很高

① 朱明权：《事实、法律和联系问题：美国的对华制裁以及撤消》，载《曲折的历程——中美建交20年》（谢希德、倪世雄主编），上海：复旦大学出版社，1999年版，第18—44页。

的比较优势和竞争力，在航空航天、生物技术和信息技术方面，美国的创新能力都位居世界前列。1998年，在美国对外出口中，技术产品所占成份已达其对外总出口的1/4。高技术贸易充分体现了中美经贸的互补性，因此始终呈现高速发展的局面。1994—2000年，美国高技术产品对中国的出口增长了125%，是美国对华出口增长最快的品种之一。而且中国的电信业、计算机业和半导体市场的发展潜力将为美国公司带来巨大的商机，预计未来15年年均增长率将达到20—40%。[①]

然而，在中国诱人的高技术市场面前，美国跨国公司却经常陷入一筹莫展的苦恼，其中主要障碍就是美国政府的出口管制政策。早在80年代初期，中方企业曾与美国西屋公司、通用电气公司等就购买秦山30万千瓦、大亚湾90万千瓦核电站设备进行过技术与商务谈判，但由于美国政府出口管制而未果。《中美和平利用核能合作协定》是中美两国政府于1985年签订的，中国方面随即批准了这一协定，但美国国会在批准协定时附加许多先决条件，致使协定至今未能生效。当前，中国的核电行业正处于发展时期，核电站建设需要进口大批技术设备。美国核电厂商对参与中国核电站建设抱有浓厚兴趣，但由于美国政府控制核能技术对中国出口而丧失了向中国出口的机会。

2001年上半年，美国著名的半导体制造商SMIC公司准备在上海投资15亿美元建立一个芯片生产厂。为了投资需要，SMIC通过美国应用材料公司（Applied Materials）申请向中国转让两项电子光束系统技术。但在随后的半年中，由美国国防部、国务院和商业部组成的技术出口审查委员会对这两项技术出口中国竭力反对，并利用各种口实进行阻挠。最后，这一本来属于正常的国际技术转让的

① 中国美国商会：《2001白皮书：美国企业在中国》，北京：中国美国商会，2001年版，第87页。

项目被迫流产，SMIC公司不得不放弃技术转让申请。

许多在中国开拓市场的美国公司，例如IBM、惠普、SUN等大公司都认为其在华商业利益因为美国政府严厉的技术出口管制而深受其害。中国计划引进集成电路和程控交换机技术及设备，需要进口先进机床设备，由于美国政府的限制，使美国出口商失去了几十亿美元的出口机会。美国商界的普遍看法是，美国政府在对中国进行的出口管制过于严格。申请出口到中国的技术转让证书比以往要费时得多，其中的繁文缛节更让他们苦不堪言。2001年美国商业部总共收到了1294件对华技术出口申请，其中72%被通过，3%被拒绝，25%不予受理，也就是说超过1/4的对华技术转让项目被美国政府“腰斩”。近年来，受到美国政府管制的对华高技术出口额只有1.75—5亿美元，只占美国对中国出口总额的一小部份（不足1%）。

由于美国政府推行严格的管制政策，美国在高技术领域的比较优势并没有在中美双边贸易中得到表现。中国在技术贸易领域始终处于净逆差的状态，1997年逆差达104亿美元，但中国引进技术的37.35%来自欧洲，21.29%来自日本，17.61%来自加拿大，美国只占11.4%。[①] 这种状况显然与美国作为世界第一科技大国的地位很不相称。1997年中美双边贸易美国的逆差163.92亿美元，而对华技术合同出口额仅18.16亿美元。[②] 美国政府在技术出口方面制造的政治障碍实际上成为中美贸易逆差的重要原因之一。据有关方面的分析，由于美国歧视性的出口管制，美国每年要丧失几十亿美元的贸易机会。与此相对照，欧盟国家由于取消了歧视性政策，对中国贸易不仅没有逆差，每年还有几十亿美元的贸易顺差。

出口管制事实上是以牺牲部分出口利益为代价来谋求政治和安

① 课题组：《中国科技发展研究报告（1998年）》，北京：经济管理出版社，1999年版，第137页。

② 国家统计局：《中国科技统计年鉴（1998年）》，第202页。

全利益，因此政治利益与经济利益之间的平衡，常常成为出口管制政策争论的中心。美国政府推行的单方管制政策实际上已经造成了政治利益与经济利益之间的冲突。美国国家科学院提出的一份报告认为，美国的出口管制体系过于严厉，超过了必要的程度："虽然出口管制是为了国家安全，但目前过于严格的出口管制严重削弱了美国技术产品在国外的竞争力，以至于从经济利益的角度削弱了国家安全"。[①] 在对华出口管制问题上，美国跨国公司的主要关注集中在三个方面。

第一，单边管制与国际技术市场竞争的矛盾。事实上除了少数尖端技术之外，美国管制中的大部分产品和技术并不具备垄断性。日本、西欧、加拿大等发达国家也掌握着很多可替代的先进技术，在经济或其他利益的驱使下愿意向外转让和输出。美国中国商会主席孟克文表示："从美国的角度的看，出口管制的问题始终是如何在两用品或军用品技术的扩散和国际市场供给的现实之间实现平衡。"[②] 例如，自从美国国会对商用卫星实行更多限制之后，美国在全球卫星市场的份额从75%锐减到45%。与此同时在政府的大力扶持下，欧洲的卫星在质量和价格上的竞争力不断增强。[③]

第二，技术水平的快速发展与管制标准滞后之间的矛盾。现代科学技术的一个基本特征是日新月异地进步和发展，而出口管制的官僚程序经常很难跟上技术水平提高的步伐。滞后的管制标准和发展的技术水平之间的差距经常会引发出口商和政府之间的矛盾。罗克韦尔中国首席代表白恩时（Michael T. Byrnes）认为，美国政府的出口管制政策的主要问题就是"跟不上时代"，管制的范围太宽，而

① Department of Commerce, "Overview of the Export Administration Program," March 1987.

② 作者对美国中国商会主席孟克文的采访，2003年3月31日。

③ 中国美国商会：《2001白皮书：美国企业在中国》，第89页。

管制的深度不够。[①] 高性能计算机技术是其中最典型的事例，1992年5月美国对华高性能计算机出口的最高限度是195MTOPS（理论运算百万次/秒），1994年提高到1，500MTOPS，1996年提高到7，000MTOPS，1999年7月又提高到12，300MTOPS。[②] 在短短7年中这个标准提高了60多倍，而专家指出这种修正依然很难适应所谓“穆尔法则”的要求。[③]

第三，中美在不扩散问题上的矛盾和冲突。不扩散问题直接关系到美国的国家安全利益。“9·11”事件之后，美国把大规模杀伤性武器的扩散列为美国面临的首要的威胁。在这个问题上，中美之间曾经出现过很多矛盾和冲突，并直接影响到美国企业对华的技术转让。美国跨国公司希望中美双方能够通过对话，在大规模杀伤性武器扩散问题上建立和扩大共识，从而减少双边高技术贸易的障碍。近年来，中国政府在防止大规模杀伤性武器扩散方面已经制定了七个相关法规，建立了比较完善的防止核、生、化武器以及导弹技术出口的管制体系。2002年，中国同时出台了《关于导弹及其相关部件的出口管制条例》等三个政府法规。这些措施得到了美国跨国公司的欢迎。

近年来，出口管制政策成为在中国投资的美国跨国公司最为关心的问题之一。中国美国商会在2001年出版的白皮书中把出口管制同美国对华贸易制裁、相互放宽签证管理并列为对美国政府的政策建议。美国商会建议美国政府：取消无效或基本无效的出口管制措施；根据中国高科技产业能从国外买到的竞争性产品和技术情况以

① 作者对罗克韦尔中国首席代表白恩时的采访，2003年4月9日。

② Office of the Press Secretary, “Export Controls on Computers,” *The White House Fact Sheet*, July 1, 1999.

③ 英特尔公司创始人之一戈登·穆尔（Gordon Moore）创造的这项法则认为，计算机微处理器发展的速度是每8个月翻一番。参见英特尔公司网页：http://developer.intel.com/solutions/archive/issue2/focus.htm。

及未来预测的情况，评估现行出口管制政策及程序的效果；就不扩散、出口管制政策和程序、一般合作问题等，加强与中国政府的对话。[①]

美国跨国公司也利用它们在政府和国会的游说资源，尽力为中美的高技术贸易创造宽松的环境。1998年，在“考克斯报告”的影响下，美国国会在国防授权法要求政府对出口到中国的高性能计算机进行现场核查。当时中国的高性能计算机进口占整个国际市场的30—40%，而美国是最大的出口国。如果这一条款付诸实施，不仅中国的进口可能受到影响，而且也会使美国出口高性能计算机的企业蒙受巨大损失。在这种情况下，美国信息产业机构驻北京的办事处立即同IBM、惠普等十几家大公司的代表举行座谈会，并派出游说团奔赴白宫。在它们的努力下，1999年7月克林顿总统决定每半年放宽一次计算机的出口限制标准。2002年1月，小布什政府延续了克林顿的做法，再次放宽高性能计算机的出口限制，目前实行的对中国的出口限制标准已经达到190，000MTOPS，同1999年相比又提高了15倍。不断放宽的标准使得中美之间正常的高性能计算机贸易基本上可以免受出口管制的困扰。

出口管制政策的核心是政治与安全的需要，因此这一问题直接决定于两国关系的总体状况。邓小平同志曾经指出的，“在技术转让问题上，重要的是中美能成为什么样的朋友，是普通朋友，还是比较好的朋友”。[②] 近年来，随着中国经济的高速增长，综合国力不断提高，美国国内所谓“蓝军”的保守势力已经把中国列为美国最大的潜在对手，“中国威胁论”无论在政府、国会、还是在公众当中都有相当大的市场。“中国威胁论”的一个基本逻辑是，美国向中国出口的高技术已经直接或间接地转化为中国的军事实力，因此美国必

① 中国美国商会：《2001白皮书：美国企业在中国》，第89页。

② 宫力：《峰谷间的震荡》，第133页。

须严密监控对中国的技术出口。这一思想不仅反映在 1998 年的“考克斯报告”当中，而且也成为美国国会“美中安全评估委员会”在 2002 年 7 月提交报告的主题之一。①

美国哈佛大学研究员伊文·费根鲍姆指出：“1996 年中国在台湾海峡进行导弹演习三年后，高技术问题已经逐渐取代人权，成为目前高度政治化的美国对华政策辩论和关注的中心”，② 这一“中心”的转移，使得美国国会将对华出口管制问题政治化的趋势有所加强。在最近几年美国国会通过的《国防授权法》中，不断提出调整和加强对华出口管制的条款。中国在美国的出口管制体系中已经被放在了“特别对待”的地位上，中国不仅被列入重点监控的“黑名单”，而且是仅有的由美国商务部产业安全局派驻现场监管员的两个国家之一。在美国国会关于新出口管理立法的辩论中，中国也是被关照最多的国家之一。在未来的对华出口管制中，美国将进一步强化最终用途监管，增加在中国的监管力量，对向中国的技术出口提出更高、更严的要求。

高技术出口管制的问题带有相当的特殊性。由于涉及技术，这类的问题本身带有很强的专业性。由于涉及国家安全，这类问题又经常被披上神秘的面纱。因此，在出口管制问题上，普通百姓一般很难明辨是非。这类问题一旦戴上“国家安全”的大帽子出现，就很容易制造骇人听闻的视听效果。这正是“考克斯报告”、“李文和案”能够在美国朝野掀起大风浪的原因之一。很多专家和学者都认为，“考克斯报告”和“李文和案”无论在事实上还是在法理上都缺乏依据，不过是某些国会议员攻击克林顿总统的借口而已。然而，

① The U. S. – China Security Review Commission, “The National Security Implications of the Economic Relationship Between the U. S. and China: Report to Congress,” July 2002.

② Evan A. Feigenbaum, “Who's Behind China's High – Technology ‘Revolution’?” *International Security*, Vol. 24, No. 1 (Summer 1999), p. 95.

这场党派斗争却在中美高技术贸易关系中遗留下了十分恶劣的政治后果，直到2003年1月，还有人利用“考克斯报告”指控美国劳拉公司和休斯公司涉嫌非法向中国转移敏感的航天技术。

因此，在为中美的高技术贸易创造宽松的环境方面，美国跨国公司面临着双重的挑战。一方面，跨国公司要游说政府简化程序、放宽对中国的高技术出口限制，另一方面，跨国公司要竭力避免出口管制问题被政治化。应该说，后一个挑战更具有实质性意义，但在某种程度上已经超出了跨国公司的影响能力和控制范围。在中美关系仍然存在相当大的不确定性的情况下，跨国公司只能被动地做出反应，并尽量减少和缓和“政治化”带来的冲击。

参考文献

一、英文著作

Alesina, A. and H. Rosenthal, *Partisan Politics: Divided Government and the Economy*, New York, Cambridge University Press, 1995.

Bailey, Steven K., *The New Congress*, NY: St. Martin's Press, 1966.

Cohen, Benjamin, *In Whose Interest?* New Haven, Conn.: Yale University Press, 1986.

Cohen, Stephen D., *The Making of United States International Economic Policy*, Westport: Connecticut, 1999.

Conybeare, John A. C., *Trade Wars: The Theory and Practice of International Commercial Rivalry*, Columbia University Press, 1987.

Edward, Shuman H., *Politics and the Budget: the Struggle between the President and the Congress*, 2nd ed, Engle wood Cliffs, N. J.: Prentice Hall, 1988.

Frieden, Jeffrey A. and David A. Lake eds. *International Political Economy: Perspectives on Global Powers and Wealth*, Beijing: Peking University Press, 2003.

Gilpin, Robert, *U. S. Power and the Multinational Cooperation: the Political Economy of Foreign Direct Investment*, New York: Basic Books,

Inc. 1975.

Hastedt, Glenn P., *American Foreign Policy, Past, Present, Future*, 4th edition, New York: Prentice Hall, 1988.

Henkin, Louis, *Foreign Affairs and the Constitution*, N Y: W. W. Norton, 1975,

Hrebenar, Ronald J., *Interest Group Politics in America*, Armonk, New York: M. E. Sharpe, Inc., 1997.

Jackson, John H., Jean – Victor, and Mitsuo Matsushita, *Implement the Tokyo Round: National Constitution and International Economic Relations*, Ann Arbor: University of Michigan Press, 1984,

Karim, Syed Anwar, *Foreign Acquisitions of U. S. Companies*, Industrial College of the Armed Forces Executive Research Project, Washington: National Defense University, 1995.

Lampton, David M., *Same Bed, Different Dreams*, LA: University of California Press, 2001.

Lindasy, James M., *Congress and Nuclear Weapons*, Baltimore: Johns Hopkins University Press, 1986.

Lindsay, James M., *Congress and the Politics of U. S. Foreign Policy*, The Johns Hopkins University Press, 1994.

Long, William J., *U. S. Export Control Policy*, New York: Columbia University Press, 1984.

Mann, Thomas E. and Norman J. Omstein, eds, *The New Congress*, American Enterprises Institute for Public Policy Research, 1981.

Mann, Thomas E. ed., *A Question of Balance: The President, the Congress, and Foreign Policy*, Washington D. C.: The Brookings Institution, 1990.

Mayhew, David R., *Congress: The electoral connection*, New Haven, Conn.: Yale University Press, 1974.

Moe, Terry, *President, Institutions and Theory*, Pittsburgh, Penn: University of Pittsburgh Press, 1993.

Ross, Robert S., *Negotiating Cooperation: The United States and China*, 1969 – 1989, Stanford University Press, 1995.

Schlesinger Jr., Arthur M., *The Imperial Presidency*, Boston: Houghton Mifflin, 1989.

Spanier, John and Joseph Nogee eds. *Congress: the Presidency and American Foreign Policy*, New York, Oxford, etc: Pergamum Press, 1981.

Thurber, James A. ed., *Rivals for Power: Presidential – Congressional Relations*, Rowman & Littlefield Publishers, Inc., 2006.

Tucker, Todd and Lori Wallach, *The Rise And Fall Of Fast Track Trade Authority*, Washington D. C.: Public Citizen's Global Trade Watch, 2009.

Wilson, Woodrow, *Congressional Government: A study in American Politics*, New York: Meridian Books, 1956.

二、英文论文

Bown, Chad P., "Trade Disputes and the Implementation of Protection under the GATT: An Empirical Assessment", *Journal of International Economics*, Vol. 62, No. 2, 2004.

Devault, James M., "Economics and the International Trade Commission", *Southern Economic Journal*, Vol. 60, No. 2, Oct. 1993.

Drope, Jeffery M., and Wendy L. Hanson, "Purchasing Protection? The Effect of Political Spending on U. S. Trade Policy," *Political Research Quarterly*, Vol. 57, No. 1, 2004.

Feigenbaum, Evan A., "Who's Behind China's High – Technology 'Revolution'?" *International Security*, Vol. 24, No. 1, Summer 1999.

Graham, Edward M., and David M. Marchick, "US National Security and Foreign Direct Investment", Institute for International Economics, 2006,

Grossman, G. M., and Helpman, "Protection for Sale," *The American Economic Review*, Vol. 84.

Grzybowski, Kazimierz, Victor Rud and George Stepanyenko, "Towards Integrated Management of International Trade: The U. S. Trade Act of 1974", *The International and Comparative Law Quarterly*, Vol. 26, No. 2, Apr. 1977.

Hamilton, Daniel S., and Joseph P. Quinlan, "Protecting Our Prosperity: Ensuring Both National Security and the Benefits of Foreign Investment in the Untied States", National Foundation for American Policy, June 2006.

Herander, Mark G., and J. Brad Schwartz, "An Empirical Test of the Impact of the Threat of U. S. Trade Policy: The Case of Antidumping Duties", *Southern Economic Journal*, Vol. 51, No. 1, Jul. 1984.

Herring, E. Pendleton, "The Political Context of the Tariff Commission", *Political Science Quarterly*, Vol. 49, No. 3, Sep. 1934.

Hungerford, Thomas L., "GATT: A Cooperative Equilibrium in a Noncooperative Trading Regime?" *Journal of International Economics*, Vol. 31, No. 2, 1991.

Lewis, James A., "New Objectives for CFIUS: Foreign Ownership, Critical Infrastructure, and Communications Interception", Center for Strategic and International Studies: Washington, D. C., 2005.

Marks, Stephen V., "Economic Interests and Voting on the Omnibus Trade Bill of 1987", *Public Choice*, Vol. 75, No. 1, 1993.

Miller, Judith, "Foreign Investment in the U. S. Economy Arouses Congressional Concern: The Buying of America," *The Progressive*,

May 1974.

Moore, Michael O, "Rules or Politics?: An Empirical Analysis of ITC Anti – Dumping Decisions", *Economic Inquiry*, Jul 1992.

Nollenc, Stanley D., and Dennis P. Quinn, "Free Trade, Fair Trade, Strategic Trade and Protectionism in the U. S Congress 1987 – 1988," *International Organization*, Vol. 48, No. 3, 1994.

Putnam, Robert D., "Diplomacy and Domestic Politics: the Logic of Two – Level Games," Charles Lipson & Benjamin J. Cohen eds., *Theory and Structure in International Political Economy*, Cambridge, Massachusetts and London, England: the MIT Press, 1999.

Schnietz, Karen, "Democrats´1916 Tariff Commission: Responding to Dumping Fears and Illustrating the Consumer Cost of Protectionism", *The Business History Review*, Vol. 72, No. 1, Spring, 1998.

Schnietz, Karen, "The 1916 Tariff Commission: Democrats' Use of Expert Information to Constrain Republican Tariff Protection," *The Business and Economic History*, Vol. 23, No. 1, Fall 1994.

Taussig, F. W., "The United States Tariff Commission and the Tariff," *The American Economic Review*, Vol. 16, No, 1, Mar 1926.

Wilson, Graham K., "Corporate Political Strategies," *British Journal of Political Science*, Vol. 20, No. 2, April 1990.

三、中文著作

陈宝森、侯玲：《美国总统与经济智囊》，北京：世界出版社，1996 年版。

陈宝森：《美国经济与政府政策——从罗斯福到里根》，北京：世界知识出版社，1988 年版。

宫力：《峰谷间的震荡：1979 年以来的中美关系》，北京：中国青年出版社，1996 年版。

海闻、P. 林德特、王新奎：《国际贸易》，上海：上海人民出版社，2003 年版。

韩立余：《美国外贸法》，北京：法律出版社，1999 年版。

韩召颖：《美国政治与对外政策》，天津：天津人民出版社。

何思因：《美国贸易政治》，台北：时英出版社，1994 年版。

纪文华、姜丽勇：《WTO 争端解决规则与中国的实践》，北京：北京大学出版社，2005 年版。

蒋劲松：《美国国会史》，海口：海南出版社 1992 年版。

李昌奎：《美国反倾销实务》，北京：中国社会科学出版社，2006 年版。

李道揆：《美国政府和美国政治》，北京：商务出版社，1999 年版。

李德明：《“特殊 301 条款”与中美知识产权争端》，北京：社会科学文献出版社，2000 年版。

李强：《自由主义》，北京：中国社会科学出版社，1998 年版。

李庆四：《美国国会与美国外交》，北京：人民出版社，2007 年版。

李寿祺：《利益集团和美国政治》，北京：中国社会科学院出版社，1988 年版。

李向阳：《世界经济前沿问题》，北京：社会科学文献出版社，2007 年版。

梁碧波：《美国对华贸易政策决定的均衡机理》，北京：中国社会科学出版社，2006 年版。

林珏：《战后美国对外贸易政策研究》，昆明：云南大学出版社，1995 年版。

刘春田主编：《中国知识产权二十年》，北京：专利文献出版社，1998 年版。

刘文华主编：《WTO 与中国知识产权制度的冲突与规避》，北京：中国城市出版社，2001 年版。

刘阳：《对中美贸易摩擦的专题法律研究》，大连：东北财经大学出版社，2006 年版。

莫世健著：《贸易保障措施研究》，北京：北京大学出版社，2005 年版。

倪峰：《国会与冷战后的美国安全政策》，北京：中国社会科学出版社 2004 年版。

沈仁干、钟颖科著：《著作权法概论》，沈阳：辽宁教育出版社 1995 年版。

孙哲、李巍：《国会政治与美国经贸决策》，上海：上海人民出版社，2008 年版。

孙哲：《左右未来：美国国会的制度创新和决策行为》，上海：复旦大学出版社，2001 年版。

谭融：《美国利益集团政治研究》，北京：中国社会科学出版社，2002 年版。

王勇：《国际贸易政治经济学——全球贸易关系背后的政治逻辑》，北京：中国市场出版社，2008 年版。

王勇：《中美经贸关系》，北京：中国市场出版社，2007 年版。

王玉洁、王勉青、王海峰编著：《WTO 法律规则与中国知识产权保护》，上海：上海财经大学出版社，2000 年版。

谢希德、倪世雄主编：《曲折的历程——中美建交 20 年》，上海：复旦大学出版社，1999 年版。

薛荣久主编：《世界贸易组织概论》，北京：对外经济贸易大学出版社，2003 年版。

杨国华：《WTO 争端解决程序详解》，北京：中国方正出版社，2004 年版。

杨国华编译：《中美经贸关系中的法律问题及美国贸易法》，北京：经济科学出版社，1998 年版。

杨国华著：《中美知识产权问题概观》，北京：知识产权出版社，2008 年版。

与非：《美国国会》，北京：中国民主法制出版社，2001 年版。

张建新：《权力与经济增长：美国贸易政策背后的政治经济学》，上海：上海人民出版社，2006 年版。

张丽娟：《美国商务外交策略》，北京：经济科学出版社，2005 年版。

张立平：《美国政党与选举政治》，北京：中国社会科学出版社，2002 年版。

张维迎：《博弈论与信息经济学》，上海：上海人民出版社，1996 年版。

张燕生等：《中美贸易顺差结构分析与对策》，北京：中国财政经济出版社，2006 年版。

张宇燕：《美国经济论丛》，杭州：浙江大学出版社，2008 年版。

赵瑾：《全球化时代的贸易摩擦——日美实证研究》，北京：商务印书馆，2002 年版。

郑成思：《世界贸易组织与贸易有关的知识产权》，北京：中国人民人学出版社，1996 年版。

周琪主编：《国会与美国外交政策》，上海：社会科学院出版社，2006 年版。

朱文莉：《国际政治经济学》，北京：北京大学出版社，2004 年版。

四、中文译著

[法] 卢梭：《社会契约论》（何兆武译），北京：商务印书馆，1994 年版。

[法] 孟德斯鸠:《论法的精神》(张雁深译),北京:商务印书馆,1997 年版。

[法] 托克维尔:《论美国的民主》(董果良译)北京:商务印书馆,1996 年版。

[古希腊] 亚里士多德:《政治学》(吴寿彭译),北京:商务印书馆,1995 年版。

[美] I. M. 戴斯勒:《美国贸易政治》(王恩冕等译),北京:市场出版社,2005 年版。

[美] 阿伦·威尔达夫斯基:《预算过程中的新政治学》(第四版,邓淑莲、魏陆译),上海财经大学出版杜,2006 年版。

[美] 安妮·克鲁格:《作为国际组织的 WTO》(黄理平译),上海人民出版社,2002 年版。

[美] 达尔:《民主理论的前言》(顾昕、朱丹译),北京:三联书店,1999 年版。

[美] 戴维·杜鲁门:《政府过程,政治利益与公共舆论》(陈尧译),天津人民出版社,2005 年版。

[美] 戴维·帕尔米特、[希腊] 佩特罗斯·马弗鲁第斯:《WTO 中的争端解决:实践与程序》(罗培新译),北京大学出版社,2005 年版。

[美] 汉密尔顿、杰伊、麦迪逊:《联邦党人文集》(程逢如等译),北京:商务印书馆,1980 年版。

[美] 赫德里克·史密斯:《权力游戏 华盛顿是如何工作的》(肖峰等译),北京:中国人民大学出版社,1990 年版。

[美] 加里·沃塞曼著:《美国政治基础》(陆震纶等译),北京:中国社会科学出版社,1994 年版。

[美] 杰里尔·A. 罗塞蒂:《美国对外政策的政治学》(周启朋、傅耀祖等译),北京:世界知识出版社,1997 年版。

[美] 柯武刚、史漫飞:《制度经济学:社会秩序与公共政策》

（韩朝华译），北京：商务印书馆，2003 年版。

［美］克鲁格曼：《国际经济学（第五版）》（海闻等译），北京：中国人民大学出版社出版，2002 年版。

［美］罗伯特·基欧汉，海伦·米尔纳：《国际化与国内政治》（姜鹏等译），北京大学出版社，2005 年版。

［美］罗伯特·吉尔平：《全球政治经济学：解读国际经济秩序》（杨宇光、杨炯译），上海世纪出版集团，2006 年版。

［美］罗杰·希尔斯曼等：《防务与外交决策中的政治》（曹大鹏译），北京：商务印书馆，2000 年版。

［美］马丁·费尔德斯坦主编：《20 世纪 80 年代美国经济政策》（王健等译），北京：经济科学出版社，2000 年版。

［美］曼库尔·奥尔森：《集体行动的逻辑》（陈郁等译），上海三联书店、上海人民出版社，1995 年版。

［美］诺曼·杰·奥恩斯坦，雪利·埃尔德：《利益集团、院外活动和政策制订》（潘同文等译），北京：世界知识出版社，1981 年版。

［美］托马斯·杰斐逊：《杰斐逊选集》（朱曾文译），北京：商务印书馆，1999 年版。

［美］托马斯·帕特森：《美国政治文化》（顾肃，吕建高译），北京：东方出版社，2007 年版。

［美］威尔逊：《国会政体：美国政治研究》（熊希龄、吕德本译），北京：商务印书馆 1986 年版。

［美］西尔斯曼：《美国是如何治理的》，北京：商务印书馆，1988 年版。

［美］约翰·奥德尔：《世界经济谈判》（孙英春译），北京：世界知识出版社，2003 年版。

［美］约翰·鲁杰主编：《多边主义》（苏长和等译），杭州：浙江人民出版社，2003 年版。

[美] 约翰·罗尔斯:《正义论》(何怀荣译),北京:中国社会科学出版社,1988 年版。

[美] 詹姆斯·德林:《美国贸易保护商务指南》(毛悦,刘小雪译),北京:社会科学文献出版社,2007 年版。

[日] 佐藤英夫二:《外政策》,北京:经济日报出版社,1999 年版。

[英] 伯纳德·霍克曼、迈克尔·考斯泰基:《世界贸易体制的政治经济学——从关贸总协定到世界贸易组织》(刘平等译),北京:法律出版社,1999 年版。

[英] 洛克:《政府论》(翟菊农、叶启芳译),北京:商务印书馆,1997 年版。

五、中文论文

常文娟:《GATT 与 WTO 保障性条款的演变分析》,载《当代经济》2001 年第 8 期。

陈彬:《印度反倾销法中的'非市场经济国家'问题研究》,载《世界贸易组织动态与研究》2008 年第 11 期。

陈荣安:《对美国汇率政策归属的分析》,载《世界经济研究》2006 年第 2 期。

陈泰锋:《在摩擦中融合、在融合中发展——加入世界贸易组织后中美贸易摩擦演变评析》,载《国际贸易》2008 年第 9 期。

陈奕平:《美国工会对中美经贸关系的影响》,《东南亚研究》2003 年第 5 期。

高鉴国:《美国国会资历原则的形成与变化》载《美国研究参考资料》1992 年第 8 期。

何兴强《美国利益集团与人民币升值压力》,《当代亚太》2006 年第 3 期。

金灿荣：《国会与美国贸易政策的制定—历史和现实的考察》，载《美国研究》2000 年第 2 期。

李恒阳：《美国在出口管制上的国际合作》，载《国际关系学院学报》2008 年第 4 期。

李晓岗：《推动中美贸易问题的非政治化》，《美国研究》2005 年第 4 期。

刘子奎：《冷战后美国出口管制政策的改革和调整》，载《美国研究》2008 年第 2 期。

倪世雄、李淑俊：《从公众——国会——政府的互动关系看美国贸易保护主义》，载《美国研究》2007 年第 4 期。

孙哲、李巍：《美国贸易代表办公室与美国国际贸易政策的制定》，载《美国研究》2007 年第 1 期。

孙哲、成帅华：《美国国会与后 PNTR 时代的美国对华贸易政策》，载《太平洋学报》2001 年第 3 期。

王树盛：《美国私有企业对政府决策的影响》，《美国研究》1991 年第 1 期。

吴云翔、叶明华：《从自由贸易走向公平贸易——80 年代美国贸易政策转变的原因》，载《求实》2003 年 1 月。

尹中卿：《当代美国国会的财政监督程序》，载《人大研究》2002 年第 3 期（总第 123 期）。

赵可金：《美国国会委员会与美国外交政策的制定》，载《国际观察》2003 年第 5 期。

周军华、杨红伟：《论美国国会预算权的运作过程及功能》，载《安徽大学学报（哲学社会科学版）》2006 年 3 月第 30 卷第 2 期。

朱颖：《从历史视角看美国贸易政治的本质》，载《国际商务—对外经济贸易大学学报》2007 年第 1 期。

左海聪：《论 GATT/WTO 争端解决机制的性质》，载《法学家》2004 年第 5 期。

六、网络资源：

美国财政部官网：www. treasury. gov。

美国贸易谈判代表处官网：http：//www. ustr. gov。

美国国际贸易委员会网站：http：//www. usitc. gov。

美国商会官网：http：//www. uschamber. com。

美国商务部官网：http：//www. commerce. gov。

美国商业圆桌会议的官网：http：//www. businessroundtable. org。

全美制造商协会官网：http：//www. nam. org。

世界贸易组织官网：http：//www. wto. org。

世界知识产权组织官网：http：//www. wipo. int。

中国保护知识产权网：http：//int. ipr. gov. cn。

中国海关总署网站：http：//www. customs. gov. cn。

中国商务部网站：http：//www. mofcom. gov. cn。

图书在版编目（CIP）数据

美国贸易决策机制与中美关系 / 余万里著. —北京：时事出版社，2013.3

ISBN 978-7-80232-604-0

Ⅰ.①美… Ⅱ.①余… Ⅲ.①贸易政策—研究—美国 ②中美关系—国际经济关系—研究 Ⅳ.①F757.120 ②F125.571.2

中国版本图书馆 CIP 数据核字（2013）第 048063 号

出版发行：时事出版社
地　　址：北京市海淀区巨山村 375 号
邮　　编：100093
发行热线：（010）82546061　82546062
读者服务部：（010）61157595
传　　真：（010）82546050
电子邮箱：shishichubanshe@sina.com
网　　址：www.shishishe.com
印　　刷：北京百善印刷厂

开本：787×1092　1/16　印张：35.75　字数：460 千字
2013 年 3 月第 1 版　2013 年 3 月第 1 次印刷
定价：88.00 元